本书获得河南省人文社会科学重点研究基地河洛文化国际研究中心与洛阳师范学院历史文化学院重点学科的资助

历史时期河南畜牧业研究

张显运 著

Lishishiqi Henan Xumuye Yanjiu

中国社会科学出版社

图书在版编目 (CIP) 数据

历史时期河南畜牧业研究/张显运著. —北京：中国社会科学出版社，
2014. 11

ISBN 978 - 7 - 5161 - 5108 - 2

Ⅰ.①历… Ⅱ.①张… Ⅲ.①畜牧业经济—经济史—河南省
Ⅳ.①F326. 376. 1

中国版本图书馆 CIP 数据核字 （2014） 第 272558 号

出 版 人	赵剑英	
选题策划	刘　艳	
责任编辑	刘　艳	
责任校对	陈　晨	
责任印制	戴　宽	

出　　版	中国社会科学出版社	
社　　址	北京鼓楼西大街甲 158 号 （邮编 100720）	
网　　址	http：//www. csspw. cn	
	中文域名：中国社科网　　010 - 64070619	
发 行 部	010 - 84083685	
门 市 部	010 - 84029450	
经　　销	新华书店及其他书店	

印　　刷	北京市大兴区新魏印刷厂	
装　　订	廊坊市广阳区广增装订厂	
版　　次	2014 年 11 月第 1 版	
印　　次	2014 年 11 月第 1 次印刷	

开　　本	710×1000　1/16	
印　　张	19. 75	
插　　页	2	
字　　数	334 千字	
定　　价	59. 00 元	

序

程民生

对于畜牧业，我始终有着浓厚的兴趣。漫谈起来，这包括畜牧业本身：童年时曾放过一只羊，小羊羔时就抱着出入，一直到长大了还必须抱着，惯得它自己不走路了。少年时顶着父母的重重压力，自己花一元钱买了一对小白兔养，肯定是技术问题，不久其八只爪子都长满了癣，经人指点用汽油拌"六六粉"涂抹，结果几乎将其养成裸兔。"文化大革命"时开封市民几乎家家养鸡，家父养了20多只"美国白"，个大洁净，经常有人参观，后来养兔子也颇有成效，比我强多了——这些事实，总不能说我没有"畜牧业"经历吧？我的兴趣也包括畜牧业史研究：曾写过《宋代畜牧业述略》、《〈清明上河图〉中的驼队是胡商吗？——兼谈宋朝境内骆驼的分布》等论文，在主编《河南经济通史》时，一再强调每卷、每个时代都必须关注畜牧业。说这些话，意思是表明我很乐意看到有关著作。

显运博士自从作博士论文以来，一直以畜牧业史为主要研究领域，发表了不少相关论著，植木成林，已然成为畜牧业史的专家。畜牧业的综合性决定畜牧业研究是项综合性很强的研究，需要多学科知识和多方收集资料；而作为一个省份的畜牧业通史，更有资料的地方局限性和零星的分散性等难点。显运博士勤奋钻研，广泛涉猎，克服了这些困难，在较短的时间内完成了这部近30万字的《历史时期河南畜牧业研究》，殊堪赞叹！作为第一部河南畜牧业通史，本书深入系统地刻画出河南畜牧业清晰的历史全貌，探索了河南畜牧业发展演变的规律，总结了河南人民建设河南的成败得失，是展示中国畜牧业发展史的一个窗口。本书不是就畜牧业说畜牧业——那样就平淡、平庸了，而是在气候变化与环境变迁、农牧分界线的变迁、人口与农牧关系等大背景下研究河南的畜牧业，还特别关注历史时期制约河南畜牧业发展的因素以及历史时期河南畜牧技术的发展。这样的畜牧业史就比较丰满和多彩，使本书的立意与相应的学术价值、现实意义不同凡响。

一般而言，畜牧业分为草原牧区和内地农区两类。社会关注的首先是前者，因为那是集约的、专业的、纯粹的、代表性的；农区的畜牧业不是主业，只是农业的补充，有关情况总是被淹没在种植业的汪洋大海中。河南作为典型的传统农区，不少学者认为历史上河南畜牧业落后，关注不多，很少研究。其实，从道理上考究，农区畜牧业更能显示畜牧业的多样性和综合作用，与社会各方面联系也更密切，因而更具研究价值。它既兼有草原牧养、食肉饮奶、衣毛穿皮、骑乘等特点，更独有圈舍饲养、犁地拉车、禽畜俱全、综合利用强等特点。整体上是副业，但对一些专业户来说又是主业。从史实上考究，其实河南畜牧业从来都是社会经济不可分割的重要组成部分。夏商周时期河南畜牧业相当发达，东汉以及北宋时期受政治中心的影响，京师洛阳和开封分布大片的牧地，是官营畜牧业的主要集中地之一，畜牧业得到了空前发展。其后，则显示出典型的农区畜牧业特点，即牛耕时代的养牛业十分突出：清末全国十大产黄牛的省份中，河南居于首位，汝南还是全国四大水牛产地之一，"出产尤多"（刘锦藻《清朝续文献通考》卷386《工务考》）。而2006年的统计则表明，河南省牛饲养量2245万头，居全国第一位；羊饲养量8900万只，居全国第二位；生猪饲养量1.08亿头，居全国第三位；家禽饲养量出栏14.2亿只，也居全国第三位。如此数一数二的地位和史实，无论是中国畜牧业史、河南经济史还是社会史，都是不能忽视的。本书中指出：历史上河南地区畜牧业曾经是奠定中华文明的物质基础核心和重要组成部分，是中国畜牧经济的极其重要的一部分。事实证明，这一观点是正确的。似乎还可以说，河南畜牧业是中国农区畜牧业的典型。这样一来，本书的意义就更大了。

人们把粮食等认作主食，把肉菜等认作副食。依据多年研读历史的经验，以历史发展的眼光宏观考察饮食变化，我个人有一个判断，即人类饮食史演变的三大阶段：第一阶段是以粮食为主，主题是填饱肚子；第二阶段是以肉菜为主，主题是满足口福；未来的第三阶段，可能是以汤为主，主题是追求享受营养。就当前中国大陆城市中等以上居民生活水平而言，已进入第二阶段，个别地方或一些富裕人口则看到了第三阶段的曙光。无论哪个阶段，都离不开畜牧产品，尤其是当下的第二阶段和未来的第三阶段。更何况，畜牧业已经且必将进一步开拓、发展出满足人类物质需求以外的精神需求功能。所以我要说，畜牧业大有可为，畜牧业研究大有可为，张显运博士的畜牧业史研究大有可为！

2014 年 1 月 22 日于河南大学

目　　录

第一章

绪　　论

第一节　本课题研究现状及研究意义

一　研究目的、意义

历史上河南地区畜牧业曾经是奠定中华文明物质基础的核心和重要组成部分，是中国畜牧经济中极其重要的一部分。历史上河南畜牧业有发展也有曲折，先秦、东汉、北宋以及民国时期河南畜牧业都取得了辉煌的成就，为当时的经济发展与国防安全作出了巨大贡献。就是在今天，河南畜牧业所创造的生产总值仍然居全国前列。据统计，2006 年河南省牛饲养量 2245 万头，居全国第一位；羊饲养量 8900 万只，居全国第二位；生猪饲养量 1.08 亿头，居全国第三位；家禽饲养量出栏 14.2 亿只，也居全国第三位。十一届人大四次会议明确提出毫不放松地做好"三农"工作，巩固和加强农业基础。而畜牧业的健康发展正是有效解决三农问题和增加农民收入的一个重要途径。现实畜牧业的发展迫切需要历史提供必要的经验，故"历史时期河南畜牧业"这一课题的研究正是中原经济区的发展、重振河南雄风、实现中部崛起、河南畜牧业产业结构调整和转型的客观现实之需求。

1. 弥补河南畜牧业研究的不足，丰富河南经济史、区域畜牧史的研究内容

历史时期河南畜牧业的研究是如此重要，可遗憾的是学术界对此还没有足够的重视。历史上河南畜牧业在社会生活中的地位如何？有哪些部门？它的发展对农业、军事、手工业、商业造成了怎样的影响？在社会经济生活中有哪些作用？历史时期河南畜牧科技发展的程度如何？这些都没

有人进行过深入、系统的研究，因而也就无法准确把握河南畜牧业发展的全貌。迄今为止，尚没有一本有关河南畜牧史研究的专著，这与河南作为人口大省、经济大省、畜牧大省的地位是极其不相称的。因此，通过本课题的研究不仅能弥补学术界在这些方面研究的不足，而且还能丰富河南经济史、区域畜牧史、科技史研究的内容，在学术和理论上都有重大意义。

2. 纠正前人有关河南畜牧经济研究中的片面认识

河南地处中原，传统的生产方式以种植业为主，畜牧业只是农业的必要补充。正因为如此，畜牧业没有引起学者的关注和重视，对其进行研究的论著较少，缺乏专题、全面、深入、系统的探讨。虽有些零星的研究，但其中不少观点未免武断和以偏概全。如不少学者认为历史上河南地区由于气候和自然环境的影响，畜牧业发展落后。当然不可否认，畜牧业受自然地理环境的影响很大，但它也受一定社会条件的影响和制约。就河南地区而言，先秦时期尤其是夏商周时期，河南畜牧业相当发达，在当时占据重要地位，是社会经济不可分割的重要组成部分。此外，如东汉以及北宋时期，由于受政治中心的影响，京师洛阳和开封分布大片的牧地，是官营畜牧业的主要集中地之一，河南畜牧业得到了空前发展。再如近代以来，由于河南人口的迅速增加，河南畜牧业与其他畜牧业发达的省份相比也难分伯仲。一些牲畜的饲养，如牛、驴、猪等，一些家禽如鸡、鸭、鹅等，在河南地区就普遍饲养。当然一些适合北方干燥凉爽气候的牲畜，如骆驼、马、羊等，河南就不如传统畜牧业生产地区。

综上，作为中华文明发祥地的河南，其畜牧史是中国畜牧史中极为重要的组成部分，也是河南经济史中极为重要的组成部分，但至今没有一部河南畜牧史。因此本项目的研究具有重要意义：一是，从跨度、容量、体系结构、理论方法四方面竭力在河南经济通史研究方面作一些补充；二是，梳理探讨河南畜牧业发展变化脉络及其在全国的地位，科学总结河南畜牧业发展演变的规律及其成败得失，为重振河南雄风、实现中部崛起提供历史依据和经验教训；三是，努力实现以历史学与畜牧学相结合的方法研究畜牧史，总结摸索适合研究中国区域畜牧史的理论方法，为更好地开展畜牧史研究寻找新的生长点；四是，作为第一部河南畜牧通史，注意有关资料的收集，数据、图片的收集和整理，为后人的进一步研究抛砖引玉。

总之，河南畜牧史的研究无论在理论还是实践上都具有重大意义，遗憾的是，至今尚无学者进行深入系统的探讨，这也正是笔者选此课题进行研究的原因所在。

二　研究现状

古代河南地区畜牧业曾经是奠定中华文明的物质基础核心和重要组成部分之一，是中国畜牧经济的极其重要的一部分，其曲折复杂的历史在某种程度上讲是中国畜牧业发展史的缩影。今天，占中国国土面积 1/60 的河南养育了全国 1/10 的人口，人口众多、人均畜牧资源少、畜牧业产品质量较差，畜牧业生产方式落后、一家一户为单位的小生产状况至今没有改观，这些因素都制约了河南畜牧业的健康发展。这种畜牧业发展状况也是中国畜牧业现状的集中体现。因此，深入系统地研究河南畜牧史，探索河南畜牧业发展演变的规律，总结河南人民建设河南的成败得失，展望河南畜牧经济可持续发展的前景，是解读中国畜牧业发展史的一把钥匙，是完善河南经济史和中国区域畜牧史的必要环节，也是深入剖析中国政治史、思想史、文化史等上层建筑层面诸多问题所亟需的。

遗憾的是，目前河南畜牧业的研究尚未引起学者的广泛关注，就笔者目力所及，专门论述古代河南畜牧业的论文仅有 4 篇。它们是：魏仁华先生的《南阳古代的畜牧业》（《南都学坛》1990 年第 4 期），文章对南阳古代，尤其是先秦时期的畜牧业给予了关注，作者通过对大量的考古资料和出土文献的分析，指出南阳地区远在 7000 年前的新石器时代时就出现了原始的畜牧业。薛瑞泽先生的《汉唐间河洛地区的畜牧业》（《中国农史》2000 年第 3 期），指出"汉唐间河洛地区的畜牧业作为农业经济的组成部分，在地区经济发展和居民经济生活中居于重要地位。国营畜牧业主要生产满足官府所需的战马和其他牲畜，且规模较大，形成了以河东、河阳为代表的大牧场。为了保证国有畜牧业的发展，历代政府在中央和地方都设有相应的管理机构。私营畜牧业在该地区国民经济中不占主导地位，牲畜品种较多，以牛、羊、豕、驴、骡等为饲养对象，是农耕经济的重要补充"。笔者的《试论北宋时期河南的畜牧业》（《殷都学刊》2008 年第 4 期），探讨了北宋时期河南畜牧业的发展概况及发展原因，认为北宋时期河南畜牧业发展迅猛，尤其是官营牧马业空前繁盛。从地域上看，京师开封的畜牧业独占鳌头，豫西洛阳、豫北安阳和新乡、豫西南南阳等地畜牧业异军突起，地处淮河流域的信阳则相对落后。畜牧业的发展得益于北宋时期气候的寒冷、农牧分界线的南移、三京四辅无与伦比的政治地位以及河南本身的自然地理条件。张民服、吴志远先生的《清代中原地区牲畜市场研究》（《郑州大学学报》2012 年第 6 期）对清代中原地区牲畜市场进行了历史考察，指出"中原地区牲畜市场的繁荣，是清代城乡网络体系成熟的一个标志，也是中原地区商品贸易兴盛的一个佐证"。

此外，有关河南畜牧业研究的相关著作有：业师程民生先生主编的《河南经济通史》（河南大学出版社 2012 年版）是目前有关河南经济史研究的扛鼎之作，该书全面系统地探讨了历史上河南经济发展演变的规律、成败得失以及河南经济在中国经济发展中的地位与作用。畜牧经济是经济史研究的重要内容，因此，该书对河南畜牧经济也进行了较为深入的研究，为本课题的写作提供了大量的史料。刘敦愿、张仲葛先生的《我国养猪史话》（《农业考古》1981 年第 1 期），徐旺生的《中国养猪史》（中国农业出版社 2009 年版）对我国历史上农户养猪的起源、发展进行了简单概述，对历史时期河南一带养猪业进行了介绍。程民生先生的《中国北方经济史》（人民出版社 2004 年版），论述了古代北方经济重心形成、演变、南移的过程，也涉及了古代畜牧业，从宏观上概述了各个时期官营和民营畜牧业的发展状况，对河南畜牧业也略有论及。他的另一部专著《河南经济简史》（中国社会科学出版社 2005 年版）是第一部对河南古代经济进行研究的力作，史料丰富，创见颇多；对历史上 5000 年来河南古代畜牧业发展进行了概述。拙作《宋代畜牧业研究》（中国文史出版社 2009 年版）对北宋时期河南地区的官营与私营畜牧业进行了探讨，认为北宋是河南畜牧业发展的一个顶峰时期。

总之，以上论文和专著或多或少地涉及了古代河南畜牧业发展问题，从内容与方法上为本课题的研究提供了诸多可资借鉴之处。尽管如此，本课题的研究还远远不够。概言之，有以下诸端：

（1）对河南古代畜牧业发展缺乏专题、系统的研究，至今尚无一部河南畜牧史研究的专著；（2）上述涉及河南畜牧业研究的论著，只是侧重于某一方面、某一朝代或河南某一区域畜牧业的探究，就研究视角而言尚无从生态环境变迁的角度去探讨河南畜牧业的；（3）上述论著因研究视角的不同，对历史时期河南蓬勃发展的畜牧技术涉及不多。所有这些，都是笔者要进一步补充完善的地方。

2011 年十一届人大四次会议明确提出毫不放松地做好"三农"工作，巩固和加强农业基础。而畜牧业的健康发展正是有效解决"三农"问题和增加农民收入的一个重要途径。现实畜牧业的发展迫切需要历史提供必要的经验，故"河南畜牧史"这一课题的研究正是重振河南雄风、实现"中部崛起"、河南畜牧业产业结构调整和转型的客观现实之所求。

三 资料来源与研究方法

（一）资料来源

史料是历史学研究的基础，从某种意义上来说"史学就是史料学"。这句话虽有些偏激，但也表明史料对史学研究的重要意义。尤其是经济史的研究，如果没有翔实的史料作支撑，再多的理论体系，再多的经济现象的描述也显得苍白无力。河南古代畜牧经济史的研究既属于古代史范畴，又属于区域经济史研究。历史文献因其记载内容的侧重点不同，其重要性呈现出一定的层次。因此在资料的收集过程中，既要阅读官方编辑的二十五史、文书，又要涉猎私人撰写的笔记小说、地方志以及考古资料和近年来的出土文献。此外，区域经济学、畜牧学、草地学、气候学、地理学、社会学、人口学等相关学科的理论还要吸收借鉴。

1. 正史、政书

河南畜牧史的研究，跨度大，上下 5000 余年，几乎涉及历史上的每一个朝代。正因为如此，本课题在研究过程中需要阅读大量的文献，其中流传下来的官方正史、政书，需要立足于一定的社会政治、经济背景，离开了这个背景去探讨畜牧业，就成了无源之水、无本之木。况且相关的基础文献如二十五史、各朝会要、《玉海》、《文献通考》、《续文献通考》、《明实录》、《清实录》、《清会典》等各代典章提供了诸多的史料，河南地区官营畜牧业的研究更是离不开这些文献。

2. 中国古代的法律文献

中国古代的法律文献林林总总，蔚为大观。从公元前 21 世纪建立第一个奴隶制国家夏朝时起，至 19 世纪中叶鸦片战争时止，几乎各个朝代都颁布法律文献。其中涉及了许多关于畜牧业的政策法令，如牧地管理，牲畜养饲、孳育、损耗、役使等诸多条文，以及牲畜走失、伤人、偷盗、屠杀官私牲畜的处罚措施，详细完备，是河南畜牧史研究的基础性资料。

3. 文集

古人文集包含了大量的奏议、行状、墓志铭和诗词，里面有丰富的畜牧史料，关于历代牧马业的材料更多。本课题在写作的过程中，对历史上河南地区的文人士大夫的文集给予了更多的关注。

4. 地理、方志

地理、方志文献包括各地的地理沿革、人口、物产、土贡等，记载非常翔实，是研究民间畜牧业不可或缺的史料。尤其是地方志史料具有地方性、时代性、综合性、连续性、原始性等突出特点，具有其他史书和文献不可替代的作用。本书研究中就引用了李吉甫《元和郡县图志》、乐史《太平寰宇记》、王存《元丰九域志》、王象之《舆地纪胜》、祝穆《方域胜览》等地理类的总志以及台湾成文出版社出版的河南各地地方志，它们为本书的写作提供了许多有价值的素材。

5. 考古及出土文物资料

出土文物是古代文化信息的载体，能够较为真实地反映古代某一时期的社会政治和经济状况。河南是文物大省，近年来出土了许多文物，与畜牧业相关的有陶猪、牛槽、瓷鸡、鸡圈等。这些文物反映了历史时期河南牲畜饲养的状况、畜牧业发展的程度，它们的出土为河南畜牧业的研究提供了弥足珍贵的实物资料。

6. 近年来古代畜牧业研究的一些成果

河南畜牧史的研究，仅仅阅读和收集古代文献史料是远远不够的，还必须及时地了解和把握相关学科的研究动态，吸收和借鉴前辈学者的研究方法，只有这样才能拓宽研究视野，避免重复研究，进行学术创新。本课题在研究的过程中，尽力搜索了 20 世纪以来有关古代畜牧业，尤其是河南畜牧业的研究论著，在这些巨著的基础上再来从事河南畜牧史的研究，显然要事半功倍。

（二）研究方法

1. 计量史学

计量分析方法在史学中的应用，可以追溯到相当久远的时代，古代的中国与世界上其他国家都已开始使用数字工具进行历史的记录和分析。本课题也试图采用此法，把历史时期河南地区各朝代人口的数量、农业发展的状况进行统计和定量分析，从而分析出畜牧业的发展与人口增长、农业发展之间的互动关系。

2. 历史比较法

比较是认识事物的基本方法。史学研究中采用比较的方法才能更好地揭示历史事物的特征，在研究中才能开阔视野、启发思路、提出新观点。对历史时期河南畜牧经济的研究也是这样，在研究河南畜牧业时要同周边地区如西北、东北、江南等地的畜牧业相比较，甚至对不同时期河南地区畜牧业发展本身进行比较，比如将近代以来河南畜牧业与古代河南畜牧业进行比较，就会得出这样一个结论：历史时期，人口的多少是影响河南畜牧业发展的重要因素之一。只有进行比较，才能更好地揭示河南畜牧业的地域特点、发展方向，揭示畜牧经济的发展和生态地理环境之间的关系。

另外，河南畜牧史的研究既要采用历史学的思想和方法，还要走交叉学科的道路。本书在写作的过程中，涉及畜牧学、草地学、家畜生态学、气候学、现代经济学、地理学的一些理论。如河南古代畜牧业发展的地理环境因素及其分布，就要考虑到当时的温度、热量、水分、土壤等自然条件，因为气候对禽畜的品种和质量都有很大的影响，有时甚至是决定性的影响。

四　研究内容

本课题以历史唯物主义和现代畜牧学理论为指导，以现今河南省辖区为空间范围，集中历史学、经济学、畜牧学与历史地理学的研究方法，古今并重，通专兼济，史论结合，既重视河南畜牧业贯通性研究，又兼顾历史上河南与同时代其他区域乃至全国的对比研究，以畜牧业生产部门、畜牧技术研究为主，以对畜牧业有影响的政策、习俗研究为辅，力求反映最新科研成果，尽可能多地吸收、总结前人的有关研究成果，在集大成的基础上系统、全面、深入地研究河南5000年畜牧发展史，科学总结河南畜牧业发展演变的规律，为当今河南畜牧业的和谐发展提供历史依据和经验教训。

历史上河南因长期处于全国的政治中心和经济腹心，其境内的官营畜牧业得到了迅猛发展。尤其在宋代官营牧马地基本上集中在黄河两岸，河南畜牧业最为发达。南宋以后，随着政治重心和经济重心的南移，河南畜牧业日益萎缩。尽管如此，如纵向看河南畜牧业，总体上仍然是不断向前发展的，一些畜禽养殖业在某些时期仍然居当时全国的前列。尤其是"十一五"规划结束后河南畜牧业产值为1251亿元，占全省农业生产总值的40%，占全国畜牧产值的1/10，位居全国之首，可持续性前景十分乐观。河南辖区内各地区畜牧业发展很不平衡，西部与北部相对较快，南部山区长期落后，沿淮流域发展缓慢，沿黄流域辉煌与灾难并存。

河南畜牧史的研究是一个非常庞大的题目，本书在写作的过程中不可能面面俱到。本课题以时间为顺序，探讨历史上各时期河南畜牧业的发展概况。在论述河南畜牧业发展史的过程中，对河南古代的畜牧技术也进行了研究。具体而言，本书在对内容进行梳理的过程中，将其分为11个方面。

第一章为绪论部分，主要探讨历史时期河南政区、气候、环境与农牧分界线的变迁，介绍历史上河南畜牧业发展的条件以及本课题的研究现状、研究方法，以期从宏观上对河南畜牧业有所了解。第二章为先秦时期河南畜牧业的滥觞，先秦时期由于人口稀少，河南所在的中原地区森林茂密，植被良好，野生动物大量在这里繁衍生息，狩猎业非常兴盛，河南畜牧业在社会生活中居重要地位。第三章为秦汉时期河南畜牧业的发展。秦汉时期，尤其是东汉，河南畜牧业发展较快，河内一带集中了大片的牧地，仅饲养的马匹就达10万匹。第四章为三国两晋南北朝时期河南畜牧业。魏晋南北朝时期是我国古代历史上民族分裂和大融合时期，战乱频繁，中原一带战火频仍给畜牧业造成了极大破坏；但另一方面，由于北方少数民族的入主中原，带来了先进的畜牧技术，客观上又促进了畜牧业的发展。第五章为隋唐五代时期河南畜牧业。一方面，隋唐时期结束了南北朝时期分裂动荡的局面，国家统一，经济发展。河南洛阳因长期作为东都，人口众多，经济发达，对畜牧产品的消费需求较大，客观上促进了河南畜牧业的发展。另一方面，由于隋末农民战争、唐朝安史之乱以及唐末黄巢起义的影响，河南作为战争的中心，畜牧经济的发展遭到战火的严重摧残。五代时期，河南再次陷入军阀混战之中，政权更迭如走马灯，严重影响了河南畜牧业的发展。第六章为北宋时期河南畜牧业。北宋时期，河南由于优越的政治、经济地位，再加之西北传统上畜牧业基地的丧失，国营畜牧业由西北地区移到内地中原地区，河南畜牧业得到了飞速发展，成为当时在全国首屈一指的畜牧业基地。第七章为金元明清时期的河南畜牧业。1127年靖康之乱，南宋偏安江南，定都临安。至此以后，河南再也没有被作为都城，经济重心完成了南移，河南日趋衰落。元明清以后，河南畜牧业不再以饲养大牲畜马匹为主，而是以饲养驴、猪等中小牲畜为主，官营畜牧业更是一落千丈。第八章为民国时期的河南畜牧业的曲折发展。民国时期河南畜牧业总体而言有较大发展，但这种发展不是一帆风顺的，其间有前进也有倒退，呈现出曲折的发展趋势。第九章为历史时期影响河南畜牧业发展的因素。掀开历史可以发现，河南历史是一部多灾多难的历史，频繁的自然灾害、连绵不断的战乱以及多如牛毛的苛捐杂税严重影响了河南畜牧业的发展。第十章为历史时期河南畜牧技术的发展。一方面，长期以来，河南作为我国古代政治、经济与文化中心，这种先天的社会因素使河南的畜牧技术较为发达，尤其是在家畜饲养技术、品种改良技术、兽医技术等方面有显著发展。另一方面，中原王朝利用与周边民族的朝贡贸易和茶马贸易，大力引进周边国家与地区优良的畜种，有利于河南畜种的改良。第十一章为历史时期河南的人口与农牧关系。以北宋为中心，探讨历史时期河南畜牧业与人口增长、土地开垦、农业发展之间的互动关系。

第二节　历史时期河南政区的变迁

地理位置和政区空间是畜牧业发展的物质基础。历史时期，因政治、战争、经济发展等因素的影响，河南政区存在着较大的变化。这种空间变化对河南畜牧业的发展造成了一定的影响。

一　河南的区位特征

河南省位于中国的中部，是中华民族最重要的发祥地之一，简称"豫"，且有"中州"、"中原"之称。河南位于我国黄河中下游地区，处在东经 110°21′~116°39′，北纬 31°23′~36°22′之间，与冀、晋、陕、鄂、皖、鲁 6 省毗邻，东西长约 580 公里，南北长约 550 公里，全省土地面积16.7 万平方公里。河南东接安徽、山东，北界河北、山西，西连陕西，南临湖北，呈望北向南、承东启西之势。河南地理位置优越，以省会郑州为中心，北距京津，南下武汉三镇，西至西安关中平原，东至沪宁杭，直线距离大都在 600 公里~800 公里之间。河南承东启西、通南达北的地理位置，决定了其在全国政治、经济、社会活动中的重要地位。天下之中的地理区位决定了河南的交通枢纽地位。河南古时即为驿站、漕运必经之地，商贾云集的理想场所："风雨所会，阴阳所和。"①"山河势胜帝王宅，寒暑气和天地中。"② 今天，河南仍然是全国经济社会活动的中心之一，是我国经济由东向西推进梯次发展的中间地带。国家提出促进中部崛起，建立中原经济区，河南独特的区位优势必将发挥更大的作用。

二 河南的政区变迁

河南以位于黄河之南而得名。先秦时期，河南称豫州："河南曰豫州：其山镇曰华山，其泽薮曰圃田，其川曰荥雒，其浸曰波溠；其利林、漆、丝枲；民二男三女；畜宜六扰。"统治区域基本上在今黄河以南地区，适合马、牛、羊、猪、狗、鸡等六畜的饲养。刘士岭先生则认为豫州指荆山与黄河以南之间的广大区域，基本上相当于今天的河南省境内③。

公元前 221 年秦灭六国，建立了历史上第一个统一的多民族中央集权的国家。秦建立后在全国实行郡县制，全国设 36 个郡，在今河南地区设置了三川、河内、东郡、南阳、颍川、陈郡、砀郡，共 69 个县，再加上九江郡的安丰（今固始南）、邯郸郡的安阳，秦在今河南境内共设置了 71 县④。这一时期，河南还没有一个独立的称谓，直到西汉时期建立了河南郡，才有了"河南"这样一个地名。据《汉书·地理志》记载："河南郡，故秦三川郡，高帝更名。莽曰保忠信乡，属司隶也。户二十七万六千四百四十四，口一百七十四万二百七十九。有铁官、工官。敖仓在荥阳。县二十二。"西汉时期，河南郡基本上相当于秦朝的三川郡，下辖 22 个县。西汉王朝在全国设置了 103 个郡，郡治在今天河南省境内的就有 10 个，置县 161 个，再加之在今河南境内的其他 19 个县，共有 181 个县，远比今天的 89 个县要多出许多⑤。所以秦汉时期河南的区域范围远远大

---

① （宋）王应麟：《玉海》卷 157《宫室》，江苏古籍出版社 1987 年版，第 2880 页。
② （宋）司马光撰，李之亮注：《司马温公集编年笺注》卷 13《和君贶寄河阳侍中牡丹》，第 2 册，402 页。
③ 刘士岭：《大河南北，斯民厥土：历史时期的河南人口与土地》（1368～1953），博士学位论文，复旦大学，2009 年，第 25 页。
④ 参见谭其骧《中国历史地图集》（第二册），中国地图出版社 1982 年版。
⑤ 程民生：《河南经济简史》，中国社会科学出版社 2005 年版，第 46～47 页。

于今天的河南。区域范围的扩大也表明其在国家政治、经济、文化方面地位的重要。

三国两晋南北朝时期，战乱频繁，政权更迭如走马灯。河南是战略要地，历来为兵家必争之所，大大小小的军阀在这里轮番上演，可谓你方唱罢我登场，河南境内大部分地区先后处于曹魏、西晋、北魏、东魏和北齐等政权的管辖之下。三国时曹魏建都洛阳，在洛阳设立司州，管河南尹、河内、弘农等5个郡，在安城设豫州，辖汝南、颍川、陈郡、梁国、弋阳等7个郡。在新野设荆州，管南阳、南乡等7个郡。此外，隶属于兖州的还有东郡和陈留国①。西晋仍以洛阳为都城。郡治在今河南境内者有15个郡。即河南郡（郡治洛阳）、荥阳郡（荥阳）、弘农郡（弘农）、汲郡（汲县）、河内郡（野王）、顿丘郡（顿丘）、陈留国（小黄）、濮阳国（濮阳）、颍川郡（许昌）、汝南郡（新息）、襄城郡（襄城）、梁国（睢阳）、弋阳郡（西阳）、南阳郡（宛）、义阳郡（新野）。15个郡共辖122个县，另外还有属于今天河南的14个县。西晋时期，河南境内共有县136个②。北魏孝文帝时期，实行汉化政策，迁都洛阳，河南境内大部分处于北魏的统治之下。北魏在洛阳设立司州，管辖河南尹、渑池、恒农、荥阳、颍川、襄城、河内、汲郡、东郡等16个郡，在上蔡设豫州，管辖汝南、初安等8个郡，此外还有东豫州、东荆州、南兖州等为豫州代管。河南的南部区域则处于南朝的版图之内。

隋唐时期，河南境内大部分隶属于都畿道和河南道；此外还有隶属于河北道的相州和卫州、属于河东道版图的虢州、属于山南东道的唐州和邓州、属于淮南道的光州和申州。北宋时期定都开封，河南是宋政权统治的中心区域。宋设京畿路和京西北路管辖河南大部分地区。此外还设有京东西路、河北西路、永兴军路、京西南路、淮南西路等统治河南的部分地区。程民生先生依据《宋史·地理志》统计在今河南境内有县126个，占全国1234个县的1/10强③。

金元时期，河南基本上隶属于少数民族的统治之下，金改南京路，统

---

①　刘士岭：《大河南北，斯民厥土：历史时期的河南人口与土地（1368～1953）》，博士学位论文，复旦大学，2009年，第30页。

②　程民生：《河南经济简史》，中国社会科学出版社2005年版，第73页。

③　程民生、程峰、马玉臣：《古代河南经济史》（下），河南大学出版社2012年版，第107页。

治除淮河以南地区的全部河南领土（淮河以南 5 个县隶属于南宋的荆湖北路和淮南西路）辖县 119 个。元设河南江北省和中书省，辖县 104 个。河南江北行省管辖今河南省黄河以南地区以及湖北、安徽、江苏部分地区。中书省统治黄河以北的彰德路、卫辉路、怀庆路、大名路。金元时期，河南设县数量的减少，标志着河南行政区划的逐渐萎缩①。河南的经济地位逐步下降，对畜牧业也造成了一定的影响。明置河南省，后改河南布政使司，其管辖范围北到武安，南至信阳，西到陕州，东至永城的广大区域，辖 8 个府 1 个直隶州，11 个属州 96 个县②，囊括了今河南全省的大部分地区。清改河南省，省名至今未变。程民生先生依据《清史稿·地理志》整理得出清代河南设府 9 个、直隶州 5 个、直隶厅 1 个，辖 97 个县，再加上今河南省内的其他州县，清代河南境内实有县数为 102 个③。1912 年辛亥革命推翻了清政府的统治，建立中华民国。1927 年设立河南省政府，河南有开封道、河北道、河洛道、汝阳道 4 个道，辖县 108 个。

综上所述，历史时期，河南地区行政区划是不断变动的。西汉时期达到顶峰，辖县最多，以后逐步减少。尤其是金元以来，河南行政区划大有越来越弱化的趋势。河南行政区划的变迁反映了历史时期河南人口的增减与耕地的多寡，以及河南在全国政治、经济发展中地位的变化，而这些因素对历史上畜牧业的发展造成了巨大影响。笔者后面有专项论述，此不赘述。

第三节　历史时期河南的气候和环境变迁

河南地形复杂，地势西高东低。它的北部、南部与西部均为山脉。北部为太行山余脉，西部为秦岭余脉，南部为大别山，中南部自西北向东南

---

① 程民生、程峰、马玉臣：《古代河南经济史》（下），河南大学出版社 2012 年版，第 218～219 页。

② 刘士岭：《大河南北，斯民厥土：历史时期的河南人口与土地（1368～1953）》，博士学位论文，复旦大学，2009 年，第 33 页。

③ 程民生、程峰、马玉臣：《古代河南经济史》（下），河南大学出版社 2012 年版，第 373～374 页。

横亘 800 里的伏牛山，东部为广阔的黄淮海平原。大体而言，河南山地占 26%，丘陵占 18%，平原、盆地、河谷地占 56%[①]。河南境内有河流 1500 余条，分属四大流域，北部为海河流域，中部为黄河流域，西南为长江流域，东南为淮河流域。气候上北部为中温带，南部为暖温带与亚热带。河南自古以来就是气候湿润、适合人类居住的地区。河南属暖温带—亚热带、湿润—半湿润季风气候。一般特点是冬季寒冷雨雪少，春季干旱风沙多，夏季炎热雨丰沛，秋季晴和日照足。全省年平均气温一般在 12℃ ~ 16℃ 之间，一月 -3℃ ~ 3℃，七月 24℃ ~ 29℃，大体为东高西低、南高北低，山地与平原间差异比较明显。气温年较差、日较差均较大，极端最低气温 -21.7℃（1951 年 1 月 12 日，安阳）；极端最高气温 44.2℃（1966 年 6 月 20 日，洛阳）。全年无霜期从北往南为 180 ~ 240 天。年平均降水量为 500 ~ 900 毫米，南部及西部山地较多，大别山区可达 1100 毫米以上。全年降水的 50% 集中在夏季，常有暴雨。

我国疆域广阔，地形、气候变化多样，形成复杂的自然景观。大体而论，东北自大兴安岭起，向西南经阴山山脉，再经秦陇山地，直至青藏高原的东麓，绵延的山脉，将我国分为东南与西北两大部分。东南部以丘陵平原为主，气候比较湿润，主要为农区和森林植被。西北部以高原、高山峻岭为主，干燥的内陆，主要为草原及荒漠牧场，长期以来，自然利用为畜牧业基地。在这条线附近，存在着农牧业交错地区。再自昆仑山，沿秦岭至淮阳山地，东西走向的山脉，将我国分为南北二部，成为南北气候的重要分界[②]。另据《中国农业地理总论》一书的观点，我国农牧业区分界线是：东北的大兴安岭东麓—辽河中上游—阴山山脉—鄂尔多斯高原东缘（除河套平原）—祁连山（除河西走廊）—青藏高原的东缘，此线以南以东是农区，以西以北是牧区[③]。由此可见，河南基本上位于这条线的东南区域，气候上以温暖湿润为主，不大适合畜牧业的生产。

综上，从气候、地形、生态与降雨量上看，河南是不大适合大规模的集约化的草原畜牧业的，只能从事以一家一户为单位的小型家庭饲养业。

---

① 程民生主编，薛瑞泽著：《古代河南经济史》（上），河南大学出版社 2012 年版，第 1 页。

② 贾慎修主编：《草地学》，中国农业出版社 1982 年版，第 125 页。

③ 吴传钧、郭焕成主编：《中国农业地理总论》，科学出版社 1980 年版，第 286 页。

历史时期，河南地处中原，长期成为我国古代政治、经济与文化中心，人类频繁的活动、开发、连绵的战乱以及繁多的自然灾害对河南的气候与生态环境造成了很大影响，尤其是唐宋以来生态环境急剧恶化，对河南生态环境的危害更是不可小觑。据宋人沈括记载，到北宋中后期，黄河中下游一带许多山脉已经变成濯濯童山了，越到后来对生态环境的破坏越发严重。历史时期河南气候与生态环境的变迁，对畜牧业的发展造成了很大的影响，不同时期河南畜牧业也呈现出不同的特点。

一 先秦时期河南气候与生态环境的变迁

先秦时期，河南地区气候温暖湿润，相当于现在长江流域的亚热带气候。如刘绍铭先生认为，从 60 万年前到距今 5000 年，"黄河流域大部分时间属于暖湿气候时期，极似于今日长江流域之气候情况"①。满志敏先生则指出：仰韶时期，黄淮海平原降水较现在为多，湖泊扩大，年平均气温要比现在高 2℃左右②。邹逸麟先生统计，先秦时期，河南地区湖泊众多，境内湖泊有 24 个，占华北平原总数 45（疑为 49）个的将近一半③。这种暖湿的气候一直持续到春秋战国时期，当然其间也有小小的变动，如周代中叶以后，有一个短暂的不足 200 年的小冰河期，气候变冷，几乎改变了西周历史，迫使平王将都城东迁洛邑（今河南洛阳）④。但总体而言，先秦时期，黄河流域的中原地区气候温暖，土质肥美，自然植被极为茂盛，野生动植物资源异常丰富。这种良好的生态环境从古代文献记载中亦可以窥豹一斑。如孟子曾描绘先秦时期的中原大地："草木畅茂，禽兽繁殖。"⑤ 司马迁也说："夏得木德……草木畅茂。"⑥ 因为那时的河南地区人口少，生产力低下，生态环境很少遭到破坏。《诗经》中有大量描绘河

① 刘绍铭：《中国历史上气候之变迁》，台湾商务印书馆 1984 年版，第 31 页。

② 满志敏：《黄淮海平原仰韶温暖期的气候特征探讨》，《历史地理》第 10 辑，上海人民出版社 1992 年版，第 271 页。

③ 邹逸麟：《历史时期华北大平原湖沼变迁述略》，《历史地理》第 5 辑，上海人民出版社 1987 年版。

④ 刘绍铭：《中国历史上气候之变迁》，台湾商务印书馆 1984 年版，第 82 页。

⑤ 《孟子》卷 5《滕文公上》，中华书局 2007 年版，第 111 页。

⑥ （汉）司马迁：《史记》卷 28《封禅书》，中华书局 1959 年版，第 1366 页。

南地区植被状况的诗句，如《诗经·商颂·殷武》："陟彼景山，松柏丸丸。"① 随处可见的茂密森林，大片大片的草原，丛林之间遍布着湖泊沼泽，可以说是当时自然环境的一个再现。从《周礼·夏官司马·职方氏》的记载中可以看出周代河南地区的植被状况。"河南曰豫州，其山曰镇华山，其泽薮曰圃田，其川荥雒，其浸波溠，其利林漆丝枲，其民二男三女，其畜宜六扰，其谷宜五种。"② 河南地区广阔的森林、草原，良好的自然植被，适宜的气候，优美的生态环境为畜牧业的发展提供了得天独厚的条件。因此，先秦时期河南畜牧业尤其是狩猎与周边地区比较最为发达。

二 秦汉魏晋南北朝时期河南的气候与环境

根据竺可桢先生的研究，秦汉魏晋南北朝时期，我国气候进入第二个寒冷期。这个寒冷期经东汉、魏晋南北朝至隋初，前后持续近 6 个世纪。其时间大致是从公元初至 600 年。一方面，西汉前期，气候还较为湿润，西汉末年直到隋朝初年气候寒冷而干旱。另一方面，西汉时期，是我国古代人口增长的一个高峰期，到西汉末年全国人口已达 59,594,978 人，河南人口首次超过 1 千万，达到 1200 余万③。人口的增长必然带来土地的大规模开垦，到汉平帝元始二年（公元 2 年），全国垦田面积达到 827 万多顷，尤其是对人口密集的黄河中下游地区的开发达到了杀鸡取卵、近乎掠夺式的地步。诚如东汉人王符所说：

> 中州内郡，规地拓境不能生边，而口户百万，田亩一金，人众地狭，无所容足。土多人少，莫出其财，是谓虚土可以袭伐也；土少人众，民非其民，可匮竭也。是故土地人民必相称也。④

中原一带人多地少，王符建议可以迁徙中州之民于边疆，进行垦荒。垦荒虽然能够缓解人多地少的矛盾，但对生态环境的破坏也是显而易见

① 程俊英：《诗经译注》，上海古籍出版社 1985 年版，第 686 页。
② （清）孙诒让：《周礼正义》卷 63《职方氏》，中华书局 1987 年版，第 2654 页。
③ 袁祖亮：《河南历史人口发展概况》，《郑州大学学报》1982 年第 4 期。
④ 王符：《潜夫论笺校正》卷 5，中华书局 1985 年版，第 271 页。

的。如西汉政治家晁错指出："焚林伐木不时，命曰：'伤地'。"① 另一方面豪强地主伐木烧炭、冶铁、大兴土木等对生态环境也是一个很大的破坏。

> 往者豪强大家，得管山海之利，采铁石鼓铸，煮海为盐。一家聚众或至千余人，大抵尽收放流人民也。②
>
> 今汉家铸钱，及诸铁官皆置吏卒徒，攻山取铜铁，一岁功十万人已上，中农食七人，是七十万人常受其饥也。凿地数百丈，销阴气之精，地藏空虚，不能含气出云，斩伐林木亡有时禁，水旱之灾未必不繇此也。③
>
> 及其后世，采椽不斫，茅茨不剪，无斫削之事、磨砻之功。大夫达棱楣，士颖首，庶人斧成木构而已。今富者井干增梁，雕文槛楯，恶夔壁饰。④

河南所在的中原地区是世家大族采矿伐木的主要区域之一，这种涸泽而渔般的滥采滥伐破坏了当地的生态环境，致使水旱不断。再兼之因气候寒冷导致少数民族内迁，五胡乱华，战乱频仍等诸多因素的影响，秦汉魏晋南北朝时，中原一带森林、草原等植被遭到了破坏，水土流失严重，黄河水道泥沙比重增大，导致河患频繁，黄河改道，黄河中下游地区出现了中国历史上生态环境恶化的第一个周期⑤。尤其是频繁的战乱对生态环境造成的破坏更大。如东汉末年董卓之乱，以洛阳为中心的中原地区出现了"白骨露于野，千里无鸡鸣"的悲惨景象。据陈寿《三国志》记载京师洛阳的战后破败情景："宫室烧尽，街陌荒芜，百官披荆棘，依丘墙间。州郡各拥兵自为，莫有至者。饥穷稍甚，尚书郎以下，自出樵采，或饥死墙

---

① 《意林·晁错新书》，转引自王玉德、张全明《中华五千年生态文化》，华中师范大学出版社1999年版，第257页。

② （汉）桓宽撰，王利器校注：《盐铁论校注》卷1《复古第六》，中华书局1992年版，第78页。

③ （汉）班固：《汉书》卷72《贡禹传》，中华书局2006年版，第3075页。

④ （汉）桓宽撰，王利器校注：《盐铁论校注》卷6《散不足第二十九》，中华书局1992年版，第349页。

⑤ 王玉德、张全明：《中华五千年生态文化》，华中师范大学出版社1999年版，第173页。

壁间。"① 总之，秦汉魏晋南北朝时期干旱寒冷的气候不仅影响了生态环境的变迁，对当时的社会也造成了很大的影响。诚如刘绍铭先生所言，"寒冷干旱的气候曾造成西汉和王莽的覆亡、东汉皇室之倾覆、五胡乱华和中华民族的向南大迁徙，等等，可见此长期性干冷气候曾经使中国的历史因而改写不少"②。可以想见，对生态环境变化极为敏感的畜牧业也因此受到很大影响，促使畜牧区域不断南移，黄河沿岸这些传统的农业地区，变成了亦农亦牧的场所，农业与畜牧业的博弈日益激烈。

三　隋唐五代时期河南气候与环境变迁

从隋代开始经历唐五代一直到北宋初年是一个温暖期，其时间大致是从公元 600 年到公元 1000 年③。我们从一些文献记载里也可窥知一二。例如，唐五代时期，西安附近还生长有大片的竹林。元稹诗云："连昌宫中满宫竹，岁久无人森似束。"④ 王维描绘其辋川别墅的《竹里馆》一诗写道："独坐幽篁里，弹琴复长啸。深林人不知，明月来相照。"⑤ 辋川别墅在今陕西蓝田县。如本来生长在江南的梅花，唐朝时期却在都城长安广泛种植，元稹写诗道（梅花）"长安最多处，多是曲江池"⑥。唐武宗会昌年间，唐宫廷中还种植柑橘，唐武宗派宦官采摘，赏赐给大臣每人 3 枚。而梅花与柑橘只能抵抗 −8℃ ~ −14℃ 的低温，而现在西安冬天的最低温度多在 −14℃ 以下。说明唐代长安的温度明显高于今天。另据吴宏岐先生研究统计，唐代温暖的冬天有 27 个，这在中古时期是十分罕见的⑦。就纬度位置而言，河南的中心城市郑州与西安是同一纬度，应该说气候也是非常暖和的。这种暖湿的气候对农业而言是非常重要的，有利于农作物的生长，而对于畜牧业来说，一些适宜在"地气高寒"地区放牧的马、骆

---

① （西晋）陈寿：《三国志》卷 6《魏书六》，中华书局 1982 年版，第 176 页。
② 刘绍铭：《中国历史上气候之变迁》，台湾商务印书馆 1984 年版，第 82 页。
③ 竺可桢：《中国近五千年来气候变迁的初步研究》，《考古学报》1972 年第 1 期。
④ （唐）元稹：《元稹集》卷 24《连昌宫词》，中华书局 1982 年版，第 270 页。
⑤ （唐）王维著，赵殿成笺注：《王右丞集笺注》卷 13《竹里馆》，上海古籍出版社 1984 年版，第 64 页。
⑥ （唐）元稹：《元稹集》卷 6《和乐天秋题曲江》，中华书局 1982 年版，第 66 页。
⑦ 吴宏岐：《西安历史地理研究》，西安地图出版社 2006 年版，第 100 页；程民生主编：《古代河南经济史》（下），河南大学出版社 2012 年版，第 20 页。

驼、羊等牲畜则不大适应。因此，隋唐时期这些牲畜在河南不会大规模饲养。

隋唐五代时期，中原地区气候还特别湿润，其中最湿润多雨期为公元630年至公元800年①。另有学者统计，唐代统治289年间，水患占48%，旱灾占39%，说明大多数年份降雨量大②。这种温暖湿润的气候对农牧业都会造成很大的影响。气象学家推算，年平均气温相差1℃，农作物生长期要相差15～20天，降雨量也要相差50～150毫米，在地理位置上，相当于南北方向上位移250公里③。唐五代这种温暖的气候使得农牧分界线北移，游牧民族很少入侵中原，对河南经济的发展与社会的稳定都有积极的意义。蓝勇指出：历史上著名的汉唐盛世的出现，就是以温暖气候为基础的④。

隋唐时期，关中一带以及中原地区还分布有成片的森林。据史念海先生研究，终南山上树种繁多，百木争秀⑤。韩愈吟诗赞美道："夏炎百木盛，荫郁增埋覆。神灵日歊歔，云气争结构。"⑥蓝田道上也是杉篁夹路，甚至到北宋时期，终南山上依然有"长林大竹"和山下幽谷中的林泉胜景。这一时期，河南境内也有不少林木覆盖，洛阳周围诸山，如熊耳山、嵩山以及黄河以北的王屋山、析城、太行诸山都以多松著名⑦。尽管如此，隋唐五代时期，因战乱与大规模的森林采伐，中原一带的森林已遭到破坏。如隋唐两代都曾大规模地营建东都洛阳，耗费了大量木材，豫西山地成了重要的伐木场所，因当时诸山还有不少林木可采，唐政府就在陆浑（今嵩县东北）、伊阳（河南汝阳）两县置监司，在洛阳周边大肆砍伐林木。这种采伐直到北宋时期仍在继续。在宋人诗歌里多有反映，如"村氓朝坎坎，樵斧

---

① 《近万年来我国中原气候在年降水量方面的变迁和未来趋势》，王邨编：《中原地区历史旱涝气候研究和预测》，气象出版社1992年版，第74页。

② 王玉德、张全明：《中华五千年生态文化》（上），华中师范大学出版社1999年版，第336页。

③ 张善余：《全球变化和中国历史发展》，《华东师范大学学报》（哲学社会科学版）1992年第5期。

④ 蓝勇：《唐代气候变化与唐代历史兴衰》，《中国历史地理论丛》2000年第1期。

⑤ 史念海：《黄土高原历史地理研究》，黄河水利出版社2002年版，第466页。

⑥ （唐）韩愈著，马永昶校注：《韩昌黎文集校注》卷1《南山诗》，上海古籍出版社1987年版，第6页。

⑦ 史念海：《黄土高原历史地理研究》，黄河水利出版社2002年版，第467页。

暮丁丁"、① "却羡樵儿轻险峡，腰绳操斧常来往"、② "归路逐樵歌，落日寒川上"。这种采伐既有官方的人员也有民间樵夫。如宋人张耒在福昌（今河南宜阳）为官时，因住所周围林木葱茏影响了出行而大肆砍伐林木。

> 予官福昌，福昌古邑之废者也。官舍依山为地十余亩，其竹与木居十六，地旷人寡，草木茂遂。其大者皆百余年，根干蔽覆，若幄若屋，交罗笼络，蒙以茑蔓，凡日将旦夕将晦，鸟鸣兽号，声音百千，终日阗然，不闻人声……而今吾之所居，草木居大半矣。其坚顽硕老，无以异于薮泽，此则鸟兽之所恋，而蛇虺狐貉之所乐。而人之所居，乃其弃余。则凡使吾四邻之外，晨夜而不敢出，其心矜矜，若畏敌国，一夕数兴，寝而不梦。是岂非蛇虺狐貉之气胜，而人之所托者弱耶。于是聚吏徒集斧斤，一日之役十夫，不三日而尽伐之，剖根穷本芟伐翦剔，大者备梁柱，小者中椽杙，弱者补藩篱，恶者从薪蒸，洒扫垦除，平地乃见，阴阳疏通，表里洞然，屋室阶闼，如涌而出。于是鸟兽之声，狐貉之迹不复至矣。朝游而足不忌，夜处而心不惕，吾知人之气胜矣。③

为了加强对林木的采伐与监管，宋政府在西京河南府设置了竹木务，据张祥云先生统计，有伊河竹木务、西京竹木务、西京长泉采柴务、巩县柴务、西京采柴务、新安县竹园司、太阴监、伊阳监等④。诸多监司与采木务的设置，无疑对豫西一带的森林与植被破坏严重。

隋唐五代时期，总体而言，气候温暖，生态植被良好，但在人类活动的中心地带河南，自然灾害较之其他地区则更多，对河南畜牧业的影响也更大。兹据程民生先生的统计抄录如下："隋唐五代时期，发生或殃及河南的自然灾害，主要有水灾、地震、蝗灾、旱灾等，共计59年次。其中，

---

① （宋）张耒撰，李逸安等点校：《张耒集》卷199《福昌书事言怀一百韵上运判唐通直》，中华书局1990年版，第334页。
② （宋）司马光撰，李之亮笺注：《司马温公集编年笺注》卷4《神林谷二首》，第1册，巴蜀书社2009年版，第232页。
③ （宋）张耒撰，李逸安等点校：《张耒集》卷50《伐木记》，中华书局1990年版，第771页。
④ 张祥云：《北宋西京河南府研究》，河南大学出版社2012年版，第361～362页。

水涝最多，有 37 次，占各类灾害总数的 63%，平均每 10 年一次。相对于 1 次旱灾而言，隋唐五代时期河南境内水灾明显偏多，这从侧面反映了隋唐五代河南气候湿润的特点。其他灾害，如地震 4 次，蝗灾 8 次，火灾 9 次。"[①] 可以想见，每一次自然灾害的发生无论是对农业还是畜牧业而言都是一个严峻的考验。

畜牧业生产是生物的生产，各种家畜都与其周围的环境保持密切的关系，进行持续的能量和物质交换。气象因子光、热、水、空气等是牲畜生存繁殖生长不可缺少的生态环境条件，家畜生活在这个环境中并时时与之相互影响。作为气象的各项因子，它直接影响家畜的体型、生理机能和生产性能，对家畜的自然分布有明显作用。比如气温高而湿度大的地区，绵羊、马匹的数量比较少，因为在湿热地区体温散发是比较困难的；在雨量集中的地方，马匹、绵羊对倾盆大雨很不习惯，被毛较稀的羊更是如此，往往停止啃食牧草，所以在此季节，营养水平急剧下降，影响繁殖和成活。潮湿的环境有利于寄生虫的繁殖，对绵羊危害很大[②]。隋唐五代时期气候的持续温暖与生态环境的渐趋恶化，对畜牧业造成了很大的影响，如农牧分界线的北移、中原地区对大牲畜马匹等饲养的数量减少。

四 宋元时期河南气候的变化与环境变迁

据竺可桢先生研究，公元 1000 年以后，进入第三个寒冷期。第三个寒冷期主要包括北宋中后期至南宋中期以前的一段时间，其具体年代大致是公元 1000～公元 1200 年[③]。宋史专家张全明先生指出，北宋统治 168 年间，寒冷的冬天约占 2/3 强，越到后来冷冬越来越频繁，寒冷程度也越来越强烈[④]，寒冷区域很广。《宋史·五行志》中有诸多记载：天禧元年十一月，"京师大雪苦寒，人多冻死，路有僵尸。遣中使埋之四郊"。天禧二年正月，"永州大雪，六昼夜方止，江溪鱼皆冻死"。政和三年十一月，"（京师）大雨雪，连十余日不止，平地八尺余，冰滑，人马不能行，

---

① 程民生、马玉臣、程锋：《古代河南经济史》（下），河南大学出版社 2012 年版，第 32 页。
② 贾慎修：《草地学》，农业出版社 2004 年版，第 23 页。
③ 竺可桢：《中国近五千年来气候变迁的初步研究》，《考古学报》1972 年第 1 期。
④ 王玉德、张全明：《中华五千年生态文化》，华中师范大学出版社 1999 年版，第 425 页。

诏百官乘轿入朝，飞鸟多死"①。宋真宗天禧年间京师开封的大雪竟然导致"人多冻死"，其寒冷由此可见一斑。天禧二年（1018 年）的永州大雪使得"江溪鱼皆冻死"。永州是今天湖南省零陵，地跨北纬 26°，属于亚热带地区，现在冬天几乎难见雪花，更不可能出现大雪"六昼夜方止，江溪鱼皆冻死"的现象。宋徽宗政和三年（1113 年）十一月，开封连续十多天的一场大雪，致使"飞鸟多死"。以上如此寒冷的天气在今天的开封和零陵几乎难以出现。又如，宋徽宗大观年间福建长乐的一场大雪"雨雪数寸，遍山皆白。土人莫不相顾惊叹，盖未尝见也。……是岁，荔枝木皆冻死，遍山连野，弥望尽成枯朽。后年春，始于旧根株渐抽芽蘖，又数年，始复繁盛……是三百五十年间未有此寒也"，②长乐位于北纬 25°40′~26°04′之间的区域，属热带和亚热带气候，暖热湿润。年平均气温 19.3℃，大于或等于 10℃，积温 6375.6℃，虽境内多山，但海拔不高。一场大雪竟导致许多荔枝树被冻死，"三百五十年间未有此寒也"，可见当时多么寒冷。

两宋时期长期持续的寒冷干燥气候使得华北平原北部退耕还牧的趋势得到加强，农业和牧区的分界线逐渐南移，大致移到今天的陇海线附近，即此线以北区域是牧区和农牧混合区，以南主要以种植业为主。学界先贤不少人提出了类似看法，如郑学檬先生谈到，"宋金时期北方继十六国北朝之后出现第二次改农为牧的高潮，这虽与游牧民族入主中原有关，却也是农业区在寒冷气候之下向南推移的表现"③。葛金芳先生也曾提到："宋辽夏金时期的农牧分界线已从外长城（即秦汉所建长城）退缩到内长城（即明代长城）一线，即从位于东北方向的碣石（今河北昌黎县碣石山）向西南蜿蜒延伸到龙门（今山、陕间禹门口所在的龙门山）一线。"④ 笔者通过对宋代官营牧马业和马监牧地分布的研究，也得出了同样的结论。宋代长期存在的牧马监有 16 所，其中分布在京西路 5 监：洛阳（今河南洛阳）监、管城（今河南郑州）原武监、白马（今河南滑县东）灵昌监、许州（今河南许昌）单镇监、中牟（今河南中牟东）

---

① （元）脱脱等：《宋史》卷 62《五行志》1 下，中华书局 1977 年版，第 1342 页。
② （宋）彭乘：《墨客挥犀》卷 6《岭南无雪》，中华书局 2002 年版，第 351 页。
③ 郑学檬：《中国古代经济重心南移和唐宋江南经济研究》，岳麓书社 2003 年版，第 41 页。
④ 葛金芳：《中国经济通史》第 5 卷，湖南人民出版社 2002 年版，第 53 页。

淳泽监；京东路 1 监：郓州（今山东东平）东平监；河北路 7 监：澶州（今河南濮阳）镇宁监、洺州广平（今河北广平）2 监、卫州（今河南卫辉）淇水 2 监、安阳（今河南安阳）监、邢州（今河北邢台）安国监；陕西 3 监：同州（今陕西大荔）病马监、同州沙苑 2 监。此外，东京开封还有左右天驷 4 监和左右天厩 2 坊①。这些监牧除许州单镇监外，基本上都分布在黄河沿岸地区，即今天的河南（据笔者统计，河南在北宋时期反反复复建立了 35 所牧马监）、陕西、山西、河北、山东等地。气候的寒冷，农牧分界线的南移，是北宋时期河南畜牧业发展的重要原因之一。

宋元时期，生态环境也有了很大变化。北宋中后期以前，生态植被总体良好："江南、荆楚、淮甸、西洛，山水深秀，茂林硕材，所至丛生。"② 西北地区黄河中上游一带，植被茂密，是重要的木材输出地。秦州夕阳镇，"西北接大薮，材植所出，戎人久擅其利"③。陕西路虢亭一带 "森森松栢围先陇，溅溅牛羊满近坡"④。到处是满眼翠绿，牛羊满坡。河东路忻、代州、宁化军等地 "山林险阻，仁宗、神宗常有诏禁止采斫，积有岁年，茂密成林，险固可恃，犹河朔之有塘泺也"⑤。河东路火山军一带 "山林绕富，财用之薮也……材木薪炭，足以供一路，麋鹿雉兔，足以饱数州"⑥。林木茂盛，野兽成群。黄河中下游一带也是林木参天，太行山中段地区多 "茂林乔松"⑦，"木阴浓似盖"⑧。刘祁在《游林虑西山记》中记述其树种有槲、栗、楸、榆、椴、桐、槐、银杏、松、柏、桧等⑨。这里出产木材，五代北宋时仅林县一

---

① （清）徐松辑：《宋会要辑稿·兵》21 之 4 之 5，中华书局 1957 年版，第 7126～7127 页。

② （宋）释觉范：《石门文字禅》卷 24《送演胜远序》，四部丛刊本，第 7 册，第 7 页。

③ （宋）李焘：《续资治通鉴长编》卷 3，建隆三年六月辛卯，中华书局 2004 年版，第 68 页。

④ （宋）韩琦：《安阳集》卷 8《虢亭道中农居》，文渊阁四库全书本，第 1089 册第 267 页。

⑤ （清）徐松辑：《宋会要辑稿·刑法》2 之 80，中华书局 1957 年版，第 6535 页。

⑥ （宋）李焘：《续资治通鉴长编》卷 371，元祐元年三月戊辰，中华书局 2004 年版，第 8989 页。

⑦ （明）崔铣：嘉靖《彰德府志》卷 2，柳开：《游天平山记》，《四库全书存目丛书》第 184 册，齐鲁书社 1996 年版，第 359 页。

⑧ 李见荃等纂：民国《林县志》卷 14《金石上》，（宋）佚名：《游天平山留题·过桃林》，台湾成文出版社 1932 年版，第 989 页。

⑨ （金）刘祁：《归潜志》卷 13，《元明笔记史料丛刊》，中华书局 1983 年版，第 162～167 页。

地就设有两个伐木场，每场六百人之多，用以冶铁烧瓷①。

京西路河南府一带植被茂密，生态环境非常良好，是许多动物的栖息地。唐宋时期，当地很多民户都以狩猎为生，"唐之东都，连虢州，多猛兽，人习射猎而不耕蚕，迁徙无常，俗呼为山棚"②。河南府伊阳县一带，"多材木、林竹、薪蒸、橡栗之饶……浮伊而下，循渠引行，萃于城中，物众售平，人用赖焉"③。京西路福昌县也盛产林木，"波头伐木欲成梁，落日樵苏下山去"④，成为重要的木材供应地。西京河南府"比户清风人种竹，满川浓绿土宜桑"⑤ 也是遍地竹林，桑麻成群。伊阙县："天开岭阜竦双阙，地杂桑麻隘一川。"⑥ 黄河中游一带由于植被良好，成为大型猫科动物栖息的场所，给过往行人带来了安全隐患，为此宋政府不得不募人猎捕。如宋太祖乾德年间，政府诏令开封浚仪人李继宣前往陕州（今河南三门峡）捕虎，他"杀二十余，生致二虎、一豹以献"⑦。一次就猎杀 20 余只老虎，陕州一带虎豹之猖獗，生态植被之良好由此可以窥豹一斑。

黄河下游的河北路、京东路一带植被也相当茂密。"今齐、棣间数百里，榆柳桑枣，四望绵亘，人马实难驰骤。"⑧ 数百里的森林则成了阻隔辽军的天然屏障。良好的生态吸引了一些虎豹等大型猫科动物。泰山周边地区"素多虎，自兴功以来，虽屡见，未尝伤人，悉相率入徂徕山，众皆异之。诏王钦若就岳祠祭谢，仍禁其伤捕"⑨。天禧中，有武臣赴官青社、齐州北境，"武臣以橐驼十数头负囊箧，冒暑宵征。有虎蹲于道右，

① （明）常存仁修，郭朴纂：万历《彰德府志》卷2，转引自邹逸璘《黄淮海平原历史地理》，安徽教育出版社 1997 年版，第 50 页。

② （宋）赵彦卫：《云麓漫钞》卷3，中华书局 1996 年版，第 50 页。

③ （宋）蔡襄：《莆阳居士蔡公文集》卷 20《导伊水记》，北京图书馆古籍珍本丛刊，第 86 册，第 8 页。

④ （宋）张耒撰，李逸安等点校：《张耒集》卷 13《秋风三首》，中华书局 1990 年版，第 229 页。

⑤ （宋）司马光撰，李之亮笺注：《司马温公集编年笺注》卷 14《和子骏洛中书事》，第 2 册，巴蜀书社 2008 年版，第 467 页。

⑥ （宋）司马光撰，李之亮笺注：《司马温公集编年笺注》卷 7《送王太祝豫知伊阙》，第 1 册，巴蜀书社 2008 年版，第 507 页。

⑦ （元）脱脱等：《宋史》卷 308《李继宣传》，中华书局 1977 年版，第 10144 页。

⑧ （宋）李焘：《续资治通鉴长编》卷 235，熙宁五年七月辛卯，中华书局 2004 年版，第 5707 页。

⑨ （宋）李焘：《续资治通鉴长编》卷 69，大中祥符元年五月壬午，第 1546 页。

驼既见，鸣且逐之，虎大怖骇，弃三子而走。役卒获其子而鬻之"①。没有成片的天然森林，老虎是不可能在这里经常出没的。

北宋中后期，随着大规模的开山采木、毁林开荒和退牧还耕，黄河流域的植被破坏得较为严重。如河东路、京西路的林木也因滥砍滥伐，数量急剧减少。史载，宋神宗熙宁年间：

> 陕府、虢、解等州与绛州，每年差夫共约二万人，至西京等处采黄河梢木，令人夫于山中寻逐采斫，多为本处居民于人夫未到之前收采已尽，却致人夫贵价于居人处买纳，及纳处邀难，所费至厚，每一夫计七八贯文，贫民有卖产以供夫者。②

宋神宗熙宁年间，河东、陕州、虢州、绛州等处的2万余名伐木工人，在西京河南府周围一带的嵩山、熊耳山等处大肆砍伐林木，以至于出现了无木可伐、不得不高价购买以充抵任务的现象。宋政府还在河北、京东路等地大规模地科率木材，导致农户忍痛割爱砍伐桑树以上交木材的惨痛现象发生："臣风闻河北、京东诸州军见修防城器具，民间配率甚多。澶州、濮州地少林木，即今澶州之民为无木植送纳，尽伐桑柘纳官……兼闻澶州民桑已伐及三四十万株。"③ 正因为这种杀鸡取卵式的盲目滥砍滥伐，到北宋中后期整个黄河流域的山脉几乎变成了濯濯童山，森林资源遭到了近乎毁灭性的破坏："今齐、鲁间松林尽矣，渐至太行、京西、江南，松山太半皆童矣。"④ 有人估计唐宋时期黄河中游的森林覆盖率已下降到32%⑤，甚至有人认为宋代北方的林木资源几乎被破坏殆尽⑥。

---

① （宋）江少虞：《宋朝事实类苑》卷60《虎畏橐驼》，上海古籍出版社1981年版，第787～788页。

② （宋）范纯仁：《范忠宣奏议》卷上《条列陕西利害》，文渊阁四库全书，第1104册，第750～751页。

③ （宋）欧阳修：《欧阳修全集》卷103《论乞止绝河北伐民桑柘札子》，中华书局2001年版，第1574页。

④ （宋）沈括：《梦溪笔谈》卷24《杂志一》，远方出版社2004年版，第136页。

⑤ 《古黄土高原是草木丰茂的千里沃野》，《科学动态》1980年第58期。转引自王玉德、张全明《中华五千年生态文化》，华中师范大学出版社1999年版，第431页。

⑥ 熊燕军：《宋代江南崛起与南北自然环境变迁——兼论宋代北方林木资源的破坏》，《重庆社会科学》2006年第5期。

另一方面，宋元时期黄河中下游地区生态植被遭到了严重破坏。张全明先生指出，"包括今天的关中、山西、京津、河北、河南、山东及苏皖等部分地区，是我国历史上农牧业开发程度最高的地区，这里分布的主要是栽培植被和次生植被。只是在大部分山区，才保存有较多的原生植被。至于有些过度垦荒或放牧的地方，甚至已成为不毛之地，并且开始出现水土严重流失的现象"①。张全明先生的这一论断非常正确，据史料记载，北宋时期，黄河沿岸的中原地区仅监牧占地最高时就达 9.8 万顷②。这些牧地基本上都分布在传统的农业区，农牧争地的现象异常严重。纵观宋代在农牧博弈的过程中，黄河沿岸时而退耕还牧，时而退牧还耕，植被遭到了严重破坏③。

北宋中后期，黄河中下游地区由于无限制的开发，使地表植被遭到严重破坏，导致中原一带生态环境急剧恶化，水患频繁。据程民生先生统计，"北宋 167 年间，黄河大的决口为 70 次，平均 2.3 年 1 次。其中河北 16 次、山东 8 次、江苏 1 次、山西 1 次，其余 44 次全发生在现河南境内，占总数的 63%"④。频繁的水患使河南畜牧业的发展受到了极大影响。如宋仁宗天圣四年（1026 年），"汝颖之间近值大水，冲注牛畜，虽有原田无牛耕种，乞下汝州应有百姓买卖耕牛持免税钱"⑤。宋仁宗嘉祐元年（1056 年），京师开封"以雨水为灾……至于王城京邑，浩如陂湖，人畜死者，不知其数"⑥。宋英宗治平二年（1065 年）八月"京师（开封）大雨，地上涌水，坏官私庐舍，漂人民畜产不可胜数"⑦。环境的恶化对于畜牧业的影响由此可见。

元朝是蒙古人建立起来的政权，他们统一中国后也将游牧民族的生产方式带到了中原地区。元朝统治者曾一度将其盛行的畜牧业推向全国，将全国变成牧场："周回万里，无非牧地"⑧ 都元帅察罕，元宪宗时"赐汴梁、归德、河南、怀、孟、曹、濮、太原三千余户为食邑，及诸处草地合

---

① 王玉德、张全明：《中华五千年生态文化》，华中师范大学出版社 1999 年版，第 430 页。

② （元）脱脱等：《宋史》卷 198《兵》12，中华书局 1977 年版，第 4936 页。

③ 张显运：《宋代畜牧业研究》，中国文史出版社 2009 年版，第 107～112 页。

④ 程民生、马玉臣、程锋：《古代河南经济史》（下），河南大学出版社 2012 年版，第 104 页。

⑤ （清）徐松辑：《宋会要辑稿·食货》17 之 20，中华书局 1957 年版，第 5093 页。

⑥ （宋）李焘：《续资治通鉴长编》卷 183，嘉祐元年七月丙戌，中华书局 2004 年版，第 4424 页。

⑦ （元）脱脱等：《宋史》卷 61《五行志》1 上，中华书局 1977 年版，第 1319～1337 页。

⑧ （明）宋濂、王祎：《元史》卷 100《兵志三》，中华书局 1976 年版，第 2553 页。

一万四千五百余顷"①。他们肆无忌惮地破坏和掠夺，毫无顾忌地使广大被统治区变为荒无人居的牧场。诚如马克思所言："蒙古人把俄罗斯弄成一片荒凉，这样做是适合于他们的生产、畜牧的，大片无人居住的地带是畜牧的主要条件。"② 这种肆意地变农为牧的做法，无疑对河南地区的生态环境与农业生产造成极大的破坏，也遭到了一些有识之士的强烈反对。如窝阔台统治时期，大臣许衡上言：

> 考之前代，北方奄有中夏，必行汉法，可以长久。故魏、辽、金能用汉法，历年最多，其他不能者实用汉法，皆乱亡相继，史册具载，昭昭可见也。国朝乃处远汉，无事论此，必若今日形势，非用汉法不可以也。陆行资车，水行资舟，反之则必不能行。幽燕以北，服食宜凉，蜀汉以南，服食宜热，反之则必有变异。以是论之，国家当行汉法无疑也。③

所谓"汉法"，包括在中原地区发展农业生产，退牧还耕，借鉴汉人的政治制度等。当然，随着蒙古人的南下征服与日益扩张，客观环境促使元朝统治者不得不实行汉法，在中原地区退牧还耕，发展农业。

五 明清时期河南气候与生态环境的变迁

明清时期，据竺可桢先生研究气候进入第四个寒冷期。这一时期寒冷气候持续很长，从 14 世纪一直延续到 20 世纪初④。该时期气候极其严寒，见诸文献多有记载。

> 景泰四年冬十一月戊辰至明年孟春，山东、河南、浙江、直隶、淮、徐大雪数尺，淮东之海冰四十余里，人畜冻死万计。五年正月，

① （明）宋濂、王祎：《元史》卷 120《察罕传》中华书局 1976 年版，第 2956 页。
② 马克思：《〈政治经济学批判〉导言》，参见《马克思恩格斯全集》第二卷（上），人民出版社 1972 年版，第 100 页。
③ （元）许衡：《许衡集·鲁斋遗书》卷 7《立国规摹》，《元代别集丛刊》，吉林文史出版社 2010 年版，第 171～172 页。
④ 竺可桢：《中国近五千年来气候变迁的初步研究》，《考古学报》1972 年第 1 期。

江南诸府大雪连四旬，苏、常冻饿死者无算。是春，罗山大寒，竹树鱼蚌皆死。衡州雨雪连绵，伤人甚多，牛畜冻死三万六千蹄。成化十三年四月壬戌，开原大雨雪，畜多冻死。十六年七八月，越巂雨雪交作，寒气若冬。弘治六年十一月，郧阳大雪，至十二月壬戌夜，雷电大作，明日复震，后五日雪止，平地三尺余，人畜多冻死。正德元年四月，云南武定陨霜杀麦，寒如冬。万历五年六月，苏、松连雨，寒如冬，伤稼。四十六年四月辛亥，陕西大雨雪，橐驼冻死二千蹄。①

由上可知，明代景泰年间气候异常寒冷，波及的范围非常广泛，既有黄河流域的河南、山东、直隶等地，又有长江流域亚热带地区的江南一带；极端的气候造成的危害相当严重，常常导致数万头牲畜被冻死。这种极端寒冷的天气并非个案，也并非仅景泰年间所有。例如，明孝宗弘治十四年（1501 年）11 月，浙江嘉善"恒寒，冰坚半月，河荡皆可徒行"②。明武宗正德四年（1509 年）冬，"极寒，黄埔冰厚二三尺，经月不解，竹柏多死，岁苦饥"③。这些地区从温度带上看本为亚热带地区，冬天无雪或少雪，气温一般在 0℃以上，在明代却出现了如此寒冷的天气。

到了清代，这种寒冷的气候仍在继续。张全明先生依据《清史稿》卷十四的记载摘录几条（笔者照录）如下：康熙十六年（1677 年）九月，"临淄大雪深数尺，树木冻死；武乡大雨雪，禾稼冻死；沙河大雪，平地深三尺，冻折树木无算"。五十七年（1718 年），"通州大雪盈尺"。乾隆五十七年（1792 年）六月，"房县大寒如冬"。五十九年（1794 年），"湖州寒如冬"④。韩昭庆通过对明清时期太湖流域有关方志中典型冷暖事件记载的资料，以 20 年为单位对冷暖事件出现的次数分别进行统计，并在此基础上对明清时期太湖流域冬季气候状况进行归纳和分期。他得出的结论是太湖流域明清时期气候状况以冷为主，可划分为三个冷期和两个暖

①　（清）张廷玉等：《明史》卷 28《五行志一》，中华书局 1974 年版，第 426 页。

②　（清）许瑶光修，吴仰贤纂：《嘉兴府志》卷 35《祥异》，台湾成文出版社 1970 年版，第 833 页。

③　（清）张文虎：《南汇县志》卷 22《杂志》，台湾成文出版社 1970 年版，第 1472～1473 页。

④　参见张全明、王玉德《中华五千年生态文化》，华中师范大学出版社 1999 年版，第 648 页。

期。暖期出现于 16 世纪中叶和 18 世纪，其余为冷期①。他所引方志中的史料略录如下："1453 年《湖州府志》载：十一月至明年孟春浙江大雪数尺，太湖诸港渎皆冻断，舟楫不通；1501 年《嘉兴府志》载：十一月恒寒，冰坚半月，河荡皆可徒行；1449 年《青浦县志》载：冬十二月大雪七昼夜，积高丈余，民皆凿雪开道以行。1595 年《长兴县志》载：大雪，平地丈许，两月雪冻不释；1509 年《明实录》载：冬极寒，松竹多槁死，柚绝种，数年市无鬻者；1755 年《江阴县志》载：八月寒霜早降，禾苗尽枯，尽疫。1861 年《嘉善县志》：十二月二十五日大雪旬余，平地积五六尺，河尽冻，半月始解。"气候的寒冷不仅给全国经济发展与人民生活带来诸多不利，给明清时期的河南经济同样造成不利的影响。

明清时期，因土地的大规模开发，人口的急剧增长以及资源的大肆掠夺，生态环境每况愈下。环境的恶化主要表现在：森林的大面积减少、水土流失加剧、沙漠化进程加快、野生动物明显减少、自然灾害频繁等②。

明代因大规模的屯田致使黄土高原吕梁山一带的森林大面积被毁。如宁武关"锄山为田"，"今前项屯田俱错列万山之中。岗阜相连"③。明宪宗成化年间，燕山一带"延袤数千里，山势高险，林木茂密，人马不通"，古松郁郁葱葱，广袤千里。但因"每年大放军士，伐木两次"，到明嘉靖时"辽元以来古松略尽"。到明穆宗隆庆时，千里古松已经荡然无存。据张全明先生研究，明代时"黄河中游中条山和太岳山的森林，渭河中上游的森林，陕北衡山的森林，内蒙古鄂尔多斯高原及阴山的森林，秦岭北坡的森林，也多是从明代遭到毁灭性破坏的"④。森林的滥砍滥伐还导致了水土流失的加重。如黄河中上游森林的枯竭，加重了黄土高原的水土流失，这些泥土在河水的冲刷下携带大量泥沙流到黄河中下游，致使下游河床增高，水患频繁。曾如明嘉靖年间官员周用所

---

①　韩昭庆：《明清时期太湖流域冬季季候研究》，《复旦学报》1995 年第 1 期。

②　王玉德、张全明：《中华五千年生态文化》，华中师范大学出版社 1999 年版，第 572~581 页。

③　（明）陈子龙等编：《明经世文编》卷 359《庞中丞摘稿三·清理山西三关屯田疏》，中华书局 1962 年版，第 3870~3871 页。

④　王玉德、张全明：《中华五千年生态文化》，华中师范大学出版社 1999 年版，第 574 页。

言："河南府州县，密迩黄河地方，历年亲被冲决之患，民间田地决裂破坏，不成垄亩。"① 森林的被毁与环境的恶化还导致野生动物的明显减少。如黄土高原一带明中叶后因毁林垦殖，森林遭到灭顶之灾，树栖和林栖动物分布更稀，只有适应农耕环境的动物尚能生存②。生态的逐渐恶化还导致河南境内灾害频繁。据尚士英统计，仅旱灾而言，明清时期河南大的旱灾十年一次，局部旱灾不到两年就要发生一次③。这些灾害对河南畜牧业造成的危害几乎是毁灭性的。如明朝末年的连年大旱，波及全省，夏邑、陕州、灵宝、洛宁、新安、荥阳、襄城、沁阳、新乡、彰德、淮阳、兰阳、仪封、考城、光山、内乡、南召等许多地方发生了人吃人的悲惨景象④。旱灾过后又继之以疫灾和其他灾害，"民死于灾，死于兵，死于瘟疫者，百不存一二。存者食草根树皮，以致父母兄弟夫妻互相蚕食，尸骨遍郊野，庐舍丘墟"⑤。生态恶化与战乱对河南造成了严重的影响。

清朝时期，随着人口的急剧增加，土地大面积开垦，生态平衡遭到严重破坏。据记载，道光二十年（1840 年），清朝人口为 412,814,828 人，人口已超过了 4 亿！人口的膨胀致使人均耕地面积减少。据统计：康熙、雍正时人均耕地在 8 亩以上，乾隆后期到嘉庆时，人均耕地不足 3 亩。最严重的南方，如杭州府于潜县，在乾隆十年（1745 年）人均耕地只有 0.64 亩；嘉庆二十一年（1816 年），长沙府善化县人均耕地仅有 1.08 亩⑥。而就河南而言，人均耕地也是急剧减少。王晓燕对各时期河南的人均耕地进行了详细的计算。她统计的结果是："顺治十八年（1661 年）47.6 亩／人，康熙二十四年（1685 年）39.94 亩／人，雍正二年（1724 年）32.15 亩／人，乾隆三十一年（1766 年）4.41 亩／人，嘉庆十七年，（1812 年）3.13 亩／人。"⑦ 可见，从顺治十八年

---

① （明）陈子龙等编：《明经世文编》卷 146，《周公肃集卷一·理河事宜疏》，中华书局 1962 年版，第 1459 页。

② 王玉德、张全明：《中华五千年生态文化》，华中师范大学出版社 1999 年版，第 579 页。

③ 尚士英：《河南省地理》，河南教育出版社 1985 年版，第 76 页。

④ 马雪芹：《明清时期河南自然灾害研究》，《中国历史地理论丛》1998 年第 1 期。

⑤ 同上。

⑥ 王玉德、张全明：《中华五千年生态文化》，华中师范大学出版社 1999 年版，第 658～659 页。

⑦ 王晓燕：《清代河南自然灾害研究》，硕士学位论文，郑州大学，2006 年，第 13 页。

（1661 年）到嘉庆十七年（1812 年）151 年间，河南人均耕地减少了 15.2 倍，可谓触目惊心。人多地少的矛盾已严重激化。

人地关系的紧张促使人们走上了大规模毁林垦荒的道路。王士铎在《乙丙日记》中谈到道光年间山东半岛时说："人多之害，山顶已植黍稷，江中已有洲田，川中已辟老林，苗洞已开深菁，犹不足养。"① 土地几乎开发殆尽。无限制的开发造成水土的大量流失。如秦岭一带"乾隆以前，南山多森林密嶂，溪水清澈，山下居民多资其利。自开垦日众，尽成田畴，水潦一至，泥沙杂流，下游渠堰易致淤塞"②。又如淮河流域一带，因棚民的开山垦荒，森林采伐殆尽，水土流失严重，殃及山下固有的农田。清人梅曾亮《书棚民事》一文有详细的记载，请看史料：

> 　　未开之山，土坚石固，草树茂密，腐叶积数年可二三寸；每天雨，从树至叶，从叶至土石，历石罅，滴沥成泉；其下水也缓，又水下而土不随其下。水缓，故低田受之不为灾，而半月不雨，高田犹受其浸溉。
>
> 　　今以斤斧童其山，而以锄犁疏其上，一雨未毕，沙石随下，奔流注壑涧中，皆填污不可贮水，毕至洼田中乃止，及洼田竭，而山田之水无继者。是为开不毛之土而病有谷之田，利无税之佣而瘠有税之户也。余亦闻其说而是之。嗟夫！利害之不能两全也久矣。③

毁林开荒由此带来的后果是严重的水土流失，原有良田遭到毁坏，变为不毛之地。

河南自古就是以农耕为主的地区，毁林开荒的现象更为严重。如咸丰年间南阳淅川："人浮于地，坡岭沙滩无不种植，故地无旷土。"④ 泌阳县："沙地傍山都是岗，年来开垦已无荒。"⑤ 能够开垦的土地已被开发殆

---

① 转引自王玉德、张全明《中华五千年生态文化》，华中师范大学出版社 1999 年版，第 661 页。
② （清）高廷法等修：嘉庆《咸宁县志》，《中国地方志集成·陕西府县志辑》，凤凰出版社 2007 年版，第 135 页。
③ （清）梅曾亮：《柏枧山房文集》卷 10，《书棚民事》，华文书局 1969 年版，第 402 ~ 403 页。
④ （清）徐光第修，王官亮纂：《淅川厅志》卷 1《赋役》，台湾成文出版社 1976 年版，第 141 页。
⑤ （清）倪明进修，栗郢纂：道光《沁阳县志》卷 12《艺文志·论农田水利三首》，《中国方志丛书·华北方志》第 448 号，台湾成文出版社 1976 年版，第 868 页。

尽。又如豫北地区的辉县，本来山林茂密，环境优美，但因大规模地在山上垦荒，致使森林减少，一旦下雨，就会出现"或飞沙，或石块，或水冲河身，尽是荒芜，则山中之田不待问矣"①。森林被滥垦滥伐，急剧减少，失去了涵养水源的功能，致使洪水肆虐，冲毁农田。居住在黄河沿岸的河南居民，在黄河滩涂租种滩地，图一时之利，带来的结果是"一遇汛水涨发，易于冲溃汇注，堤根即成险工，不知堤内之地非堤外之地可比，原应让之于水者"②。黄河汛期到来，不仅冲毁了这些滩地农田，往往因滩地泥土阻碍，还会导致黄河频繁决口。恩格斯在《自然辩证法》中指出："我们不要过分陶醉于我们对自然的胜利。对于每一次这样的胜利，自然界都报复了我们。每一次胜利，在第一步都确实取得了我们预期的结果，但是在第二步和第三步都有了完全不同的、出乎预料的影响，常常把第一个结果又取消了。美索不达米亚、希腊、小亚细亚以及其他各地的居民，为了得到土地，把森林都砍完了，但是他们想象不到，这些地方今天竟因此成为不毛之地，因为他们使这些地方失去了森林，也失去了积聚和贮存水分的中心。因此我们必须在每一步都记住：我们统治自然界，决不能像征服者统治异民族那样，决不同于站在自然界以外的某一个人——相反，我们连同肉、血和脑都是属于自然界并存在于其中的；我们对自然界的全部支配力量就是我们比其他一切生物强，能够认识和正确运用自然规律。"③斯言诚哉！明清时期河南气候的变迁与生态环境的恶化就是对恩格斯这段话最好的诠释。

六 近代河南的气候与生态环境的变迁

据现代科学研究，从19世纪后期开始，中国又进入新的冷期，即同治十年（1871年）开始出现较强的厄尔尼诺现象，导致全球气候异常。受此现象的影响，近代中国灾害天气增多，被称为"清末灾害群发期"④。

河南地处内陆，同样受厄尔尼诺现象的影响，气候异常。据苏全有先

---

① 道光《辉县志》卷1《艺文志·荒田议》，1959年翻印，第379页。
② （清）高宗敕《清朝文献通考》卷9《田赋考八》，上海商务印书馆1936年版，第4932页。
③ 《马克思恩格斯选集》第3卷，人民出版社1972年版，第517页。
④ 苏全有、王守谦、李长印等：《近代河南经济史》（上），河南大学出版社2012年版，第19页。

生研究，近代河南气候特征有以下三个：一、灾害天气发生频率高，季节性明显；二、在季风气候影响下，河南灾害性天气还易出现多灾继发性或并发性，许多年份都是一年先旱后涝或被水被旱；三、夏多雹、春多风也和季风气候有关。依据苏全有先生等的统计，仅光绪元年（1875 年）到光绪二十一年（1895 年）间，短短 21 年，河南就发生各种自然灾害达1402 次，仅次于山东（1559 次）位居全国第二①。频繁的自然灾害给农牧业生产带来极大的危害。如咸丰十一年（1861 年）豫北地区 18 个州县大雨"山河并涨，禾稼被淹"②。1876—1878 年的丁戊奇荒，河南省大部分州县干旱，死亡人数、受灾面积"为二百数十年来所未有"③。连续三年的大旱使河南人口丧失 280 余万④。时人记载当时豫北地区灾荒的惨状："惟闻河北三府（怀庆、彰德、卫辉）上芒麦收减色，秋禾枯槁，颗粒未熟。""弥望千里，飞鸟尽绝。饥民百十成群，群众攫食。"⑤ 庄稼颗粒无收，飞鸟尽绝，可以想见当时畜牧业也蒙受了巨大损失。

民国以来，连年不断的战争，愈演愈烈的自然灾害，河南地区更是雪上加霜。据管慧雯统计，"民国有灾害记载的 35 年中，河南省受灾县数累计 1780 个，其中遭受水灾县数为 681 个，旱灾县数 858 个，蝗灾县数226 个"⑥。河南自然灾害以旱灾和水灾为主。频繁的灾荒对河南省农牧业经济造成巨大的破坏，如 1942 年的河南大旱"全省各地年降雨量较常年偏少 2.8 至 5.5 成，全年收成不及十之一二，全省饿死 300 万人，流亡他省 300 多万人，濒于死亡边缘等待救济者 1500 余万人"⑦。

① 苏全有、王守谦、李长印等：《近代河南经济史》（上），河南大学出版社 2012 年版，第 20 ~ 21 页。

② 水利水电科学院编：《清代海河滦河洪涝灾害档案史料》，中华书局 1981 年版，第 461 页。

③ 李文治：《中国近代农业史资料》第 1 辑，生活·读书·新知三联书店 1957 年版，第 745 页。

④ 苏全有、李长印、王守谦：《近代河南经济史》（上），河南大学出版社 2012 年版，第 30 页。

⑤ 转引自苏全有、李长印、王守谦《近代河南经济史》（上），河南大学出版社 2012 年版，第 30 页。

⑥ 管慧雯：《民国时期河南地区自然灾害与社会应对》，硕士学位论文，安徽师范大学，2010 年，第 10 页。

⑦ 河南省水利厅水旱灾害专著编辑委员会编：《河南水旱灾害·序》，黄河水利出版社 1988 年版，第 1 页。

气候的异常与自然灾害的频繁除了受全球气候异常的影响外，还与近代以来河南生态环境的进一步恶化息息相关，连绵不断的战乱是导致这一时期环境恶化的重要因素之一。近代以来随着西方列强的入侵，河南地区战争频仍。有人统计，仅北洋军阀统治时期，在河南领土上就发生大大小小的战争上百次，尤其是 1928 年的中原大战，使河南的农业遭受重创，庄稼"有如车轧，枯黄萎死，颗粒难收"①。抗日战争期间，河南成为主要战场，到 1943 年底，河南有 63 个县沦入敌手，全省战场面积达 15 万平方公里，17312.6 万公亩耕田遭到破坏，1435 户人家遭到炮火的威胁，因之伤亡者 123952 人，死亡 94132 人②。日本侵略者在沦陷区实行"烧光、杀光、抢光"的三光政策，严重破坏了河南地区的生态环境，对河南畜牧业而言也是一场浩劫。据统计，"十年战乱（1937—1947 年）……（河南）牲畜损失达六百余万头"③。显而易见，民国时期，战争是河南地区生态环境恶化的罪魁祸首。

综上所述，回顾 2000 年来河南地区气候与生态环境的变迁，这里既有自然因素，如河南地处暖温带大陆性气候，冬春干旱，夏季多雨，容易发生水灾与旱灾。黄河流经黄土高原，黄土土质疏松容易造成水土流失，地处中下游的河南常常因黄河决口而发生水灾。历史上引起河南地区生态环境变迁的更多的是社会因素。河南地处中州，唐宋以前是我国古代政治经济文化中心，也是统治者和各民族角逐的战场，历来是兵家必争之地。"河南，古所称四战之地也，当取天下之日，河南在所必争；及天下即定，而守在河南，则岌岌焉有必亡之势矣。"④ 历史上发生的战争尤以河南为多，李燕茹、胡兆量将秦汉至明清时期发生在全国的内部战争进行了统计，得出的结论与文献记载不谋而合。笔者依据他们统计的结果列表 1 如下：

---

① 《中华民国政府公报》第 1 卷，7 号。
② 管慧雯：《民国时期河南地区自然灾害与社会应对》，硕士学位论文，安徽师范大学，2010 年，第 18 页。
③ 汪万春：《改进河南畜牧事业之商榷》，河南农业改进所河南农讯社编：《河南农讯》第 1 卷第 3 期，河南农业改进所 1948 年版，第 5 页。
④ （清）顾祖禹：《读史方舆纪要》卷 46《河南方舆纪要序》，《中国古代地理总志丛刊》，中华书局 2005 年版，第 2083 页。

表1 内部战争主要战场的地域分布①

主要省份	秦汉	魏晋南北朝	隋唐五代十国	宋元	明清	合计（次）
河南	22	35	36	14	13	120
陕西	10	25	19	9	11	74
山东	19	2	9			30
山西	10	11	20	7	24	72
河北	14	13	23	15	13	78
北京	4	3	4	5	3	19
江苏	2	14	10	1	4	31
四川	4	5	3	9	9	30
安徽	6	4	7	1	4	22
浙江			10	4	6	20
湖北		8	6	1	4	19
湖南		1	1	4		6
江西		1	5	12		18
总计						538

　　依据表1统计得知，我国历史上的内部战争以河南最多，占全国总数的1/5，平均每25年爆发一次较大规模的战役。作为内部战争的主要战场共120次，占全国总数538次的22.3%。在河南发生的外部战争59次，位居全国第二，占全国总数的12.6%②。恩格斯指出："一次毁灭性的战争足以使一个国家在数世纪内荒无人烟，文明毁灭。"③例如，唐末农民战争使河南地区"自东都（洛阳）至淮泗，缘汴河州县，自经寇难，百姓凋残，地阔人稀，多有盗贼"④，"幅数圜千里，殆绝人烟"⑤。连绵不断的战火使河南地区赤地千里，人烟断绝，生态环境遭到了最严重的破坏。此外，河南历史上长期建都，统治者大兴土木修建宫室，砍伐森林，

---

　　①　李燕茹、胡兆量：《中国历史战场地域分布及其对区域发展的影响》，《人文地理》2001年第6期。

　　②　同上书，第63页。

　　③　《马克思恩格斯全集》第18卷，人民出版社1979年版，第263页。

　　④　（清）董诰等：《全唐文》卷46《缘汴河置防援诏》，中华书局1983年版，第53页。

　　⑤　（宋）薛居正等：《旧五代史》卷1《梁书·太祖纪》，中华书局1976年版，第5页。

导致水土流失严重。据宋人沈括记载，到北宋中期，从山东半岛到关中一带，由于滥砍滥伐，很多山脉已成了濯濯童山。

另一方面，历史上河南传统的生产方式以农耕为主，由于少数民族入主中原，使农耕经济与游牧经济发生了激烈的冲突，当游牧民族统治中原时，新中国成立之初，大面积的退耕还牧，而以农业为主的生产方式占据主导地位时，则又退牧还耕，历史就是这样不断轮回，致使河南地区的地表植被遭到了破坏，无疑也不利于生态平衡。

第四节　历史时期农牧分界线的变迁

历史时期农牧分界线在中国北方的变迁，受各时期战争、气候、生态与自然环境、降水量的多寡、游牧民族的迁徙以及中原王朝向西北地区的文化扩张等多种自然和社会因素的影响。新石器时代，随着原始农业的产生与发展，人们生产的粮食渐渐有些富余，就把狩猎的猎获物，如狗、野猪、麋鹿等动物畜养起来，随着畜养动物的逐渐增多和繁殖，它们就逐渐地被驯化为家禽与家畜。原始畜牧业由此应运而生，中华民族大部分地区就进入了以种植业和畜牧业为主的社会。随着社会经济的发展，从事种植业的民族和从事畜牧业的民族在地域上逐渐分离，农耕区和畜牧区分工明显，这样就产生了以种植业为主的农耕文化和以畜牧业为主的草原文化，农牧之间就产生了地理上的界限，即农牧分界线。这种分界线，在历史时期由于战争、民族迁徙和地理环境的变化，有过较大的变迁。史念海先生指出，就黄土高原而言，其农牧变迁有过几次大的改变。"其中由牧区转化为农区，先后有三次：第一次是由战国后期至于秦汉王朝，第二次是隋唐时期，第三次则是明清以来。在一、二两次之间，这里又恢复到游牧地区。当时游牧地区不仅得到恢复，而且有了扩大，远远超出黄土高原之外。在二、三两次之间，农业地区和游牧地区参差并存。虽是并存，游牧地区仍逊于农业地区。由于这里是农牧兼宜的地区，如欲在农业地区和游牧地区之间明确标出一条界线，那将不是完全符合实际的。"[1] 史念海指出由于游牧民族与农耕民族对黄土高原地区的激烈争夺，使得这一地区亦

---

[1]　史念海：《黄土高原历史地理研究》，黄河水利出版社 2002 年版，第 389 页。

农亦牧，只不过所占比重不同罢了。人为地去标注一条农牧分界线是不符合历史实际的。但就客观而言，历史时期有无农牧分界线呢？答案是肯定的，只不过它是一条大致的界线。因受气候与地理环境的变化以及传统的生产方式的影响，在分界线两边也存在着一个过渡地带，即亦农亦牧区。河南地处中原，传统上是以农耕为主，但因农牧分界线的南北摆动，对其境内畜牧业的发展或多或少会造成一定的影响。

一　先秦时期农牧分界线

　　先秦时期气候温暖，森林茂盛，河流众多，野兽成群，得天独厚的自然条件和丰富的动物资源，促使了狩猎的产生。据《孟子·滕文公上》记载："当尧之时……草木畅茂，禽兽繁殖，五谷不登，禽兽逼人。兽蹄鸟迹之道交于中国。"《史记·周本纪》也说殷周之际，中原地区"麋鹿在牧，飞鸿满野"，森林原野中栖息着成群的麋鹿和飞禽。大象、犀牛等热带、亚热带动物也普遍分布。考古工作者分别于1935年和1978年，在殷墟先后发现了两个埋葬完整大象骨架的墓坑①。解放以来，我国考古工作者在陕西、山西、河南发现了许多象、犀等动物的骨骼与牙齿的化石。徐中舒先生在《殷人服象及象之南迁》一文中指出河南简称"豫"是因那时产象而得名。由于野兽遍布，危害庄稼，统治者不得不大规模猎捕。如《尚书·大传》所记："禽兽多则伤五谷，因习兵事，又不空设，故以捕禽兽所以共承宗庙，示不忘武备，又顺以为田除害。"另据《逸周书·世俘》记载，武王伐纣取得胜利后，为了炫耀武功，在南郊开展大规模狩猎，"武王狩，禽虎二十有二、猫二、麋五千二百三十有五、犀十有二、牦七百二十有一、熊百五十有一、罴百一十有八、豕三百五十有二、貉十有八、麈十有六、麝五十、麋三十、鹿三千五百有八"②，猎获野兽1万余头。先秦时期河南一带野兽遍布的情况由此可以窥豹一斑。

　　由于捕捉和饲养的野兽越来越多，一些兽类和飞禽逐渐被驯化变成了家畜和家禽。在新石器时代传统意义上所认为的六畜逐渐被驯养。各地新

---

　　① 　王守信：《殷墟象坑和"殷人服象"的再探讨》，《甲骨探史录》，生活·读书·新知三联书店1982年版，第567页。

　　② 　黄怀信：《逸周书校补注释·世俘解第四十》，三秦出版社2006年版，第200页。

石器时代文化遗址中都发现有大量的家养畜禽骨骸遗存，猪与狗是较早被驯养的动物。在裴李岗遗址中就出土有猪、狗、牛和鹿等动物骨骼①。与裴李岗文化年代接近的河南淇县花窝遗址灰坑内也出土有猪、羊、鱼等遗骨②。同时在舞阳贾湖的居住遗址和墓地内发现有 10 个埋有狗骨架的坑，每坑埋狗一条③。这种大规模地埋葬狗的现象应该是在狗被作为家畜饲养之后开始的，因此可以认为在距今七、八千年前猪与狗已被作为家畜饲养了。其中以猪的饲养最为普遍、数量也最多。考古资料显示：在河北磁山文化遗址中，已有颇多的猪骨出土。至仰韶文化及其后的龙山文化时期，家猪在各种家畜中占绝对优势，成为当时这一地区最为普遍饲养的家畜④。羊是继猪、狗之后被驯养的动物。羊的遗骨在裴李岗遗址、淇县花窝遗址中均有出土，在裴李岗遗址中还发现有陶塑的羊头一件⑤，此时羊可能已被作为家畜饲养了。虽然在舞阳贾湖的文化层和房基、灰坑填土中发现有少量的牛、鸡等的骨骼⑥，但仍不能确定此时牛与鸡已被作为家养动物饲养。仰韶文化时期牛骨出土较多，在河南南召二郎岗遗址中能辨认的有牛、羊、猪、鹿、龟等残骨⑦，由此可推断牛作为家畜被饲养应该是在距今五、六千年前。而在距今大约四、五千年前属于仰韶文化后期的陕县庙底沟遗址中发现有家禽鸡的骨头⑧，可见此时鸡已被作为家禽饲养。在整个被发掘的新石器时代前期遗址中很少见到马的遗骨，直到龙山文化晚期才有马骨出土⑨。马被驯养为家畜应是在距今 4000 年的龙山文化时期，在《周礼·职方氏》中记载豫州的畜禽有"马、牛、羊、豕、犬、鸡"⑩。总之，在距今四、五千年以前已经是六畜兴旺了。至于原始时期这一地区的作物种植和畜禽饲

---

① 中国社会科学院考古研究所：《1979 年裴李岗遗址发掘简报》，《考古》1982 年第 4 期。

② 安阳地区文管会，淇县文化馆：《河南淇县花窝遗址试掘》，《考古》1981 年第 3 期。

③ 李友谋：《裴李岗文化》，文物出版社 2003 年版，第 147 页。

④ 梁家勉：《中国农业科学技术史稿》，中国农业出版社 1989 年版，第 37 页。

⑤ 开封地区文物管理委员会，新郑县文物管理委员会，郑州大学历史系考古专业：《裴李岗遗址一九七八年发掘简报》，《考古》1979 年第 3 期。

⑥ 河南省文物研究所：《河南舞阳贾湖新石器时代遗址第二至六次发掘简报》，《文物》1989 年第 1 期。

⑦ 河南省文化局文物工作队：《河南南召二郎岗新石器时代遗址》，《文物》1959 年第 7 期。

⑧ 吴裕成：《酉鸡有吉》，社会科学文献出版社 1998 年版，第 31 页。

⑨ 佟柱臣：《新石器时代考古学常识》，《文物》1961 年第 1 期。

⑩ 转引自程民生《河南经济简史》，中国社会科学出版社 2005 年版，第 37 页。

养在经济比重上是否有明显的轻重大小之分，尚无法证明。

先秦时期，在黄河流域的各诸侯国之间，杂居着西戎、北狄、南蛮、东夷等民族，他们从事狩猎与畜牧，与中原"诸夏"各国经营的农业区错杂而处。在先秦时期"夷夏杂处"时代，北方地区农耕与游牧两种经济文化类型长期并存。由于当时黄河中下游地区的人口仍然稀少，农田之外的森林广布，故即使是以农耕为主业的民族也拥有广阔的牧场和大群的家畜。如商代有专门从事畜牧业生产的场所"牧野"和"牧鄙"，在王室畿内与诸侯国还设有牧场。周自强先生指出在甲骨文中有南、北牧场："郹鹿其南牧擒。吉。其北牧擒。吉。"（《合集》28351、《宁》397）"南牧"、"北牧"即是南、北牧场。南牧可能是指商周会战之地牧野地区，北牧当在今河南安阳殷墟之北①。据近人王国维先生研究，商代在河南修武县境内也有一个大的牧场②。另据殷商甲骨卜辞的记载，商代祭祀用牲数目相当大，一次用牲百头以上者不乏其例，最高用牲量一次可达"五百牢"或"千牛"，说明当时拥有大量的存栏牲畜③。周人虽是一个典型的农耕民族，但西周时期乡野中仍可见"三百维群"的羊和"九十其犉"的牛群，畜牧业亦堪称发达。

"夷夏杂处"时代，是农耕与畜牧两种经济文化类型激烈博弈的时代，夷夏部落之间的冲突从一定意义上说乃是这种经济文化竞争的政治表现，尽管农耕文化逐渐排挤畜牧文化成为主线，经济比重的天平不断向农耕倾斜，最终以农耕生产为主的华夏部落取得彻底的胜利，但在当时，畜牧生产仍然占据较高的比重④。不仅如此，文献资料还反映：在"夷夏杂处"时代黄河中下游地区的畜产构成中，马、牛、羊等单纯草食性的家畜具有相当高的地位，由于战争、运输和祭祀的需要，国家和领主贵族经营着规模相当大的马、牛、羊饲养业。尽管如此，黄河流域以农耕为主要生产形式已基本确立，而北方草原地区民族仍然继续从事传统的畜牧业，于是出现了一条农耕区和畜牧区之间的分界线。史念海先生指出，先秦时

---

①　周自强：《中国经济通史·先秦经济卷上》，经济日报出版社 2000 年版，第 307 页。

②　王国维：《观堂别集》卷 1《殷墟卜辞所见地名考》，中华书局 1959 年版，第 18 页。

③　梁家勉：《中国农业科学技术史稿》，中国农业出版社 1989 年版，第 77～78 页。

④　李根蟠等：《我国古代农业民族与游牧民族关系中的若干问题探讨》，翁独健主编：《中国民族关系史研究》，中国社会科学出版社 1984 年版，第 189～206 页。

期农牧分界线是西周时期由周人发祥地周原附近陇山之下向东北引伸的农牧业地区的分界线。具体说，这条分界线是由陇山之下向北绕过当时的密，也就是现在甘肃灵台县，折向东南行，由今陕西泾阳县越过泾河，趋向东北，过相当于今陕西白水县北的彭衙之北，东至今陕西韩城市，越过黄河，循汾河西侧，至于霍太山南，又折向南行，过浍河上源，至于王屋山，更循太行山东北行，绕北燕国都城蓟之北，再东南至于渤海岸上①。

邹逸麟先生则对农牧分界线形成的时间提出了不同的看法。他认为，战国之前，黄河流域杂居着许多从事狩猎或畜牧的少数民族，列国之间也存在不少瓯脱地带，故无所谓农牧分界线的概念。战国时期才是农牧分界线的形成期，主要由于三个原因："战国时期中原地区普遍使用铁制农具，劳动生产率大大提高，使农耕区迅速扩展；杂居中原的少数民族为华夏族所同化，进入农耕社会，黄河流域确立了以农耕为主的生产方式；北方草原地区民族仍保持以畜牧为主的生产方式。以上三点导致了农牧分界线的出现。战国时期农牧分界线自青海东部河湟地区向东北，经陕北、陇东的泾、渭、北洛河上游，晋西北山陕峡谷流域南缘龙门山，再东北沿吕梁山、恒山，接燕秦长城至今辽宁境内。"② 邹逸麟和史念海对农牧分界线的划分基本重合，只不过形成的时间存在着分歧。邹逸麟所提出的农牧分界向西又进一步延伸至青海河湟地区。其实，早在2000多年前，司马迁就指出"夫山西饶材、竹、谷、纑、旄、玉石；山东多鱼、盐、漆、丝、声色；江南出枏、梓、姜、桂、金、锡、连、丹沙、犀、瑇瑁、珠玑、齿革；龙门、碣石北多马、牛、羊、旃裘、筋角；铜、铁则千里往往山出棊置：此其大较也"③。山东即关东，泛指崤山、函谷关以东的黄河中下游地区，战国以来已成为农耕区了。山西泛指崤山、函谷关以西，关中盆地和泾、渭、北洛河上游，西至黄河均在其内。司马迁明确指出，禹门口以北的龙门山和河北碣石以北是"多马、牛、羊、旃裘、筋角"的畜牧区。显然，司马迁对对农牧分界已有大致的划分。总之，先秦时期，农牧分界线确立之后，2000多年来随着气候与环境的变迁，以后的农牧

---

① 史念海：《论两周时期农牧业地区的分界线》，载《黄土高原历史地理研究·农牧地区分界编》，黄河水利出版社2001年版，第512～547页。

② 邹逸麟：《中国历史地理概述》，福建人民出版社1993年版，第159～162页。

③ （汉）司马迁：《史记》卷129《货殖列传》，中华书局1959年版，第3253～3254页。

分界线围绕此线向南或向北摆动，但摆动范围一般不会超过 3 个纬度。河南基本上属于农牧分界线的东南部，大部分属于农业区，个别地方属于亦农亦牧区。

二　秦汉时期农牧分界线

秦汉时期，中国历史上建立了第一个统一的多民族的中央集权的国家。随着国家的统一，各民族间交往与联系的加强，秦汉时期国力逐渐强盛，经济也得到了迅速发展。随着国力的强盛，中原王朝不断向周边开疆扩土，并大量向这些地区移民。由于汉民族的大量迁入，秦汉时期，农牧分界线逐渐向北拓展。这种向北拓展的趋势也与汉民族的强势文化向周边渗透有关。例如，秦始皇统一六国后，先后于秦始皇三十三年（公元前214 年）和三十六年派大将蒙恬攻打匈奴，取得今河套包括鄂尔多斯高原在内的"河南地"，又迁移 3 万家于北河（今河套乌加河）榆中地区。这些地方本来是游牧民族活动的"草木茂盛，多禽兽"的森林草原地带，秦朝统治者在此设置了 44 个县，大量移民戍边，垦荒屯田，将农耕区的北界推进至阴山以南一带。

西汉初年，百废待兴，国家着力于恢复经济，面对匈奴的威胁，汉高祖刘邦基本上采取守势。直到汉武帝时期，随着国力的逐渐强盛，西汉王朝对北匈奴采取了强硬的态度。汉武帝先后派大将卫青、霍去病三次大规模出击匈奴，将匈奴赶出漠南，收复河套地区，夺取河西走廊，打通西域，封狼居胥，将当时汉朝的北部疆域从长城沿线一直向北扩充到阴山一带。为了将胜利的成果巩固下来，汉政府从内地迁去 100 万的汉族人民，将他们安置在北部沿边诸地，并设置了西河、安定、敦煌、张掖、朔方、五原等大批郡县。西汉末年，泾渭北洛河上游、晋北高原以至河套地区，人口已达 310 余万[①]。西汉王朝在河西走廊消灭了匈奴休屠王、浑邪王以后，在沿边设置了 4 个郡 35 个县，从内地迁徙了大批人口，兴修水利，移民垦荒。总之，自汉武帝以后，农牧界线大大地向北推进，向西到达乌兰布和沙漠和贺兰山、河西走廊和湟水流域，北面已抵阴山山脉，东面仍沿着长城一线。故此，在秦汉时期，黄河中游地区的畜牧经济一度向西北

---

① （西汉）班固：《汉书》卷 28 下《地理志》，中华书局 2006 年版，第 1609～1627 页。

明显退却。总之，秦汉时期，农耕区与畜牧区博弈的过程中，最终以农耕区的向北扩张，农牧分界线的北移而告终，很显然，这也是先进的文化对落后文化的胜利。

需要指出的是，东汉初年因匈奴南侵，一度放弃了从河套至晋北的沿边诸郡。光武帝建武二十六年（50年），南匈奴降附，散居在西河、北地、朔方、五原、云中、定襄、雁门、代郡一带，使得沿边八郡成为农牧交错区。据邹逸璘先生估计，入居缘边诸郡的少数民族总数约在100万左右，而从事农业生产的汉族人口却大量下降①。

另一方面，东汉时期由于气候转冷（据竺可桢先生研究，公元初年之后，我国气候进入第二个寒冷期。这个寒冷期经东汉、魏晋南北朝至隋初，前后持续近6个世纪。其时间大致从公元初年至600年。）②，寒冷的气候迫使北方游牧民族不得不向南方温暖的地区迁徙，与中原王朝的战争也就不可避免。如当时活跃在西北边境的匈奴、羌、胡、休屠、乌桓等少数民族不断骚扰东汉边境，加以东汉王朝绥抚失当，边境冲突不断加剧，农耕区域逐渐向南退缩，至东汉末年以后，"黄河中游大致即东以云中山、吕梁山，南以陕北高原南缘山脉与泾水为界，形成了两个不同区域。此线以东、以南，基本上是农区；此线以西、以北，基本上是牧区"③。故东汉时期，因气候寒冷与少数民族的南下定居，农牧分界线逐渐南移2个纬度左右。

其实，东汉时期定都洛阳，为了拱卫京师，在京师周围开辟了一些牧场，如河阳牧场，牧养大量马匹，豫北一带成为半农半牧区。因此，这一时期农牧分界线的南移是气候变冷与国家移民开边双重作用的结果。不可否认，这种农牧分界线的南移，逐渐改变了河南黄河中下游一带的豫北地区的生产方式，畜牧业生产比重加大，很多地方成为农业向牧业过渡的中间地带，对河南畜牧业发展也造成了深远的影响，使得河南畜牧业发展出现了第二次高潮。

---

① 邹逸璘：《中国历史地理概述》，福建人民出版社1993年版，第163页。
② 竺可桢：《中国近五千年来气候变迁的初步研究》，《中国科学》1972年第1期；另见张全明《中国历史时期气候环境的总体评价》，《江西社会科学》2007年第7期。
③ 谭其骧：《长水集》（下），人民出版社2009年版，第22页。

三　三国两晋南北朝时期农牧分界线

三国两晋南北朝时期是我国古代民族分裂和大融合时期。这一时期，中原板荡，战乱不休，动荡的局势为周边少数民族南下迁徙提供了有利条件。大批的匈奴、鲜卑、羯、氐、羌族为主包括乌桓等杂胡入居泾、渭、北洛河和山陕峡谷流域的沿边一带，突破了秦汉时代形成的农牧界线，迫使农牧分界线进一步南移。

据谭其骧先生估计，魏晋南北朝时期入居缘边诸郡的少数民族总数约在百万左右，他们以畜牧业生产为主。例如，北魏时期尔朱氏世居住的秀容川，畜牧业相当发达，其"牛、羊、驼、马，色别为群，谷量而已"①，而从事农业生产的汉族人口却急剧下降。陇右地区的人民"以畜牧为事"②，过着逐水草而居的游牧生活。甚至到唐朝武则天统治时期，"陇右百姓，羊马是资"③，畜牧业仍在其社会经济生活中占主导地位。王利华先生指出"历十六国至于唐初，黄土高原地带一直是胡、汉混杂居处而以少数民族为主体，其经济生产也以畜牧业为重"④。可谓一语中的。

魏晋南北朝时期，农牧分界线的南移对河南地区的畜牧业造成了很大的影响，畜牧业不断向中原地区拓展。中原腹地也有不少一向以农耕经济繁盛而著称的州郡大规模发展畜牧业，大片农田沦为牧场。例如，曹魏时期即曾在号为农田沃野的"三魏近甸"区域设立"典牧"，大片土地被规占为养牛牧场，西晋初年尚有牛 4.5 万余头⑤。西晋的京畿之地——司州（辖今山西南部、河南北部，东接河北南部及山东西境），在两汉时期还是人口最密、农业最盛之区，此时却是牧苑广阔，"猪羊马牧，布其境内"⑥。与司州相邻的冀州平原郡界，十六国时期亦有马牧苑的设置，羯人石勒起兵时，即利用了当时牧苑的马匹⑦。北魏孝文帝太和十八年

---

①　（北齐）魏收：《魏书》卷 74《尔朱荣传》，中华书局 1974 年版，第 1644 页。

②　（唐）李延寿：《北史》卷 73《贺娄子干传》，中华书局 1974 年版，第 2522 页。

③　（清）董诰：《全唐文》卷 269，张廷珪《请河北遭旱涝州准式折免表》，第 2733 页。

④　王利华：《中古时期北方畜牧业的变动》，《历史研究》2001 年第 4 期。

⑤　（唐）房玄龄等撰：《晋书》卷 26《食货志》，中华书局 1974 年版，第 787 页。

⑥　（唐）房玄龄等撰《晋书》卷 51《束晳传》，中华书局 1974 年版，第 1431 页。

⑦　（唐）房玄龄等撰《晋书》卷 104《石勒载记上》，中华书局 1974 年版，第 2708 页。

（494 年）迁都洛阳，辟"石济以西、河内以东，拒黄河南北千里为牧地"，设立河阳牧场，"恒置戎马十万匹"①。为满足京师洛阳军事警备的需要，孝文帝命宇文福主持兴建河阳牧场，更将国营畜牧经济推进到中原腹心地带。史载："时仍迁洛，敕（宇文）福检行牧马之所。福规石济以西、河内以东，拒黄河南北千里为牧地。事寻施行，今之马场是也。及从代移杂畜于牧所，福善于将养，并无损耗。"②虽将牧场迁徙到中原地区，马匹并无损耗现象。这一时期，在内徙游牧民族聚居的其他地区，也有大片农田被侵占为牧场的情况。一时间，黄河中下游在一定程度上复归于战国以前的"夷夏杂处"、农牧交错的局面。总之，三国两晋南北朝时期畜牧业之所以能够明显发展回升，一个至关重要的原因，是这一时期的人口锐减和农田荒废，给畜群提供了广袤的草场③。

需要指出的是，三国两晋南北朝时期战乱频繁，除北方少数民族的大量南迁，中原一带农业人口大量死亡和迁徙，耕地大片荒芜，为农牧分界线的南移提供了重要条件之外，这一时期，气候转寒，迫使少数民族南下到相对温暖的区域，也是导致农牧分界线随之南移的重要因素。据竺可桢先生考证，"公元初年之后，我国气候进入第二个寒冷期。这个寒冷期经东汉、魏晋南北朝至隋初，前后持续近 6 个世纪。其时间大致从公元初年至 600年"④。气象学家推算，年平均气温相差 1℃，农作物生长期要相差15~20天，降雨量也要相差 50~150 毫米，在地理位置上，相当于南北方向上位移 250 千米⑤。郑学檬先生指出，"宋金时期北方继十六国北朝之后出现第二次改农为牧的高潮，这虽与游牧民族入主中原有关，却也是农业区在寒冷气候之下向南推移的表现"⑥。认为北朝时期是改农为牧的第一个高潮时期。可见，由于气候转冷，草原地区的年降雨量也逐渐减少，植物生产量降低，牲畜产量相应下降，生活资源渐趋匮乏；而寒冷期的冬季，异常酷寒天气频繁出现，出现"白灾"（冬季大量降雪，牲畜无法啃

---

① （北齐）魏收：《魏书》卷 110《食货志六》，中华书局 1974 年版，第 2857 页。
② （北齐）魏收：《魏书》卷 44《宇文福传》，中华书局 1974 年版，第 1000 页。
③ 王利华：《中国时期北方畜牧业的变动》，《历史研究》2001 年第 4 期。
④ 竺可桢：《中国近五千年来气候变迁的初步研究》，《考古学报》1972 年第 1 期。
⑤ 刘书越：《全球气候变暖及相关命题真伪考》，《江西师范大学学报》2009 年第 3 期。
⑥ 郑学檬：《中国古代经济重心南移和唐宋江南经济研究》，岳麓书社 2003 年版，第 41页。

食牧草而被饿死）现象，造成牧区人畜大量冻死，给游牧民族带来了极大的生存危机，迫使他们逐渐向气候较为温暖的南方地区迁徙运动，畜牧生产区域亦随之南移。总之，三国两晋南北朝时期，农牧分界线大幅度南移、黄土高原退为牧区与当时的气候转冷直接相关，农牧分界线的南移，气候与生态环境的变迁是一个客观原因。也正是农牧分界线的南移，使黄河以北的中原地区被开辟为广阔的牧场，促进了河南官营畜牧业的发展。

四　隋唐五代时期农牧分界线的变迁

隋朝结束了魏晋南北朝时期近 300 年南北分裂的局面，完成了国家的统一，在经济、文化方面实现了各地区更广泛的交汇融合。隋文帝开皇十二年（592 年），"有司上言：府藏皆满，无所容，寄于廊庑"①。尤其是隋炀帝时期，京杭大运河的开凿，加强了南北交通，极大地促进了南北经济的交流和交通运输业的发展。据《隋书·食货志》记载："时百姓承平日久，虽数遭水旱，而户口岁增。诸州调物，每岁河南自潼关，河北自蒲坂，达于京师，相属于路，昼夜不绝者数月。"② 唐代是中国历史上继两汉之后的第二个鼎盛时期，全国统一，疆域辽阔，政治较为清明，经济发展，先后出现了"贞观之治"和"开元盛世"的繁荣景象。伴随着国家的统一，经济的迅猛发展，隋唐时期的畜牧业发展也取得了较大成绩，畜牧区域不断扩大。国家一度养马达 70.6 万匹，是我国古代畜牧业发展的一个鼎盛时期。

589 年隋朝建立，为了抵御北方民族的侵扰，隋朝统治者修建了西起灵武，东经幽州，达于海滨的长城。长城以北，大多以游牧为主，零星分布着一些农田。长城以南的稽胡"自离石（今山西离石）以西，安定（今甘肃泾川）以东，方七八百里，居山谷间，种落繁炽"，其北更蔓延到绥、银二州，过着亦农亦牧的社会生活③。西北地区的安定、北地（今甘肃宁县）、上郡、陇西（今甘肃陇西县）、天水（今甘肃天水）、金城（今甘肃兰州市）六郡，其人"勤于稼穑，多畜牧"④。隋朝陇右一带是

---

① （宋）司马光：《资治通鉴》卷 178，中华书局 1964 年版，第 5539 页。
② （唐）魏征：《隋书》卷 24《食货志》，中华书局 1973 年版，第 681～682 页。
③ （唐）令狐德棻：《周书》卷 49《稽胡传》，中华书局 1971 年版，第 896 页。
④ （唐）魏征：《隋书》卷 29《地理志》，中华书局 1973 年版，第 817 页。

官方牧马的区域，隋政府置有陇右牧以统领诸牧，又设有骓騟牧、二十四军马牧、苑川十二马牧①，畜牧业相当发达。

唐代为古代中原王朝官牧发展的极盛时期，经营区域也基本上是黄河中上游一带。据欧阳修记载：

> 至于唐世牧地，皆与马性相宜，西起陇右（陇山以西）、金城（今甘肃兰州北）、平凉（今甘肃平凉）、天水（今甘肃天水南），外暨河曲（今山西河曲）之野，内则岐（今陕西凤翔）、豳（今陕西彬县）、泾（今甘肃泾川）、宁（今甘肃宁县），东接银（今陕西米脂）、夏（今陕西靖边县境），又东至于楼烦（今山西娄烦），此唐养马之地也。②

欧阳修记述唐朝官牧西起陇山，经甘肃兰州、平凉、天水，向东到山西河曲、楼烦一线，考察唐代的养马区域与欧阳修所描述的大致相同。据史书记载，唐代在安史之乱前在陇右、陕北地区设了数十所牧监，发展国营畜牧业："国家自贞观中至于麟德，国马四十万匹在河、陇间。开元中尚有二十七万，杂以牛羊杂畜，不啻百万，置八使四十八监，占陇右、金城、平凉、天水四郡，幅员千里，自长安至陇右，置七马坊，为会计都领。岐、陇间善水草及腴田，皆属七马坊。"③《新唐书·兵志》记载："自贞观至麟德四十年间，马七十万六千，置八坊岐、豳、泾、宁间，地广千里。"④ 至于阴山以南黄河北岸，自唐中宗景龙时也进行过屯田，首尾数百里，开田数千顷，已经是典型的农耕地区。有学者考证，隋唐时期，陇右、陕北、鄂尔多斯地区仍为畜牧区，农牧分界线在今窟野河、横山、白于山以南一线。诚如王利华先生所言，隋唐较之秦汉时期，畜牧区域曾一度明显扩张，国营和私营、牧区和农区的畜牧生产规模均曾有所扩大，畜

① （唐）魏征：《隋书》卷28《百官志下》，中华书局1973年版，第784页。
② （宋）李焘：《续资治通鉴长编》卷192，嘉祐五年八月甲申，中华书局2004年版，第4642～4643页。
③ （后晋）刘昫：《旧唐书》卷141《张孝忠传附茂宗传》，中华书局1975年版，第3861页。
④ （宋）欧阳修等：《新唐书》卷50《兵志》第40，中华书局1975年版，第1337页。

牧经济在整个区域经济中所占的比重，也有较大的增加①。

总之，从先秦到隋唐时期，由于气候与自然环境的变化、少数民族的南迁以及中原王朝的文化扩张，农牧分界线大致沿司马迁描述的禹门口以北的龙门山和河北碣石以北"多马、牛、羊、旃裘、筋角"的畜牧区南北摆动。一般而言，气候转寒时，少数民族南迁则农牧分界线南移，反之则北移。农牧分界线的南北摆动对河南畜牧业，尤其是古代官营畜牧业的发展造成了深远的影响。

五　辽宋夏金时期农牧分界线的变迁

辽宋夏金时期是我国历史上的南北对峙时期。因气候的严寒，北方少数民族大举南侵，以及宋代传统畜牧基地的丧失，诸政权不得不在传统的农耕地区开辟大量的牧地，牧养官畜，农牧分界线因而南移。这一时期，从《辽史·营卫志》"长城以南，多雨多暑，其人耕稼而食，桑麻以衣，宫室以居，城郭以治。大漠之间，多寒多风，畜牧畋渔以食，皮毛以衣，转徙随时，车马为家，此天时地利所以限南北也"的记载来看，农牧分界线似乎以长城为界，长城以南为农业，以北为畜牧业。而实际上由于气候环境的复杂性，在农耕区内分布有畜牧业，畜牧区也有零星的种植业。

西夏是党项族建立的政权，疆域广阔："东尽黄河，西界玉门，南接萧关，北控大漠，地方万余里。"② 畜牧业是其传统的生产部门，在社会经济中占重要地位。史载其"土俗……以牧养牛马为业"③。畜牧业主要分布在境内的夏、绥、盐、宥诸州。河西走廊以及宋夏交界的横山地区被西夏占领后也成为一个"多马宜稼"的亦农亦牧地区④。

较之畜牧业，西夏农业在国民经济中占据重要的地位。据张其凡先生研究，西夏农业主要分布在三个区域：一是西夏的腹心地区灵州与兴州；二是位于河西走廊的甘州与凉州亦农亦牧区；三是宋夏交界处的"山界"

---

① 王利华：《中古时期北方畜牧业的变动》，《历史研究》2001年第4期。

② （清）吴广成著，龚世俊等校证：《西夏书事校证》卷12，甘肃文化出版社1995年版，第145页。

③ （宋）乐史撰，王文楚校：《太平寰宇记》卷37《关西道·盐州》，中华书局2007年版，第779～783页。

④ 张其凡：《宋代史》（下册），澳亚周刊出版有限公司2004年版，第900页。

地区。从无定河向西、沿横山到天都山，再西至会兰等地千余里的宜耕宜牧地区①。受中原王朝耕作方式的影响，西夏在宋夏边境大力发展农业。

辽是契丹族建立的政权，畜牧业在社会经济中占据最重要的地位。史载："契丹旧俗，其富以马，其强以兵。纵马于野，驰兵于民。有事而战，旷骑介夫，卯命辰集。马逐水草，人仰潼酪，挽强射生，以给日用，糇粮刍茭，道在是矣。"② 畜牧业是契丹族最主要的生产方式。10~13世纪随着气候的变冷，契丹和女真族遭受风雪的袭击，经常出现人马冻死的现象，诚如欧阳修所言："阿保机退保望都，会天大雪，契丹人马饥寒，多死。"③ 极端寒冷的气候使得北方的游牧民族很难再找到充足的水源和丰茂的牧场，这样就难以饲养如此众多的牲畜，获得丰厚的奶酪与御寒的皮毛，甚至无法再维持基本的生活。强劲的寒流促使他们南下，占领气候适宜的黄河流域，把牧业扩张到中原地区。张全明先生在其《中华五千年生态文化》一书中指出"辽金的铁骑一次又一次地踏上了南征的道路，企图把温暖的南方变为寒冷时期北方人游牧的故乡"④，可谓一语中的。除发展传统的畜牧业外，契丹受中原王朝文化影响较深，占有北中国后，在汉唐以来传统的塞外地区开始发展粗放农业，具有代表性的是内蒙古东部的西辽河流域。从10世纪开始，契丹就大量向西辽河流域移民，这些移民以战争中俘虏的汉人和渤海人为主。辽政府将其安置在西拉木伦河和老哈河流域进行农耕，使这块原本发展畜牧业的草原地带初次有了种植业，后来又向北推向克鲁伦河和呼伦贝尔草原，形成了传统农耕区外的半农半牧区。金朝占领这些地区后，保持了原来的农牧业生产方式，但由于畜群承载量过大，以及随之而来的大片农田开垦，使得这一区域土壤沙化，水土流失非常严重，生态平衡遭到了破坏。韩茂莉先生在其大作《草原与田园——辽金时期西辽河流域农牧业与环境》一书中有精彩论述，此不赘述。

气候变冷同样对宋代农牧业的发展造成重大影响，促使农牧分界线的南

---

① 张其凡：《宋代史》（下册），澳亚周刊出版有限公司2004年版，第898页。

② （元）脱脱等：《辽史》卷59《食货志上》，中华书局1974年版，第923页。

③ （宋）欧阳修：《新五代史》卷72《四夷附录》，中华书局1974年版，第889页。

④ 王玉德、张全明：《中华五千年生态文化》（上），华中师范大学出版社1999年版，第461页。

移，对河南畜牧业也造成了深远的影响。据竺可桢先生研究，辽宋夏金时期
正处于第 3 个寒冷期（其他 3 个寒冷期分别是西周、南北朝、明清时期），特
别是北宋末年到南宋末年，即 12 世纪初到 13 世纪中后期①。另据张全明先生
研究，北宋自公元 960—1127 年的 168 年间，寒冷的冬天超过 2/3，越到后来
冷冬越来越频繁，寒冷程度也越来越强烈②，寒冷区域很广。据载：

> 天禧元年十一月，京师大雪苦寒，人多冻死，路有僵尸。遣中使
> 埋之四郊。
> 天禧二年正月，永州大雪，六昼夜方止，江溪鱼皆冻死。
> 政和三年十一月，大雨雪，连十余日不止，平地八尺余，冰滑，
> 人马不能行，诏百官乘轿入朝，飞鸟多死。③

京师指今天的开封。开封地处黄河中下游地区，地处北纬 34°～35°
之间，属暖温带大陆性季风气候，年平均气温在 14.52℃，冬天虽然下
雪，但从未见过平地 8 尺余的大雪，更无冻死飞鸟和人的悲惨景象。永州
是今天湖南省零陵，地跨北纬 26°，属于亚热带地区，现在冬天几乎难见
雪花，更没有大雪"六昼夜方止，江溪鱼皆冻死"的现象。可见，北宋
时期的气候确实比现在要寒冷。

南宋时期，寒冷的气候仍在持续。周去非记载钦州地区"数十年前
冬常有雪，岁乃大灾"④，南宋钦州即今广西钦州。可见在 12 世纪时，我
国的降雪界线至少南移到钦州一带。而钦州处于北回归线（北纬 23.5°）
以南，在温度带的划分上属于热带地区，现今气候条件下是很难下雪的。
此外，这一时期，寒潮向南侵袭的趋势日益加剧，如宋光宗绍熙元年
（1190 年）三月，"留寒至立夏不退。十二月，建宁府大雪深数尺"⑤，建
宁府即今福建建瓯，其雪深达数尺，可见气候非常寒冷。

---

① 竺可桢：《中国近五千年来气候变迁的初步研究》，《考古学报》1972 年第 1 期。
② 王玉德、张全明：《中华五千年生态文化》，华中师范大学出版社 1999 年版，第 425 页。
③ （元）脱脱等：《宋史》卷 62《五行志》1 下，中华书局 1977 年版，第 1342 页。
④ （宋）周去非著，杨武泉校注：《岭外代答校注》卷 4《雪雹》，中华书局 1999 年版，第
150 页。
⑤ （元）脱脱等：《宋史》卷 62《五行志》1 下，中华书局 1977 年版，第 1343 页。

由上可知，两宋时期气候总体上讲要比现在严寒得多，降雪界线也南移了不少。这种严寒的气候对农作物的生长不利，却为畜牧业生产提供了某些可能。

辽宋夏金元时期，长期持续的寒冷干燥气候使得华北平原北部退耕还牧的趋势得到加强，农业和牧区的分界线逐渐南移，大致移到今天的陇海线附近，即此线以北区域是牧区和农牧混合区，以南主要是农耕区[①]。郑学檬与葛金芳均提出了类似看法：郑学檬指出"宋金时期北方继十六国北朝之后出现第二次改农为牧的高潮，这虽与游牧民族入主中原有关，却也是农业区在寒冷气候之下向南推移的表现"[②]。葛金芳认为"宋辽夏金时期的农牧分界线已从外长城（即秦汉所建长城）退缩到内长城（即明代长城）一线，即从位于东北方向的碣石（今河北昌黎县碣石山）向西南蜿蜒延伸到龙门（今山、陕间禹门口所在的龙门山）一线"[③]，宋代官营牧马监地的分布也证实了这一观点。宋代长期存在的牧马监有16所，其中分布在京西路5监、河北路7监、陕西3监，此外，东京开封还有左右天驷4监和左右天厩2坊[④]。这些监牧除许州单镇监外，基本上都分布在黄河沿岸地区，即今天的河南、陕西、山西、河北、山东等地。尤其是今河南境内陆陆续续建立了35所马监牧地，畜牧业已深入到中原腹地。农牧分界线的南移造成了农牧之间冲突的加剧，到北宋中后期王安石变法之际，强令大量牧地垦辟为农田，官营畜牧业遭到近乎毁灭性的打击。

总之，辽宋夏金时期，气候的寒冷迫使农牧分界线逐渐南移，农牧争地的矛盾日益加剧，河南大片土地被辟为牧场，对农业而言是限制，对畜牧业，尤其是官营畜牧业而言则是发展。

六　元明清时期农牧分界线的变迁

元明清时期是我国第四个寒冷期，蒙古族与女真族等少数民族大举南侵，一度统一中国，并将其畜牧业向中原地区扩展。如元代蒙古族入主中

---

① 张显运：《宋代畜牧业研究》，中国文史出版社2009年版，第5页。

② 郑学檬：《中国古代经济重心南移和唐宋江南经济研究》，岳麓书社2003年版，第41页。

③ 葛金芳：《中国经济通史》第5卷，湖南人民出版社2002年版，第53页。

④ （清）徐松辑：《宋会要辑稿·兵》21之4至5，中华书局1957年版，第7126～7127页。

原时，将所占领的北方不少农田退耕还牧，以至于"周回万里，无非牧地"①。明朝建立后也是开疆拓土，在今山西大同、内蒙一带等开置屯田，设立卫所。明永乐、宣德年间，鞑靼、瓦剌、兀良哈等占领了长城以外，并在这里修筑边墙。边墙以外主要发展畜牧业，边墙以内为农牧混合区，基本上形成了以边墙为界的农牧分界线。

清朝建立后统一了长城内外。清政府在河套一带推行"开放蒙荒"、"移民实边"的政策，兴办垦务，逐渐形成了两条农牧分界线："一条是陕西省北界和山西、河北长城至辽西努鲁儿虎山一线，此线以南为农耕区；一条是由阴山山脉，东至乌兰察布盟的乌拉山迄大兴安岭南端，此线以南有部分是半农半牧区。"②

总之，历史时期由于受气候冷暖和降雨量的多寡、战争、民族习惯、国家政策、少数民族的南迁等自然和社会因素的影响，农牧分界线时而南迁，时而北移，在黄河流域不断发生着变化。不可否认，农牧分界线的变迁，无疑对历史上处于黄河中下游一带河南地区的畜牧业有很大的影响。

本章小结

历史上河南地区是我国古代政治、经济、文化的中心，是中华民族的重要发祥地，也是人口最为集中的区域之一。司马迁言道："昔三代之居，皆在河洛。"为了养活如此众多的人口，河南历史上向来以种植业为主，畜牧业仅仅是农业生产的补充。然而，在传统的农业社会里，畜牧业和种植业的发展息息相关。畜牧业实质上是一种技术性的农业生产，它与农业的基本部门——种植业是密不可分的。威廉士说，"假如没有畜牧业参加，种植业的合理组织，无论从技术方面还是从经济方面，尤其是从有计划的组织国民经济方面来说，都是不可能实现的"③。毛泽东同志亦曾强调，没有畜牧业的经济是一种不完全的国民经济④。如此看来，对于农业而言，畜牧业与种植业就仿佛是它的左膀右臂，缺一不可。

---

①　（明）宋濂等：《元史》卷100《兵志三》，中华书局1976年版，第2553页。

②　邹逸麟：《中国历史地理概述》，福建人民出版社1993年版，第169页。

③　〔苏〕威廉士：《土壤学》，孙渠译，苏联国立农业书籍出版社1949年版，第18页。

④　转引自1966年4月12日《人民日报》社论。

　　然而，客观而言，河南就其地理区位与气候条件来看，不大适合畜牧业的发展。河南位于我国黄河中下游地区，处在东经 110°21′~116°39′，北纬 31°23′~36°22′之间，气候上以温带大陆性气候为主，只有南部的信阳属于亚热带气候，冬季寒冷干燥，夏季炎热多雨。从气候、地形、生态与降雨量上看，河南是不大适合大规模地集约化地发展草原畜牧业，只能从事以一家一户为单位的小型家庭饲养业。

　　历史时期，因受地球与大气环流以及人类活动的影响，气候与环境发生了很大变化。气候与环境的变迁对农牧分界线的影响很大，一般而言，气候变冷，环境恶化，农牧分界线就会向南摆动两个纬度，反之亦然。比如先秦时期，河南气候温暖，人口稀少，生态环境良好，狩猎是农户主要的生活方式之一。北宋时期，气候变冷，农牧分界线南移，使得宋代畜牧业基本上集中在黄河两岸地区，河南成为最主要的畜牧业生产基地。总之，历史时期，河南气候与生态环境的变迁，对畜牧业的发展造成了很大的影响，使不同时期河南畜牧业呈现出不同的特点。

第二章

先秦时期河南畜牧业的滥觞

　　河南传统上是一个以种植业生产为主的地区，但先秦时期河南畜牧业发展迅猛，远远超过了西北地区那些传统的畜牧业基地。这一时期无论是官营还是私营，畜牧业都有了较大发展，牲畜广泛运用于祭祀、殉葬和交通运输中。先秦时期，河南畜牧业的发展主要得益于适宜的气候条件、广泛的社会需求以及优越的社会政治条件。学术界对于先秦时期畜牧业的研究已经有了一些成果，如安岚、杨钊、邵碧瑛等均有专文论述，对这一时期河南地区的畜牧业也有零星介绍①。周自强先生的《中国经济通史·先秦经济卷上》对先秦时期尤其是商代畜牧业进行了详尽的论述，大作中单列了第五章"商代的畜牧业"与第六章"商代的渔猎业"。许元哲先生的《商代畜牧业探微》利用考古学资料、历史文献和甲骨卜辞等深入探讨了商代畜牧业在社会生活中的作用，畜牧业的生产与管理、畜牧技术以及畜牧业生产的规模等。程民生先生的《河南经济简史》、薛瑞泽先生的《古代河南经济史》（上）对先秦时期河南畜牧业有着较为深入的论述。

第一节　畜牧业的产生与初步发展

　　先秦时期河南地区气候温暖，森林茂盛，河流众多，野兽成群，适宜的自然条件促使了狩猎的产生。据《孟子·滕文公上》记载："当尧之时……草木畅茂，禽兽繁殖，五谷不登，禽兽逼人，兽蹄鸟迹之道交于中国。"《史记·周本纪》也说殷周之际，中原地区"麋鹿在牧，飞鸿满野"，

---

　　①　安岚：《中国古代畜牧业发展简史》，《农业考古》1988 年第 1 期；杨钊：《先秦时期的畜牧业》，《农业考古》1997 年第 3 期；邵碧瑛：《六畜与先秦社会》，《农业考古》2003 年第 1 期。

森林原野中栖息着成群的麋鹿和飞禽，大象、犀牛等热带、亚热带动物也普遍分布。考古工作者分别于 1935 年和 1978 年，在殷墟先后发现了两个埋葬完整的大象骨架的墓坑①。解放以来，我国考古工作者在陕西、山西、河南发现了许多象、犀牛等骨骼和牙齿的化石。徐中舒先生在《殷人服象及象之南迁》一文中指出河南简称"豫"是因那时产象而得名。河南地区由于野兽遍布，危害庄稼，统治者不得不大规模猎捕，如《尚书·大传》所记："已有三牲必田狩，孝子之意也。以为己之所养不如天地自然之性逸肥美。禽兽多则易伤五谷，因习兵事又不空设，故以捕禽兽所以共承宗庙示不忘武备，又顺以为田除害。"据《逸周书·世俘》记载，武王伐纣取得胜利后，为了炫耀武功，在南郊开展大规模狩猎，"武王狩，禽虎二十有二、猫二、麋五千二百三十有五、犀十有二、牦七百二十有一、熊百五十有一、罴百一十有八、豕三百五十有二、貉十有八、麈十有六、麝五十、麋三十、鹿三千五百有八"②，杀获野兽 1 万余头。另据杨钟建、刘东生《安阳殷墟之哺乳动物群补遗》记载，殷墟前 15 次发掘所出土的动物骨骼有 6000 余件，哺乳类动物有 29 种，其出土数量分为以下四项：（1）圣水牛、肿面猪、四不像鹿等三种，在 1000 件以上；（2）牛、殷羊、猪、梅花鹿、獐、家犬 6 种，在 100 件以上；（3）兔、虎、獾、狸、熊、竹鼠、黑鼠 7 种，在 100 件以下；（4）象、豹、猴、狐、犀牛、貘、乌苏里熊、猫、山羊、扭角羚、田鼠、鲸 12 种，都不满 10 件③。

　　由于捕捉和畜养的野兽越来越多，一些兽类和飞禽逐渐被驯化成了家畜和家禽。在新石器时代传统意义上所认为的六畜在河南地区都逐渐被驯养。在饲养家畜的过程中逐渐产生了官营畜牧业和私营畜牧业。官营畜牧业在社会发展中起着主要作用，它有专门的畜牧场地，饲养的对象主要是六畜，饲养的规模也较大，饲养技术水平较高。另外国家设置专职人员管理畜牧业。官营畜牧业生产的产品主要是为统治阶级服务的，广泛运用于祭祀、殉葬、交通运输和社会生活中。私营畜牧业的规模一般较小，生产的产品主要是用来满足日常生活的需要，用于交换的相对较少。官营畜牧

---

①　王守信：《殷墟象坑和"殷人服象"的再探讨》，《甲骨探史录》，生活·读书·新知三联书店 1982 年版，第 567 页。

②　黄怀信：《逸周书校补注释·世俘解第四十》，三秦出版社 2006 年版，第 200 页。

③　王玉哲：《中华远古史》，上海人民出版社 2003 年版，第 309～310 页。

业和私营畜牧业是先秦时期社会经济的重要组成部分。

一　官营畜牧业

先秦时期官营畜牧业在社会中的地位日益重要，满足着统治阶级广泛的社会需求。商代有专门从事畜牧业生产的场所"牧野"和"牧鄙"。殷商时期，在王室畿内与诸侯国均设有牧场。周自强先生指出在甲骨文中有南、北牧场："鄘鹿其南牧擒。吉。其北牧擒。吉。"（《合集》28351、《宁》397）"南牧、北牧"即是南北牧场。南牧可能是指商周会战之地牧野地区，北牧当在今河南安阳殷墟之北[1]。另据近人王国维先生研究，商代在河南修武县境内也有一个大的牧场[2]。商王室的牧场有多处，王室近畿有南北左右四牧场，另外还有盖地、苑地等牧场。诸侯国境内的牧场有攸侯境内的牧场、骨境内的牧地、雇境内的牧场、专地的养猪场等[3]，这些牧地和牧场大多分布在河南境内。《管子·轻重戊》载，商朝的祖先已经"立皂牢，服牛马，以为利"。"皂"是喂牛马的槽，"牢"是养牛马的圈，说明商代祖先已经开始圈养牲畜了。商王朝建立后，畜牧业更加兴旺，殷墟出土的甲骨卜辞中有"刍、牧、牢、厩、圂、庠"等文字，反映出商代官方牲畜圈养和厩养已经较为普遍，以及进行围地放牧，种植牧草饲养牲畜等。周代专门设有牧人、校人、牛人、羊人、犬人、鸡人等官职来管理官营畜牧业，对于牲畜的饲养与管理也日趋专门化。总之，先秦时期河南地区大片牧场的存在以及畜牧管理机构的广泛设置，从一个侧面反映了这一时期河南官营畜牧业的发展达到了相当规模。

（一）官营养马业

先秦时期，河南豫西一带是主要的官营牧马区。据《山海经》记载：夸父山北的桃林（今河南灵宝一带）"广员三百里，其中多马"[4]。周缪王时，造父受到宠幸，"造父取骥之乘匹，与桃林盗骊、骅骝、绿耳，献

---

①　周自强：《中国经济通史·先秦经济卷上》，经济日报出版社 2000 年版，第 307 页。

②　王国维：《观堂别集》卷 1《殷墟卜辞所见地名考》，中华书局 1959 年版，第 18 页。

③　周自强：《中国经济通史·先秦经济卷上》，经济日报出版社 2000 年版，第 306～313 页。

④　《山海经》卷 5《中次六经》，华夏出版社 2005 年版，第 22 页。

之缪王。缪王使造父御，西巡狩，见西王母，乐之忘归"[1]。桃林所养官马品质优良，深受统治者的青睐。春秋时期，韩国国王韩宣子曾说："吾马菽粟多矣，甚臞，何也？寡人患之。"周市回答道："使骓尽粟以食，虽无肥，不可得也。名为多与之，其实少，虽无臞，亦不可得也。"[2] 显然，韩国王室所养马是官马。其他诸侯国也养有一定数量的官马。如卫国卫文公迁居楚丘（今滑县一带）后，所养的马匹有"骓牝三千"[3] 显然是官营马匹。官营养马用途广泛，主要用于祭祀、殉葬、交通运输等诸多领域。用于祭祀的马匹数量较多，在发掘的安阳武官村北地的祭祀场内发现有 30 个埋马的祭祀坑，其中少则埋马 1 匹，多则 8 匹，共埋马 117 匹[4]。大量官马还用于殉葬，安阳洹河北岸侯家庄西北冈是殷代的王陵区。1935年，在殷墟的第 11 次发掘中，在此发现有埋马坑，其中最小的一个坑埋马 1 匹，有八个坑各埋马 2 匹，最多的一个坑埋马达 37 匹[5]。另外，在安阳殷墟的武官大墓南墓道发掘的三座马坑中共殉葬马 12 匹[6]。此墓被认为建于廪辛时，墓主是祖庚的配偶，也是廪辛的生母。用马祭祀与殉葬的现象在周代有了进一步发展。五官大墓北墓道有 3 个马坑，分别埋马 6匹、6 匹、4 匹。南墓道有 3 个墓坑，每坑埋马 4 匹，该墓共殉马 28 匹[7]。大量的用马祭祀与殉葬是需要有大规模的养马业作为后盾的，由此可以看出，当时河南地区官营养马业已具有相当规模。

官马还广泛用于交通运输。上村岭虢国墓地第 1052 号太子的墓附葬的车马坑有 10 辆车和 20 匹马[8]，洛阳的"天子驾六"遗址也出土了数以百计的马匹，河南淮阳也有较大规模的车马坑出土。马鞍冢的北冢就随葬

---

① （汉）司马迁：《史记》卷 43《赵世家第十三》，中华书局 1959 年版，第 1779 页。

② （战国）韩非著，陈奇猷校注：《韩非子》卷 12《外储说·左下》，上海古籍出版社2000 年版，第 742 页。

③ 《诗经·鄘风·定之方中》，第 72 页。

④ 中国社会科学院考古研究所安阳工作队：《安阳武官村北地商代祭祀坑的发掘》，《考古》1987 年第 12 期。

⑤ 胡厚宣：《殷墟发掘》，学习生活出版社 1955 年版，第 82 页。

⑥ 中国科学院考古研究所安阳发掘队：《安阳殷墟奴隶祭祀坑的发掘》，《考古》1977 年第1 期。

⑦ 刘一曼、曹定云：《殷墟花东 H3 卜辞中的马——兼论商代马的使用》，《殷都学刊》2004 年第 1 期。

⑧ 林寿晋：《上村岭虢国墓地补记》，《考古》1961 年第 9 期。

有 8 辆车、24 匹马，南冢的车马坑则随葬 23 辆车、20 多匹泥马①。从其形制规模看南冢应为楚王之墓，北冢为陪葬墓。统治者墓葬中大量马匹与车辆的出土，可知当时马匹广泛运用于交通运输。

马在军事上的作用主要体现在骑兵与战车的应用上。赵武灵王胡服骑射主要是训练骑兵，此后骑兵在战争中应用日益广泛。如长平之战中，"秦奇兵二万五千人绝赵军后，又一万五千骑绝赵壁间"②。此外，还有时人对战马的描写："清人在彭，驷介旁旁。清人在消，驷介麃麃。清人在轴，驷介陶陶。"形象地展现了战马的威风凛凛。西周时期，官营畜牧业中对于马的用途有了明确的划分。《周礼·夏官司马·校人》记载："校人掌王马之政，辨六马之属，种马一物，戎马一物，齐马一物，道马一物，田马一物，驽马一物。"③ 总之，先秦时期马匹在国家祭祀、殉葬和交通运输业以及战争中的广泛应用，客观上促进了官营牧马业的发展。

（二）官营养牛业

先秦时期河南地区还牧养有大量的官牛。《管子·轻重戊》载，"殷人之王，立皂牢，服牛马，以为民力，而天下化之"即是明证。豫西一带的桃林"牛散桃林之野而不复服"④ 有相当规模的官牧牛群。由于养牛较多，中原王朝有时还向周边部落提供官牛。

　　　　汤献牛荆之伯。之伯者，荆州之君也。汤行仁义，敬鬼神，当是之时，天下皆一心归之。当事时，荆伯未从也，汤于是乃饰牲牛以事，荆伯乃愧然曰："失事圣人礼。"乃委其诚心，此谓汤献牛荆之伯也。⑤

商汤向南方的荆州国君进献牲牛以感化他，使之臣服自己。官牧牛还

---

① 河南省文物研究所，周口地区文化局文物科：《河南淮阳马鞍冢楚墓发掘简报》，《文物》1984 年第 10 期。

② （汉）司马迁：《史记》卷 73《白起传》，中华书局 1959 年版，第 2334 页。

③ （清）孙诒让：《周礼正义》卷 62《校人》，中华书局 1987 年版，第 2604～2605 页。

④ （汉）司马迁：《史记》卷 24《乐书》，中华书局 1959 年版，第 1229 页。

⑤ （汉）袁康著，吴平辑录：《越绝书全译》卷 3《吴内传第四》，贵州人民出版社 1996 年版，第 85 页。

广泛用于祭祀，甲骨卜辞中有多处关于用牛祭祀的记载："辛亥……四十牛"（《甲骨文合集》14726）、"五十牛于王亥"（《甲骨文合集》14725）、"丁巳卜有燎于父丁百犬百豕卯百牛"（《甲骨文合集》32674）、"……贞今……九豚……豕九"（《甲骨文合集》40193）等。周朝时专门设有牧人，掌牧六牲而阜蕃其物，以供祭祀之牲牷①。牛是当时祭祀必不可少的牲畜，尤其是规格最高的天子祭社时，更不能缺少。如《礼记·王制》中就指出"天子社稷皆太牢，诸侯社稷皆少牢"②。太牢是指牛、羊、豕，少牢是指羊、豕，足见牛在祭祀中的地位。先秦时期祭祀用牛的数量相当可观，甲骨卜辞中有大量记载，其中一次用牛和人牲的数目可达300头和1000头③。"戊卜贞献百牛□用上示。五白牛又毃。……贞御惟牛三百。……丁巳卜争贞降□千牛，二告。不其降□千人千牛。"（《合集》1027正）"乙亥，（卜）内，册大（乙）五百牛，百伐。"（《合集》39531、《英藏》1240）一次祭祀用牛成百上千头，是必须以发达的官营养牛业做后盾的。先秦时期官营牧牛业之兴旺，由此可见一斑。

（三）其他牲畜的饲养

先秦时期，河南地区官营牧场中还饲养有大量的羊、犬、猪、鹿等小型牲畜。甲骨文中多次提到用羊、犬祭祀："甲午卜侑于父丁犬百羊百卯十牛"（《甲骨文合集》32698），"贞肇丁用百羊百犬百豕十月"（《甲骨文合集》15521）。在国家政治活动中，用羊祭祀的现象也时有发生。河南温县东周盟誓遗址的一号坎内共发现土坑124个，而其中有35个坑出土羊骨架④。鉴于祭祀对于羊、犬的需求，周代专门设有羊人、犬人分别"掌羊牲"⑤与"掌犬牲"⑥。这一时期殉狗的现象也出现在宫室的建筑中。河南偃师尸乡沟商城第五号宫殿基址北边地面以下发现有8个埋有小狗的土坑，每坑各有一只狗骨架，这些土坑分布在正殿基址南部边沿的一条直线上，每坑的狗骨架中有的蜷屈，有的侧卧，头皆向南，似有

---

① （清）孙诒让：《周礼正义》卷23《牧人》，中华书局1987年版，第914页。

② （清）朱彬：《礼记训纂》卷5《王制第五》，中华书局1996年版，第88页。

③ 姚孝遂、肖丁：《殷墟甲骨刻辞类纂》，中册，中华书局1989年版，第579页。

④ 河南省文物研究所：《河南温县东周盟誓遗址一号坎发掘简报》，《文物》1983年第3期。

⑤ （清）孙诒让：《周礼正义》卷57《羊人》，中华书局1987年版，第2393页。

⑥ （清）孙诒让：《周礼正义》卷69《犬人》，中华书局1987年版，第2867页。

守卫之意①。此外，在郑州商代城址的一个探沟内发掘出来8个殉狗坑，坑内殉狗最少的是6只，最多的达23只②。这种狗坑是用于殷代建筑宫室时举行的奠基仪式中的。从用于祭祀与殉葬的羊、犬的情况就可以了解到当时养羊业与司犬业的发展状况。这些狗、犬显然不是来自于民间，应为官方所饲养。在河南新郑县的郑韩故城地下冰藏室遗迹中就出土有大量猪、牛、马、羊、鹿、鸡等畜禽的骨头，其中猪、牛骨最多③，这个地下冰藏室是储藏肉类的。可见，猪也是官方饲养的牲畜之一。

先秦时期，最迟在殷商时期，官方已经开始驯养鹿群。在安阳殷墟动物骨骼中，鹿骨在100块以上，四不像鹿的骨骼在1000件以上④。谢成侠先生认为四不像鹿是"已经进入驯养阶段"的鹿，并说商纣王的"鹿台"并不是聚集钱财之地，其实就是"供游乐的鹿苑"⑤。《史记·周本纪》也说殷周之际，中原地区"麋鹿在牧，飞鸿满野"。从一个侧面说明了这一时期中原地区鹿群饲养的情况。

官方还饲养一定数量的鸡，并设置有专职人员进行管理。如《周礼·春官宗伯·鸡人》中提到"鸡人掌共鸡牲，辨其物"⑥。周代专门设有"鸡人"来掌管用于祭祀的鸡牲。养鸡业也是当时官营畜牧业的一个组成部分。

二　私营畜牧业

先秦时期河南境内的私营畜牧业发展较快。《周礼订义·校人》注说："三代马政固有在官者，必有在民者，数之多者在民，平时无刍豢之费，数之少者在官，征伐无不至之虞。"其实，不仅是马，其他牲畜的饲养民间也远远多于官方。私营畜牧业既包含贵族私人牧养的牲畜，也包括

---

① 中国科学院考古研究所河南第二工作队：《河南偃师尸乡沟商城第五号宫殿基址发掘简报》，《考古》1988年第2期。

② 河南省博物馆，郑州市博物馆：《郑州商代城址发掘简报》，《文物》1977年第1期。

③ 河南省文物研究所：《郑韩故城内战国时期地下冰藏室遗迹发掘简报》，《华夏考古》1991年第2期。

④ 杨钟健、刘东生：《安阳殷墟之哺乳动物补遗》，《中国考古学报》第4册，南天书局有限公司1978年版，第147页。

⑤ 谢成侠：《中国养牛史》，农业出版社1985年版，第206页。

⑥ （清）孙诒让：《周礼正义》卷37《鸡人》，中华书局1987年版，第1510页。

普通民众所饲养的家畜。这一时期，马、牛、羊、猪、犬、鸡等畜禽已经普遍被饲养。

（一）私人养马业

河南地区很早时候就有野生马匹。在地质时代的上新世下层，约距今100万年前，在中国山西、河南、陕西等省境内已有三趾马化石的存在[①]。三门马是各国公认的现代马的祖先，其化石先后发现于河北怀来、巨鹿、宣化以及河南省渑池、新安[②]。河南地区养马不仅历史悠久且品种优良。据谢成侠先生研究，商代马匹品种优良，体形高大。1953年，在安阳大司空村M175号车马坑中出土1车2马，据保存较好的马骨推算，此两匹马高达145厘米[③]。1972年，在殷墟孝民屯M7发现的车马坑中，两匹马的前肩高度实测为140厘米～150厘米[④]，进一步证实了谢成侠推断的正确性。可见，先秦时期河南地区的马匹显然优于我国现在的马种。我国现在的马以三河马（内蒙、东北一带）为最高，公马平均高度为146.2厘米，母马为141.1厘米[⑤]。先秦时期河南养马相当普遍，马匹广泛用于交通运输，这在《诗经·郑风》中多有描述。如"叔兮伯兮，驾予与行"[⑥]、"陟彼崔嵬，我马虺隤"[⑦] 和"之子于归，言秣其马"[⑧]。诗经中还描述了用马狩猎的壮观场面，"叔于田，乘乘马；叔于田，乘乘黄；叔于田，乘乘鸨"[⑨]。随着养马业的发展，3000多年前的殷商时期河南就出现了关于相马术的记载（安阳殷墟博物馆编号为H31817片甲骨记载的相马内容，笔者前往殷墟亲眼目睹）。河南养马业之盛况，由此可见。

（二）牛、羊、猪、犬、鸡等牲畜的普遍饲养

先秦时期河南地区养牛规模很大，甲骨文中有大量记载。如"丁巳卜，争，贞其降口千牛"（《合集》1027正），"乙亥，（卜）内，册大

---

① 谢成侠：《中国养马史》，科学出版社1959年版，第10页。
② 同上书，第15页。
③ 同上书，第33页。
④ 杨宝成：《殷代车子的发现与复原》，《考古》1984年第6期。
⑤ 谢成侠：《中国养马史》，科学出版社1959年版，第272～279页。
⑥ 程俊英：《诗经译注》上海古籍出版社1985年版，第156页。
⑦ 同上书，第7页。
⑧ 同上书，第16页。
⑨ 同上书，第142页。

（乙）五百牛，百伐"（《合集》39531、《英藏》1240）。一次祭祀用牛成百上千，必须是以发达的养牛业做后盾的。商朝时期牛的品种有黄牛和水牛。安阳殷墟出土的哺乳动物骨骼中，圣水牛的骨骼数达千件以上。研究者认为，鉴定骨骼"在100以上者，均为易于驯养或捕获之动物。此等动物，无疑是为当时猎捕或饲养之对象"。又云"水牛之多，殆为气候与现在不尽相同之明证"①。由于民间私人养牛的普遍，当时河南地区的卫国还出现了养牛能手宁戚，他把自己养牛、相牛的经验写成《相牛经》一卷。据司马迁记载，在陈夏一带流行着"牵牛径人田，田主夺之牛。径则有罪矣，夺之牛，不亦甚乎"②的说法。可见，民间私人养牛已经很普遍了。春秋战国时期中原地区出现了牛耕。如孔子的弟子中有冉耕、司马耕。冉耕字伯牛，司马耕字子牛等。牛耕的使用无疑凸显了牛的地位，扩大了牛的用途，客观上促使了民间养牛业的发展。

猪、羊也是民间普遍饲养的牲畜。洛阳北窑村西周遗址发现一圆形祭祀坑，坑内分三层埋羊4只③。从发掘的羊的遗骸可以看出，此次祭祀用的是完整的个体。此外，在郑州碧沙岗发掘的墓葬中有祭肉出土，从祭肉的骨头看可分为猪、羊、牛，其中用猪的最多④。郑州二里岗商代遗址出土有3万块骨料，主要就是猪骨⑤。牛、羊、豕还广泛用于殉葬。一些墓葬往往也用牛腿、羊腿来殉葬的。如安阳殷墟西区的1713号墓内随葬有牛腿一条，牛骶骨一块，羊腿一条。牛、羊、猪还是食用的对象。据《礼记·王制》记载，"诸侯无故不杀牛，大夫无故不杀羊，士无故不杀犬豕，庶人无故不食珍"⑥。虽然是宴飨的规定，但是也可以从侧面反映牛、羊、豕在社会生活中的食用状况。《左传·宣公二年》中记载宣公二年春，"郑公子归生受命于楚伐宋，宋华元、乐吕御之……将战，华元杀羊食士，其御羊斟不与。及战，曰：'畴昔之羊，子为政；今日之事，我为政。'与入郑师，故败"⑦。可见军队中已食用羊肉。总之，先秦时期河南地区的私营畜牧业中牛、羊、猪的饲养数量不断增加，饲

① 杨钟建、刘东生：《安阳殷墟之哺乳动物群补遗》，《中国考古学报》1949年第4期。
② （汉）司马迁：《史记》卷36《陈杞世家》，中华书局1959年版，第1580页。
③ 洛阳博物馆：《洛阳北窑村西周遗址1974年度发掘简报》，《文物》1981年第7期。
④ 河南省文化局文物工作队第一队：《郑州碧沙岗发掘简报》，《文物参考资料》1956年第3期。
⑤ 中国社会科学院考古研究所：《新中国的考古发现和研究》，文物出版社2002年版，第196页。
⑥ （清）朱彬：《礼记训纂》卷5《王制第五》，中华书局1996年版，第189页。
⑦ （清）洪亮吉：《春秋左传诂》卷10《宣公》，中华书局1987年版，第394~395页。

养规模日渐扩大，与人类社会的联系日益密切。

狗也是先秦时期私人普遍饲养的一种牲畜，从墓葬中出土的狗的情况就可以略知一二。这一时期狗的出土多见于腰坑之中。例如，安阳铁西刘家庄南的 62 座殷代墓葬中有腰坑的 46 座，腰坑内殉狗达 29 个①。另外在安阳苗圃北地发现的 55 座有腰坑的殷代墓葬，通常都葬狗，狗的头向多与墓主头向相反②。周代也不乏存在用腰坑殉狗的现象。郑州碧沙岗的 10 座有腰坑的墓葬中都有一只小狗殉葬③。另外，在新郑县河李村的 8 座东周墓中有 3 座有腰坑并殉有狗④。狗在先秦时期是人类狩猎、自卫的好帮手，于是出现了普遍用狗殉葬的现象。

鸡是这一时期的主要家禽之一，鸡的饲养比较普遍，鸡除食用外，它的用途还有报晓。《诗经·郑风》中有"风雨如晦，鸡鸣不已"⑤和"女曰鸡鸣，士曰昧旦"⑥的记载，可以看出春秋时期，郑国一带广泛利用公鸡报晓，养鸡作为一门副业已相当普遍。《周礼·夏官·司马》记述豫州"其畜宜六扰，其谷宜五种"。师古言："马牛羊豕犬鸡也。谓之扰者，言人所驯养也。"《孟子·尽心上》记载一般家庭"五母鸡，二母彘，无失其时，老者足以无失肉矣"⑦，畜养两头母猪和五只母鸡用以繁殖，基本上能够满足老人的食肉要求。

（三）其他牲畜的饲养

先秦时期，河南地区气候温暖，非常适合大象生存。《逸周书·职方解》云："河南曰豫州。"《说文》亦言："豫，象之大者也。"说明河南一带的中原地区大象成群。殷商时期大象已经开始被驯化。1935 年在殷墟 1400 号大墓附近，发现一个象坑，内埋 1 人 1 象，显然其人是饲养象

---

① 安阳市博物馆：《安阳铁西刘家庄南殷代墓葬发掘简报》，《中原文物》1986 年第 3 期。

② 中国社会科学院考古研究所安阳工作队：《1980—1982 年安阳苗圃北地遗址发掘简报》，《考古》1986 年第 2 期。

③ 河南省文化局文物工作队第一队：《郑州碧沙岗发掘简报》，《文物参考资料》1956 年第 3 期。

④ 河南省文物研究所新郑工作站：《新郑县河李村东周墓葬发掘简报》，《中原文物》1987 年第 4 期。

⑤ 程俊英：《诗经译注》，上海古籍出版社 1985 年版，第 159 页。

⑥ 同上书，第 149 页。

⑦ 《孟子》卷 1《梁惠王上》，中华书局 2007 年版，第 8 页。

者①。1978 年在武官村北地发现一祭祀场内，发现一个象坑，内埋 1 象 1
猪，象身上有 1 铜铃，说明此象已经被驯化②。《合集》21472 正面刻一母
象图画，象的腹中怀 1 子，其旁有幼象相随，是一幅"母象产子图"。只
有在象被驯养的情况下，才能对象的怀孕、产子有如此细致的观察③。

先秦时期，河南地区河湖众多，优越的自然环境也适合鹅、鸭等水禽
的生存。目前虽没有大量出土鹅、鸭等家禽的骨头，但石鸭、玉鸭、玉鹅
等家禽的雕塑却屡有发现。如 1975 年在安阳小屯北地一编号为 F10：1 的
房屋内，出土一件石鸭，长、高皆为 5 厘米。做昂首游泳状，双翼并拢，
短尾下垂，造型生动逼真④。1969—1977 年在殷墟西区的 M861 号墓中，
出土一件玉鸭，长 3.8 厘米，做游水状，具有家养鸭的特征。1976 年在
殷墟妇好墓出土 3 件玉质浮雕鹅，皆站立，长颈垂首，体态肥壮，分别高
为 8.8 厘米、7.8 厘米、7.2 厘米⑤。陈志达先生认为"应是殷代家鹅的
写照"⑥。艺术来源于生活，说明殷商时期民间已经饲养鸭、鹅等家禽。
总之，先秦时期河南地区私营畜牧业已有了一定程度的发展，在社会生活
中发挥了重要作用，是农业经济的重要补充。

第二节　河南畜牧业发展的原因与条件

先秦时期畜牧业是一个重要的生产部门，既受自然条件、地理环境等因
素的制约，还受当时的畜牧技术、政治、经济、文化诸社会因素的制约。

一　适宜的气候与自然条件

先秦时期，黄河流域的中原地区气候适宜，土质肥美，自然植被极为
茂盛，野生动植物资源异常丰富。孟子曾描绘传说时代的中原大地："草

---

①　胡厚宣：《殷墟发掘》，学习生活出版社 1955 年版，第 89 页。

②　王宇信、杨宝成：《殷墟象坑和"殷人服象"的再探讨》，《甲骨探史录》，生活·读
书·新知三联书店 1982 年版，第 467～482 页。

③　周自强：《中国经济通史·先秦经济卷上》，经济日报出版社 2000 年版，第 292～293 页。

④　中国社会科学院考古研究所安阳考古队：《1975 年安阳殷墟的新发现》，《考古》1976
年第 4 期。

⑤　中国科学院考古研究所：《殷墟妇好墓》，文物出版社 1980 年版，第 170 页。

⑥　陈志达：《商代晚期的家畜和家禽》，《农业考古》1985 年第 2 期。

木畅茂，禽兽繁殖。"① 司马迁也说："夏得木德……草木畅茂。"② 因为
那时的河南地区人口少，生产力低下，生态环境很少遭到破坏。《诗经》
中也描绘了河南地区的植被状况。《诗经·商颂·殷武》："陟彼景山，松
柏丸丸。"③ 随处可见茂密的森林，大片大片的草原，丛林之间遍布着湖
泊沼泽，可以说是当时自然环境的一个再现。从《周礼·夏官司马·职
方氏》的记载中可以看出周代河南地区的植被状况。河南地区广阔的森
林、草原，良好的自然植被，适宜的气候，无疑为畜牧业的发展提供了前
提条件。

二　广泛的社会需求

先秦时期，地处中原的河南地区因是政治、经济和文化中心，如郑
州、洛阳、安阳、开封等都曾作为都城，这些地方自然也是人口荟萃之
地。大量人口增加了对畜产品的需求，客观上推动了畜牧业的发展。牲畜
被广泛用于祭祀、殉葬、交通运输乃至日常肉食消费中。

首先，牲畜广泛用于祭祀。"国之大事在祀与戎"，祭祀是国家政治
生活中的首要问题。先秦时期，祭祀种类繁多，"以吉礼事邦国之鬼神
示；以禋祀祀昊天上帝；以实柴祀日月星辰；以槱燎祀司中、司命、风
师、雨师"④。此外还有"血祭"、"狸沈"、"疈辜"，凡此种种，不一而
足。前文提到，祭祀所用牲动辄数以千计。如甲骨文记载，商朝有一次祭
祀用牛千头，"丁巳卜，争，贞其降□千牛"（《合集》1027 正）。先秦时
期祭祀还相当讲究，如"阳祀，用骍牲毛之；阴祀，用黝牲毛之；望祀，
各以其方之色牲毛之；凡时祀之牲，必用牷物"⑤，不同的祭祀场合对所
用牲畜的毛色是有严格要求的，而且都需要大量的牲畜，这就促使统治者
不得不喂养各种毛色的家畜以满足不同场合祭祀的需要。为了加强对祭祀
用牲的管理，商朝时期设置有"羊豕司"（《甲骨文合集》19210）、"司
犬"（《甲骨文合集》20367）等机构来管理羊、猪、犬等。商王甚至视察

---

① 《孟子》卷 5《滕文公上》，中华书局 2007 年版，第 111 页。
② （汉）司马迁：《史记》卷 28《封禅书》，中华书局 1959 年版，第 1366 页。
③ 程俊英：《诗经译注》，上海古籍出版社 1985 年版，第 686 页。
④ （清）孙诒让：《周礼正义》卷 33《大宗伯》，中华书局 1987 年版，第 1291 页。
⑤ （清）孙诒让：《周礼正义》卷 23《牧人》，中华书局 1987 年版，第 916~920 页。

用以祭祀的官牛，在殷墟卜辞中就有商王"省牛"（《甲骨文合集》11171）的记载。周朝时专门设有牧人来管理祭祀所用的牲畜。

牲畜还广泛用于殉葬与食用。如用马殉葬在殷墟遗址中也多有发现，西北冈王陵区中大墓中，常见用马殉葬，如 M1001 大墓的东侧，发现 37 个埋人及动物的陪葬坑，其中马坑 7 个，3 个被破坏，其余 4 个埋马 12 匹。五官大墓北墓道有 3 个马坑，分别埋马 6 匹、6 匹、4 匹。南墓道有 3 个墓坑，每坑埋马 4 匹，该墓共殉马 28 匹①。其他如用牛、猪、羊等牲畜殉葬的遗址也多有发现。此外，牲畜还广泛用于食用和交通运输，因前文已经谈到，此不赘述。总之，先秦时期，河南地区特殊的政治地位、广泛的社会需求促进了畜牧业的发展。

三　畜牧技术的进步

先秦时期虽是畜牧业的滥觞时期，但畜牧技术仍有较大发展，如牲畜的阉割、饲养和兽医技术都已经出现并有了不同程度的提高。例如，饲养技术显著提高。先秦时期河南地区的官营牲畜实行野外放养和圈养相结合。如前文提到，殷墟出土的甲骨卜辞中有"刍、牧、牢、厩、圂、庠"等文字，表明商代官方牲畜圈养和厩养已经较为普遍，甚至种植牧草以饲养牲畜。周代还专门设有牧人、校人、牛人、羊人、犬人、鸡人等官职来管理官营畜牧业。阉割技术方面，商朝时已产生了去势术。甲骨文中有"豕"字，字形是在豕腹下划出一道独立的短线，表示对公猪的阉割②。去势作为一种重要的选种技术，它一方面可以使牲畜长膘快，另一方面也优化了牲畜的品种。周朝时去势术进一步发展，主要表现为"春祭马祖，执驹，夏祭先牧，颁马，攻特"。"执驹"是在幼畜生长到一定时期之后，将其与母畜隔离开来，以利于母畜与幼畜的成长。"攻特"是指对马的去势。此外，随着牲畜饲养的发展，出现了专门为牲畜医治的"兽医"，其职责主要是"掌疗兽病，疗兽疡。凡疗兽病，灌而行之，以节之，以动其气，观其所发而养之。凡疗兽疡，灌而刮之，以发其恶，然后药之、养

---

　　① 刘一曼、曹定云：《殷墟花东 H3 卜辞中的马——兼论商代马的使用》，《殷都学刊》2004 年第 1 期。

　　② 陈振中、罗运环、陈伟：《中国经济通史》，湖南人民出版社 2002 年版，第 350 页。

之、食之"。由此可见，先秦时期兽医在治疗技术上已经有了内科和外科的划分。另外还有"巫马"，"掌养疾马而乘治之，相医而药攻马疾"。趣马，"掌赞正良马，而奇其饮食，简其六节。掌驾说之颁，辨四时之居治，以听驭夫"①。辨别马匹的优良，采用不同的饲养方式。畜牧技术的显著进步使牲畜大规模、专业化的饲养成为可能。

四　统治者的重视

先秦时期，统治者非常重视畜牧业，把它上升到国家富强的政治高度。如《管子·立政》云："六畜育于家，瓜瓠荤菜百果备具，国之富也。"②《孟子·梁惠王上》也指出："五亩之宅，树之以桑，五十者可以衣帛矣；鸡豚狗彘之畜，无失其时，七十者可以食肉矣。"③ 六畜的饲养已经关系到普通人的日常生活，是提高人民生活水平的重要条件。为了保护野生动物，促进畜牧业的发展，统治者出台了许多措施。如《礼记·王制》记载："田不以礼，曰暴天物；天子不合围，诸侯不掩群，天子杀则下大绥，诸侯杀则下小绥，大夫杀则止佐车。"狩猎时，强调畋不掩群，对统治阶级各阶层都有严格的制约措施，胆敢冒犯或违禁，严惩不贷。《礼记·月令》载："孟春之月，禁止伐木，毋覆巢，毋杀孩虫、胎夭、飞鸟、毋麛、毋卵。仲春之月，毋竭川泽，毋漉陂池，毋焚山林。"强调保护生物资源，禁止滥捕野生动物，维护生态平衡。凡此种种，客观上保护了动物资源，促进了畜牧业的发展。

本章小结

先秦时期，无论夏、商、周还是春秋、战国，河南地区一直是人类活动最为频繁，也是人口最为集中的区域。人口的集中促进了对肉、蛋、奶、皮毛等畜产品的广泛需求。这一时期的河南也是当时的政治中心，"国之大事在祀与戎"。祭祀和战争是先秦时期最重要的两件大事，祭祀

---

①　（清）孙诒让：《周礼正义》卷9《兽医》，中华书局1987年版，第339页。
②　（清）黎翔凤：《管子校注》卷1《立政第四》，中华书局2004年版，第64页。
③　（清）焦循：《孟子正义》卷2《梁惠王上》，中华书局1987年版，第55页。

需要大量的马、牛、羊、猪等牲畜，战争更是加大了马匹等大牲畜的需求，尤其是赵武灵王效法北方的匈奴"胡服骑射"，更是增加了对马匹的需求，所有这些都对畜牧业提出了更高的、更多的要求，就是必须大力发展畜牧业，才能满足日益增长的社会需要。也正因为如此，先秦时期，河南畜牧业得到了迅猛发展，无论是官营还是私营均兴旺发达。牲畜广泛运用于祭祀、殉葬、交通运输与战争之中。不可否认的是，除了广大的社会需求外，先秦时期优越的政治因素、适宜的气候条件以及畜牧技术的进步都在客观上促使了河南畜牧业的迅速发展。

第三章

秦汉时期河南畜牧业的发展

秦汉时期是我国古代畜牧业发展的一个重要阶段。这一时期，由于国家统一和中央集权制度的确立，交通发达，经济发展，中外各民族联系日益加强。公元前 221 年，秦始皇统一六国。秦统一后加强了对西北和西南地区的开发，汉武帝时期对匈奴的胜利，不仅扩大了发展畜牧业政治经济的需要，也积累了发展和学习畜牧业的经验，奠定了发展畜牧业的辽阔地盘①。关于秦汉时期的畜牧业学术界也有诸多论述。如龚留柱先生的《秦汉时期军马的牧养和征集》对秦汉时期的养马业进行了研究，指出"秦汉时期，随着骑兵的兴起，军马需求也大大增加。但由于气候和地理环境的关系，中原大部分地区并不出产骑兵使用的良马"。龚留柱的观点还有待商榷，其实中原地区也出产一些良马，南阳汉画像石中有许多高头大马的形象。高敏先生的《论秦汉时期畜牧业的特征和局限》指出"秦汉时期的整个社会经济，虽以农业为主，但是，畜牧业也占有一定的比重，有其不可忽视的地位"。与先秦时期相比，秦汉时期畜牧业的分布区域有明显扩大；畜牧业的主管机构也有了明显发展；牲畜饲养的品种类别方面也有了重大发展。蒋文孝先生《从出土文物看秦汉养马业及相关问题》，利用出土文物与历史文献对秦汉时期的养马业进行了历史考察。陈宁先生《秦汉马政研究》根据新出土简牍资料和相关文献史料对秦汉时期的马政情况作出了全面而具体的分析，指出马政对当时的政治经济造成了重要影响。温乐平先生的《论秦汉养牛业的发展及相关问题》探讨了秦汉时期牛的类型、牛的牧养方式、牧养管理与畜牧技术以及影响牧牛业发展的社会因素。薛瑞泽先生的《古代河南经济史》（上）对秦汉时期河南畜牧业

---

① 高敏：《论秦汉时期畜牧业的特征和局限》，《郑州大学学报》1989 年第 2 期。

有了较为全面的介绍，指出"家畜饲养与水产捕捞在秦汉时期河南经济社会发展中仍然占有重要的地位，受到社会各阶层的重视"。此外，程民生先生的《河南经济简史》、何平立先生的《略论西汉马政与骑兵》、温乐平《秦汉时期牛的类型与地域分布》、谭黎明《战国秦汉时期的畜牧兽医技术》等均对这一时期的马政与畜牧业进行了探究。总之，以上论著从不同的视角对秦汉时期的畜牧业尤其是养马业与牧牛业进行了较为全面的探讨，为研究这一时期的河南畜牧业打下了雄厚的基础。

第一节　秦汉时期畜牧业发展概况

秦汉时期，张骞出使西域，将西域优良的畜种引进到中原地区，促进了畜牧业的发展和畜牧品种的改良。不仅如此，统治者在思想上也很重视畜牧业，认识到"马者，甲兵之本，国之大用"① 和"牛乃耕农之本，百姓所仰，为用最大，国家为之强弱"②。养马业和牧牛业对于战争与农业有重要意义，在这样的大背景和客观情况下，秦汉时期的畜牧业取得了显著发展。

一　畜牧业发展概况及制约因素

秦统一六国后，在西北边郡设置了"六牧师令"，中央设置"太仆"一职，专"掌舆马"之政。在地方，也设置了国营牧场，如沛县有"厩司御"③、尉氏有"乐厩"④。秦代河南畜牧业有一定的规模。长达数年的秦末农民战争对畜牧业造成了重创，到西汉初年，经济凋敝，畜牧业也一片萧条，马匹奇缺，马价每匹暴涨至百金："自天子不能具钧驷，而将相或乘牛车。"⑤ 经历 70 多年的经济恢复，畜牧业与农业同步发展，汉武帝初年，内地出现了畜牧业的第一个大增长期。史称："天水、陇西、北地、上郡与关中同俗，然西有羌中之利，北有戎翟之畜，畜牧为天下饶。"⑥ "众庶街巷有

① （南朝·宋）范晔著，（唐）李贤等注：《后汉书》卷24《马援传》，中华书局2003年版，第840 页。
② （唐）欧阳询：《艺文类聚》卷85《百谷部·谷》，上海古籍出版社1965年版，第1446 页。
③ （汉）司马迁：《汉书》卷95《夏侯婴列传》，中华书局1959年版，2663 页。
④ 同上。
⑤ （汉）司马迁：《史记》卷30《平准书第八》，中华书局1959年版，第1417 页。
⑥ （汉）司马迁：《史记》卷129《货殖列传第六十九》，中华书局1959年版，第3262 页。

马，阡陌之间成群，乘字牝者傧而不得聚会。"① 乘母马的人甚至无颜参加聚会。随着对匈奴战争的胜利，畜牧经济的区域进一步扩大，"新秦中"成了畜牧经济区。甚至出现了"故募人田畜以广用，长城以南，滨塞之郡，马牛放纵，蓄积布野"② 的畜牧业繁荣昌盛的局面。到了汉武帝时期，厩马一度多达40余万匹！③ 但是大规模的对匈奴的战争造成了马匹的大量消耗。"师旅数发，戎马不足，牸牝入阵，故驹犊生于战地，六畜不育于家。"④ 马匹短缺成为触目惊心的现象。昭宣时期，随着经济的恢复，畜牧业又重新走上了稳定和发展的道路。然而，西汉末年和新莽时期的社会动荡对畜牧业再次造成重大打击，"父子流亡，夫妇散离，庐落丘墟，田畴芜秽"⑤。由于马匹匮乏，刘秀起兵只能乘牛⑥。

光武帝后期和汉明帝年间，畜牧业的颓势才得以扭转，再次出现了"牛羊被野"的局面⑦，开始了秦汉畜牧业的第二个发展时期。从出土文物上看，东汉时期家庭畜牧业十分兴盛，一个墓中（相当于一个家庭）牛、羊、猪、鸡、犬等明器的数目通常超过了西汉后期，这种情形自然与东汉时期的厚葬习俗有关，但也反映出东汉家庭畜牧业的进步。当时各郡国大都有掌管地方马政的官吏，反映出畜牧业分布地域之广泛⑧。史料记载，东汉建武年间，仅一次就在河东地区转调"牛羊三万六千头以赡给"匈奴⑨。然而，这种进步在东汉末年的战乱、灾荒和瘟疫的联合打击下画上了休止符。中原、关中一带的百姓"多不专于农殖"，关中和河东均是畜牧业发达的地区，动乱后畜牧业几乎荡然无存。

总体而言，秦汉时期由于自然环境、国家政策诸因素的影响，畜牧业

---

① （汉）司马迁：《史记》卷30《平准书第八》，中华书局1959年版，第1420页。

② （汉）桓宽撰，王利器校注：《盐铁论校注》卷8《西域第四十六》，中华书局1992年版，第499页。

③ （唐）杜佑撰，王文锦等点校：《通典》卷25《职官典七·太仆卿》，中华书局1988年版，第707页。

④ （汉）桓宽撰，王利器校注：《盐铁论校注》卷3《未通第十五》，中华书局1992年版，第190页。

⑤ （南朝·宋）范晔：《后汉书》卷28上《冯衍传》，中华书局2003年版，第966页。

⑥ （南朝·宋）范晔：《后汉书》卷1《光武帝纪》，中华书局2003年版，第3页。

⑦ （南朝·宋）范晔：《后汉书》卷2《明帝纪》，中华书局2003年版，第115页。

⑧ 高敏：《论秦汉时期畜牧业的特征和局限》，《郑州大学学报》1989年第2期。

⑨ （南朝·宋）范晔：《后汉书》卷89《匈奴传》，中华书局2003年版，第2944页。

的发展还是受到了一定的制约。据王玉德先生研究，秦汉时期制约其畜牧业发展的主要因素有以下三种①：

第一，就自然条件下生产传统而言，内地气候湿润，土地肥沃，较为适合农作物种植与生产，"内郡人众，水泉荐草，不能相赡，地势温湿，不宜牛马"②，不大适合马、牛等牲畜的养殖。

第二，秦汉时期采取鼓励人口增长的政策，人口繁多，土地开垦与利用率较高，可资畜牧业生产的土地极为缺乏。

第三，为发展种植业生产，秦汉统治者鼓励垦荒，并组织大规模的屯田，原可供畜牧业的山地又被大量地农田化。而畜牧业的发展在种植谷物收入有限的情况下，会成为农业发展的一大障碍。"夫一马伏枥，当中家六口之食"③，畜牧业因此不被秦汉统治者重视，甚至被列为禁止发展的对象。如西汉景帝后元二年（公元前142年），"以岁不登"而"禁内郡食马粟"，违者"没入之"④。

王玉德先生把秦汉时期畜牧业发展的影响因素归纳为两点：一是中原王朝气候温暖湿润，更适于种植业的发展；二是秦汉时期农牧争地的严重。尽管如此，因人口的增长与经济的迅速发展，秦汉时期的畜牧业还是有较大发展的，在前代的基础上达到了一个新水平。"在地域上呈现出单一化的牧业、农业、半农半牧和家庭畜牧业三种类型：内地畜牧业经营的种类较之前明显增多。这种趋势奠定了此后近2000年中国古代畜牧业的基本格局。"⑤这一时期河南畜牧业受到全国畜牧业发展的影响，呈现出一定的时代特征。

二　秦汉时期的河南畜牧业

河南是传统的农区，畜牧业自然不能和草原牧区相比，但也有一定规

---

① 王玉德、张全明：《中华五千年生态文化》，华中师范大学出版社1999年版，第207~209页。

② （汉）桓宽撰，王利器校注：《盐铁论校注》卷3《未通第十五》，中华书局1992年版，第190页。

③ （汉）桓宽撰，王利器校注：《盐铁论校注》卷6《散不足第二十九》，中华书局1992年版，第349页。

④ （汉）班固：《汉书》卷5《景帝纪》，中华书局2002年版，第151页。

⑤ 《中国经济通史·秦汉经济卷》，湖南人民出版社2002年版，第277页。

模。"河南曰豫州……其利林、漆、丝枲；民二男三女。畜宜六扰。其谷宜五种。"① 河南境内普遍养殖"六扰"（马、牛、羊、豕、犬、鸡）。尤其是东汉时期定都洛阳，皇亲国戚、百官贵族、贩夫走卒荟萃于此，加大了对畜牧产品——肉蛋奶的需求，无疑刺激了畜牧业的发展②。史载，西汉末年南阳大地主樊重"池鱼牧畜，有求必给"③。东汉中期梁冀专权时，对洛阳附近大规模改建："广开园囿，采土筑山，十里九坂，以像二崤，深林绝涧，有若自然，奇禽驯兽，飞走其间……又多拓林苑，禁同王家，西至弘农，东界荥阳（今荥阳东北），南极鲁阳，北达河、淇，包含山薮，远带丘荒，周旋封域，殆将千里。又起菟苑于河南城西，经亘数十里，发属县卒徒。缮修楼观，数年乃成。"④ 几乎将洛阳周边近千里的地区开辟成牧场。当时"天下诸侯以疲马、犬、羊为币，齐以良马报"⑤。《昌言·理乱篇》描述河南的地方豪族"马牛羊豕，山谷不能受"。虽有些夸张，但也说明河南民间畜牧业发达的盛况。

（一）养马业

秦汉时期，随着对匈奴战争的日益加剧和马匹的大量需求，政府非常重视养马业，无论是官方还是民间，养马业都有较大的发展。地处中原的河南各地也饲养一定数量的马匹，尤其是东汉京师洛阳，养马业雄冠他州，堪称翘楚。例如，东汉时期马援的父亲马防在洛阳"多牧马畜"⑥。洛阳人曹洪，"武帝从弟，家盈产业，骏马成群"⑦，应该是养马专业户。汉光武帝建武十三年（37 年），"及陇、蜀平，诏融与五郡太守奏事京师，官署宾客相随，驾乘千余两（辆），马牛羊被野"⑧。显然这次窦融举族内迁洛阳带来了大量的牲畜，为官营畜牧业的发展奠定了基础。到了东汉中期，京师洛阳"今举俗舍本农，趋商贾，牛马车舆，填塞道路"⑨，

① （汉）班固：《汉书》卷 28 上《地理志八》，中华书局 2002 年版，第 1539～1540 页。
② 高敏：《论秦汉时期畜牧业的特征和局限》，《郑州大学学报》1989 年第 2 期。
③ （南朝·宋）范晔：《后汉书》卷 32《樊宏传》，中华书局 2003 年版，第 1119 页。
④ （南朝·宋）范晔：《后汉书》卷 34《梁统传》，中华书局 2003 年版，第 1182 页。
⑤ 《管子·大匡》，北京图书馆出版社 2004 年版，第 8 页。
⑥ （南朝·宋）范晔：《后汉书》卷 24《马援传》，中华书局 2003 年版，第 857 页。
⑦ （宋）李昉：《太平广记》卷 435《曹洪》，中华书局 1962 年版，第 3534 页。
⑧ （南朝·宋）范晔：《后汉书》卷 23《窦融传》，中华书局 2003 年版，第 807 页。
⑨ （南朝·宋）范晔：《后汉书》卷 49《王符传》，中华书局 2003 年版，第 1633 页。

出现了车水马龙的盛况。汉安帝永初元年（107 年）发生饥荒，诏令"厩马非乘舆皆减半食"。汉顺帝汉安元年（142 年），"时以远近献马众多，园厩充满，始置承华令"①。设置承华令加强管理官营马匹。不仅如此，东汉政府还在洛阳建造了马厩，如汉安元年"秋七月，始置承华厩"。汉灵帝时又设置了骐骥厩。"（光和）四年，春正月，初置骐骥厩丞，领受郡国调马。豪右辜榷，马一匹至二百万。"② 汉灵帝时，皇甫嵩建议："益出中藏钱、西园厩马，以班军士。帝从之。"③ 将洛阳所养马匹提供给军士。能够为军队提供马匹，可见洛阳养马当然不在少数。

河南其他州县也牧放有为数众多的马匹。如河内地区，东汉初年，寇恂为河内太守，为支持光武帝北征燕代，他在河内"养马二千匹，收租四百万斛，转以给军"④。能够养马 2000 匹，说明这一地区的自然环境还是适合马的生存。建安三年（198 年），吕布曾派人"赍金欲诣河内买马，为备兵所钞"⑤，到河内买马。秦汉时期，河南的陕县、虢州也牧养一定数量的马匹。例如，近年来考古挖掘出土了"陕县马丞印"、"虢县马丞印"，说明这些地方是西汉郡县养马的区域⑥。秦汉时期，养马业的兴盛从河南出土的汉画像石中也可以窥豹一斑。近年来，在河南南阳、登封、郑州等地相继出土了一些汉画像石，其中有很多纵马扬鞭的场景。如河南登封市少室阙汉石刻画《马戏图》，图中是两匹快速奔驰的马，马的前蹄扬起，后蹄腾空，全身在空中成一条直线，表明两匹马奔跑的速度。河南郑州市出土的汉代画像砖上就有一幅生动形象的赛马图，"在长 8.5 厘米、宽 5 厘米的画面上，绘出二骑士正在挥鞭驰马比赛的形象；图中有两个骑马人，都是头戴冠，身穿短衣，各骑一匹骏马，一手持鞭，一手握缰，催马扬鞭，急速奔驰，两马的距离相差不过一个马头。从图中人物的穿着打扮看不像外出行人，而是艺人赛马的装扮"⑦。汉画像石上的马匹大都非常雄壮、高大，应该是优良品种。（见图 1 和图 2）

---

① （宋）王钦若：《册府元龟》卷 621《卿监部》，中华书局 1960 年版，第 7466 页。
② （南朝·宋）范晔：《后汉书》卷 8《灵帝纪》，中华书局 2003 年版，第 345 页。
③ （南朝·宋）范晔：《后汉书》卷 71《皇甫嵩传》，中华书局 2003 年版，第 2300 页。
④ （南朝·宋）范晔：《后汉书》卷 16《寇恂传》，中华书局 2003 年版，第 621 页。
⑤ （晋）陈寿：《三国志·蜀书》卷 32《先主传第二》，中华书局 1982 年版，第 874 页。
⑥ 高敏：《论秦汉时期畜牧业的特征和局限》，《郑州大学学报》1989 年第 2 期。
⑦ 刘秉果、赵明奇：《汉代体育》，齐鲁书社 2009 年版，第 134 页。

图1 登封市汉少室阙石刻画《马戏图》

图2 登封市汉少室阙石刻画《马戏图》（二）

总之，秦汉时期河南地区由于特殊的政治地位和广泛的社会需求，无论是官方还是民间都饲养一定数量的马匹，其中不乏优良品种，基本上满足了交通运输与军事战争的需要。

（二）养牛业

先秦时期，养牛业已经非常普及。史载："天下乘马服牛。"[①] 在交通

---

① 《管子·乘马》，北京图书馆出版社2004年版，第16页。

运输方面："令夫商……负任担荷，服牛辂马，以周四方。"① 祭祀方面，
"牺牲不劳，则牛马育"②。牛广泛用于祭祀和交通运输等方面。秦汉时
期，牛的地位经历了较大变化。东汉中期以前，马车比牛车普遍，规格也
远远高于牛车。贵族阶层乘坐牛车只是经济凋零的无奈之举。如西汉初年
"将相或乘牛车"③。东汉初年宗室外戚"至或乘牛车，齐于编人"④。《后
汉书·光武帝纪》："光武初乘牛，杀新野尉乃得马"。由于牛车比较平
稳，从东汉后期开始，社会上开始转乘牛车，史称"其后稍见贵之，自
灵献以来，天子自士遂以为常乘"⑤。"上有所好，下必甚焉"，贵族阶层
喜好乘牛车的风尚很快引领了时代的潮流，成为当时的出行时尚。

　　东汉以后，随着养牛业的兴盛，河南民间耕牛的饲养也逐渐增多。史
载，刘秀与部下攻下昆阳（今河南叶县一带）、定陵、郾（河南郾城）三
城"多得牛马财物，谷数十万斛，转以馈宛下"⑥。牛马成了重要的战利
品，显然当地饲养很多。东汉京师洛阳养牛业异常发达，据《论衡·寒
温》载，"帝都之市，屠杀牛羊，日以百数"。每天都有数百头牛羊被宰
杀。《讥日》甚至言道："海内屠肆，六畜死者，日以千头。"屠宰的六畜
以牛羊为主，每天上千头。因为在宋代以前，文献鲜有屠猪记载。汉明帝
时，"温县民皆放牛于野"⑦，汝南慎阳人（今正阳北）黄宪的父亲是一
位牛医⑧。汉代牧牛业兴盛从众多出土的汉画像石上也有反映。在南阳出
土的许多汉画像石、砖上可以看到汉代斗牛的风俗，斗牛体形高大⑨，看
来是专门遴选出来的。河南养牛业的兴盛还催生了相牛术的兴起，《史
记·日者》："荥阳褚氏以相牛立名。"据温乐平先生研究，秦汉时期牛的
品种主要有牦牛、水牛和黄牛，黄牛是秦汉养牛业中最主要的品种，在全

　　① 《管子·小匡》，北京图书馆出版社 2004 年版，第 6 页。
　　② 同上书，第 7 页。
　　③ （汉）司马迁：《史记》卷 30《平准书》，中华书局 1959 年版，第 1417 页。
　　④ （南朝·宋）范晔：《后汉书》卷 33《朱浮列传》，中华书局 2003 年版，第 1143 页。
　　⑤ （唐）房玄龄等：《晋书》卷 25《舆服志》，中华书局 1974 年版，第 756 页。
　　⑥ （南朝·宋）范晔：《后汉书》卷 1《光武帝纪》，中华书局 2003 年版，第 5 页。
　　⑦ （晋）司马彪：《续汉书》卷 5《循吏传·王焕》，上海古籍出版社 1986 年版，第 482
页。
　　⑧ （南朝·宋）范晔：《后汉书》卷 53《黄宪传》，中华书局 2003 年版，第 1744 页。
　　⑨ 周到等编：《河南汉代画像砖》，图 84、图 85，上海人民美术出版社 1985 年版，第 48 页。

国均有分布，水牛只是西南诸夷喂养的牲畜，还未引进到中原地区①，故河南地区饲养的牛应该是黄牛。

（三）猪、羊、鹿等小牲畜的饲养

秦汉时期，猪、羊、鹿等小牲畜的饲养也有一定的规模。历史上河南是以农业为主的地区，猪、羊等牲畜是农户肉食和农田肥料的主要来源，家家户户都要饲养。史载，西汉时豫西南一带牧羊业很兴盛。汉灵帝时，南阳人何进即是以屠羊为生②，可见羊也是当地民间普遍饲养的牲畜。洛阳人卜式是历史上以养羊而致富的罕见典型。他出生于一个半农半牧世家，兄弟分家后，卜式以 100 只羊起家，入山放牧十余年，繁殖至 1000 余只。以后越来越富，曾捐 20 万钱给河南尹以救济贫民。汉武帝时卜式被召拜为中郎，让其专职在上林苑中为皇家牧羊。在长期的牧羊过程中，他积累了丰富的饲养经验，如"以时起居，恶者辄斥去，毋令败群"③。河南牧羊业的发展从出土文物中亦可一窥端倪。河南陕县出土的陶羊圈呈半圆形，圈的后部有屋檐，前部有供羊进出的门④，洛阳博物馆秦汉罗马展，展出了出土的大量羊圈等文物，从一个侧面反映了当时民间羊饲养的盛况。

猪也是秦汉时期河南地区居民普遍饲养的牲畜。梁鸿"牧豕于上林苑中"⑤，长垣人吴祐"常牧豕于长垣泽中"⑥，曾在长垣草泽地中放猪。汉安帝统治时期，平原令杨匡因不满国相徐曾，拒绝与其共事，"托疾牧豕云"，在陈留（今开封陈留）一带放猪⑦。汉灵帝时济阴人孙期"家贫，事母至孝，牧豕于大泽中，以奉养焉"⑧。依靠为别人放猪来奉养母亲。秦汉时期，养猪业的兴盛与地方官员的支持不无关系，如汉宣帝时黄

① 温乐平：《论秦汉时期牛的类型与产地分布》，《湖北师范学院学报》2007 年第 2 期。
② （南朝·宋）范晔：《后汉书》卷 69《何进列传》，中华书局 2003 年版，第 2253 页。
③ （汉）司马迁：《史记》卷 30《平准书》，中华书局 1959 年版，第 1432 页。
④ 叶小燕：《河南陕县刘家渠汉墓》，《考古学报》1965 年第 1 期。
⑤ （南朝·宋）范晔：《后汉书》卷 83《逸民列传·梁鸿》，中华书局 2003 年版，第 2765 页。
⑥ （南朝·宋）范晔：《后汉书》卷 64《吴祐传》，中华书局 2003 年版，第 2099 页。
⑦ （南朝·宋）范晔：《后汉书》卷 63《杜乔传》，中华书局 2003 年版，第 2094 页。
⑧ （南朝·宋）范晔：《后汉书》卷 79 上《儒林列传第六十九》，中华书局 2003 年版，第 2554 页。

霸任颍川（今河南禹州）太守，"使邮亭乡官皆畜鸡豚"[1]。邮亭乡官员所畜养的鸡豚可能供给来往官员和官府所用，但也表明这一地区存在官营畜牧业[2]。河南养猪业的情况在一些出土文物中也有反映。如 1995 年在新乡火电厂西面发掘出西汉时期的 3 件陶猪圈[3]。1998 年在黄河小浪底盐东村的西汉墓葬中出土一件圆形陶猪圈。此外，在河南邓州梁寨、洛阳李屯、民族路、北郊、吉利区、3850 号墓葬、桐柏安棚、济源赵庄、南阳中建机械厂、蒲山、唐河夸子营、郑州纺机油库、新乡火电厂等地发掘出了很多东汉时期的猪圈，在南阳与巩义等地还发掘出陶猪等[4]。2011 年洛阳秦汉罗马展也展出了一些在洛阳出土的猪圈（笔者前往洛阳博物馆亲眼所见）。大量陶猪圈与陶猪的出土，从一个侧面反映出秦汉时期河南民间养猪业的盛况。

（四）家禽饲养业

秦汉时期，河南家禽饲养业也有一定规模，在出土的实物模型中多有反映。如河南桐柏县万岗汉墓出土的陶家鹅模型[5]，河南新野县出土的陶制家鸽[6]。汉代河南出产的长鸣鸡品种优良，据《艺文类聚》卷 62 引《汉官仪》载："高祖既登帝位，鲖阳（河南安徽交界处）、固始（河南固始）、细阳（安徽太和）岁献鸡鸣歌士，常讴于阙下。"昌邑王刘贺在去长安做皇帝的途中，于济阳（今河南兰考北）"求长鸣鸡"[7]。长鸣鸡是一种用于报时的优良鸡种，"伺鸡晨，即下漏验之，晷刻无差"[8]，因此颇得皇帝和贵族的青睐。汉代制度，从汝南进奉的长鸣鸡被安置在朱雀门外，"卫士候朱雀门外，专传鸡鸣于宫中"[9]。河南还生长一种斗鸡，曹植《斗鸡诗》吟咏道：斗鸡"双翘自飞扬，挥羽激流风，悍目发朱光"[10]。

① （汉）班固：《汉书》卷 89《黄霸传》，中华书局 2002 年版，第 3629 页。

② 薛瑞泽：《汉唐间河洛地区经济研究》，陕西人民出版社 2001 年版，第 90 页。

③ 新乡市文物管理委员会：《1995 年新乡火电厂汉墓发掘简报》，《华夏考古》1997 年第 4 期。

④ 转引自薛瑞泽《古代河南经济史》（上），河南大学出版社 2012 年版，第 293～294 页。

⑤ 河南省文化局文物工作队：《河南桐柏万岗汉墓的发掘》，《考古》1964 年第 8 期。

⑥ 河南省南阳地区文物研究所：《新野樊集汉画像砖墓》，《考古学报》1990 年第 4 期。

⑦ （汉）班固：《汉书》卷 63《武五子传》，中华书局 2002 年版，第 2672 页。

⑧ （汉）刘歆撰：《西京杂记》卷 4，上海古籍出版社 1991 年版，第 35 页。

⑨ 孙星衍辑，周天游校：《汉官六种》，中华书局 1990 年版，第 113 页。

⑩ （唐）欧阳询：《艺文类聚》卷 91《鸟部中·鸡》，中华书局 1965 年版，第 1585 页。

河南出土的汉画像砖上多有斗鸡的场面，从描绘的图像上看，斗鸡体大尾长①，与一般家鸡的体形大不相同，应该为专门的鸡种。这一时期，河南家禽饲养业的发展与政府官员的大力扶持密不可分。如前文提到，西汉时，黄霸为颍川（今禹州）太守，"使邮亭乡官皆畜鸡豚"②。东汉时期，仇览任蒲亭长时，"劝人生业，为制科令，至于果菜为限，鸡、豕有数"③，敦促百姓种植蔬菜果树，饲养畜禽以致富。因饲养鸡多，有人因此而扬名，如东汉洛阳人祝鸡翁即是其中的代表之一：

> 祝鸡翁者，洛人也。居尸乡北山下，养鸡百馀年。鸡有千余头，皆立名字，暮栖树上，昼放散之。欲引，呼名即依呼而至。卖鸡及子，得千余万，辄置钱去。④

祝鸡翁养鸡 1000 余只，且养鸡上百年，可见是祖上就开始大规模养鸡，是名副其实的养鸡专业户。

秦汉时期，因养鸡业的兴盛，河南及周边一些地区出现了鸡的基因变异现象，古人因缺乏相关的科学知识，称之为"鸡祸"。例如，汉宣帝黄龙元年（公元前 49 年），"未央宫雌鸡化为雄，不鸣无距"；汉元帝初元元年（公元前 48 年），"丞相史家雌鸡化为雄，冠距鸣将"；汉灵帝光和元年（178 年），洛阳南宫侍中寺"雌鸡欲化雄，一身毛皆似雄，但头冠尚未变"⑤。总之，秦汉时期，河南民间养鸡业已经很兴旺，作为农村的副业，家禽饲养既给农户带来了肉、蛋等食品，也是家庭收入的重要来源之一。

需要指出的是，秦汉前期河南地区很少饲养驴骡。据考证，秦之前的史籍中无驴骡的记载，甚至云梦秦简里也无驴骡等字。据顾炎武考证，秦之前，"传记无言驴者，意其虽有，而非人家所常畜也。……其种大抵出

---

① 周到等编：《河南汉代画像砖》，图 78，上海人民美术出版社 1985 年版，第 45 页。
② （汉）班固：《汉书》卷 89《循吏传·黄霸传》，中华书局 2002 年版，第 3629 页。
③ （南朝·宋）范晔：《后汉书》卷 76《循吏传·仇览传》，中华书局 2003 年版，第 2479 页。
④ （宋）李昉：《太平广记》卷 461《祝鸡公》，中华书局 1962 年版，第 3784 页。
⑤ （南朝·宋）范晔：《后汉书》志第十三《五行一》，中华书局 2003 年版，第 3273 页。

于胡地"，大约是赵武灵王胡服骑射时"渐资中国之用"①。秦汉前期，驴
骡在内地还没有广泛饲养。《史记·匈奴列传》中将驴骡称为"奇畜"。
但到了汉武帝时期，随着对匈奴战争的胜利和中原王朝与周边民族交往的
日益频繁，西域一带驴骡驼等牲畜才大量引进内地。"是以骡驴馲驼，衔
尾入塞；䯄骎騠马，尽为我畜。"② 到了东汉时期，驴骡等牲畜在北方民间
和中原一带已经开始牧养了，成为"负重致远，上下山谷"的交通运输
工具之一。如东汉末年，汉灵帝"又驾四驴，帝躬自操辔，驱驰周旋，
京师转相放（仿）效"③。可见在京师洛阳，驴的饲养已经相当普遍了。
谢成侠先生指出，驴在我国的发展和近几百年来封建制的农村经济有密切
关系。农民们又因受制于法令，更不得随意养马，于是不得已只能改养
驴，而免强征。由于小农经济的限制，一般农户无力饲养大型的马和骡，
所以马和骡在农村中大多是地主和富裕农民的资产，"华北各省养毛驴普
遍，甚至于有些地区，仅有驴而不见马，可以说完全是封建统治阶级遗留
下来'养马业残破'的结果"④。谢成侠的论述有一定道理，但又有主观
臆断之嫌，比如在农村，除牛、马等大牲畜要征收捐税外，驴及其他牲畜
也难以幸免，见诸史料的诸多记载。笔者以为，驴之所以在农村广泛饲
养，一个很重要的原因是驴较之于牛马等大牲畜，身材相对矮小，吃的较
少，且适应能力强。"驴之为物，体幺而足驶，虽穷阎隘路，无不容焉。
当其捷径疾驱，虽坚车良马或不能逮，斯亦物之一能，顾致远必败耳。"⑤
在使用价值上，驴、骡往往可补充马、牛之不足，因此深得民户的喜爱。
笔者后面有专章介绍。

　　秦汉时期，鹿、兔等动物也逐渐被官方和民间饲养。河南舞阳西汉晚
期墓出土的画像石上有牧鹿图，是当时饲养鹿的形象说明。兔子在东汉时
期也开始驯养，在洛阳皇家园林和贵族苑囿中饲养兔已经十分常见，文献

---

① （清）顾炎武著，黄汝成集释：《日知录集释》卷29《驴骡》，上海古籍出版社2006年
版，第1620页。
② （汉）桓宽撰，王利器校注：《盐铁论校注》卷1《力耕第二》，中华书局1992年版，第
28页。
③ （南朝·宋）范晔：《后汉书》卷8《灵帝纪》，中华书局2003年版，第346页。
④ 谢成侠：《中国养马史》，科学出版社1959年版，第62页。
⑤ （宋）宋祁：《景文集》卷2《僦驴赋并序》，台湾商务印书馆1986年影印本，第25页。

中也多有记载。如上林苑中"麇兔无数"①。《汉书·贾谊传》云："今不猎猛敌而猎田彘，不搏反寇而搏畜兔"。东汉贵族梁冀在其洛阳的园圃中也养有大量的兔子②。比较而言，秦汉时期驴、鹿、兔等动物的饲养还刚刚开始，远没有猪、羊普遍。

总之，秦汉时期，河南地区为京师首善之地，人口众多，已超过千万。庞大的人群加剧了对肉蛋奶等畜牧产品的需求，客观上促进了畜牧业的发展。河南畜牧业既有官营也有私营，大牲畜以牛、马为主，小牲畜主要为猪、羊，家禽中鸡是普遍饲养的禽类；驴、鹿、兔等兽类也开始畜养，但尚未普及。

三　东汉时期洛阳的苑囿

苑囿是汉代以前在圈定的范围内畜养禽兽，繁衍草木，供帝王、大臣狩猎游玩的地方。《说文》言道：苑"所以养禽兽囿也"。囿，"苑有垣也"。早在先秦时期，苑囿就是统治者狩猎、游玩的地方。董仲舒《春秋繁露·王道》记载："桀纣皆圣王之后，骄溢妄行。侈宫室，广苑囿，穷五采之变，极饰材之工。"夏桀与商纣王时期就开始广修苑囿，以供玩乐。秦始皇统治时期，"嫪毐封为长信侯。予之山阳地，令毐居之。宫室车马衣服苑囿驰猎恣毐。事无小大皆决于毐。又以河西太原郡更为毐国"③。嫪毐穷奢极欲，修建苑囿，以供游猎。东汉时期统治者更是大规模地修建苑囿，尤其是洛阳的苑囿堪称登峰造极。宋人徐天麟《东汉会要》卷38《方域下》载：洛阳苑囿有7处："上林苑，诸帝校猎于此；西苑，顺帝阳嘉元年；广成苑，顺帝阳嘉四年；鸿德苑，桓帝延熹元年；显阳苑，延熹二年造；平乐苑，《洛阳宫殿名》有平乐苑；毕圭灵昆苑，灵帝光和三年。"东汉洛阳苑囿不仅数量多，且规模大，畜养有为数众多的兽类。《后汉书·杨震传附杨赐传》记载：

帝欲造毕圭灵琨苑，赐复上疏谏曰："窃闻使者并出，规度城南

① （汉）卫宏撰，（清）孙星衍辑：《汉旧仪（附补遗）》，《汉旧仪》卷下，中华书局1985年版，第17页。

② （南朝·宋）范晔：《后汉书》卷34《梁冀传》，中华书局2003年版，第1182页。

③ （汉）司马迁：《史记》卷6《秦始皇本纪》，中华书局1959年版，第227页。

人田，欲以为苑。昔先王造囿，裁足以修三驱之礼，薪莱刍牧，皆悉往焉。先帝之制，左开鸿池，右作上林，不奢不约，以合礼中。今猥规郊城之地，以为苑囿，坏沃衍，废田园，驱居人，畜禽兽，殆非所谓'若保赤子'之义。今城外之苑已有五六，可以逞情意，顺四节也。"①

班固《东都赋》言道：

是以皇城之内，宫室光明，阙庭神丽。奢不可踰，俭不能侈。外则因原野以作苑，顺流泉而为沼，发苹藻以潜鱼，丰圃草以毓兽，制同乎梁邹，义合乎灵囿。②

洛阳苑囿规模较大，非常密集，有专人管理："上林苑令一人，六百石。本注曰：主苑中禽兽。颇有民居，皆主之。捕得其兽送太官。丞、尉各一人。"③ 有令、丞、尉等官员，也有普通百姓管理。

洛阳苑囿是皇帝田猎的重要场所。张衡《东京赋》云："文德既昭，武节是宣。三农之隙，曜威中原。岁惟仲冬，大阅西园。虞人掌焉，先期戒事。悉率百禽，鸠诸灵囿。兽之所同，是谓告备。乃御小戎，抚轻轩，中畋四牡，既佶且闲。"每到冬季农闲季节，皇帝要狩猎于上林苑，夸示武功。对此，史书多有记载。如《后汉书·明帝纪》载，汉明帝永平十五年（72 年）"冬，车骑校猎上林苑"。又《后汉书·安帝纪》载，延光二年（123 年）十一月甲申，"校猎上林苑"。又《后汉书·顺帝纪》记述，汉顺帝永和四年（139 年）冬十月戊午，"校猎上林苑，历函谷关而还……十二月丙寅，幸广成苑"。《后汉书·桓帝纪》，汉桓帝永兴二年（154 年）冬，十一月甲辰，"校猎上林苑，遂至函谷关"④。延熹元年（158 年）"冬，十月，校猎广成，遂幸上林苑"。延熹六年（163 年）冬

---

①　（南朝·宋）范晔：《后汉书》卷 54《杨震传附杨赐传》，中华书局 2003 年版，第 1783 页。

②　（南朝·宋）范晔：《后汉书》卷 40 下《班彪传》，中华书局 2003 年版，第 1363 页。

③　（南朝·宋）范晔：《后汉书》志 26《百官志三》，中华书局 2003 年版，第 3593 页。

④　（南朝·宋）范晔：《后汉书》卷 7《桓帝纪》，中华书局 2003 年版，第 300 页。

十月丙辰，"校猎广成，遂幸函谷关、上林苑"①。《后汉书·灵帝纪》记载，汉灵帝光和五年（182 年）冬十月，"校猎上林苑，历函谷关，遂巡狩于广成苑。十二月，还"②。史料记载，东汉帝王多次去上林苑、广成苑等苑囿打猎，从一个侧面表明东汉时期以洛阳为中心的河南地区生态环境的良好和野生动物的众多，这些野兽是河南畜牧业的来源之一。秦汉时期，一些大臣也广建苑囿，如汉桓帝时外戚梁冀广开苑囿，"又多拓林苑，禁同王家。西至弘农，东界荥阳，南极鲁阳，北达河、淇。包含山薮，远带丘荒，周旋封域，殆将千里。又起菟苑于河南城西，经亘数十里，发属县卒徒，缮修楼观，数年乃成"③。梁冀穷奢极欲，修建苑囿将近千里，仅洛阳城附近的一个菟苑周围也达数十里。河南苑囿蓄养的动物并非都是野生的，梁鸿曾"牧豕于上林苑中"④。说明里面还豢养有家畜，因此，它们是河南畜牧业的一个不可分割的部分。

第二节　秦汉时期河南畜牧业发展的原因

秦汉时期，河南曾一度作为都城所在地，优越的政治优势和经济中心的地位，广泛的社会需求、周边民族优良畜种的引进以及统治者在思想上的高度重视，促进了河南畜牧业的发展。

一　秦汉时期河南经济的迅速发展

秦汉时期以洛阳为中心的河南地区一直是我国的经济中心。《史记·封禅书》言道："昔三代之居，皆在河洛之间。"早在夏商周时期，河洛地区就是中华民族活动的中心地区，经济开发早。秦汉时期，定都关中的咸阳和长安，尽管如此，河南地区的经济地位仍然相当重要。汉高祖刘邦曾说"吾行天下，独见洛阳与是（河北曲逆）耳"⑤。汉武帝时，洛阳是

---

① （南朝·宋）范晔：《后汉书》卷 7《桓帝纪》，中华书局 2003 年版，第 304～312 页。
② （南朝·宋）范晔：《后汉书》卷 8《灵帝纪》，中华书局 2003 年版，第 347 页。
③ （南朝·宋）范晔：《后汉书》卷 34《梁冀传》，中华书局 2003 年版，第 1182 页。
④ （南朝·宋）范晔：《后汉书》卷 83《梁鸿传》，中华书局 2003 年版，第 2765 页。
⑤ （汉）司马迁：《史记》卷 56《陈丞相世家》，中华书局 1959 年版，第 2058 页。

西汉重要的物资基地，"洛阳有武库敖仓，天下冲阸，汉国之大都也"①。到了西汉中期，河南地区的经济已相当发达，涌现出一些著名的城市："魏之温（今温县西）、轵（今济源南），韩之荥阳（今荥阳东北）……楚之宛（今南阳）、陈（今淮阳），郑之阳翟（今禹州），三川之二周（今洛阳东，巩义西），富冠海内，皆为天下名都。"② 河南众多城市的崛起，说明整个河南地区经济实力之强大。

东汉建立后，光武帝刘秀定都洛阳，对以洛阳为中心的城市及经济建设自然是不遗余力。建武年间，大司空张纯在洛阳开凿阳渠，"引洛水为漕，百姓得其利"③，同时对洛阳城加以修建。班固对新修的洛阳城进行了生动地描绘：

> 然后增周旧，修洛邑，翩翩巍巍，显显翼翼，光汉京于诸夏，总八方而为之极。是以皇城之内，宫室光明，阙庭神丽，奢不可踰，俭不能侈。外则因原野以作苑，顺流泉而为沼，发苹藻以潜鱼，丰圃草以毓兽，制同乎梁驺，义合乎灵囿。④

> 今举俗舍本农，趋商贾，牛马车舆，填塞道路，游手为巧，充盈都邑。务本者少，浮食者众。"商邑翼翼，四方是极。"今察洛阳，资末业者什于农夫，虚伪游手什于末业。⑤

洛阳是全国的经济、政治和商业中心，其繁荣昌盛为全国之最。南阳郡是刘秀等开国贵勋的家乡，有帝乡之称。它们在以往经济发达的基础上，又得到诸多优惠政策，经济发展更为迅猛。汉章帝时，全国发生了自然灾害，南阳因为农业基础较好，抗灾能力强，农业生产并没有受到影响："唯南阳丰穰。"⑥ 汝南郡是东汉新兴的农业区。西汉前期，这一地区经济上不算发达，"地薄，寡于积聚"⑦。东汉初，邓晨任太守，兴修水

① （汉）司马迁：《史记》卷60《三王世家》，中华书局1959年版，第2115页。
② （汉）桓宽：《盐铁论》卷1《通有第三》，中华书局1992年版，第41页。
③ （南朝·宋）范晔：《后汉书》卷35《张纯传》，第1195页。
④ （南朝·宋）范晔：《后汉书》卷40下《班彪传》，中华书局2003年版，第1363页。
⑤ （南朝·宋）范晔：《后汉书》卷49《王符传》，中华书局2003年版，第1633页。
⑥ （南朝·宋）范晔：《后汉书》卷29《鲍永附鲍德传》，中华书局2003年版，第1023页。
⑦ （汉）司马迁：《史记》卷129《货殖列传》，中华书局1959年版，第3267页。

利，筑塘 400 余里，为农业生产提供了保障："百姓得其便，累岁大稔"连年获得丰收。"汝土以殷，鱼稻之饶，流衍它郡。"① 河南农业经济的兴盛为牲畜提供了充足的饲料，客观上促进了家庭饲养业的发展。

二　周边少数民族优良畜种的引进

秦汉时期随着中原地区与周边民族交往的日益频繁，周边地区优良的畜种也逐渐引进到内地。如西域地区的大宛汗血马和乌孙马随着张骞出使西域传到中原地区，汉武帝命名为"天马"和"西极马"，对内地马匹的改良起到了重要作用。南阳汉墓中出土的马佣和画像石上刻绘的马的形象，均为高头大马，膘肥体壮，可能是杂交改良的结果。汉武帝时，从西域引进了优良品种马，进行杂交改良，大大提高了马的质量。南阳市西关的一座汉墓中，出土了一匹灰陶大马，四肢稳立，姿态雄健，旁有二胡佣，深目高鼻，脸生络腮胡，裤腿高挽，赤足，一手挥掌，大有跨马之意，这说明西域的良种马已经引进到中原地区②。另外，与西域地区民族的战争也是周边地区良马进入中原的一个途径。如东汉时期的名将段颎，汉灵帝时"征还京师，将秦胡步骑五万余人，及汗血千里马，生口万余人"③。将掳掠的汗血宝马引进到京师洛阳。周边民族的内迁也将其良种牲畜带到中原地区。据谭其骧研究，东汉章帝、和帝时期，住在边境的少数民族北匈奴、羌、乌桓等大量内迁，其数有百万之众④，这些内迁的少数民族把原来已经屯垦的农田又变为牧场，在一定程度上使秦汉时期遭到破坏的植被逐渐得以恢复，同时也将西北地区的牲畜引进到河南地区。除了西域的优良马种引进到中原外，原产于西域的驴也开始进入中原地区。如前文提到，"是以骡驴馲驼，衔尾入塞；驒騱騊駼，尽为我畜。"总之，西域良马和驴的引进，对增加河南的畜种、改良牲畜品质具有重要意义。

三　牲畜在社会生产与生活中的广泛应用

先秦时期，牲畜主要用以祭祀，《大戴礼·曾子天圆》载："诸侯之祭，

---

① （南朝·宋）范晔：《后汉书》卷 15《邓晨传》，中华书局 2003 年版，第 584 页。

② 魏仁华：《南阳古代的畜牧业》，《南都学坛》1990 年第 4 期。

③ （南朝·宋）范晔：《后汉书》卷 65《段颎传》，中华书局 2003 年版，第 2153 页。

④ 谭其骧：《何以黄河在东汉以后会出现一个长期安流的局面》，《学术月刊》1962 年第 2 期。

牛，曰太牢。大夫之祭牲，羊，曰少牢。士之祭牲，特豕，曰馈食。"秦汉时期由于牲畜的饲养更注重其实用价值，祭祀的功能逐渐弱化，特别是大型役畜，通常只有在极重要的典礼中才用来祭祀[1]，如汉武帝元封年间堵塞黄河口时，曾"湛白马玉璧"[2]。但小牲畜用以祭祀的为数众多，陕西华阴县对华山的祭祀"一岁四祀"，以致百姓"养牲百日，常当充肥"，每年耗费谷物 3000 斛[3]。大牲畜广泛用于交通运输、骑乘、肉食等诸多方面。如汉武帝时期为了反击匈奴的骚扰，战争中大量使用骑兵，一度养马多达 40 万匹。这些马匹除来源于西北地区传统的畜牧业基地外，还有部分来自河南境内的陕县、虢县、尉氏县等地方马监牧地。猪、羊等小牲畜用于肉食者更是数量可观，据王充记载："海内屠肆，六畜死者，日数千头。"[4] 每逢皇帝生日或节日屠杀牲畜更是难以数计。王充《论衡·寒温篇》记载："帝王之节，屠杀牛羊，日以百数。"如此庞大的社会需求客观上促使民户饲养更多的牲畜，才能满足日益增长的社会需要。

四 政府的重视

秦汉时期，由于牲畜在对外战争和交通运输中的广泛使用，统治者非常重视畜牧业，严禁大肆屠杀牲畜和猎取兽类。

> 孟春之月，禁止伐木，毋履巢，毋杀孩虫、胎夭、飞鸟、毋麛、毋卵。仲春之月，毋竭川泽，毋漉陂池，毋焚山林。[5]

> 故先王之法，畋不掩群，不取麛夭，不涸泽而渔，不焚林而猎。豺未祭兽，罝罦不得布于野；獭未祭鱼，网罟不得入于水。鹰隼未挚，罗网不得张于溪谷。草木未落，斤斧不得入山林。昆虫未蛰，不得以火烧田。鱼不长尺不得取，彘不期年不得食。[6]

---

① 范传贤：《中国经济通史·秦汉经济卷》，湖南人民出版社 2002 年版，第 265 页。
② （汉）班固：《汉书》卷 29《沟洫志》，中华书局 2006 年版，第 1682 页。
③ （清）严可均辑：《全后汉文》卷 82《上言复华山下民租田口算状》，商务印书馆 1999 年版，第 969 页。
④ （汉）王充著，黄辉校释：《论衡校释》卷 24《讥日篇》，中华书局 1990 年版，第 993 页。
⑤ 孙希旦撰：《礼记集解》卷 24《月令》一，中华书局 2007 年版；第 436 页。
⑥ （汉）刘安：《淮南子》卷 9《主术训》，中州古籍出版社 2010 年版，第 154 页。

从史料可知，秦汉时期统治者严禁焚烧森林、涸泽而渔和猎杀幼小的禽兽，非常重视生物的可持续发展，保持与维护生态平衡。

秦汉时期由于瘟疫流行造成了耕牛、马匹的死亡，给河南畜牧业的发展造成一定的影响。例如，光武帝建武十六年（40 年），"四方牛大疫，临淮独不疫，邻郡人多牵牛入界。"① 汉明帝永平十八年（75 年）"牛疫死"②，建初元年（76 年），汉章帝继位后下诏"比年牛多疾疫"。尽管如此，秦汉时期由于社会需求的扩大，河南畜牧业仍取得了显著的成绩。

本章小结

秦汉时期国家统一以及中央集权制度的确立，有力地促进了社会经济的发展和国内各民族联系的加强。这一时期，河南境内无论是官营养马业还是私人畜牧业都出现了欣欣向荣的局面。尤其是东汉时期定都洛阳，河南经济发展出现了前所未有的势头，人口众多，市场需求量大，客观上加大了对畜牧产品的需求。此外，秦汉时期，中原王朝特别注重与周边民族的经济文化交流，张骞出使西域，将西域优良的畜种"汗血宝马"、骆驼、驴等牲畜以及牲畜饲料苜蓿引进到中原地区，为河南畜牧业增加了新鲜血液，促进了畜牧业的发展和畜牧品种的改良，南阳汉画像石中的许多高头大马的出现即是明证。不仅如此，统治者在思想上非常重视畜牧业，充分认识到马匹对于军事、牛群对于农耕的重要。正因为如此，河南畜牧业的发展出现了前所未有的兴旺。显而易见，国家的稳定与统一，政策的导向、对外的交流以及畜牧品种的改良是影响畜牧业发展的重要条件。

---

① （南朝·宋）范晔：《后汉书》卷 43《朱晖传》，中华书局 2003 年版，第 1459 页。
② （南朝·宋）范晔：《后汉书》卷 43《五行志四》，中华书局 2003 年版，第 3336 页。

第四章

三国两晋南北朝时期河南畜牧业

　　三国两晋南北朝是我国古代历史上政权分裂和民族大融合时期，地处黄河流域一带的中原地区常年处于战乱之中。少数民族大量入主中原，改变了原来中原地区的生产结构，并用强权推广畜牧业，使河南畜牧业在国民经济中所占的比重大大增强。对这一时期畜牧业发展的情况和农牧分界线的变迁，不少学者在其论著中都有探讨。其代表性的论著有唐启宇先生的《中国农史稿》、李剑农先生的《中国古代经济史稿》，他们均对魏晋南北朝时期畜牧业向内地扩张的情况进行了论述。黎虎先生的《北魏前期的狩猎经济》指出："狩猎经济曾经是鲜卑拓跋部的重要生产部门之一，即使在其建立北魏国家之后，这种传统经济仍然存留过很长时间。"高敏先生主编的《魏晋南北朝经济史》下册第 15 章概述了魏晋南北朝时期的畜牧业发展状况。杨志荣等《我国北方农牧交错地带人类活动与环境的关系》一文分析了我国北方农牧交错地带自新石器时代以来人类活动的基本特征和全新世以来环境演变的基本规律。朱大渭先生的《北魏的国营畜牧业经济》，对北魏国家牧场建立的原因、概况及其与北魏统一北方及国势强盛的关系等问题进行了讨论。王利华先生的《中古时期北方地区畜牧业的变动》指出，历十六国至于唐初，黄土高原地带一直是胡、汉混杂居处而以少数民族为主体，其经济生产也以畜牧业为重。刘磐修的《魏晋南北朝时期北方农业的进与退》指出："魏晋南北朝时期，农业中畜牧成分增加，是北方农业适应外部变化的一次重大产业结构调整，有利于农业增收和土地利用率的提高。"马旭东先生的《北魏牧政研究》以北魏畜牧业为依托，以拓跋鲜卑的南移与汉化为线索，考察了北魏政权在汉化过程中所采用的相关畜牧业政策及其变化，指出在农牧博弈的过程中，农业最终战胜了畜牧业而居主导地位，但畜牧业仍然举足轻重。程民生先生的《河南经济简史》、薛瑞泽先生的《古代河南经济史》（上）也有不少篇幅对该时期畜牧业进行论述，尤其是对河南畜牧业给予了关注。此外，还有王磊、张法瑞等《论北魏的畜牧业》，张敏《北魏前期农牧关系的演变》，刘华、王亚杰《北魏官营牧场分布的历史考察与影响》，王金金《试论北魏的官营苑囿与国营牧场》等对北魏畜牧业进行了历史考察。以上诸论对三国魏晋南北朝时期的畜牧业，尤其是北魏畜牧业及这一时期农牧关系的演变进行了系统的研究，得出了许多较有价值的结论，无论内容还是研究方法上都为本章写作提供了重要参考。

第一节 畜牧业发展概况

三国两晋南北朝时期是中国古代畜牧业飞速发展的一个阶段，官营畜牧业空前繁盛，仅河西官营牧场饲养的马匹一度就达到 200 余万匹，骆驼 100 万头，牛羊则难以计数。据《魏书·食货志》记载，"世祖平统万，定秦陇，以河西水草善，乃以为牧地。畜产滋息，马至二百余万匹，橐驼将半之，牛羊则无数"。这一时期，河南畜牧业总体而言也有了较大发展，尤其是以洛阳为中心的河内、河阳一带畜牧业堪称发达。这一时期，由于特殊的政治原因，地处中原的中心城市洛阳是当时最重要的、最繁华的国际大都市，曹魏、西晋、北魏先后在这里定都，人口众多，对畜牧产品需求量大，客观上刺激了河南畜牧业的发展。另一方面，统治者也较为重视畜牧业，严禁滥捕滥猎。如魏明帝时，诏令河南荥阳周围近千里范围划分为禁猎区，有随意狩猎者严加处置。"是时杀禁地鹿者，身死财产没官，有能告者，厚加赏赐。"由于禁止围猎，致使豫西一带群鹿繁衍，蚕食庄稼，严重损害了农户的利益。见此情景，大臣高柔向魏明帝上奏要求废除围猎禁令。

> 群鹿犯暴，残食生苗，处处为害，所伤不赀。民虽障防，力不能御。至如荥阳左右，周数百里，岁略不收。方今天下生财者甚少，而麋鹿之损者甚多，卒有兵戎之役，凶年之灾，将无以待之。惟陛下宽放民间，使得捕鹿，遂除其禁，则众庶永济，莫不悦豫矣。[1]

---

① （宋）司马光：《资治通鉴》卷73，中华书局2005年版，第2306~2307页。

　　禁止围猎竟导致野鹿泛滥成灾，但从另一个方面表明政府禁猎的效果。正是由于广泛的社会需求与统治者的重视，河南畜牧业发展迅猛。

　　此外，少数民族入主中原后，在中原地区大肆发展畜牧业，客观上促进了畜牧业的发展。

　　　　州司十郡，土狭人繁，三魏尤甚，而猪羊马牧，布其境内，宜悉破废，以供无业。业少之人，虽颇割徙，在者犹多，田诸苑牧，不乐旷野，贪在人间。故谓北土不宜畜牧，此诚不然。案古今之语，以为马之所生，实在冀北，大贾牂羊，取之清渤，放豕之歌，起于钜鹿，是其效也。可悉徙诸牧，以充其地，使马牛猪羊龀草于空虚之田，游食之人受业于赋给之赐，此地利之可致者也。①

　　“州司十郡”是指晋国都所在的司州。李根蟠在《我国古代的农牧关系》一文中指出司州，“其辖境西起今山西南部及河南北部，东暨今河北之南部及山东之西境，包括黄河中游南北两岸的广大地区”。两汉时这里是人口最密集、农业最盛的地区之一，而今却“猪羊马牧布其境内”，显然是因为战乱致土地荒芜还有游牧习惯的少数民族的内迁致使大量农田成为牧地。束晳建议将牲畜迁徙到北方适合畜牧的地区，但由于更大规模的少数民族入侵中原，割据政权林立，其建议没有得到推行。

　　总之，由于上述诸因素的影响，三国两晋南北朝时期，河南畜牧业得到了迅速发展，尤其是大牲畜马、牛的饲养空前繁盛。

一　养马业

　　三国两晋南北朝时期是我国民族分裂与大融合时期。少数民族入主中原也将其传统的畜牧业生产方式带到了中原地区，河南畜牧业尤其是大牲畜马、牛的饲养空前增加。尤其是鲜卑族在439年统一黄河流域后，畜牧业的发展也逐渐向内地扩展，河南各州县几乎都养马，如黄河沿岸的河阳、河阴一带。北魏鲜卑族是一个擅长畜牧的民族，畜牧业相当发达。史

---

① （唐）房玄龄等撰：《晋书》卷51《束晳传》，中华书局1974年版，1431页。

载，魏世祖时期，"世祖之平统万，定秦陇，以河西水草善，乃以为牧地。畜产滋息，马至二百余万匹，橐驼将半之，牛羊则无数"①。北魏孝文帝即位后就"复以河阳为牧场，恒制戎马十万匹，以拟京师军警之备。每岁自河西徙牧于并州，以渐南转，欲其习水土而无伤也，而河西之牧弥滋矣"②，逐渐将畜牧业向中原地迁徙。孝文帝迁都洛阳后，命宇文福"检行牧马之所"，于是，宇文福又"规石济（河南延津）以西，河内以东，据黄河，南北千里为牧地。事寻施行，今之马场是也"。北魏政府设置河阳牧场一方面是为了京师洛阳的军事需要，另一方面是欲借之满足居民对畜牧产品的需求。

由于前期准备到位，"及从代（今山西大同东北）移杂畜于牧所……并无损耗"③，广大农区又一次变成牧场，经常保持 10 万匹马的规模④。北魏政府将汉族人民世代耕种的良田扩为牧场，对中原地区的农业经济和农民生活是极大的损害，但对河南畜牧业的发展是莫大的推动和促进。

在民间，养马业同样兴盛，许多地方都有马市。如河阴（今洛阳北）曾有人"诈市人马"，县令高谦之在马市中将其捕获⑤。《三国志·魏书·杜畿传》记载，杜畿"课民畜牸牛，草马，下逮鸡豚犬豕，皆有章程，百姓勤农，家家丰实"⑥。北魏洛阳商人刘宝为了商业运输，养了数十匹马，"州郡都会之处皆立一宅，各养马十匹"⑦。曹操与袁绍官渡之战时，魏国的钟繇慷慨解囊，一次就送给曹军 2000 匹马⑧。私人养马之盛况由此可见。

二　牧牛业

三国两晋南北朝时期，河南的牧牛业也出现了欣欣向荣的局面。无论

---

① （北齐）魏收：《魏书》卷 110《食货志》，中华书局 1975 年版，第 2857 页。
② 同上。
③ （北齐）魏收：《魏书》卷 44《宇文富传》，中华书局 1975 年版，第 1000 页
④ （北齐）魏收：《魏书》卷 110《食货志》，中华书局 1975 年版，第 2857 页。
⑤ （北齐）魏收：《魏书》卷 77《高崇传附子谦之传》，中华书局 1975 年版，第 1708 页。
⑥ （西晋）陈寿：《三国志》卷 16《杜畿传》，中华书局 1982 年版，第 496 页。
⑦ （北魏）杨衒之：《洛阳伽蓝记》卷 4《城西》，中华书局 2010 年版，第 157 页。
⑧ （西晋）陈寿：《三国志》卷 13《钟繇传》，中华书局 1982 年版，第 293 页。

是官营牧场还是私人都畜养有众多的牛。如安阳有官方牧养的数万头牛①，西晋都城洛阳周边也有一些官牛饲养。晋武帝咸宁元年（275 年）杜预上书言道：

> 臣前启，典牧种牛不供耕驾，至于老不穿鼻者，无益于用，而徒有吏士谷草之费，岁送任驾者甚少，尚复不调习，宜大出卖，以易谷及为赏直。诏曰："孳育之物，不宜咸散。"事遂停寝。问王者，今典虞右典牧种产牛，大小相通，有四万五千馀头。苟不益世用，头数虽多，其费日广……今徒养宜用之牛，终为无用之费，甚失事宜。东南以水田为业，人无牛犊。今既坏陂，可分种牛三万五千头，以付二州将吏士庶，使及春耕。谷登之后，头责三百斛……此又三魏近甸，岁当复入数十万斛谷，牛又皆当调习，动可驾用，皆今日之可全者也。②

解读史料可知，西晋时期以三魏为中心的中原地区饲养有官牛 4.5 万头，因南方水田较多，缺乏耕牛，杜预建议调拨 3.5 万头牛供南方春耕使用。

这一时期，河南民间也普遍饲养耕牛。如洛阳城中有专门的牛马市以便于交易③。中原地区还出现了一些专门为人牧养牛羊的牧子。例如，邓艾"少孤，太祖破荆州，徙汝南，为农民养犊"④。总之，魏晋南北朝时期，牧牛业有较大发展，尤其是官营牧牛业空前繁盛，超过了以往任何时期。

三 猪、羊、鸡等畜禽的饲养

猪、羊、鸡等小畜禽不仅能够给农户带来肉食，提高生活质量，还是补贴家用的重要经济来源，由于成本很低，因此一般家庭都要饲养。

魏晋南北朝时期河南境内饲养猪、羊等小牲畜，其典型以洛阳为代表。史载，西晋愍怀太子"尝从（武）帝观豕牢，言于帝曰：'豕甚肥，

---

① （唐）房玄龄撰：《晋书》卷 26《食货志》，中华书局 1974 年版，第 788 页。
② 同上。
③ （北魏）杨衒之著，杨勇校笺：《洛阳伽蓝记》卷 2《崇真寺》，中华书局 2006 年版，第 76 页。
④ （西晋）陈寿：《三国志》卷 28《邓艾传》，中华书局 1982 年版，第 775 页。

何不杀以享士，而使久费五谷？'帝嘉其意，即使烹之"①。愍怀太子和晋武帝参观的"豕牢"可能是设在洛阳的国有养猪场。河南民间猪、羊等牲畜的饲养同样普遍，如北魏宣武帝时，荥阳太守宋世景曾经判过一桩吏人食人鸡豚的案子。史料是这样记载的："尝有一吏，休满还郡，食人鸡豚；又有一吏，受人一帽，又食二鸡。世景叱之曰：'汝何敢食甲乙鸡豚，取丙丁之帽！'吏、干叩头伏罪。于是上下震悚，莫敢犯禁。"② 显然这些鸡豚应该是民间所养。三国时魏国河内人王象"少孤特，为人仆隶，年十七八，见使牧羊而私读书，因被棰楚"③。专门为人牧羊，可见主家也应该是有一定规模的养羊专业户。因猪羊等饲养业的兴旺，洛阳还出现了一些专业屠宰户。如洛阳殖货里，"有太常民刘胡兄弟四人以屠为业"④，应该是以屠宰业为生的家族。

三国两晋南北朝时期河南民间养鸡较为普遍，养鸡业的发展还催生了斗鸡娱乐活动的兴起，斗鸡成为上至公卿大臣、下至平民百姓都喜爱的娱乐活动。三国时曹魏诗人刘桢《斗鸡诗》生动地描绘了河洛一带民间斗鸡的精彩场面："丹鸡被华彩，双距如锋芒。愿一扬炎威，会战此中唐。利爪探玉除，瞋目含火光，长翘惊风起，劲翮正敷张。轻举奋勾喙，电击复还翔。"⑤ 汉魏之际著名的文学家曹植对斗鸡也有精彩的描述。他的《斗鸡诗》描绘了京师洛阳的斗鸡活动：

　　　　游目极妙伎，清听厌宫商，主人寂无为，众宾进乐方。长筵坐戏客，斗鸡闲观房。群雄正翕赫，双翘自飞扬。挥羽邀流风，悍目发朱光。觜落轻毛散，严距往往伤。长鸣入青云，扇翼独翱翔。愿蒙狸膏助，常得擅此场。⑥

---

① （唐）房玄龄撰：《晋书》卷53《愍怀太子传》，中华书局1974年版，第1457页。

② 《魏书》卷88《宋世景传》，中华书局1975年版，第1902～1903页。

③ （西晋）陈寿：《三国志》卷23《杨俊传》，中华书局1982年版，第663页。

④ （宋）李昉等：《太平广记》卷439《刘胡》，中华书局1961年版，第3576页。

⑤ （清）张英、王士祯等纂：《渊鉴类函》卷425《鸟部八·鸡五》，中国书店1985年版，17册，第318页。

⑥ （魏）曹植著，赵幼文校注：《曹植集校注》卷1《斗鸡》，人民文学出版社1984年版，第1页。

曹植把斗鸡的宏大场面，斗鸡的形态描绘得栩栩如生。

曹魏时期南顿（今河南项城）人应场《斗鸡诗》写道：

> 戚戚怀不乐，无以释劳勤。兄弟游戏场，命驾迎众宾。二部分曹伍，群鸡焕以陈，双距解长绁，飞踊超敌伦。芥羽张金距，连战何缤纷。从朝至日夕，胜负尚未分。专场驱众敌，刚捷逸等群。四坐同休赞，宾主怀悦欣，博弈非不乐，此戏世所珍。[①]

北周时南阳人庾信《斗鸡诗》是这样讴歌斗鸡场面的：

> 开轩望平子，骤马看陈王。狸膏熏斗敌，芥粉壒春场。解翘莲花动，猜群锦臆张[②]。

艺术来源于生活。魏晋时期如此众多的诗人描绘河南地区斗鸡的场景，从一个侧面反映了当地民间养鸡的兴盛。斗鸡的兴旺，促使人们不断改良鸡的品种，以满足斗鸡娱乐的要求，客观上促进了家禽品种的改良。

由于畜禽饲养的普遍，河南一些州县猪、鸡出现了变异现象。

> 高祖延兴元年九月，有司奏豫州刺史、临淮公王让表，有猪生子，一头、二身、八足。世宗景明四年九月，梁州上言，犬豕交。正始四年八月，京师猪生子，一头、四耳、两身、八足。
>
> 世宗正始元年四月，河南有鸡雏，四足四翼……八月，司州上言：河内民席众家鸡雏，近尾上复有一头，口目具。二头皆从颈后各有二翼，二足旁行……延昌四年十二月，洛州上言魏兴太守常矫家黄雌鸡，头上肉角大如枣，长寸三分，角上生聚毛，长寸半。肃宗正光元年正月，虎贲中郎将兰兜家鸡雄、雌二，各头上生两角，其毛杂

---

① 逯钦立辑校：《先秦汉魏晋南北朝诗·魏诗》卷 3，应场：《斗鸡诗》，中华书局 1983 年版，第 384 页。

② （北周）庾信撰，（清）倪璠注：《庾子山集注》卷 4《斗鸡诗》，中华书局 1980 年版，第 365 页。

色，上耸过冠。①

在古代由于科技的落后，对一些畜禽变异现象不能够作科学解释，认为是灵异事件，这些所谓的"瑞异"正是畜牧业兴盛的一个表现。

第二节　影响畜牧业发展的因素

一　频繁的自然灾害

三国两晋南北朝时期自然灾害较频繁，对畜牧业的发展是一个严峻的考验。据邓云特先生统计："终魏晋之世，黄河长江两流域间连岁凶灾，几无一年或断，总计二百年中，遇灾凡 304 次，其频度之密，远愈前代。举凡地震水旱风雹蝗螟霜雪疾疫之灾，无不纷至沓来，一时俱见。以言旱灾，则二百年间见于史书者凡 60 次，以言水灾，亦达 56 次。至于风灾，共达 54 次。次为地震，计 53 次，频度亦密。再次为雨雹之灾，计亦 35 次。此外异灾 17 次，蝗灾 14 次，歉饥 13 次，他如霜雪、地沸各仅两次，不足述矣。"② 黄河、长江流域的自然灾害达 300 余次。这些自然灾害严重影响了畜牧业的发展。河南一带的黄河流域是自然灾害频仍的地区，举其大者就有：

魏明帝太和四年（230 年），大雨霖三十余日，伊、洛、河、汉皆溢，岁以凶饥。③

魏明帝景初元年（237 年），淫雨过常，冀、兖、徐、豫四州水出，财产损失严重。④

晋武帝泰始四年（268），青、徐、兖、豫四州大水，伊洛决溢，汇合于黄河。⑤

（晋武帝咸宁三年）（277）九月，兖、豫、徐、荆、益、梁七州

---

① （北齐）魏收：《魏书》卷 112《灵征志上》，中华书局 1974 年版，第 2919～2920 页。
② 邓云特：《中国救荒史》，上海书店 1984 年版，第 13 页。
③ （梁）沈约：《宋书》卷 30《五行志一》，中华书局 1974 年版，第 884 页。
④ （梁）沈约：《宋书》卷 33《五行志三》，中华书局 1974 年版，第 950 页。
⑤ （唐）房玄龄等撰：《晋书》卷 1《宣帝纪》，中华书局 1974 年版，57 页。

大水，伤秋稼。①

晋怀帝永嘉四年（310）五月，"大蝗，自幽、并、司、冀至于秦雍，草木牛马毛鬣皆尽"。②

连绵不断的水灾和蝗灾造成农作物受损，农业减产，牧草被淹与被食，不仅直接造成牲畜饲料的减少，还会带来疫病，威胁到牲畜生命的安全和健康。

二　少数民族的内迁

少数民族的内迁对中原地区而言是一把双刃剑，对畜牧业是促进，对农业则是阻碍。魏晋南北朝时期，由于气候变冷，北方草原牧草减少，还经常遭受寒流与雪灾的袭击，造成牲畜大量死亡，游牧民族只有向较为温暖的内地迁徙才能生存。曹魏末期有"九服之外，绝域之氓，旷世所希至者，咸浮海来享，鼓舞王德，前后至者八百七十余万口"③。据现代学者研究统计，整个魏晋南北朝约有435万少数民族人口迁居内地④。少数民族大量内迁之初，将许多农田开垦为牧场，经过一段时间的适应，入主中原的少数民族接受了先进的农耕经济，不同程度地逐步调整农牧结构，让出国营牧地，恢复农业。如北魏太武帝时也曾两次退牧还农。第一次是在高允的建议下把禁封的良田还授于民⑤。第二次是上谷郡（今北京延庆）民众上书言，"苑囿过度，民无田业，乞减太半，以赐贫人"的情况下，得到批准，将土地"以丐百姓"⑥。魏晋南北朝的农业，在与牧地的争夺中不断取得胜利。中原农区兴盛的畜牧业对农业的破坏是阶段性的、局部的。总的来说，三国两晋南北朝时期河南畜牧经济有了较大发展，是社会经济发展的一个重要组成部分，整体上利大于弊⑦。

---

①　（唐）房玄龄等撰：《晋书》卷3《武帝纪》，中华书局1974年版，第68页。

②　（唐）房玄龄等撰：《晋书》卷29《五行志》第19，中华书局1974年版，第881页。

③　（唐）房玄龄等撰：《晋书》卷2《文帝纪》，中华书局1974年版，第40页。

④　朱大渭、张泽咸主编：《中国封建社会经济史》第2卷，第49页。

⑤　（北齐）魏收：《魏书》卷48《高允传》，中华书局1975年版，第1069页。

⑥　（北齐）魏收：《魏书》卷28《古弼传》，中华书局1975年版，第691页。

⑦　程民生：《中国北方经济史》，人民出版社2004年版，第155～161页。

本章小结

三国两晋南北朝时期是我国古代历史上气候的寒冷期，北方游牧民族大量入主中原，也将其传统的畜牧业生产与畜牧技术带到中原地区。他们在黄河流域一带大肆发展畜牧业，这样以洛阳为中心的河南畜牧业得到了迅速发展。正因为如此，河南地区大片农田被开垦为牧场，破坏了原有的耕作方式，农牧争地的矛盾日益激化。随着少数民族在中原地区逐渐定居下来，尤其是北魏孝文帝推行一系列汉化政策后，他们逐渐接受了汉族传统的农耕方式，将一些国营牧场退牧还田，农牧之间的博弈最终以农业取得胜利而告终。诚如恩格斯所言："在长时期的征服中，比较野蛮的征服者，在绝大多数的情况下，都不得不适应征服后存在比较高的'经济情况'；他们为征服者所同化，而且大部分甚至还不得不采用被征服者的语言。"[①] 恩格斯的论述可谓至理名言。魏晋南北朝时期，游牧的北方民族最终被中原汉族的文化同化，显然也是先进文化对落后文化的胜利，先进的生产方式对落后生产方式的胜利。这一转变对河南经济发展造成的影响是巨大的，对畜牧业而言是损失，对农业而言则是进步。

---

① 恩格斯：《反杜林论》，《马克思恩格斯全集》第三卷（上），人民出版社 1972 年版，第222 页。

第五章

隋唐五代时期河南畜牧业

第一节　隋唐时期河南畜牧业

隋唐时期，结束了南北朝时期分裂割据的局面，国家统一，经济发展，中外经济文化的交流进一步加强，畜牧业经济也得到了显著发展。唐玄宗统治时期，官营马匹一度达到 70.6 万匹①。河南地处中原内地，与传统的西北地区畜牧业相比，无论是规模还是畜牧技术都不能相提并论，但仍有一定程度的发展。隋唐时期的畜牧业学界已有诸多论述。代表性的论著有：邹介正先生的《唐代兽医学的成就》指出唐朝建立了一支家畜保健和疾病治疗的专业兽医队伍，在我国整个兽医学发展史中，唐朝承前启后，居于非常突出的地位。马俊民先生的《论唐代马政与边防关系》指出马匹是装备骑兵最基本的物质基础，是根除边患、开拓疆域的必备条件。魏明孔先生的《隋代河西地区的畜牧业》一文指出河西地区是发展畜牧业的天然场所，有着悠久的历史传统，秦汉直到隋唐时期畜牧业相当兴盛。对隋唐时期畜牧业与马政研究最为深入、全面的当属马俊民、王世平先生的《唐代马政》一书。该书对唐代马政及马政同各方面关系的论述开辟了唐史研究的新领域。乜小红先生的《唐五代畜牧经济研究》是迄今为止对唐五代畜牧业研究的最全面而深入的一部专著，系统探讨了唐五代时期畜牧业的管理机制，有关畜牧业的政策律令、官私畜牧业的发展状况、畜种改良与畜牧技术的改进。论著多有创新，厘清了唐代监牧的建制及其演变，更正了前人关于私人养马研究的错误之处等，梳理了唐五代

---

① （宋）王溥：《唐会要》卷72《马》，上海古籍出版社 2006 年版，第 1543 页。

时期牲畜畜种出现多样性的现象及其原因。此外，程民生、程峰、马玉臣先生的《古代河南经济史》（下）第一次对隋唐时期河南官营与私营畜牧业给予了关注与研究，无论是从内容还是方法上都为本课题的研究提供了借鉴。尽管如此，隋唐时期河南畜牧业仍有进一步探讨的必要。

一　养马业

客观而言，就气候与自然条件来看，河南地区并不适合养马，隋唐时期的官营马匹基本上集中在西北地区传统的畜牧业基地。诚如宋人欧阳修所言："至于唐世牧地，皆与马性相宜，西起陇舍、金城、平凉、天水，外暨河曲之野，内则歧、豳、泾、宁，东接银夏，又东至于楼烦，皆唐养马之地也。"① 《唐会要·马》亦言道："自贞观至麟德中，国马四十万匹，皆牧河陇……占陇西、金城、平凉、天水四郡，幅员千里。"② 尽管河南没有大规模的牧马草地，但这一时期，河南地区仍有少量的马匹，尤其是民间还相当普遍。如隋统一后，在梁县（今汝州西南）设置牧马机构。梁县西有方圆100余里的广成泽，隋炀帝大业元年（605年）置马牧于此③。安史之乱后，随着陇右的丧失，官营牧马业失去了主要牧地。唐宪宗元和十三年（818年）即曾在蔡州（今汝南）设置了官方的养马机构龙陂监。蔡州原本"地少马"，并非产马之地，只是地多原泽，便于设置牧马监而已④。唐代东都洛阳也有相应的养马机构，如仪鸾殿东有御马坊⑤。武则天万岁通天元年（696年）置仗内六闲：一曰飞龙，二曰祥麟，三曰凤苑，四曰鹓鸾，五曰吉良，六曰六群，又称六厩⑥。此外，闲厩使还在怀州修武设置"马坊田地"⑦。客观而言，河南虽有一部分官营马匹，但由于自然环境与气候的限制，马匹无论数量还是质量均不能和西北地区的马匹相提并论。

① （宋）欧阳修：《欧阳修全集》卷16《论监牧札子》，中华书局2001年版，第1703页。
② （宋）王溥：《唐会要》卷72《马》，上海古籍出版社2006年版，第1545页。
③ （唐）李吉甫：《元和郡县图志》卷6《河南道二·汝州》，中华书局1983年版，第166页。
④ （宋）欧阳修：《新唐书》卷50《兵志》，中华书局1975年版，第1339页。
⑤ （清）徐松辑，李建超增订：《增订唐两京城坊考》卷5《宫城》，三秦出版社2006年版，第270页。
⑥ 《新唐书》卷47《百官志》2，中华书局1975年版，第1217页。
⑦ （宋）王溥：《唐会要》卷65《闲厩使》，中华书局1955年版，第1335页。

隋唐时期，河南地区的民间普遍养马，然而民间养马最初却受到限制，"天下之有马者，州县皆先以邮递军旅之役，定户复缘以升之。百姓畏苦，乃多不畜马"。直到唐高宗仪凤三年（678 年）"开畜马之禁，使百姓皆得畜马"①，"自今诸州民勿限有无荫，能家畜十马以上，免帖驿邮递征行，定户无以马为赀"② 才废除了民间养马的禁令。在政策的鼓励下，出现民间养马的盛况。如开封地区，"沈宣词为丽水令，自言家大梁时，厩常列骏马数十，而意常不足"③。咸通年间，京兆韦毗，小逍遥公后裔，居孟州（今河南孟州）泛水县庄，"性不喜书，好驰骋田弋，马有蹄啮不可羁勒者，则市之"④，喜欢饲养那些难以驾驭的烈马。唐肃宗上元二年（761 年）春，唐军破史思明余党于鲁山，俘贼渠，又战汝州，获马牛橐驼⑤。京洛富人王武爱巴结权贵，酷好良马。"忽知有人货骏马，遂急令人多与金帛，于众中争得之。其马白色，如一团美玉。其鬃尾赤如朱，皆言千里足也。又疑是龙驹，驰骤之骏，非常马得及。"⑥ 而"天宝后，诸军战马动以万计。王侯、将相、外戚牛驼羊马之牧布诸道，百倍于县官，皆以封邑号名为印自别；将校亦备私马"⑦。唐玄宗天宝年间，国力鼎盛，私人养马达到高峰，民间养马远远超过了官方的数量。河南养马业的盛况在考古挖掘中也多有反映。近年来考古挖掘中在河南偃师、伊川白元村、安阳、临汝纸坊、西平等皆出土有陶马，最多的一处是偃师李元璬墓有陶马 20 件⑧。由于饲养马匹较多，一些马的基因出现了变异，如唐德宗建中四年（783 年）五月，滑州马生角⑨。总之，隋唐五代时期，河南地区无论是官方还是民间均饲养有一定数量的马匹，民间私营养马业更为兴盛，国家政策是影响民间养马业发展的重要因素之一。

---

① （宋）欧阳修：《新唐书》卷 122《魏元宗传》，中华书局 1975 年版，第 4342 页。
② （宋）欧阳修：《新唐书》卷 50《兵志》，中华书局 1975 年版，第 1339 页。
③ （宋）王谠著，周勋初校证：《唐语林校证》卷 7《补遗》，中华书局 2008 年版，第 662 页。
④ （宋）李昉：《太平广记》卷 436《韦毗》，中华书局 2003 年版，第 3545 页。
⑤ （宋）欧阳修：《新唐书》卷 144《来瑱传》，中华书局 1975 年版，第 4700 页。
⑥ （宋）李昉：《太平广记》卷 436《王武》，中华书局 1961 年版，第 3544 页。
⑦ （宋）欧阳修：《新唐书》卷 50《兵志》，中华书局 1975 年版，第 1338 页。
⑧ 乜小红：《唐五代畜牧经济研究》，中华书局 2006 年版，第 198 页。
⑨ （宋）欧阳修：《新唐书》卷 36《五行志》，中华书局 1975 年版，第 952 页。

二　养牛业

隋唐时期，政府对耕牛的饲养较为重视。隋朝设有驼牛署，下属机构有典驼、特牛、牸羊局等[1]。隋文帝开皇元年（581 年）曾把官牛 5000 头分赐给贫民[2]，可见其数量之多。原州另有驼牛牧、置尉[3]。唐政府在西北的监牧大都牧养有牛羊。如唐玄宗天宝十三年（754 年），据陇右群牧使报告有牛 75115 头，羊 204134 只[4]。在民间，牛羊的饲养更为普遍。例如，武则天统治末期，凉州地区（今甘肃武威）即是"牛羊被野"[5]。李白言洺州清漳（今河北肥乡东）"牛羊散阡陌，夜寝不扃户"[6]。河南民间也多养牛羊。如汝坟（今襄城一带）人卫庆家中"饭牛四百蹄"[7] 即养牛 100 头。王维在郑州看到"村童雨中牧"[8] 的情景。李德裕说洛阳"牛羊平野外，桑柘夕烟间"[9]。唐宪宗元和年间，政府为平定淮西吴元济叛乱，大量从洛阳调牛车以供运输："东畿供馈车常数千辆，相错于路，每车驾三牛，将卒有副所在霖潦，汝、颍泛溢，馈车多阻。其至者或不以时归之，于是东畿有以驴耕者。"[10]《太平广记·洛水牛》条记载，唐懿宗咸通四年（863 年）"洛中大水，苑囿庐舍，靡不淹没"[11]。一场大水竟导致很多头牛被淹。因牛多，个别地方牛出现了变异现象，如先天初，"洛下人牵一牛，腋下有一人手长尺余，巡坊而乞"[12]，应该是寄生胎。

河内一带的民间也饲养有耕牛："有崔君者，贞元为河内守……是日，寺有牛产一犊。"[13] 卫州新乡县王敬因戍边留母牛六头，让其舅舅代

---

[1]　（唐）魏征：《隋书》卷 27《百官志中》，中华书局 1973 年版，第 756 页。

[2]　（唐）魏征：《隋书》卷 1《高祖纪上》，中华书局 1973 年版，第 14 页。

[3]　（唐）魏征：《隋书》卷 28《百官志下》，中华书局 1973 年版，第 784 页。

[4]　（宋）王钦若：《册府元龟》卷 621《监牧》，中华书局 1960 年版，第 7497 页。

[5]　（宋）欧阳修：《新唐书》卷 122《郭元振传》，中华书局 1975 年版，第 4362 页。

[6]　《全唐诗》卷 168，李白：《赠清漳明府侄聿》，中华书局 1960 年版，第 1737 页。

[7]　（宋）李昉：《太平广记》卷 402《卫庆》，中华书局 1961 年版，第 3243 页。

[8]　王维著，赵殿成笺注：《王右丞集笺注》卷 4《宿郑州》，上海古籍出版社 1984 年版，第 67 页。

[9]　《全唐诗》卷 475，李德裕：《忆晚眺》，中华书局 1960 年版，第 5414 页。

[10]　（宋）王钦若：《册府元龟》卷 510《邦计部·重敛》，中华书局 1960 年版，第 6114 页。

[11]　（宋）李昉：《太平广记》卷 434《洛水牛》，中华书局 1961 年版，第 3521 页。

[12]　（宋）李昉：《太平广记》卷 434《洛下人》，中华书局 1961 年版，第 3525 页。

[13]　（宋）李昉：《太平广记》卷 434《河内崔守》，中华书局 1961 年版，第 3524 页。

养，五年间就发展为 30 头：

> 卫州新乡县令裴子云好奇策。部人王敬戍边，留犊牛六头于舅李进处。养五年，产犊三十头。例十贯已上。敬还索牛，两头已死，只还四头老牛，余并非汝牛生，终不肯还。敬忿之，投县陈牒。子云令送敬付狱禁，叫追盗牛贼李进。进惶怖至县，叱之曰："贼引汝同盗牛三十头，藏于汝家，唤贼共对，乃以布衫笼进头，立南墙下。"进急，乃吐疑云："三十头牛，总是外甥犊牛所生，实非盗得。云遣去布衫，进见是敬，曰："此是外甥也。"云曰："若是，即还他牛。"进默然。云曰："五年养牛辛苦，与数头，余并还敬。"一县伏其精察。①

王敬因舅父未将出生的 25 头牛犊归还而将其告到了官府，最后协商解决。这个案列表明唐朝时期，新乡地区较适合养牛，牛的孳育率高。

三　驴骡的饲养

驴是秦汉时期从西域引进到中原地区的牲畜。隋唐时期，中原内地几乎家家饲养，驴成为骑乘的重要交通运输工具。如，

> 怀州河内县董行成能策贼。有一人从河阳长店，盗行人驴一头并皮袋。天欲晓，至怀州。行成至街中，见之，叱曰："个贼住，即下驴来！"遂承伏。人问何以知之。行成曰："此驴行急而汗，非长行也。见人则引缰远过，怯也。以此知之。"捉送县，有顷，驴主寻踪至，皆如其言。②

此史料表明，在河南怀州（今河南沁阳），驴是最普遍的交通工具，就是在今天沁阳，驴仍闻名遐迩。

豫西一带民间也养驴，李沁在唐玄宗天宝十四载（755 年）三月三日"自洛乘驴归别墅"③。元和年间，有洛阳人张高者所乘驴不听使唤，张高

---

① （宋）李昉：《太平广记》卷 171《裴子云》，中华书局 1961 年版，第 1256 页。
② （宋）李昉：《太平广记》卷 171《董行成》，中华书局 1961 年版，第 1257 页。
③ （宋）李昉：《太平广记》卷 150《李沁》，中华书局 1961 年版，第 1079 页。

边打边说："我家用钱二万以致汝，汝不行，安得不击也。"① 豫南地区的蔡州还有官牧驴骡，"地少马，乘骡以战，号'骡子军'尤悍锐"②。因马匹缺乏，骡子成为战争中不可或缺的骑乘工具。

豫东地区的开封、商丘气候干旱，最适于驴的饲养。汴州（今开封）"商客有一驴，日行三百里，曾三十年不卖，市人报价云：'十四千'"③。唐汴州西有板桥店，店娃三娘子者，不知何从来。"寡居，年三十余，无男女，亦无亲属。有舍数间，以鬻餐为业，然而家甚富厚，多有驴畜。往来公私车乘，有不逮者，辄贱其估以济之。人皆谓之有道，故远近行旅多归之"④。一个寡居的女人也饲养为数众多的驴，租赁给顾客以谋生。唐玄宗开元年间，"东至宋、汴，西至岐州，夹路列店肆待客，酒馔丰溢，每店皆有驴赁客乘，倏忽数十里，谓之驿驴"⑤。从豫东的商丘、开封到关中的岐州（今陕西凤翔县南），绵延千里，几乎每家客店都饲养有驿驴供客人骑乘。豫南的蔡州、申州（今河南信阳浉河区）出产的骡子品种优良，在战争中缺马的情况下，其发挥了重要作用。

> 自（李）希烈以来，申、蔡人劫于苛法而忘所归，及耆长既物故，则壮者习见暴掠，恬于搏斗。地少马，乘骡以战，号"骡子军"，尤悍锐。⑥

总之，隋唐时期，驴已经成为中原地区豫东、豫西一带普遍饲养的大牲畜，比较而言，豫南地区民间驴骡的饲养相对少些，但却是优良品种，如申州和蔡州的骡子。

四　猪、羊、犬等小牲畜的饲养

养猪业在我国历史悠久，至今 6000 多年前的半坡氏族墓葬里就发现

① （宋）李昉：《太平广记》卷 436《张高》，中华书局 1961 年版，第 3548 页。
② （宋）欧阳修：《新唐书》卷 214《吴少诚传》，中华书局 1975 年版，第 6003 页。
③ （唐）张鷟：《朝野佥载》卷 3，中华书局 1979 年版，第 40 页。
④ （宋）李昉：《太平广记》卷 286《板桥三娘子》，中华书局 1961 年版，第 2279～2280 页。
⑤ （唐）杜佑：《通典》卷 7《历代盛衰户口》，中华书局 1988 年版，第 152 页。
⑥ （宋）欧阳修：《新唐书》卷 214《吴少诚传》，中华书局 1975 年版，第 6003 页。

了猪骨①。先秦时期的文献中也有关于猪的记载，"言私其豵，献豜于公"②（豵，一岁的小猪。豜，三岁的大猪）。秦汉时期随着国家疆域的扩大，养猪业及其他畜牧业有了进一步发展。据《史记》记载，拥有"陆地牧马二百蹄，牛蹄角千，千足羊，泽中千足彘"③可比千户侯。魏晋南北朝时期，民间养猪业发展较快，养猪技术有了明显提高，已开始使用阉割技术④。隋唐五代时期，养猪业较为兴盛，出现了"其家富，多养豕"⑤的养猪专业户。民户养猪为人们生活提供了肉食，满足了市场需求，增加了家庭收入。

隋唐时期，农户饲养小型家畜猪、羊、犬等，为他们提供肉食来源和补贴家用。如隋末唐初龙门人王绩隐居河渚之间，"结构茅屋，并厨厩总十余间，奴婢数人，足以应役……广牧鸡豚"⑥，饲养了大量的鸡豚。唐武则天长安年间，豫州人元佶居汝阳县，养一牝猪经十余年⑦。20 世纪80 年代在洛阳出土了一些唐代墓釉陶猪，躯体浑圆，肥臀，四肢短小，耳短小，是华南小耳猪形状⑧，表明华南一带优良品种猪已经引进到中原地区。养猪业的兴盛催生了贩猪业的兴起。唐高宗龙朔元年（661 年），"怀州有人到潞州买猪至怀州卖。有一特猪，潞州三百钱买，将至怀州，卖与屠家，得六百钱"⑨，贩猪的利润相当丰厚。在长期的养猪过程中，唐人积累了丰富的经验，"在豕入此月即放，不要喂，直至十月。所有糟糠，留备穷冬饲之"⑩。让猪从春到秋季十月就青牧养，既节省了饲料还能让猪吃到营养丰富的青草，一举两得。唐德宗时，虢州有官养猪 3000

---

①　中国社会科学院考古研究所编：《新中国的考古发现与研究》，文物出版社 1984 年版，第 195 页。

②　《诗经·豳风·七月》，吉林文史出版社 1999 年版，第 79 页。

③　（汉）司马迁：《史记》卷 129《货殖列传》69，中华书局 2005 年版，第 3272 页。

④　（北魏）贾思勰著，石声汉校释：《齐民要术今释·养猪第五十八》，科学出版社 1958 年版，第 412 页。

⑤　（宋）李昉等编：《太平广记》439《李汾》，中华书局 1981 年版，第 3581 页。

⑥　（清）董浩：《全唐文》卷 131，王绩：《答冯子华处士书》，中华书局 1983 年版，第 1322 页。

⑦　（宋）李昉：《太平广记》卷 439《崔日用》，中华书局 1961 年版，第 3581 页。

⑧　赵振华、朱亮：《洛阳唐安菩墓的一批与农牧业有关的文物》，《农业考古》1984 年第 1 期。

⑨　（宋）李昉：《太平广记》卷 439《李校尉》，中华书局 1961 年版，第 3577 页。

⑩　（唐）韩鄂：《四时纂要·八月》，缪启愉校释本，中国农业出版社 1981 年版，第 200 页。

头，就青放养，给当地农户的庄稼带来了不少损害①。

河南大部分地处暖温带，北部属于半湿润半干旱气候，适合羊等喜干性牲畜的喂养。前文提到，洛阳周边民户大量养羊，"牛羊平野外，桑柘夕烟间"是其牛羊业发达的真实写照。史载，李德裕为东都留守时曾吹嘘到"平生当万羊，今食九千五百矣"②。可见洛阳民间养有大量的羊群供统治者奢侈享受。唐代河南农村养羊的情况在出土文物中多有反映。据乜小红统计，在陕西西安、河南偃师、郑州、荥阳、孟县等地出土有唐五代时期的陶山羊、绵羊、瓷羊、羊俑等 19 件③。养羊业的兴盛催生了贩羊业和屠羊业的兴起，很多人以此为生。唐玄宗天宝年间，颍川（今许昌）屠户陈正观，"以斫割羊头极妙"而著称，可见如果没有经常宰羊的经验积累，是不会达到如此技艺的。显然，当地民间养羊业非常普遍。洛阳人朱化以贩羊为业：

> 唐贞元初，西行抵邠宁，回易其羊。有一人见化谓曰："君市羊求利，当求丰赡，君见羊之小者，以为不可易也。殊不知小者不久而大也，自小而易，及货而大，其利不亦博乎！易之大者，其羊必少，易之小者，其羊必多。羊多则利厚也，羊少则利寡也。"化然之，乃告其人曰："尔知有小羊，我当尽易之。"其人数日乃引一羊主至，化遂易得小羊百十口，大小羊相杂为群，回归洛阳。④

朱化深得经商之道，每次西行到邠州（今陕西彬县）、宁州（今甘肃宁县）等地贩羊，贩运羊百十口，获利颇丰。五代陈州（今河南淮阳）人苌从简，"世以屠羊为业"⑤，可见其祖上即以屠羊为生计。

河南民间还大量饲养鸡鸭等家禽，见诸史料也多有记载：唐中宗景龙二年（708 年）春，"滑州匡城县（今河南长垣）农家鸡三足"⑥；唐文宗

---

① （宋）欧阳修：《新唐书》卷 223 下《卢杞传》，中华书局 1975 年版，第 6351 页。
② （唐）张读：《宣室志》卷 9，丛书集成初编本，第 2703 册，第 82 页。
③ 乜小红：《唐五代畜牧经济研究》，中华书局 2006 年版，第 232 页。
④ （宋）李昉等：《太平广记》卷 133《朱化》，中华书局 1961 年版，第 944 页。
⑤ （宋）薛居正撰：《旧五代史》卷 94《苌从简传》，中华书局 1976 年版，第 1241 页。
⑥ （宋）欧阳修：《新唐书》卷 34《五行志一》，中华书局 1975 年版，第 881 页。

大和年间，刘禹锡卜居郑州时写下了"里中清夷，鸡犬音和"① 的优美诗句，可见郑州民间普遍养鸡。唐宣宗大中八年（854 年）九月，"考城县（今河南兰考境内）民家雄鸡化为雌"②。王维在汴水沿岸游玩时看到鸡犬牧放，桑榆葱葱的田园风光，欣然写下了"鸡犬散墟落，桑榆荫远田"③ 的句子。高适《淇上别业》"庭鸭喜多雨，邻鸡知暮天"④ 则记述了相州（今河南安阳）民间鸡鸭饲养的情况。唐顺宗时期，李愬为剿灭吴元济，夜袭蔡州，"行七十里，夜半至悬瓠城，雪甚，城旁皆鹅鹜池，愬令击之，以乱军声"⑤。可见蔡州城内养了许多鹅。河南家禽饲养的兴盛在出土文物中也多有反映。如解放后，在洛阳、上蔡、郑州等都出土有陶鸭、瓷鸭、陶鸡、三彩陶鸡等。其中在河南偃师李元璬墓出土陶鸡 16 件⑥。洛阳民间养鸡最多，还催生了斗鸡娱乐活动的兴起。唐朝诗人孟浩然记载洛阳的上巳节斗鸡活动说："卜洛成周地，浮杯上巳筵。斗鸡寒食下，走马射堂前。"⑦ 可见上巳节期间洛阳的先民们斗鸡、射箭的习俗蔚然成风。皮日休对洛阳斗鸡民俗也是盛赞有加："千门万户掩斜晖，绣幰金衔晚未归。击鞠王孙如锦地，斗鸡公子似花衣。"⑧ 斗鸡活动的广泛开展从一个侧面反映了河洛一带民间养鸡业的兴盛。

五　河南地区的狩猎活动

隋唐时期河南境内多山地、丘陵，生态植被良好。尤其是豫西山区自然植被茂密，森林遍布，野兽众多。"多麋鹿，人业射猎而不事农，迁徙无常，皆骄悍善斗，号曰'山棚'。"⑨ 洛阳周边州县的一些山民，传统上以射猎为生。"东都西南接邓、虢。皆高山深林，民不耕种，专以射猎为

① （唐）刘禹锡：《刘禹锡集笺证》卷 8《郑州刺史东厅壁记》，上海古籍出版社 1989 年版，第 100 页。

② （宋）欧阳修：《新唐书》卷 34《五行志一》，中华书局 1975 年版，第 881 页。

③ （唐）王维著，赵殿成笺注：《王右丞集笺注》卷 9《千塔主人》，上海古籍出版社 1984 年版，第 156 页。

④ 《全唐诗》卷 214，高适《淇上别业》，中华书局 1960 年版，第 2232 页。

⑤ （宋）欧阳修：《新唐书》卷 154《李晟附子愬传》，中华书局 1975 年版，4877 页。

⑥ 《中国古代农业考古数据索引》，《农业考古》1985 年第 2 期。

⑦ 《全唐诗》卷 160《上巳洛中寄王九迥》，中华书局 1960 年版，第 373 页。

⑧ 《全唐诗》卷 613，皮日休：《洛中寒食二首》，中华书局 1960 年版，第 7068 页。

⑨ （宋）欧阳修：《新唐书》卷 162《吕元膺传》，中华书局 1975 年版，4999 页。

生。人皆趫勇，谓之山棚。"①　虢州弘农郡（今河南灵宝市东北）土贡
麖②，表明虢州地区野鹿众多。史载，胡向为虢州知州时有人猎杀一鹿，
重 180 余斤③。豫西宜阳县以山地为主，草木丰茂，野兽众多。据《宜阳
县志》记载，"野豕：邑西南花果、太岳两山常有之。猎户得之，重有数
百斤者。走兽类：马牛羊豕犬骡驴"④。优美的自然风光，种类繁多的兽
类自然是吸引各阶层狩猎的好地方。隋炀帝时，在洛阳修建苑囿，"又于
阜涧营显仁宫，苑囿连接，北至新安，南及飞山，西至渑池，周围数百
里。课天下诸州，各贡草木花果，奇禽异兽于其中"⑤。以洛阳为中心的
豫西一带苑囿连接，珍禽异兽分布其间，为统治者狩猎提供了优越的条
件。唐太宗贞观初年，（唐俭）为民部尚书，从猎洛阳苑，"群豕突出于
林，帝（太宗）射四发，辄殪四豕"⑥。贞观十一年（637 年）十一月乙
未，唐太宗"猎于济源麦山"。贞观十五年（641 年）十月辛卯，"猎于
伊阙"⑦。龙朔元年（660 年）十月五日，唐高宗李治"狩于陆浑县（今
嵩县东北一带）。六日，至飞山顿。高宗亲御弧矢，获四鹿，及雉兔数十
头"⑧。武则天神龙元年（705 年）十月乙丑，"猎于新安"⑨。

　　一些文人雅士、王公大臣也对在豫西山地狩猎情有独钟。唐右丞相李
林甫，年二十，"尚未读书，在东都好游猎打球，驰逐鹰狗"⑩。唐玄宗
时，唐虞部郎中陆绍弟为卢氏县尉。"掌时猎。遇鹿五六头临涧，见人不
惊，毛斑如画。"⑪　唐文宗太和年间，有处士姚坤，不求荣达，常以钓鱼
自适。居于东洛万安山南，"以琴尊自怡。其侧有猎人，常以网取狐兔为
业"⑫。唐懿宗咸通年间，京兆人韦玭，小逍遥公之裔，"居孟州泛水县

　① （宋）王钦若等：《册府元龟》卷 48《从人欲》，中华书局 1962 年版，第 545 页。
　② （宋）欧阳修：《新唐书》卷 38《地理志二》，中华书局 1975 年版，第 986 页。
　③ （宋）李昉：《太平广记》卷 413《铜环》，中华书局 1961 年版，第 3621 页。
　④ （清）谢应起：河南《宜阳县志》卷 3《土产》，台湾成文出版社 1968 年版，第 44 页。
　⑤ （唐）魏征：《隋书》卷 24《食货志》，中华书局 1973 年版，第 6866 页。
　⑥ （宋）欧阳修：《新唐书》卷 89《唐俭传》中华书局 1975 年版，第 3760 页。
　⑦ （宋）欧阳修：《新唐书》卷 2《太宗纪二》，中华书局 1975 年版，第 37 ~ 40 页。
　⑧ （宋）王溥：《唐会要》卷 28《搜狩》，上海古籍出版社 2006 年版，第 614 页。
　⑨ （宋）欧阳修：《新唐书》卷 4《中宗纪四》，中华书局 1975 年版，第 108 页。
　⑩ （宋）李昉：《太平广记》卷 19《李林甫》，中华书局 1961 年版，第 129 页。
　⑪ （宋）李昉：《太平广记》卷 413《陆绍弟》，中华书局 1961 年版，第 3622 页。
　⑫ （宋）李昉：《太平广记》卷 454《姚坤》，中华书局 1961 年版，第 3710 页。

庄。性不喜书，好驰骋田弋，马有蹄啮不可羁勒者，则市之"①。胡向在
虢州做知州时，"猎人杀一鹿，重一百八十斤。蹄下贯铜环，环上有篆
字"②，应该是人工驯养的。豫东商丘一带也是狩猎的好去处。咸通十四
年（873 年）七月，宋州襄邑（今河南睢县）有猎者得雉，五足，三足
出背上③。可见，隋唐时期，河南境内狩猎之俗蔚然成风。

　　需要指出的是，隋唐时期统治者虽然把豫西一带当作天然的狩猎牧
场，但绝不是涸泽而渔、焚林而猎，而是狩猎与保护相结合。有唐一代，
统治者多次颁布禁屠与禁猎的诏令。如唐中宗景龙二年（708 年）九月八
日敕："鸟雀昆虫之属，不得擒捕，以求赎生，犯者先决三十。宜令金吾
及县市司严加禁断。"严禁捕杀鸟雀虫鱼。唐玄宗开元二十三年（735 年）
八月十四日敕："两京五百里内宜禁捕猎，如犯者，王公以下录奏，余委
所司量罪决责。"④ 在长安和洛阳两京 500 里之内，禁止捕猎。严格禁止
恐有点过分，后来唐玄宗又规定在两京 300 里内，正月、五月、九月禁止
狩猎⑤。天宝五年（746 年）七月二十三日，河南道采访使张倚奏："诸
州府今后应缘春秋二时私社，望请不得宰杀，如犯者请科违敕罪。"得到
了唐玄宗的同意。次年正月二十九日玄宗即颁布诏令："今属阳和布气，
蠢物怀生，在于含养，必期遂性。其荥阳仆射陂、陈留篷池，自今以后，
特宜禁断采捕。仍改仆射陂为广仁陂，篷池为福源池。"⑥ 春天正是兽类
生长的季节，禁止狩猎符合动物生长的规律，有利于维护生态平衡。

六　影响河南畜牧业发展的因素

　　隋唐时期，河南畜牧业的发展也不是一帆风顺的，瘟疫、自然灾害、
战争都对其造成了严重的影响。如唐高宗调露元年（679 年）春，"牛大
疫"。武则天神龙元年（705 年）春，"牛疫"。神龙二年冬，"牛大疫"。
唐德宗贞元二年（786 年），"牛疫"⑦。文献虽未记载牛疫造成河南耕牛

①　（宋）李昉：《太平广记》卷 436《韦玭》，中华书局 1961 年版，第 3545 页。
②　（宋）李昉：《太平广记》卷 413《铜环》，中华书局 1961 年版，第 3621 页。
③　（宋）欧阳修：《新唐书》卷 34《五行志一》，中华书局 1975 年版，第 880～881 页。
④　（宋）王溥：《唐会要》卷 41《断屠钓》，上海古籍出版社 2006 年版，第 857 页。
⑤　（宋）欧阳修：《新唐书》卷 46《百官志一》，中华书局 1975 年版，第 1202 页。
⑥　（宋）王溥：《唐会要》卷 41《断屠钓》，上海古籍出版社 2006 年版，第 857 页。
⑦　（宋）欧阳修：《新唐书》卷 35《五行志二》，中华书局 1975 年版，第 905 页。

死亡的具体数目，但其带来的灾难决不可小觑。蝗灾、水灾也是制约畜牧业发展的重要因素。贞元元年（785 年）夏天，发生蝗灾，"东自海，西尽河、陇，群飞蔽天，旬日不息，所至草木叶及畜毛靡有孑遗，饿殍枕道"①。一场蝗灾过去，草木全无，饲料缺乏，无疑给牲畜饲养带来了极大的困难。唐懿宗咸通四年（863 年）秋，洛中大水，"苑囿庐舍，靡不淹没"②。洛阳苑囿的珍禽异兽遭受到沉重的打击。

战争对河南畜牧业的打击也相当沉重。隋唐时期，政权动荡，战火频仍。河南是国家的政治、经济、文化中心，战火连绵，每一次战争对畜牧业的发展都是一个严峻的考验。"自至德后，中原多故，襄邓百姓，两京衣冠，尽投江湘。"③《旧唐书·魏征传》记载，"自伊洛以东，暨乎海岱，灌莽巨泽，苍茫千里，人烟断绝，鸡犬不闻，道路萧条，进退艰阻"。唐后期更是多事之秋，"西至关内，东极青、齐，南出江淮，北至卫滑，鱼烂鸟散，人烟断绝，荆榛蔽野"④。河南广袤的大地经过战火的蹂躏几乎是赤地千里、人烟断绝，对畜牧业而言也是灭顶之灾。

隋唐时期畜牧业的发展尽管受诸多自然与社会因素的制约，客观而言，这一时期河南畜牧业仍有较大程度的发展，河南畜牧业的发展与政府的重视息息相关。检索唐代文献可以发现，有唐一代，政府多次颁布"禁屠"诏令，为牲畜的生长与生存提供了时间与良好的环境。笔者仅以《唐会要》中若干史料举例如下：

> 武德二年正月二十日诏，"自今以后，每年正月九日，及每月十斋日，并不得行刑，所在公私宜断屠钓"。
> 如意元年五月，禁天下屠杀。
> 圣历三年，断屠杀。
> 景龙二年九月八日敕："鸟雀昆虫之属，不得擒捕，以求赎生，犯者先决三十。宜令金吾及县市司严加禁断。"
> 先天元年十二月敕："禁人屠杀鸡犬。"

---

① （宋）欧阳修：《新唐书》卷 36《五行志三》，中华书局 1975 年版，第 939 页。
② （宋）李昉：《太平广记》卷 434《洛中水牛》，中华书局 1961 年版，第 3521 页。
③ （后晋）刘昫等撰：《旧唐书》卷 39《地理志一》，中华书局 1975 年版，1552 页。
④ （后晋）刘昫等撰：《旧唐书》卷 200 下《秦宗权传》，中华书局 1975 年版，5398 页。

（先天）二年六月敕："杀牛马骡等，犯者科罪，不得官当荫赎。公私贱隶犯者，先决杖六十，然后科罪。"

（开元）二十二年十月十三日敕："每年正月、七月、十月三元日，起十三至十五日，并宜禁断宰杀渔猎。"

（开元）二十三年八月十四日敕："两京五百里内宜禁捕猎，如犯者，王公以下录奏，余委所司量罪决责。"

天宝五载七月二十三日，河南道探访使张倚奏："诸州府今后应缘春秋二时私社，望请不得宰杀，如犯者请科违敕罪。"从之。

（天宝）六载正月二十九日诏："今属阳和布气，蠢物怀生，在于含养，必期遂性。其荥阳仆射陂、陈留篷池，自今以后，特宜禁断采捕。仍改仆射陂为广仁陂，篷池为福源池。"①

开成五年十二月敕："（在）京夜市宜令禁断。"②

大中二年二月制："爱念农耕，是资牛力，绝其屠宰，须峻科条。天下诸州屠牛，访闻近日都不遵守。自今已后，切宜禁断，委所在州府长官并录事参军等严加捉搦。如有牛主自杀牛并盗窃杀者，宜准干元元年二月五日敕，先决六十，然后准法科罪，其本界官吏不钤辖，即委所在长吏、节级重加科责，庶令止绝。③

上述史料只不过是从唐代浩如烟海的史籍中信手拈来的几条而已，不过是冰山一角，但也充分表明唐政府对畜牧业的重视。所颁布的敕令虽主要是针对全国而言，但河南道毕竟是其中一个重要的地区，所以这些敕令也同样适用。

总之，隋唐时期国家南北统一，社会相对稳定，经济发展。在这样的背景下，民间无论是大牲畜马、牛、驴、骡，还是小畜禽猪、羊、鸡等都普遍饲养。尽管有自然灾害、瘟疫、战争等因素的制约，但因统治者的高度重视，河南畜牧业仍取得了较大成绩。

---

① （宋）王溥等：《唐会要》卷41《断屠钓》，上海古籍出版社2006年版，第855～857页。
② （宋）王溥等：《唐会要》卷86《市》，上海古籍出版社2006年版，第1875页。
③ （宋）王溥等：《唐会要》卷41《断屠钓》，上海古籍出版社2006年版，第858页。

第二节　五代时期的河南畜牧业

五代时期，军阀割据，政权更迭频繁，动荡的政治环境严重阻碍了畜牧业的发展。中原地区作为政治的核心区域，对大牲畜马、牛的需求更为迫切。为了获得牲畜，中原王朝不断与周边国家及民族进行马匹贸易，在一定程度上缓解了对畜力的需求。除了购买之外，五代政府还在河南及适合畜牧的地区发展官营畜牧业，因此，这一时期河南畜牧业仍然有一定程度的发展。

一　畜牧业发展的原因

五代时期，河南是国家的政治、经济与文化中心。洛阳和开封先后作为都城，王公百官和贩夫走卒荟萃于此，人口众多，对肉、蛋、奶等畜牧产品需求量较大，无疑刺激了当地畜牧业的发展。比如，后唐明宗长兴三年（932年）十二月，三司使冯赟上奏，赐予内外臣僚节料羊"计支三千口"一次就赐予大臣食料羊3000只。不仅如此，宫廷御厨更是肉类消费的庞大群体："供御厨及内史食羊每日二百口，岁计七百万馀口。酿酒糯米二万馀石。"御厨每日仅羊肉就消费200口，一年下来至少在7万口以上。史料中"岁计七百万余口"，当属错误，"百"字应为衍文。"初，庄宗同光时，御厨日食羊二百口，当时物论已为大侈，今羊数既同，帝故骇心。"[1] 可见早在唐庄宗时御厨日食羊就达到了200多只。

另一方面，五代时期，烽火连天，战乱频繁，对马匹、牛等大牲畜亦有较大的需求。如后唐庄宗同光三年（925年）六月，"将事西蜀，下河南、河北诸州府和市战马，所在搜括，官吏除一匹外，官收匿者，致之以法，由是搜索殆尽"[2]。同年闰十二月，"东西两川点到见在马，得九千五百三十匹"。在巴蜀一带收括战马9500余匹。

二　周边民族与中原王朝的马匹贸易

五代政府还向周边国家和民族购买马匹。五代是处于多元国际关系的

---

① （宋）王钦若：《册府元龟》卷114《帝王部巡幸二》，中华书局1960年版，第1363页。
② （宋）王钦若：《册府元龟》卷621《监牧司》，中华书局1960年版，第7481页。

时期，其周边国家和民族有回鹘、吐谷浑、吐蕃、大理、契丹等。这些民族传统上以畜牧业为主，善于养马，畜牧业发达。如吐谷浑"畜牧就善水草，丁壮常数千人，羊马生息，入市中土，朝廷常存恤之"①。契丹各部在916年建立契丹国，主要从事畜牧业，史载："契丹旧俗，其富以马，其强以兵。纵马于野，弛兵于民。有事而战，骥骑介夫，卯命辰集。马逐水草，人仰湩酪，挽强射生，以给日用，糗粮刍茭，道在是矣。"②五代的中原王朝与周边国家和地区虽战乱不断，但也有和平共处的贸易往来时期。在对外交往的过程中，中原王朝常常用自己传统的物品茶叶、丝绸、瓷器换取周边民族的马匹和畜牧产品。在双方的贸易往来中，周边民族的马匹大量地涌入中原地区的西京洛阳和东京开封一带：

> 明宗时，诏沿边置场市马，诸夷皆入市中国，有回鹘、党项马最多。明宗招怀远人，马来无驽壮皆集，而所售过常直，往来馆给，道路倍费。③
>
> （天成）四年四月敕："沿边置场买马，不许蕃部至阙下。"自上御极已来，党项之众就赴都下卖马，常赐食于禁庭，醉则联袂歌其土风。凡将到马无驽良，并云上进国家，虽约其价值以给之，然计其馆给赐食，每年不下五六十万贯。大臣以为耗蠹中原，无甚与此。因将敕止之。虽有是命，竟不能行。……自此，蕃部羊马，不绝于路。④

由史料可知，五代在沿边置场买马始于后唐明宗天成四年（929年），买马的花费每年高达五、六十万贯。如果以一匹马价格按照20～30贯计算（五代宋初马匹的平均价格），则每年买马数额在2万匹左右，这对于五代后唐而言是一个极大的财政开支。

另一方面，在周边地区与国家向中原王朝朝贡贸易的过程中也有不少马匹流入到中原一带。下面就《五代会要》中所见史料略举几例。

---

① （宋）王溥：《五代会要》卷28《土浑》，上海古籍出版社2006年版，第450页。
② （元）脱脱等：《辽史》卷59《食货志》上，中华书局1974年版，第923页。
③ （宋）薛居正等：《旧五代史》卷138《党项传》，中华书局1975年版，第1845页。
④ （宋）王溥：《五代会要》卷29《党项》，上海古籍出版社2006年版，第462～463页。

后唐同光二年四月，其本国权知可汗仁美遣都督李引释迦、副使田铁林、都监杨福安等共六十六人来贡方物，并献善马九匹……至其年十一月，仁美卒，其弟狄银嗣立，遣都督安千等来朝贡。狄银卒。阿咄欲立，亦遣使来贡名马。

长兴元年十二月，遣使翟来思三十余人，进马八十匹、玉一团。

清泰二年七月，遣都督陈福海已下七十人，进马三百六十匹。①

后唐天成三年二月，其都督李绍鲁等遣使进马一百二十匹，明宗嘉之，赐绍鲁竭忠建策兴复功臣、金紫光禄大夫、检校太保。②

其年（天成四年）九月，首领折遇明等来贡方物。十月，首领来有行来朝，进马四十匹。③

梁开平元年四月，遣其首领袍笏梅老等来贡方物。至二年二月，其王阿保机又遣使来贡良马。五月，又遣使解里贡细马十匹，金花鞍鞯，貂鼠皮裘并冠。

四年（同光）正月，阿保机将复寇渤海国，又遣梅老鞋里已下三十七人贡马三十匹，诈修和好。④

后唐同光二年二月，（党项族）遣使朝贡。十二月，其首领簿备香来贡良马。

天成二年九月，河西党项如连山等来朝贡，进马四十匹。

（长兴）二年正月，首领折七移等进驼马。⑤

天成四年八月，复遣广评侍郎张扮等五十二人来朝，贡银香狮子、银炉、金装钑镂云星刀剑、马匹、金银鹰绦鞯、白纻、白毡、头发、人参、香油、银镂剪刀、钳钹、松子等。⑥

由上述史料可知，五代后唐时期，周边民族国家向中原地区的进贡马匹少则数匹，多则360余匹，上贡民族与国家有回鹘、党项、吐谷浑、契

---

① （宋）王溥：《五代会要》卷28《回鹘》，上海古籍出版社2006年版，第448～449页。
② （宋）王溥：《五代会要》卷28《土浑》，上海古籍出版社2006年版，第450页。
③ （宋）王溥：《五代会要》卷29《党项》，上海古籍出版社2006年版，第463页。
④ （宋）王溥：《五代会要》卷29《契丹》，上海古籍出版社2006年版，第456～457页。
⑤ （宋）王溥：《五代会要》卷29《党项》，上海古籍出版社2006年版，第463页。
⑥ （宋）王溥：《五代会要》卷30《高丽》，上海古籍出版社2006年版，第470页。

丹、高丽等。这些进贡的良马大多被送往京师洛阳与开封，对改良河南地区的马种无疑具有积极的作用。为了更清楚地说明这一问题，避免芜杂，笔者将五代时期周边民族向中原地区贡马情况列表 1 如下。

表 1　　　　　　　　　五代时期周边民族向中原进贡马匹

时间	数量（匹）	国家（民族）	史料	出处
同光二年四月	9	回鹘	后唐同光二年四月，其本国权知可汗仁美遣都督李引释迦、副使田铁林、都监杨福安等共六十六人来贡方物，并献善马九匹	王溥：《五代会要》卷28《回鹘》，上海古籍出版社 2006 年版，第 448～449 页
同光二年十一月	不详		至其年十一月，仁美卒，其弟狄银嗣立，遣都督安千等来朝贡。狄银卒，阿咄欲立，亦遣使来贡名马	同上
长兴元年十二月	80		长兴元年十二月，遣使翟来思三十余人，进马八十匹	同上
清泰二年七月	360	回鹘	清泰二年七月，遣都督陈福海已下七十人，进马三百六十匹	同上
五代时期	不详	吐谷浑	其畜牧就善水草，丁壮常数千人，羊马生息，入市中土，朝廷常存恤之	《五代会要》卷28《土浑》，第 450 页
广顺二年	不详	吐蕃	周广顺二年，嘉施遣人市马京师	《旧唐书·外国传》
天成三年二月	120		后唐天成三年二月，其都督李绍鲁等遣使进马一百二十匹	《五代会要》卷28《土浑》，第 450 页
同光四年正月	30	契丹	阿保机将复寇渤海国，又遣梅老鞋里已下三十七人贡马三十匹，诈修和好	《五代会要》卷29《契丹》，第 456～457 页
同光二年十二月	不详	党项	（党项族）遣使朝贡。十二月，其首领簿备香来贡良马	同上
天成二年九月	40	党项	河西党项如连山等来朝贡，进马四十匹	同上
天成二年十月	40	党项	十月，首领来有行来朝，进马四十匹	同上
长兴二年正月	不详	党项	长兴二年正月，首领折七移等进驼马	《五代会要》卷29《党项》，第 463 页
天成四年八月	不详	高丽	天成四年八月，复遣广评侍郎张扮等五十二人来朝，贡银香狮子、银炉、金装钑镂云星刀剑、马匹……钳钹、松子等	《五代会要》卷30《高丽》，第 470 页

三　河南境内的官营畜牧业

为了满足战争对马匹的需要，仅靠向民间征收、边境贸易和周边进贡马匹是难以为继的，为此，五代时期，政府在京师洛阳及周边适合养马的地区设置了监牧，发展官营畜牧业。早在后唐庄宗同光二年（924 年）正月，右谏议大夫薛昭文就曾上疏"又请择隙地牧马，勿使践京畿民田"①，提出建立监牧，牧养在京师洛阳的马匹，勿使其践踏农田。后唐明宗天成三年（928 年）三月，吏部郎中何泽再次上奏"请率天下牝马，置群牧，取其蕃息"②，得到了后唐政府的批准，于是在京师洛阳设置了养马机构飞龙院，河南的官营牧马业有了一定规模。同光三年（925 年），后唐政府曾要求在河南、河北诸州"和市战马"。长兴元年（930 年）七月，分飞龙院为左右，以小马坊为右飞龙院③。后唐明宗时有内外现管马匹 3.5 万匹，在河南一带牧养。唐庄宗时，"乃令（康）福牧马于相州，为小马坊使，逾年马大蕃滋。明宗自魏反，兵过相州，福以坊马二千匹归命，明宗军势由是益盛"④。短短几年河南北部的畜牧业已经发展起来。唐明宗长兴二年（931 年）四月，太子宾客裴皋上言，"以京师牛马多，草价贵，请畿内种禾者放地头钱，及甸服之内舟舡所通，沿河置场买草，每至春夏即官中出卖"⑤。可见监牧设置四年以后，京师洛阳因牛马众多，本地草料已经供不应求，政府不得不置场买草，仅河阳、白波、巩县就存草 270 万束⑥。到长兴四年（933 年）据范延光上奏，京师洛阳及其周边官牧牧养马匹已达 5 万余匹⑦。这一数字当然与唐朝所养马匹数量是无法比拟的（唐朝时，张万岁领群牧牧养马匹多达 70.6 万匹）。但在五代兵荒马乱这样一个非常时期，能拥有数万匹马已是难能可贵的。后周时，卫州（今新乡一带）也有牧马监，周世宗显德二年（955 年）曾令全国的老弱病马

---

① （宋）司马光：《资治通鉴》卷 273《后唐纪二》，中华书局 1964 年版，第 8920 页。
② （宋）王钦若：《册府元龟》卷 621《监牧司》，中华书局 1960 年版，第 7482 页。
③ 同上。
④ （宋）欧阳修：《新五代史》卷 46《康福传》，中华书局 2002 年版，第 514 页。
⑤ （宋）欧阳修：《新五代史》卷 6《唐明宗纪》，中华书局 2002 年版，第 61 页。
⑥ （后晋）沈昫：《旧唐书》卷 198《吐谷浑传》中华书局 1975 年版，第 5301 页。
⑦ （宋）王钦若：《册府元龟》卷 621《监牧司》，中华书局 1960 年版，第 7482 页。

"就彼水草，以尽饮龁之性"①。总之，五代时期，河南境内的官牧主要分布在黄河沿岸的洛阳、开封及新乡等豫北地区，官营马匹总体上数量不是很多，但与唐代河南地区官马相比还是稍胜一筹，与北宋比较则大为逊色。

四　河南民间畜牧业

五代时期，河南地区民间也牧养有一定数量的马匹。"五代藩镇……既多财则务为奢僭，养马至千余匹，童仆亦千余人。国初，大功臣数十人，犹袭旧风，太祖患之，未能止绝。"② 藩镇军阀酷好养马的习俗一直沿袭到宋初。在战争时期，急需马匹时他们会向朝廷贡献。如后唐末帝清泰二年（935 年）六月，枢密宣徽使进添都马 130 匹，河南尹进奉马 100匹，"时侦知契丹寇边一日促骑军故有此献，欲表率藩镇也"。③ 甚至在后汉高祖天福十二年（947 年）包括洛阳在内的河南道，仍是战争时期政府征购马匹的主要地区。"河南诸道并奏使臣到和买战马。始帝去冬以北虏犯阙陷战马二万匹，而骑卒在焉。时方欲攻邺垒而制塞下，遂降和买。河南诸道不经虏掠处士人私马。"④

总之，五代时期，河南地区官私畜牧业都有一定程度的发展，这既与其作为都城有关，也与其长期的军阀混战对牲畜的迫切需求有关。

本章小结

隋唐时期，结束了南北朝时期分裂割据的局面，国家统一，经济发展，中外经济文化的交流进一步加强，畜牧业经济也取得了较大发展。这一时期官营畜牧业主要集中于西北地区传统的畜牧业基地，河南地区仅以私营畜牧业为主。五代以来，河南地区又成为军阀混战的主要战场，受战火的影响，河南畜牧业遭受重大挫折。境内的大牲畜尤其是马匹基本上是

---

① （宋）薛居正等：《旧五代史》卷 115《世宗纪》，中华书局 1975 年版，第 1532 页。
② （宋）李焘：《续资治通鉴长编》卷 18，太平兴国二年正月丙寅，中华书局 2004 年版，第 392 页。
③ （宋）王钦若：《册府元龟》卷 485《邦计部》，中华书局 1960 年版，第 5803 页。
④ （宋）王钦若：《册府元龟》卷 621《监牧司》，中华书局 1960 年版，第 7482 页。

周边民族与国家上贡而来，畜牧业虽有些发展，但与其他朝代相比则相形见绌。由此可见，稳定的社会环境、统一的政治格局、繁荣的商品经济有利于畜牧业的发展。

第六章

北宋时期河南畜牧业

第一节　河南畜牧业发展概况

　　北宋是我国古代畜牧业经济发展的重要时期。从地域上看，特别值得注意的是河南地区。河南一向以农业发达著称，到北宋时期，由于特殊的地理位置和优越的政治地位，河南的畜牧业获得了空前发展。前贤对宋代河南畜牧业关注很早，其重点侧重在马政的研究上。代表性的论著有：日本学者曾我部静雄先生的《宋代之马政》详细探讨了两宋时期马政的建立、管理，买马的区域，纲马运输的方式，对本课题的写作有很大的启发。台湾林瑞翰先生的《宋代监牧》对宋代监牧的兴废、管理和监牧衰败的原因进行了研究。邢铁先生的《宋代的耕牛出租与客户地位》从宋代的耕牛出租与客户地位两个方面入手，来探讨宋代农业经济的发展和客户地位的变化，认为同前代佃农相比，客户的社会地位并没有提高。文中也涉及宋代牧牛业的发展状况，耕牛的作用，耕牛奇缺的社会原因，官、私牛出租的方式与租额。冯永林先生的《宋代的茶马贸易》，论述了茶马制度的创立、演变及茶马比价。韩茂莉先生的《唐宋牧马业地理分布论析》，采用历史地理学的方法论述了唐宋牧马业的分布特点及原因，指出北宋乏马的根本原因在于不能确保良好的牧监用地，此见解有一定的道理。1990年程民生先生发表了《宋代畜牧业略述》一文，这是第一篇专门论述宋代畜牧业的文章，探讨了宋代官营畜牧业、民间畜牧业的发展状况，畜牧业的社会经济价值和宋政府发展、保护畜牧业的措施，认为宋代畜牧业从地域上讲比唐代衰退了，但在相应的领域里比唐代有了较大发展。杜文玉先生的《宋代马政研究》，分析了两宋300多年来马政的建

立、演变及衰落过程，同时比较了唐、宋马政的不同。江天健先生的
《北宋市马之研究》对北宋市马的背景、途径、数量、各个时期茶马贸易
的特点、边区经济的发展状况进行了详论，材料新颖，颇多创建。尤其是
书中附有大量的图表，无疑是很费功夫的。刘复生先生的《宋代"马"
以及相关问题》对宋代马政问题进行了较为深入的考察。韩毅先生的
《宋代的牲畜疫病及政府的应对——以宋代政府诏令为中心的讨论》以宋
代政府诏令为中心，探讨了宋代牲畜疫病的流行情况及特点，牲畜疫病的
原因及对农业生产、交通运输和军事战争所产生的重大影响，梳理和分析
了宋代通过政府诏令对不同时期发生的牲畜疫病所采取的应对措施。程民
生先生的《宋代牲畜价格考》对宋代畜禽的市场价格进行了详尽的考察，
认为从北宋到南宋，牲畜的价格处于上涨趋势，畜禽价格因地域不同而存
在着一定的差异。程民生、程峰、马玉臣先生的《古代河南经济史》
（下）对宋代河南畜牧业进行了较为全面的研究。此外，近年来笔者也陆
续发表了 20 余篇相关论著，有代表性的是《宋代牧羊业及其在社会经济
生活中的作用》、《宋代私营牧牛业述论》、《宋代私人养马业探研》、《宋
代官营牧牛业述论》、《北宋官营牧羊业初探》、《试论北宋时期西北地区
的畜牧业》、《试论北宋前期官营牧马业的兴盛及原因》、《宋代牛羊司述
论》以及专著《宋代畜牧业研究》等。这些论著对宋代河南畜牧业亦有
零星的论述。

一　河南畜牧业发展的条件

　　北宋时期河南畜牧业之所以获得了空前的发展，是当时的社会和自然
条件综合作用的结果。从社会条件来看，河南是全国政治、经济、文化和
交通的中心。首都东京开封府、陪都西京河南府洛阳、南京应天府商丘均
在河南，宋徽宗时期建立的拱卫京师的四辅，即东辅襄邑县、南辅颍昌
府、西辅郑州、北辅澶州，也全部位于河南。这种特殊的政治优势无疑为
河南畜牧经济的发展提供了良好的机遇。如京师开封乃"八方争凑、万
国咸通"① 之地，人口 150 多万，是当时世界上最大、最繁华的都市。这
正如宋太宗时期参知政事张洎所言："今天下甲卒数十万众，战马数十万

---

① （宋）孟元老著，邓之城注：《东京梦华录注·序》，中华书局 2004 年版，第 1 页。

匹，并萃京师……比汉唐京邑民庶十倍。"① 如此众多的人口和军队，必然要消费大量的畜禽产品。而西京洛阳是仅次于开封的大城市，"西都自古繁华地，冠盖优游萃四方"②。南京应天府"两县一镇，正当汴路，敖仓、营垒、官守、民居，夹河万家，最为繁庶"③。此外，豫北安阳、新乡、濮阳等地的经济也有一定程度的发展，如卫州新乡"土地绕美，物产阜盛……其民富庶安乐"④。豫中郑州、许昌等地也多有沃土，"田园极膏腴"⑤。豫西南地区虽然在宋初经济落后，但到北宋仁宗时期，"榛莽复为膏腴，增户积万余"⑥，农业经济得到了长足的发展。比较而言，豫南地区光州、信阳等地地处淮河流域，北宋时期经济发展迟缓，人烟稀少，耕牛缺乏⑦。综上可知，政治地位的特殊、城镇人口的密集和社会经济的发展，为河南畜牧业的发展奠定了坚实的基础。

随着人口的增殖和社会经济的发展，河南与畜牧业有关的各种行业，如交通运输业、租赁业、餐饮业等，也迅速发展起来，成为畜牧业发展的重要动力。例如，京师牲畜租赁业就非常兴旺："京师人多赁马出入"⑧，"逐坊巷桥市，自有假赁鞍马者，不过百钱"⑨，"京师赁驴，途之人相逢无非驴也"⑩。众多的人口必然促进肉蛋奶等畜禽产品的消费，仅北宋宫廷消费的羊肉一年就在 43 万斤以上⑪，畜产品消费之多由此可见一斑。需特别指出的是，因三京四辅特殊的政治地位，河南地区在军事防备方面远比其他地区周密，这里除保有大量的骑兵部队外，与畜牧业有关的军器制造业也比较发达。如京师开封设立了弓弩院，"岁造弓弩、箭弦、镞

① （元）脱脱等：《宋史》卷 93《河渠志》3，中华书局 1977 年版，第 2342 页。
② （宋）司马光：《温国文正司马公文集》卷 14《和子骏洛中书事》，四部丛刊本，第 6 页。
③ （宋）苏颂：《苏魏公文集》卷 19，中华书局 1988 年版，第 262 页。
④ （明）李锦：正德《新乡县志》卷 6，詹文撰：《卫州新乡县学纪》，上海古籍书店 1963 年版，第 97 页。
⑤ （宋）孙觌：《鸿庆居士集》卷 33《朱绂墓志铭》，文渊阁四库全书本，第 642 页。
⑥ （元）脱脱等：《宋史》卷 426《赵尚宽传》，中华书局 1977 年版，第 12702 页。
⑦ （宋）楼钥：《攻媿集》卷 91《直秘阁广东提刑徐公行状》，四部丛刊本，第 18 页。
⑧ （宋）魏泰：《东轩笔录》卷 9，中华书局 1983 年版，第 100 页。
⑨ （宋）孟元老著，邓之诚注：《东京梦华录注》卷 4《杂赁》，中华书局 2004 年版，第 125 页。
⑩ （宋）王得臣：《麈史》卷下《杂志》，上海古籍出版社 1986 年版，第 91 页。
⑪ （清）徐松辑：《宋会要辑稿·方域》4 之 10，中华书局 1957 年版，第 7361 页。

等，凡千六百五十余万"①。制造弓弩的原料主要是羊马牛筋，1650多万弓弩需要数量庞大的筋角，这在客观上也促进了河南地区畜牧业的发展。

而从自然条件来看，北宋时期的河南也有发展畜牧业的必要性。首先，北宋时期河南的气候对农业生产不利。据气象学家竺可桢先生的研究，我国近5000年来的气候经历了一个寒暖交替的变化过程，北宋正处于第3个寒冷期（其他3个寒冷期分别是西周、南北朝、明清时期）②。张全明先生指出，北宋统治的168年间，寒冷的冬天约占2/3多，越到后来，冷冬越频繁，寒冷程度也越强烈③。就连钦州（今广西钦州）都出现了"冬常有雪，岁乃大灾"的现象④。严寒的气候对农业生产不利，却为畜牧业的发展提供了契机。据前辈学者研究，北宋时期华北平原退耕还牧的现象较严重，农牧区的分界线逐渐南移至今天的陇海线附近，即此线以北区域是牧区和农牧混合区，以南主要以种植业为主。郑学檬先生指出，"宋金时期北方继十六国北朝之后出现第二次改农为牧的高潮，这虽与游牧民族入主中原有关，却也是农业区在寒冷气候之下向南推移的表现"⑤。宋代官营牧马监地的分布也证实了这一观点。宋代长期存在的牧马监有16所，基本上分布在黄河沿岸，即河南、河北和陕西部分地区⑥。另据笔者统计，北宋时期陆陆续续建立了81所马监，其中位于今河南省境内的就达35所⑦。

其次，北宋时期河南也有大力发展畜牧业的空间。豫北安阳、濮阳等地属河北路，因"南滨大河"⑧，经常遭受水患的侵袭，许多地方皆"斥卤不可耕"⑨，"宜于畜牧"⑩。宋政府因地制宜发展畜牧业，先后建立了安阳监、镇宁监、卫州淇水二监，饲养马、驴、驼等牲畜。豫西河南府龙

①　（宋）章如愚：《群书考索·后集》卷43《兵制门》，书目文献出版社1992年版，第736页。

②　竺可桢：《中国近五千年来气候变迁的初步研究》，《考古学报》1972年第1期。

③　王玉德、张全明：《中华五千年生态文化》，华中师范大学出版社1999年版，第425页。

④　（宋）周去非著，杨武泉校注：《岭外代答校注》卷4，中华书局1999年版，第150页。

⑤　郑学檬：《中国古代经济重心南移和唐宋江南经济研究》，岳麓书社2003年版，第41页。

⑥　（清）徐松辑：《宋会要辑稿·兵》21之4至5，中华书局1957年版，第7126～7127页。

⑦　张显运：《宋代畜牧业研究》，中国文史出版社2009年版，第143页。

⑧　（元）脱脱等：《宋史》卷86《地理志》2，中华书局1977年版，第2130页。

⑨　（宋）李焘：《续资治通鉴长编》卷104，天圣四年八月辛巳，中华书局2004年版，第2416页。

⑩　（元）脱脱等：《宋史》卷86《地理志》2，中华书局1977年版，第2131页。

门以南，"地气稍凉，兼放牧，水草亦甚宽广"①。南部的广成川，"地旷远而水草美，可为牧地。"② 人们因地制宜，利用优越的自然地理条件发展畜牧业。豫中郑州中牟、许昌等地适合畜牧。例如，中牟以南，"地广沙平，尤宜牧马"，北宋政府在这里建立了监牧，搭建了 38 所马棚③，仅淳泽监在景德年间的存栏马就达 1 万余匹④。许昌是官营牧马业的重要基地，梅尧臣在景德年间途经这里时看到了盛大的牧马场面："国马一何多，来牧郊甸初。大群几百杂，小群数十驱。或聚如斗蚁，或散如惊鸟。"⑤ 开封所在的豫东地区有着一望无际的平原，"土薄水浅"⑥，"风吹沙度满城黄"⑦，干旱少雨，不大适合种植业的发展，却是发展畜牧业的理想场所。宋政府在开封北部开辟了大片牧地，"乃官民放养羊地"⑧。汴河两岸，更是沃壤千里，而夹河两岸公私废田，略计 2 万余顷，大多用来牧马⑨。"汴河以南县邑，长陂广野，多放牧之地"⑩。国家在此建立监牧，充分考虑了当地的地理条件。豫西南地区在宋初"土旷民稀"⑪，但到北宋中期农牧经济得到了发展，号称"土酥醍醐出肥牛"⑫，成为耕牛的重要输出地，"今湖南之牛岁买于北者，皆出京西"⑬。简而言之，北宋时期河南大部分地区有适宜畜牧的地理条件，为畜牧业的发展提供了基本的物质基础。

---

① （宋）李心传：《建炎以来系年要录》卷190，绍兴三十一年五月辛卯，中华书局1956年版，第3172页。

② （宋）李焘：《续资治通鉴长编》卷72，大中祥符二年十二月己丑，中华书局2004年版，第1644页。

③ （清）徐松辑：《宋会要辑稿·兵》21之36，中华书局1957年版，第7142页。

④ （清）徐松辑：《宋会要辑稿·兵》24之10，中华书局1957年版，第7185页。

⑤ （宋）梅尧臣：《宛陵集》卷26《逢牧》，四部丛刊本，台湾商务印书馆1936年版，第10页。

⑥ （宋）江少虞：《宋朝事实类苑》卷61《土厚水深无病》，上海古籍出版社1981年版，第815页。

⑦ （宋）王安石：《王文公文集》卷76《读诏书》，上海人民出版社1974年版，第809页。

⑧ （元）陶宗仪编：《说郛三种》卷43，上海古籍出版社1988年版，第700页。

⑨ （元）脱脱等：《宋史》卷95《河渠志》5，中华书局1977年版，第2367页。

⑩ （宋）吕祖谦编：《宋文鉴》卷2，中华书局1990年版，第21页注文。

⑪ （元）脱脱等：《宋史》卷426《赵尚宽传》，第12702页。

⑫ （宋）韩驹：《陵阳集》卷2，文渊阁四库全书本，第1133册，第776页。

⑬ （宋）欧阳修：《欧阳修全集》卷45《通进司上书》，中华书局2001年版，第642页。

二　河南官营畜牧业

北宋时期河南由于特殊的地理位置和优越的政治条件，官营畜牧业取得了前所未有的发展，尤其是官营牧马业空前兴盛。牛、驴、驼等大牲畜的饲养超过了前代。就地域而言，豫北、豫中、豫西以及豫东京师开封等地发展迅猛，豫南除淮河沿岸的牧马业有一定发展外，境内其他地区畜牧业相对落后。为了管理这些牲畜，宋政府设置了诸多管理机构，它们各有分工又相互合作，呈现出多元化的管理体制。

（一）官营畜牧业的管理机构

1. 太仆寺

太仆寺是中国古代官营畜牧业的管理机构之一，始设于周穆王时期，"掌舆马"，后代沿置①。宋立国之初，便沿袭前代建立了太仆寺，管理官畜，长官为太仆卿，其下有少卿、丞、主簿各一人：

> 卿掌车辂、厩牧之令，少卿为之贰，丞参领之。国有大礼，供其辇辂、属车，前期戒有司教阅象马。凡仪仗既陈，则巡视其行列。后妃、亲王、公主、执政官应给车乘者，视品秩而颁之。总国之马政，籍京都坊监、畿甸牧地畜马之数，谨其饲养，察其治疗，考蕃息损耗之实，而定其赏罚焉。死则敛其鬃尾、筋革入于官府。凡阅马，差次其高下，应给赐则如格。岁终钩覆帐籍，以上驾部。

太仆寺的职能可归纳为两部分：一是掌管宫廷中皇帝及诸王公大臣的乘舆、车辂供应和教阅象、马；二是掌管马政、京师开封监牧的畜牧账籍、国马的饲养治疗等。在宋真宗咸平三年（1000年）群牧司尚未设置前，太仆寺是中央官营畜牧业的主要管理机构之一。在这之后直到1082年元丰改制前，"凡邦国厩牧、车舆之政令，分隶群牧司、骐骥院诸坊监，本寺但掌天子五辂、属车，后妃、王公车辂，给大中小祀羊"②。在咸平三年以后的80多年间，太仆寺管理畜牧的主要职能为群牧司所侵夺。

① （元）马端临：《文献通考》卷56《职官考》10，中华书局1986年版，第505页。
② （元）脱脱等：《宋史》卷164《职官志》4，中华书局1977年版，第3893页。

元丰改制后群牧司裁撤，其权力归还太仆寺。

太仆寺下属机构有车营、致远务、养象所、左右骐骥院、左右天驷监、牧养上下监、驼坊、皮剥所、御辇院等，这些机构都设在京师开封，负责饲养和管理在开封的牛、驴、驼等大牲畜。其中车营、致远务"掌养饲驴、牛以驾车乘"①，说明它们负责官营驴、牛的饲养。养象所"掌豢养驯象"②。驼坊"掌牧养橐驼"③。左右骐骥院在咸平三年以前"总国马之政"④，左右天驷监是隶属于左右骐骥院的一个养马机构，其职能是"掌国马，别其良驽，以待军国之用"。牧养上下监"掌治疗病马及申驹数，有耗失则送皮剥所"。

2. 驾部

驾部是隶属于尚书省兵部下的一个司，始设于曹魏时期。唐玄宗天宝年间（742～755年）改为司驾，唐肃宗至德元年（756年）复为驾部。"掌御辇、专（车）乘、邮驿、厩牧，司牛马驴骡、阑遗杂畜。"⑤ 宋代沿置。作为官营畜牧业的管理机构之一，驾部的主要职能有：

> 驾部郎中、员外郎，掌车马、驿置、厩牧之事，大礼，戒有司具五辂。凡奉使之官赴阙，视其职治给马如格。官文书则量其迟速，以附步、马急递。总内外监牧，籍其租入多寡、孳产登耗。凡市马于四夷者，溢岁额则赏之。分案六，置吏十有三。建炎三年，并太仆寺隶焉。⑥

从上引史料分析，驾部除管理京师开封的监牧之外，还掌管全国的舆辇、驿传、官营监牧马匹的增损、孳育、买马等职能。《文献通考·职官考》则认为驾部"掌辇辂、车乘、厩牧、杂畜、乘具、传驿之政令，辨

① （元）马端临：《文献通考》卷56《职官考》10，中华书局1986年版，第505页。
② （清）徐松辑：《宋会要辑稿·职官》23之3，中华书局1957年版，第2870页。
③ （元）马端临：《文献通考》卷56《职官考》10，中华书局1986年版，第505页。
④ （清）徐松辑：《宋会要辑稿·职官》23之5，中华书局1957年版，第2871页。
⑤ （元）马端临：《文献通考》卷52《职官考》6，中华书局1986年版，第480页。
⑥ （元）脱脱等：《宋史》卷163《职官志》3，中华书局1977年版，第3856页。

其出入之数"①。《群书考索·官制门》言道"驾部掌牛、马、驴、骡"②，由此可知，驾部确为管理京师官营畜牧业的机构之一。

3. 群牧司

群牧司是管理官营牧马业的主要机构。具体而言，它掌管"内外厩牧之事，周知国马之政，而察其登耗。凡受宣诏文牒，则以时下于院监，大事则制置使同签，小事则专遣其副使、都监，多不备置。判官、都监，每岁更出诸州巡坊监，点印国马之蕃息者"③。即负责京师开封及周边地区马匹的饲养、放牧、管理；检查马匹的孳育、损毙情况，对于所辖院监，如骐骥两院及内外诸坊监，转发有关诏令文牒；大事由群牧制置使和群牧使共同签署办理，小事由群牧副使、群牧都监负责处理；群牧都监或判官每年轮流出巡各州坊监，检查国马的孳育状况。群牧司始设于宋真宗咸平三年（1000 年），终于宋神宗元丰五年（1082 年），存在时间长达 80 多年，为宋代官营畜牧业，尤其为牧马业的发展作出了一定的贡献。

五代时期由于战乱频繁，全国的官营牧马业趋于破产，马政组织一度被废。960 年北宋建立，沿袭隋唐旧制，在中央设置左右飞龙二院，"养国马以供军国之用"，负责官营马匹的饲养和管理。飞龙院是隶属于太仆寺下的一个机构。宋太祖、太宗时期因忙于完成国家的统一大业，频繁地发动战争，国马的需求量大增。如宋太宗太平兴国五年（980 年），政府一次就向民间括马 17 万匹，同年在进攻北汉的战役中又掠得 4.2 万匹马。随着马匹的增多和马政的日益重要，国家需要一个独立的专门机构来进行管理。宋真宗咸平三年（1000 年），在京师开封设立了群牧司，"以内臣勾当制置群牧使，京朝官为判官"④。宦官担任群牧使时常飞扬跋扈，"目指气使，动心如意"⑤。景德四年（1007 年），宋真宗下诏，以群牧制置使为长官，由枢密使或副使兼领，"又别置群牧使、副、都监，增判官为二员，凡厩牧之政皆出于群牧司，自骐骥院而下皆听命焉"⑥。从此宦官

---

① （元）马端临：《文献通考》卷 52《职官考》6，中华书局 1986 年版，第 480 页。

② （宋）章如愚：《群书考索·后集》卷 7《官制门》，书目文献出版社 1992 年版，第 498 页。

③ （元）马端临：《文献通考》卷 56《职官考》10，中华书局 1986 年版，第 506 页。

④ （元）马端临：《文献通考》卷 160《兵考》12，中华书局 1986 年版，第 1389 页。

⑤ （宋）田况：《儒林公议》，文渊阁四库全书本，第 1036 册，第 310 页。

⑥ （元）脱脱等：《宋史》卷 198《兵志》12，中华书局 1977 年版，第 4940 页。

不再担任群牧使职。群牧使是群牧司的最高长官，总领国马事①。群牧使设置后，屡罢屡设。例如，明道二年（1033年）五月十二日罢，景祐二年（1035年）十月十三日复置②；宝元二年（1039年）五月二十三日又罢，"寻复之"③。庆历年间，宋政府规定群牧司设使、副各一员，都监、判官各二员④，后又置同群牧制置使、同群牧使，但不常设⑤。宋神宗熙宁年间，王安石变法，"废牧马之制而赋马于民"⑥，实行保马法，结果"尽废天下马监，止留沙苑一监"，马匹或充军，或送沙苑监，或给传驿，或卖给百姓⑦，群牧司权力被大大削弱。元丰改制，废除群牧司，将其职权转归太仆寺⑧。

4. 河南、河北监牧司

河南、河北监牧司设置于宋神宗熙宁元年（1068年）。河北监牧司设在河北路大名府（今河北大名东北），河南监牧司设在永兴军河中府（今山西永济），熙宁八年迁至洛阳⑨。河南、河北监牧司的设立是对群牧司权力的分割。熙宁元年九月十九日："乃诏河北、河南分置监牧使、都监官各一员，以河南监牧并为孳生监，在外诸监分属两使。其官瑈，河北于大名府，河南于河中府，后徙西京。诸监官吏，委监牧使奏举按劾，仍不隶群牧司，专属制置使。后又诏隶枢密院，不领于制置使，仍省群牧都监一员。"⑩两监牧司主要管理黄河两岸的官营畜牧业，尤其是官马。但监牧司设立后，成效不彰。"河南北十二监，起熙宁二年至五年，岁出马一

---

① （清）徐松辑：《宋会要辑稿·职官》23之5，第2871页。

② （宋）李焘：《续资治通鉴长编》卷112，明道二年五月乙亥，中华书局2004年版，第2617页夹注。

③ （宋）李焘：《续资治通鉴长编》卷123，宝元二年五月癸丑，中华书局2004年版，第2908页。

④ （元）脱脱等：《宋史》卷164《职官志》4，中华书局2004年版，第3894页。

⑤ （宋）李焘：《续资治通鉴长编》卷166，皇祐元年五月己丑，中华书局1977年版，第4003页。

⑥ （宋）章如愚：《群书考索·后集》卷50《兵门》，书目文献出版社1992年版，第782页。

⑦ （宋）司马光：《涑水记闻》卷15，中华书局1989年版，第197页。

⑧ （元）脱脱等：《宋史》卷198《兵志》12，中华书局1977年版，第4943页。

⑨ 陈智超整理：《宋会要辑稿补编》，全国图书馆文献缩微复制中1988年版，第420页。

⑩ （宋）杨仲良：《皇宋长编纪事本末》卷75《神宗皇帝·马政》，黑龙江人民出版社2006年版，第1323页。

千六百四十四，可给骑兵者二百六十四，余仅足配邮传。"① 监牧司设立 4 年，仅繁殖 1640 匹马。马匹孳育率低下，且体质低劣，无法充当战骑。熙宁年间王安石变法，"废牧马之制而赋马于民"②，牧马业遭到重创。熙宁八年（1075 年）诏"河南北见管九监内，沙苑监令属群牧司，余八监并废后，尽以牧地募民租佃，所收岁租计百余万"③。由于诸监罢废，河南、河北监牧司再也没有存在的必要，熙宁八年宋政府将其废除。

此外，隶属于三司度支部的骑案也掌管诸坊监、院、务，饲养牛、羊、马畜及市马；枢密院下辖机构支马房"掌行内外马政并坊院、监牧吏卒、牧马、租课"等④，也是宋代官营畜牧业的管理机构之一。

5. 牛羊司

牛羊司是隶属于光禄寺下的一个机构，主要负责京师开封牛羊的饲养、供应祭祀和宫廷宴享所用的牛羊等。在宋代，尤其是北宋时期，牛羊司是重要的官营畜牧业的管理机构，为政府提供了数以万计的牛羊，对改善宫廷生活、促进官营畜牧业的发展作出了一定贡献。

牛羊司设置于北齐时期。据唐人杜佑《通典》记载，北齐从八品官员有"治东西、驼牛、司羊诸署令、诸开府典签"等⑤。宋人高承继承了这一观点，"牛羊，《通典》曰太仆之属。北齐有牛羊置令，《宋朝会要》诸司使副有牛羊使，诸司库务有牛羊司。开宝二年六月诏文已有'大祀所供牺自今委牛羊司豢养'之语，疑国初官也"⑥。北宋时期，牛羊司设在京师开封的普宁坊。牛羊司不是全国性官营畜牧业的管理机构，其职责是"掌供大中小祀之牲牷及大官宴享、膳羞之用"⑦。即主要为宫廷豢养牛、羊、猪等牲畜，以备宴享和祭祀之用。具体而言，牛羊司的职能主要有以下几个方面：

其一，饲养京师牛、羊、猪等官畜。牛羊司规模较大，宋真宗时期，栈养（即圈养，笔者注）羊每年存栏达 3.3 万口，还负责饲养每年从榷场

---

① （元）脱脱等：《宋史》卷 198《兵志》12，中华书局 1977 年版，第 4941 页。
② （宋）章如愚：《群书考索·后集》卷 50《兵门》，书目文献出版社 1992 年版，第 782 页。
③ （清）徐松辑：《宋会要辑稿·兵》21 之 29，中华书局 1957 年版，第 7139 页。
④ （元）脱脱等：《宋史》卷 162《职官志》2，中华书局 1977 年版，第 3798～3799 页。
⑤ （唐）杜佑：《通典》卷 38《职官志》20，中华书局 1988 年版，第 1051～1052 页。
⑥ （宋）高承：《事物纪原》卷 6《牛羊》，中华书局 1989 年版，第 299 页。
⑦ （元）脱脱等：《宋史》卷 164《职官志》4，中华书局 1977 年版，第 3892 页。

买回的数万只羊①。据统计，牛羊司饲养规模最大时养羊在 14 万只以上②。《宋会要》言其"掌畜牧羔羊栈饲，以给烹宰之用"③ 并不全面，其实除羊外，牛羊司还饲养有牛、猪等牲畜。宋太祖开宝二年（969 年）六月十九日诏令明确指出，"大祀所供犊自今委牛羊司豢养，无得缺事"④。可见，早在宋初，牛羊司已经承担起饲养祭祀所用的牛犊。牛羊司还养有乳牛，专门为宫廷提供乳制品⑤，所辖机构奶酪院就负责加工牛、羊奶，制造奶酪、乳饼等⑥。牛羊司内还豢养一些猪。咸平年间，宋真宗下诏要求祠祭每年所用猪，"令牛羊司别圈豢养，须纯黑、无群，计重三十斤以下，二十斤以上者充"⑦。对猪的饲养、毛色、重量都有严格要求。

其二，为宫廷宴享提供肉类。宋代宫廷肉类，尤其是羊肉消费量很大，"御厨止用羊肉，此皆祖宗家法所以致太平者"⑧。御膳用羊上升到祖宗家法的高度。史载，宋宫廷御宴每年要吃掉 1.4 万 ~10.22 万只羊⑨。每逢节假日羊肉消费量更大，有时一个节日就要杀 3000 只羊⑩。宋神宗熙宁年间，每年御厨消费羊肉 434463 斤，猪肉 4131 斤⑪。宋代史料没有明确记载宫廷食用牛肉的数量（宋代法律禁屠牛，故未见文献记载），但从一些间接材料中仍可得知，宋代宫廷每次大型活动都要赐给群臣牛肉、牛杂，说明牛肉的消费当不在少数。因牛羊司负责"大官宴享、膳羞之用"，这些肉基本上都由其供给。牛羊司虽提供大量肉类，但绝不是涸泽而渔，宋政府规定哺乳期内的牲畜与羔羊不得宰杀。"牛羊司畜孳乳者，并放牧之，无得宰杀。"⑫

---

① （清）徐松辑：《宋会要辑稿·职官》21 之 11 至 12，中华书局 1957 年版，第 2858 页。

② 张显运：《宋代畜牧业研究》，中国文史出版社 2009 年版，第 158 页。

③ （清）徐松辑：《宋会要辑稿·职官》21 之 10，中华书局 1957 年版，第 2843 页。

④ （清）徐松辑：《宋会要辑稿·礼》26 之 7，中华书局 1957 年版，第 1007 页。

⑤ （宋）李焘：《续资治通鉴长编》卷 327，元丰五年六月丁丑，中华书局 2004 年版，第 7886 页。

⑥ （清）徐松辑：《宋会要辑稿·职官》21 之 3，中华书局 1957 年版，第 2854 页。

⑦ （清）徐松辑：《宋会要辑稿·职官》26 之 1，中华书局 1957 年版，第 2906 页。

⑧ （宋）李焘：《续资治通鉴长编》卷 480，元丰八年正月丁亥，中华书局 2004 年版，第 11417 页。

⑨ （宋）李焘：《续资治通鉴长编》卷 187，嘉祐三年三月癸酉，中华书局 2004 年版，第 4506 页。

⑩ （清）徐松辑：《宋会要辑稿·食货》55 之 47，中华书局 1957 年版，第 4819 页。

⑪ （清）徐松辑：《宋会要辑稿·方域》4 之 10，中华书局 1957 年版，第 7361 页。

⑫ （清）徐松辑：《宋会要辑稿·刑法》2 之 7，中华书局 1957 年版，第 6499 页。

宋仁宗嘉祐年间，御厨内臣窦昭齐因擅杀羔羊，遭到了三司使张方平的弹劾而被罢官①。不仅如此，牛羊司对所宰杀的牲畜重量也有规定。大中祥符三年（1010 年）五月诏："每秋栈羊入圈，每圈给三司印历抄上，候宰杀时，每日轮一圈供杀。每年比较，栈羊须二十三斤已上，草羊四月至十一月肥月十五斤已上，十二月至三月瘦月十二斤已上，即杀。"② 每年秋季栈羊入栈时要铸印登记，宰杀时，每圈每天轮流供给。圈养的羊体重必须在 23 斤以上，散养的羊肥月需 15 斤，瘦月必须达到 13 斤以上，方可宰杀。

其三，为宫廷祭祀及礼仪提供牺牲。牛羊司对用于祭祀的牺牲有严格的毛色与重量要求，"自今祠祭牺牲，岁初委有司择纯色别养豢之，令太常寺提举，在条不得捶打，并依旧典"③。牲畜必须毛色纯正，别圈喂养，圈人不得捶打。羊必须在 20 斤以上，"肥脦者充"④。为了保证牛羊司提供祭祀所用牺牲的卫生健康，宋政府不惜专门修建涤宫⑤。在祭祀前把牛犊放入涤宫喂养，可见对祭祀的重视。

其四，为官员提供食料羊。宋代官员的官俸除每月发放一定的月钱外，还供给衣料、炭、肉料等物质，食料羊是其中的重要组成部分。北宋政府规定官员依级别不等每月配给 2～20 只食料羊⑥，仅此一项就需要上百万只羊。这些羊除从民间购买外，一部分来源于牛羊司。如宋仁宗天圣八年（1030 年），提举司言道："牛羊司每月宣赐臣僚添厨月俸节料草栈羊，多不一并请领，却令本司出给寄羊历，逐旋请领，仍破官中草豆养喂，欲望自今每月支赐，并限十日，依色额请领出圈。出限不请，令本司将元支文字缴送三司毁抹，更不支给。"针对官员月俸食料羊不及时领回的情况，牛羊司限定 10 日内领回，否则便取消当月的供给。牛羊司提供给官员的食料羊不是全额配给，而是根据时令的变化而变化。宋真宗大中祥符三年（1010 年）四月，诏令："牛羊司每年栈羊三万三千口，委监官拣少嫩者栈圈，均兼供应。四月至十一月，每支百口给栈羊五十口；十二

---

①　（宋）佚名：《宋史全文》卷 9 下，嘉祐三年六月壬子，黑龙江人民出版社 2003 年版，第481 页。

②　（清）徐松辑：《宋会要辑稿·职官》21 之 11，中华书局 1957 年版，第 2857 页。

③　（清）徐松辑：《宋会要辑稿·礼》14 之 13，中华书局 1957 年版，第 593 页。

④　（清）徐松辑：《宋会要辑稿·礼》26 之 8，中华书局 1957 年版，第 1007 页。

⑤　（清）徐松辑：《宋会要辑稿·职官》21 之 12，中华书局 1957 年版，第 2858 页。

⑥　（元）脱脱等：《宋史》卷 172《职官志》12，中华书局 1977 年版，第 4134 页。

月至三月，每支百口给七十口。"① 四月至十一月正值羊群就青牧养时期，羊较为肥胖，故少支给，每百口可供给 50 口；十二月至第二年三月，时值春冬季节羊群缺乏草料，"春瘦"现象严重，为了减轻牛羊司的负担，官员支取羊，每百口可供给 70 口。

牛羊司内有勾当官和监官，一般由京朝官、诸司使副及三班兼领。牛羊司既是官署，又是一个牧养机构，其员僚有巡羊使臣、巡羊员僚、巡羊十将等，其中使臣还有配给军士 15 人的待遇。负责管理饲养的吏人有牧羊群头、牧子等，他们负责管理、牧放牛羊，群头的地位高于牧子②。此外还有揣子，专职估量牛羊重量以决定宰杀与否，及死羊估价出卖等事；宰手，负责屠宰牛羊；秤子，负责牛羊宰杀后的过秤。宋真宗时期，牛羊司下有广牧二指挥军士 1126 人③。牛羊司三栈圈还设有圈官，差三班使臣充当。圈官数量因资料缺乏不得而知，宋真宗天禧四年（1020 年）六月诏令，"省内牛羊司西北栈圈官四员"④，仅西北栈圈官一次就精简 4 员，可见其人员当不在少数。

作为为宫廷御厨与祭祀服务的重要机构，牛羊司人员的任免与考核非常重要。一般而言，牛羊司监官一般由文臣京朝官、武臣诸司使副与三班使臣担任。其下属官员从本机构内选出，"牛羊司广牧指挥如阙员僚，即于本指挥拣年劳能部辖十将补副都头，即不差殿侍权管"。⑤ 牛羊司对一般吏人牧放人员的要求是，"但年二十已上，无疾少壮、堪牧放者，不拘人材，即与招收"⑥。只要 20 岁以上，身体健康，会放牧的即可。为了加强牧养与管理人员的责任心，保证牲畜的健康，宋政府对牛羊司官吏有着严格的考核制度，羊群在牧放的过程中如果走失，按照走失的数量给予不同的处罚：

　　　　牛羊司牧羊少、失羊决罚之数：一口至三口，群头笞四十，牧子

---

① （清）徐松辑：《宋会要辑稿·职官》21 之 11，中华书局 1957 年版，第 2858 页。
② （清）徐松辑：《宋会要辑稿·职官》21 之 10 至 11，中华书局 1957 年版，第 2857～2858 页。
③ （清）徐松辑：《宋会要辑稿·职官》21 之 14，中华书局 1957 年版，第 2859 页。
④ （清）徐松辑：《宋会要辑稿·职官》21 之 12，中华书局 1957 年版，第 2858 页。
⑤ （清）徐松辑：《宋会要辑稿·职官》21 之 11，中华书局 1957 年版，第 2859 页。
⑥ （清）徐松辑：《宋会要辑稿·职官》21 之 10，中华书局 1957 年版，第 2857 页。

加一等；四口至六口，群头杖六十；七口至十口，群头杖七十，巡羊十将笞三十；十口至十五口，群头杖八十。已上牧子递加一等，巡羊十将杖六十，员僚笞三十；十五口至二十口，牧子徒一年，配外州牢城，群头杖一百，降充牧子，巡羊十将杖八十，降一资，员僚杖六十；二十口以上，牧子徒一年半，群头徒一年，并配远恶州府，十将杖一百，降二资，员僚杖八十，降一资，巡羊使臣奏勘替与降等差遣。①

牛羊司对牧放中导致羊群走失的处罚情况进行了量化，从牧子到巡羊使臣各级牧放和管理人员，根据所承担责任的大小都要受到相应的处罚。此种规定可谓有轨可循，有利于加强督导、减少畜群的死损、提高牧放管理人员的责任心。不仅如此，如果牧放与管理人员敷衍塞责，导致牲畜尤其是用作牺牲的牲畜瘦损，就要受到更加严厉的处罚。"诸供大祀牺牲，养饲不如法，致有瘦损者，一杖六十，一加一等，罪止杖一百。以故致死者，加一等。"② 牧子如果不如法喂养导致牲畜瘦损，依据瘦损的数量，要受到杖刑 60 到 100 的处罚。牲畜如果死亡，罪加一等。就宋代牛羊司而言，"在京三栈羊千口，给牧子七人，群头一人"③。8 个人来管理 1000 只羊，如果责任心较强是能够完成任务的。总体而言，牛羊司对官吏的要求并不苛刻。

综上所述，太仆寺、驾部、群牧司、牛羊司等是宋代官营畜牧业的主要管理机构。这些机构的主要职能是负责皇帝、王公贵戚的乘舆及军队的马匹供给，监牧牲畜的饲养、考课、祭祀用牲和供给消费等。它们在发展的过程中权力此消彼长，有时出现相互侵夺的现象。从总体上看，太仆寺、驾部、群牧司以管理官营牧马业为主，其中也包括驴、骡、骆驼等一些大牲畜；而牛羊司主要掌管京师开封的牛、羊、猪等杂畜的相关事宜，供应朝廷。它们既分工明确又相互配合，体现了宋代政治制度的健全与完善。

---

① （清）徐松辑：《宋会要辑稿·职官》21 之 11，中华书局 1957 年版，第 2858 页。
② （宋）窦仪编：《宋刑统》卷 15《养饲牺牲》，中华书局 1981 年版，第 235 页。
③ 《天一阁藏明钞本天圣令校证》卷 24《厩牧令》，中华书局 2006 年版，第 289 页。

（二）官营养马业

北宋时期河南官营牧马业发展迅猛，在全国遥遥领先。从黄河以北的濮阳到河南中部的许昌陆陆续续建立了 35 所马监，占全国马监总额近 1/2。现将今河南境内马监的分布情况统计如下：

表 1　　　　　　　　北宋时期河南马监的地域分布

马监名称	今地名	马监性质	兴废沿革	史料来源
澶州 镇宁监	濮阳	孳生监	建隆初年，在濮州置养马务，开宝八年（975年），迁至澶州，景德二年（1005年），改名镇宁监，干兴元年（1022年）废监	《宋会要辑稿·兵》21 之 5，第 7127 页
卫州淇水二监	汲县	第一监为孳生监，第二监为杂犬马监	后周设置。建隆元年（960年）修葺，熙宁八年（1075年）废监。元佑年间复监，绍圣四年（1097年）又废	《宋史》卷 198《兵志》12，第 4941~4943 页
相州安阳二监	安阳	孳生监	建隆元年（960年）增葺，景德二年（1005年）改为安阳监，熙宁八年（1075年）废监。元佑年间重设马监，绍圣四年（1097年）又废	《宋会要辑稿·兵》21 之 4 至 6，7127 页。《宋史》卷 198《兵志》12，第 4942~4944 页
西京 洛阳监	洛阳	杂犬马监	在五代飞龙院故址上置监，牧养由京城送来的马匹。熙宁八年（1075年）废监，后又恢复。绍圣四年（1097年）又废	《宋会要辑稿·兵》21 之 4，7126 页。《宋史》卷 198《兵志》12，第 4930 页
郑州 原武监	郑州	杂犬马监	建隆元年（960年）修葺，景德二年（1005年）改分为一、二监，同年七月改为广武监，大中祥符二年（1009年），又改为原武监。熙宁七年（1074年）废监，元佑元年（1086年）恢复置监，绍圣四年（1097年）又废	《宋会要辑稿·兵》21 之 4，7126 页。《宋史》卷 198《兵志》12，第 4930~4944 页
河阳监	孟州	孳生监	熙宁元年（1068年）置监，由枢密院管辖，熙宁八年（1075年）废监	同上
白马县 灵昌监	滑县	普通	旧为龙马监，太平兴国五年（980年），改为牧龙坊。景德二年（1005年）七月，改为灵昌监，天禧三年（1019年），黄河泛滥，遂废监	《宋会要辑稿·兵》21 之 5，第 7127 页

续表

马监名称	今地名	马监性质	兴废沿革	史料来源
许州 单镇监	许昌	杂犬马监	大中祥符六年（1013 年）置监，天圣五年（1027 年）废监，后屡置屡废，绍圣四年（1097 年），最终告废	同上
长葛县 长葛监	长葛	普通	景祐元年（1034 年），令许州知州、通判兼领监牧事，仍令通判逐季往本监点检诸般官物，四年（1037 年），以原武第二监为单镇监移于此处	《玉海》卷 149《马政》下，第 2734 页
中牟 淳泽监	中牟	牧养监	地广沙平，最宜牧马。大中祥符四年（1011 年）置监，干兴元年（1022 年）罢废	《宋会要辑稿·兵》21 之 5，第 7127 页
京师左右骐骥二院及其所属左右天驷四监、左右天厩二坊	开封	牧养孳生监	宋太祖时设左右飞龙二院，太平兴国五年（980 年），改为天厩坊。雍熙四年（987 年），改为左右骐骥院。太平兴国五年，宋太宗平太原，获马 4.2 万匹，于景阳门外新作 4 监，即左右天驷四监，熙宁三年（1070 年）将其并作 2 监	《宋会要辑稿·兵》21 之 3，7126 页。《文献通考》卷 56《职官考》，第 506 页
畿内十监	开封及周边县市	牧养孳生监	元丰六年（1083 年）设置，孳生马匹，但成效不彰。元丰八年（1085 年）八月罢废	《宋会要辑稿·兵》23 之 16 至 17，第 7167～7168 页。《东京梦华录注》卷 1《外诸司》，第 47 页
庆历 宫骏坊	开封	宗室马厩	庆历八年（1048 年）五月，以群牧司新修马厩为宫骏坊。罢废时间不详	《玉海》卷 149《马政》下，第 2737 页
牧养 上下监	开封	病马监	大中祥符四年（1011 年），于京城西开远门外置监，病重者送下监，轻者上监。上监不久即废，明道二年（1033 年）于上监故址上置天坰监，养无病马，病马送下监	《宋史》卷 198《兵志》12，第 4931 页
天坰监	开封	普通	明道二年（1033 年）于上监故址上置天坰监，养无病马，病马送下监	《宋史》卷 198《兵志》12，第 4931 页

表 2　　　　　　北宋马监在现今各省分布数量统计表①　　　　单位：所

省名	河南	福建	甘肃	河北	陕西	山西	山东	青海	合计
马监数额	35	11	11	10	9	3	1	1	81

----

① 张显运：《宋代畜牧业研究》，中国文史出版社 2009 年版，第 142 页。

从上述表 1、表 2 统计可以看出，北宋时期在今河南境内先后建立了 35 所马监，相当于今甘肃、陕西、山西、河北四省（这四个省有部分领土为周边民族占领，又处于前线，影响了马监的建立）这些传统的畜牧地区马监数量的总和，河南官营牧马业之兴盛由此可见。除豫西南和豫南没有马监外，其余地区均有马监分布，尤其是京师开封建立了 21 所马监，体现了统治者守内虚外，拱卫京师的意图。河南境内马监不仅数量多，所养马匹也相当可观。如前文提到宋太宗时期京师"战马数十万匹"。1126 年靖康之变，金兵占领开封，仅从其东北的牧马基地牟驼冈就虏掠官马 2 万匹①。其他州县监牧养马也同样兴盛，如中牟县淳泽监在景德年间存栏马在 1 万匹；西京"洛阳监秣五千匹"②亦可证明。

（三）其他官营畜牧业

北宋时期河南境内官营牛、驴、驼、羊等牲畜的饲养也有一定的规模。豫东开封成立了官营牧牛业的管理机构牛羊司，一些监牧、车营务等牧养机构内饲养有大量牛群："自今十坊监、车营务、奶酪院、诸园苑、开封县西郭省庄有孳生纯赤黄色牛犊，别置栏圈喂养，准备拣选供应……逐处有新生犊即申省簿记，关太仆寺逐祭取索供应。"③官营牧牛业的饲养和管理机构非常多，包括牛羊司在内，还有诸坊监、车营务、奶酪院、各园苑及开封县周边村庄等。仅车营务用来饲养牛驴的监役卒就有 4400 多人④，显然牛群的饲养数量相当可观。除以上诸机构之外，开封还有专门的养牛院⑤，每年饲养数千头牛，专供祭祀、宴享之用⑥。北宋灭亡，金兵一次就从开封掠去牛 1 万头⑦。宋徽宗被金人俘虏到北方，仅用以拉车的官牛就达 4300 头⑧。京师开封官牧牛之兴盛由此可见一斑。

早在宋初，开封就成立了牧驴业的管理机构——车营致远务，"掌饲驴、

---

① （清）黄以周辑：《续资治通鉴长编拾补》卷 52，靖康元年正月癸酉，中华书局 2004 年版，第 1616 页。

② （清）徐松辑：《宋会要辑稿·兵》24 之 12，中华书局 1957 年版，第 7184 页。

③ （清）徐松辑：《宋会要辑稿·礼》26 之 9，中华书局 1957 年版，第 1008 页。

④ （清）徐松辑：《宋会要辑稿·食货》55 之 19 至 20，中华书局 1957 年版，第 5758 页。

⑤ （宋）王应麟：《玉海》卷 149《雍熙骐骥院》，江苏古籍出版社 1987 年版，第 2734 页。

⑥ （清）徐松辑：《宋会要辑稿·礼》26 之 10，中华书局 1957 年版，第 1008 页。

⑦ （宋）佚名：《靖康要录》卷 1，文海出版社 1967 年版，第 56 页。

⑧ （宋）曹勋：《北狩见闻录》，历代笔记小说集成本，河北教育出版社 1995 年版，第 19 册，第 6 页。

牛以驾车乘"①，仅饲养驴、牛的役卒就达 4412 人。此外还有饲养驴骡大牲畜的致远坊，"掌养饲驴、骡，以供载乘与行幸、什器及边防军资之用"。负责管理的兵校 1624 人②。宋初开封还成立了专门饲养骆驼的机构——驼坊，"掌收养橐驼以供内外负载之用"。开宝年间，驼坊置监官 2 人，兵校 682 人③。

京师开封牛羊司仅栈养羊就达 3.3 万只④。因牧羊业发达，羊肉成为生活中必不可少的肉食，"御厨岁费羊数万口"⑤。羊肉还成为官员俸禄的重要组成部分。宋政府规定官员每月要给 2～20 只食料羊⑥，仅此一项一年要消费数百万只羊，苏轼甚至有"十年京国厌肥羜"⑦ 之感叹。豫中地区的中牟县也有为数众多的官牧羊，宋政府专门设置了牧羊使臣、群头、牧子等进行管理和放养⑧。官员食料羊的配给很大一部分来源于开封及其周边地区。

需要指出的是，北宋时期，京师开封还有一部分官猪。史载北宋前期"司农寺掌供猪"⑨，司农寺负责生猪供应。司农寺所需猪一般由牛羊司饲养。咸平年间，宋真宗下诏要求司农寺祠祭每岁所用猪，"令牛羊司别圈豢养，须纯黑、无群，计重三十斤以下，二十斤以上者充"⑩。北宋政府对祭祀所用猪的饲养要求非常苛刻：分开喂养；颜色须纯黑色，重量在 20 斤以上 30 斤以下。如果是祭祀天神，则需要大猪："祀天神必养大豕，目曰神牲。人见神牲则莫敢犯伤，养之率百日外，成矣始见而祀之。"⑪ 这些猪是不能随意伤害的。

京师开封官方养猪，还用于辟邪：

---

① （元）马端临：《文献通考》卷 56《职官考》10，中华书局 1986 年版，第 506 页。

② （清）徐松辑：《宋会要辑稿·食货》55 之 20，中华书局 1957 年版，第 5758 页。

③ （清）徐松辑：《宋会要辑稿·方域》3 之 48，中华书局 1957 年版，第 7367 页。

④ （清）徐松辑：《宋会要辑稿·职官》21 之 11，中华书局 1957 年版，第 2858 页。

⑤ （宋）李焘：《续资治通鉴长编》卷 53，咸平三年十二月丙戌，中华书局 2004 年版，第 1171 页。

⑥ （元）脱脱等：《宋史》卷 172《职官志》12，中华书局 1977 年版，第 4134 页。

⑦ （宋）苏轼：《苏东坡全集·后集》卷 6《闻子由瘦》，中国书店 1986 年版，第 521 页。

⑧ （清）徐松辑：《宋会要辑稿·职官》2 之 11，中华书局 1957 年版，第 2377 页。

⑨ （清）徐松辑：《宋会要辑稿·礼》，26 之 7，中华书局 1957 年版，第 1007 页。

⑩ （清）徐松辑：《宋会要辑稿·职官》26 之 1，中华书局 1957 年版，第 2906 页。

⑪ （宋）蔡绦：《铁围山丛谈》卷 4，中华书局 1983 年版，第 75 页。

神宗皇帝一日行后苑，见牧豵豰者，问何所用？牧者对曰："自祖宗以来，长令畜之，自稚养以至大，则杀之，又养稚者。前朝不敢易，亦不知果安用？"神宗沉思久之，诏付所司，禁中自今不得复畜。数月，卫士忽获妖人，急欲血浇人，禁中卒不能致。神宗方悟太祖远略亦及此。①

由史料可知早在宋太祖时期宫廷就开始养猪辟邪，直到宋神宗年间官方养猪才予以禁止。

总之，北宋时期，河南官营畜牧业主要集中在京师开封及其周围，这与开封国家中枢的政治地位、发达的社会经济、庞大的社会需求息息相关。诚如欧阳修所言："汉、唐都长安，故养马多在汧陇三辅之间；国家都大梁，故监牧在郓、郑、相、卫、许、洛之间，各取便于出入。"② 监牧集中在开封及其周围以达到拱卫京师之目的。

三　河南民间畜牧业

河南民间畜牧业和官营畜牧业的发展难分轩轾，尤其是牧马业堪称兴旺。先看豫东开封，宋太宗太平兴国四年（979 年）赵守伦征括京畿及诸州民间私马，一次就获得 173,579 匹③，其中部分马匹来自开封，说明早在宋初开封民间养马业就颇为兴旺。靖康之变，金军占领开封大肆房掠，除现任职事官留马 1 匹外，还掠夺民马 7000 余匹，④ 这些只是民间所养马匹的一部分。开封民间养马业的兴盛还催生了马匹贸易和租赁业的兴起。例如，开封和乐楼下就有专门的马匹交易市场⑤。"京师人多赁马出入"，"逐坊巷桥市，自有假赁鞍马者，不过百钱"。豫西地区产马较多。尤其是西京河南府，当地一般上等户"私马有三两匹者"⑥。另据《宋会要》载："比年京西民间产马蕃盛，其

---

① （宋）释惠洪：《冷斋夜话》卷 1，中华书局 1988 年版，第 11 页。

② （宋）李焘：《续资治通鉴长编》卷 364，元祐元年正月丁巳，中华书局 2004 年版，第 8736 页。

③ （宋）李焘：《续资治通鉴长编》卷 20，太平兴国四年十一月辛丑，中华书局 2004 年版，第 464 页。

④ （宋）佚名：《靖康要录》卷 14，文海出版社 1967 年版，第 847 页。

⑤ （宋）孟元老著，邓之诚注：《东京梦华录注》卷 2《潘楼东街巷》，中华书局 2004 年版，第 70 页。

⑥ （宋）李焘：《续资治通鉴长编》卷 345，元丰七年五月丁卯，中华书局 2004 年版，第 8294 页。

间中披带者极多，如上驷，市直不过二百缗。诏令西京安抚司同本司，每年差官，就所属州县买二百匹，逐时解总领所呈验印记，拨付军中教阅。"[1] 京西不仅产马多，而且品种优良，价格便宜，成为官马的来源之一。据陈振先生估计，元丰年间仅京东路和京西路民间所养马，当在 10 万匹左右[2]。地处豫南的淮河沿岸地区适合养马，"淮民多畜马善射"[3]，"两淮之地，承平之际，畜马成群"。元丰年间推行保马法，"使民计产养马，畜马者众，马不可得，民至持金帛买马于江淮"[4]，其已成为马匹的输出地之一。豫北地区的安阳、新乡等地"民间皆宜畜马"[5]，牧马业较为兴盛。

优越的社会和地理条件同样促进了北宋时期河南境内民间牧牛业的迅猛发展。如豫东开封："近新城有草场二十余所，每遇冬月诸乡纳粟秆草，牛车阗塞道路，车尾相衔，数千万量（辆）不绝。"[6] 运载粮草竟需要成千上万头牛，可见开封民间养牛之多。牧牛业的兴盛还刺激了京师耕牛租赁、耕牛贸易和屠牛业的兴起："独牛驾之亦可假贷；"[7] 耕牛买卖的牛行也分布在汴河沿岸，"沿汴官司拘拦牛马、果子行"[8] 即是证明。北宋法律虽严禁杀牛，但开封城内仍有不少人"开柜坊，屠牛、马、驴、狗以食"[9]，甚至有些官员的子孙也"屡犯屠牛法"[10]。京畿封丘县民陈贵，"屠牛为业，前后杀牛千百头"[11]。这些行业的兴起正是豫东民间牧牛业发达的重要表现。豫北安阳、濮阳（北宋时属河北路）等地民间养牛与豫东不相上下，据史料记载，"河北人户例有

①　（清）徐松辑：《宋会要辑稿·兵》26 之 2，中华书局 1957 年版，第 7227 页。

②　陈振：《宋史》，上海人民出版社 2003 年版，第 384 页。

③　（元）脱脱等：《宋史》卷 406《崔舆之传》，中华书局 1977 年版，第 12259 页。

④　（宋）李攸：《宋朝事实》卷 15《耕田》，中华书局 1955 年版，第 229 页。

⑤　（宋）宋祁：《景文集》卷 29《又论京东西淮北州军民间养马法》，丛书集成本，第 1872 册，第 367 页。

⑥　（宋）孟元老著，邓之诚注：《东京梦华录注》卷 1《外诸司》，中华书局 2004 年版，第 47 页。

⑦　（宋）孟元老著，邓之诚注：《东京梦华录注》卷 4《皇后出乘舆》，中华书局 2004 年版，第 89 页。

⑧　（宋）李焘：《续资治通鉴长编》卷 358，元丰八年七月庚戌，中华书局 2004 年版，第 8568 页。

⑨　（宋）李焘：《续资治通鉴长编》卷 32，淳化二年二月己丑，中华书局 2004 年版，第 713 页。

⑩　（宋）李焘：《续资治通鉴长编》卷 159，庆历六年八月己未，中华书局 2004 年版，第 3843 页。

⑪　（宋）刘斧：《青锁高议》卷 4《陈贵杀牛》，上海古籍出版社 1983 年版，第 145 页。

车牛，乃是民间日用之物"①。豫西河南府洛阳农牧业发达，有"菽粟露积，牛羊被野"②之美誉，养牛业也很兴盛。宋真宗景德年间，大臣郑志诚从洛阳返回开封的途中，"道逢鬻牛肉者甚众"③。与洛阳相邻的汝州、登封也是"村间桑柘春，川阔牛羊暮"，④"钟磬出邻寺，牛羊下远村"⑤，一派畜牧兴旺的景象。豫西南南阳等地，早在宋仁宗时期就成为耕牛的产地和湖南耕牛的重要输出地："今湖南之牛岁买于北者，皆出京西。"南阳黄牛在北宋时就已很有名气，有"土酥醍醐出肥牛"之语，至今仍闻名遐迩。与其他地区相比，淮河流域的豫南养牛业发展要稍逊一筹，宋代文献中常见其耕牛不足的记载。例如，"淮上不惟人稀，牛亦难得"⑥，"淮浙耕牛绝少"⑦，"淮田一废不夏秋，五夫扶犁当一牛"⑧，甚至出现了用人力代替畜力的现象。

河南民间也大量养驴。如京师人许大郎"世以鬻面为业……买驴三四十头"。⑨开封驴多，还广泛用于租赁行业："京师赁驴，途之人相逢无非驴也"，"妓女旧日多乘驴"⑩。由于牧驴业的发达，驴成为政府征括的对象，康定年间宋政府讨伐元昊，下令从开封府、河东等地征括驴子5万头⑪。靖康之变，金军占领开封索要犒师之物，仅驴就达1万头⑫。豫北地区产驴较多，"卫地出驴，则名驴曰卫"。卫州（今河南卫辉）因盛产驴，竟然把驴的名字改成了卫！

河南因特殊的政治和经济地位，人口众多，皇亲贵戚、达官贵人、巨商大贾云集于此，消费水平要远远超出其他地区，肉类市场需求量大，极大地促进

---

① （宋）文彦博：《潞公文集》卷22《乞罢河北预雇车牛》，文渊阁四库全书本，第1100册，第712页。

② （宋）司马光：《温国文正司马公文集》卷2《送伊阙王大夫歌》，四部丛刊本，第16页。

③ （清）徐松辑：《宋会要辑稿·食货》1之8，中华书局1957年版，第4810页。

④ （宋）韩维：《南阳集》卷2《泛汝联句》，文渊阁四库全书本，第1101册，第525页。

⑤ （宋）蔡襄：《端明集》卷4《嵩阳道中》，文渊阁四库全书本，第1090册，第372页。

⑥ （宋）楼钥：《攻媿集》卷91《直秘阁广东提刑徐公行状》，四部丛刊本，第18页。

⑦ （清）徐松辑：《宋会要辑稿·食货》18之20，中华书局1957年版，第5117页。

⑧ （宋）周紫芸：《太仓稊米集》卷2，文渊阁四库全书本，第1141册，第11页。

⑨ （宋）洪迈：《夷坚志·夷坚支戊》卷7《许大郎》，中华书局1981年版，第1110页。

⑩ （宋）孟元老著，邓之诚注：《东京梦华录注》卷7《驾回仪卫》，中华书局2004年版，第187页。

⑪ （宋）李焘：《续资治通鉴长编》卷129，康定元年十二月辛未，中华书局2004年版，第3070页。

⑫ （宋）佚名：《靖康要录》卷1，文海出版社1967年版，第56页。

了猪、羊等饲养业的发展。如豫东开封，猪、羊肉充斥着整个市场："每人担猪、羊及车子上市，动即百数。""唯民间所宰猪，须从此入京。每日至晚，每群万数。"① 豫西南地区猪、羊较多："京西有客见人牧羊遍满山陇，不知几千万口。"② 豫西河南府永宁县（今河南洛宁）一些家庭，"豢猪数十头"③，可视为养猪专业户。豫北也有豢养猪、羊的传统，且多为优质品种，有一种胡头羊重达百斤④。河阳县（今河南孟州）所产优质猪远近闻名。苏轼在陕西为官时，"闻河阳猪肉至美，使人往致之"⑤。他不远千里派人往河阳买猪。

河南民间养鸡蔚然成风。据《文献通考》载，从寿春（今安徽寿县）到开封绵延1000多里的途中，"农官兵田，鸡犬之声，阡陌相属"⑥。养鸡业的兴盛与政府的大力支持密切相关。宋庠在河南府为官时，下令每家都要养鸡，并要求将鸡带到官府验证，以防虚假应付⑦。京西路陈州（今河南淮阳）"民家鸡忽人言，近鸡祸也"⑧。由于民间养鸡兴旺，鸡孳生较多，出现了生理变异现象。

第二节　北宋帝王的畋猎活动

在古代，狩猎与畜牧业的发展密不可分。因此，本章在考察宋代畜牧业时也将帝王的畋猎活动进行了分析。畋猎是古代五礼中的军礼，是统治者非常重视的一项军事和政治活动，具有消遣娱乐、军事演习、保护庄稼、提供祭祀牺牲等多种功能⑨。自西周始，历代统治者都较为重视。帝王畋猎一般在秋冬季节举行，所以《左传·隐公五年》有"春搜、夏苗、秋狝、冬狩"之记载。北宋时期帝王承袭了前代统治者畋猎的制度，在京师开封郊外多次举

① （宋）孟元老著，邓之诚注：《东京梦华录注》卷2《朱雀门外街巷》，中华书局2004年版，第59页。

② （五代）尉迟偓：《中朝故事》第27册，河北教育出版社1995年版，第200页。

③ （元）元好问：《续夷坚志》卷3《猪善友》，中华书局1986年版，第67页。

④ （宋）周辉著，刘永翔校注：《清波杂志校注》卷9《说食经》，中华书局1994年版，第404页。

⑤ （宋）苏轼：《仇池笔记》卷上《佛菩萨语》，华东师范大学出版社1983年版，第233页。

⑥ （元）马端临：《文献通考》卷7《田赋考》7，中华书局1986年版，第74页。

⑦ （宋）王得臣：《麈史》卷下《乖缪》，上海古籍出版社1986年版，第92页。

⑧ （元）脱脱等：《宋史》卷65《五行志》3，中华书局1977年版，第1431页。

⑨ 张晓磊：《漫话春秋时期的狩猎》，《佳木斯大学社会科学学报》2006年第6期。

行狩猎活动。他们畋猎次数的多少，捕猎的物种种类在一定程度上能反映当时开封生态环境的状况。目前关于北宋开封生态环境变迁研究的论著并不少见，其中有代表性的是程遂营先生的《唐宋开封生态环境研究》一书。作者在书中指出："开封地区的生态环境变迁基本可以以 12 世纪为界，分为前后两个阶段：12 世纪以前绝大部分时间里，开封的生态环境处于良性循环状态……12 世纪宋室南迁后，开封的生存和生活环境出现了明显恶化的趋势。"① 对于此观点，笔者不敢苟同。其实，开封生态环境变迁是一个渐进的过程，早在北宋仁宗时期就已经渐趋恶化。此外，程民生、张全明等对北宋开封气候变迁和气象变化进行了历史考察②。就笔者目力所及，目前尚无学者将北宋帝王的畋猎活动与开封的环境变迁联系起来进行研究。

一　北宋帝王的畋猎活动

北宋帝王的畋猎始于宋太祖建隆二年（961 年）。史载这年十一月十九日，"始猎于近郊，赐宰臣、枢密使以下，见任、前任节度、防御、团练使、刺史、统军侍卫、诸军都校锦袍"③。立国伊始，宋太祖赵匡胤承袭了前朝畋猎的礼制，并在狩猎期间赏赐群臣锦袍。自太祖后，宋太宗、真宗及仁宗也先后举行过狩猎活动。尽管他们屡有狩猎，但次数日趋减少。宋仁宗庆历七年（1047 年）以后，畋猎活动逐渐停止。为了更直观地表现北宋帝王畋猎的情况和特点，笔者将宋太祖至宋仁宗朝狩猎活动列表1 如下。

表1　　　　　　　　　　宋太祖朝的畋猎活动

时间	地点	猎获物	资料	出处
建隆二年十一月十九日	近郊	兔 3	太祖建隆二年十一月十九日，始猎于近郊，赐宰臣、枢密使以下，见任、前任节度、防御、团练使、刺史、统军侍卫、诸军都校锦袍	《宋会要辑稿·礼》9 之 1，第 529 页
建隆二年十二月二十日	近郊	不详	十二月二十日，出玄化门，校猎于近郊	同上

① 程遂营：《唐宋开封生态环境研究·导论》，中国社会科学出版社 2002 年版，第 3～4 页。
② 张全明：《论北宋开封地区的气候变迁及其特点》，《史学月刊》2007 年第 1 期；程民生先生：《北宋开封气象编年史》，人民出版社 2012 年版，等。
③ （清）徐松辑：《宋会要辑稿·礼》9 之 1，中华书局 1957 年版，第 529 页。

续表

时间	地点	猎获物	资料	出处
建隆三年十月二十七日	近郊	不详	三年十月二十七日，出玄化门，校猎于近郊	同上
建隆三年十一月二十六日	近郊	兔1	十一月二十六日，出迎秋门，校猎于近郊，射中走兔一	同上
建隆四年十月二十一日	近郊	兔1	建隆四年十月二十一日，校猎于近郊，射中走兔一	同上
建隆四年三十日	北郊	兔2	三十日，校猎于北郊，射中走兔二	同上
乾德元年十月己亥	近郊	不详	乾德元年十月己亥，畋近郊	《续资治通鉴长编》（以下称《长编》）卷4，乾德元年十月己亥，第107页
乾德元年十一月二十六日	近郊	兔3	乾德元年十一月二十六日，校猎于近郊，射中走兔三	《宋会要辑稿·礼》9之1，第529页
乾德二年十一月二十日	近郊	兔3	二年十一月二十日，校猎于近郊，射中走兔三	同上
乾德二年十二月辛未	北郊	不详	乾德二年十二月辛未，畋北郊	《宋史》卷1《太祖本纪一》，第18页
乾德二年十二月八日	阳武县	不详	十二月八日，腊，校猎于阳武县	《宋会要辑稿·礼》9之1，第529页
乾德二年十二月二十九日	北郊	兔2	二十九日，校猎于北郊，射中走兔二	同上
乾德五年九月二十一日	近郊	不详	五年九月二十一日，校猎于近郊	同上
乾德五年十一月五日	近郊	兔2	十一月五日，校猎于近郊，射中走兔二。臣僚进奉称贺，皆不纳	同上
乾德六年八月四日	近郊	不详	六年八月四日，按鹘于近郊	同上
乾德六年九月	北郊	不详	九月，出玄化门，按鹘于北郊。幸飞龙院，赐侍臣饮	同上
乾德六年十月十一日	近郊	兔2	十月十一日，校猎于近郊，回幸飞龙院，赐侍臣食	同上
乾德六年十月十五日	近郊	兔2	十五日，校猎于近郊，射中走兔二	同上
开宝元年十月己未	近郊	不详	冬十月己未，畋近郊，还，幸飞龙院	《宋史》卷2《太祖本纪二》，第28页
开宝元年十月丁未	近郊	不详	是日，畋近郊，还，幸飞龙院	《长编》卷9，开宝元年十月丁未，第210页
开宝元年十月乙亥	近郊	不详	乙亥，畋近郊	《长编》卷9，开宝元年十月乙亥，第210页

续表

时间	地点	猎获物	资料	出处
开宝二年正月甲申	近郊	不详	春正月甲申，畋近郊，赐从臣名马、器币	《长编》卷10，开宝二年春正月甲申，第215页
开宝二年正月五日	近郊	不详	开宝二年正月五日，校猎于近郊，由兴礼门幸莅管城，赐侍臣名马、银器有差	《宋会要辑稿·礼》9之1，第529页
开宝二年十一月十一日	近郊	不详	十一月十一日，校猎于近郊	同上
开宝二年十一月十三日	近郊	不详	十三日，复校猎于近郊，并回幸金凤园	同上
开宝二年十二月一日	近郊	兔3	十二月一日，腊，校猎于近郊，射中走兔三	同上
开宝三年十月二十四日	近郊	不详	三年十月二十四日，校猎于近郊	同上
开宝三年十二月十日	近郊	不详	十二月十日，校猎于近郊	同上
开宝四年十二月二十一日	近郊	不详	四年十二月二十一日，校猎于近郊	同上
开宝五年十二月四日	近郊	不详	五年十二月四日，腊，校猎于近郊	同上
开宝八年九月三日	近郊	不详	八年九月三日，校猎于近郊，自是不复猎	同上

表2　　　　　　　　　　宋太宗朝的畋猎活动

时间	地点	猎获物	史料	出处
太平兴国元年十月辛巳	近郊	不详	太平兴国元年十月辛巳，畋近郊	《宋史》卷4《太宗本纪一》，第57页
太平兴国二年九月丙辰	近郊	不详	丙辰，上始狩于近郊，作诗赐群臣，令属和	《续资治通鉴长编》（以下称《长编》）卷18，太平兴国二年九月丙辰，第413页
太平兴国二年九月二十八日	近郊	兔4	太平兴国二年九月二十八日丙辰，出熏风门，校猎于近郊。帝亲御弧矢，射中走兔四	《宋会要辑稿·礼》9之1，第529页
太平兴国二年十月庚午	近郊	不详	庚午，畋近郊，遂幸金凤园，赐从臣饮	《长编》卷18，太平兴国二年十月庚午，第416页
太平兴国二年十月二十四日	近郊	兔3	十月二十四日，校猎于近郊，射中走兔三	《宋会要辑稿·礼》9之1，第529页

续表

时间	地点	猎获物	史料	出处
太平兴国二年十一月壬午	近郊	不详	太平兴国二年十一月壬午，狩于近郊，以所获献太庙，着为令	《宋史》卷5《太宗本纪二》，第77页
太平兴国二年十二月十四日	近郊	兔2	十二月十四日庚午，校猎于近郊，射中走兔二	《宋会要辑稿·礼》9之1，第529页
太平兴国三年十月十八日	西郊	兔3	三年十月十八日庚午，校猎于西郊，淮海国王及契丹、高丽使皆从。至鲁沟，射中走兔三。回宴玉津园	同上
太平兴国三年十二月二十五日	西郊	兔2	十二月二十五日，校猎于西郊，射中走兔二。回宴金凤园	同上
太平兴国四年十一月十三日	近郊	兔4	四年十一月十三日己丑，幸玉津园，因校猎于近郊，射中走兔四	同上
太平兴国四年十二月丁卯	近郊	不详	丁卯，畋近郊	《长编》卷20，太平兴国四年十二月丁卯，第464页
太平兴国五年九月二十日	近郊	兔4	五年九月二十日壬戌，校猎于近郊，射中走兔四	《宋会要辑稿·礼》9之1，第529页
太平兴国五年十月壬戌	近郊	不详	壬戌，畋近郊	《长编》卷21，太平兴国五年十月壬戌，第479页
太平兴国五年十二月五日	大名近郊	麋2，兔4	十二月五日甲戌，车驾北征，驻跸大名。五日，校猎于近郊，因以阅武	《宋会要辑稿·礼》9之1，之2，第529页
太平兴国五年十二月十一日	大名近郊	不详	十一日北征回，发大名府，因校猎近郊	同上
太平兴国六年十二月十五日	近郊	兔4	六年十二月十五日己卯，校猎于近郊，射中走兔四	《宋会要辑稿·礼》9之2，第529页
太平兴国七年闰十二月七日	近郊	兔2	七年闰十二月七日丙申，校猎于近郊，射中伏兔二。还幸讲武台，赐从官饮	同上
雍熙二年十一月二十四日	西郊	兔5	雍熙二年十一月二十四日，校猎于西郊，射中走兔五	同上
雍熙四年十二月二十一日	西郊	雉、兔5	四年十二月二十一日，腊，校猎于西郊，亲射，获雉、兔五。因谓近臣曰："今日之行，盖徇众之意，驰骋弋猎，非所好也。"	同上
淳化五年十二月九日	近郊	不详	五年十二月九日，腊，命寿王等猎于近郊。帝雅不好弋猎，至是但命诸王畋狩，顺时令而已	同上

表3   宋真宗朝的畋猎活动

时间	地点	猎获物	史料	出处
咸平二年十一月二十日	朱迁顿	兔4，雉鸡1	真宗咸平二年十一月二十日，狩于朱迁顿，射中走兔三、卧兔、飞雉各一。召从臣赐食，薄暮还宫	《宋会要辑稿·礼》9之2，第529页
咸平三年十二月五日	近郊	兔2，狐1	三年十二月五日戊申，校猎于近郊，亲射走兔二、走狐一。至力成顿，召从官赐食。翌日，以所射狐兔付宗正寺荐于太庙，余赐辅臣	同上
咸平四年十一月二十二日	近郊	兔5，狐1，飞雉1	四年十一月二十二日庚寅，校猎于近郊，射中走兔三、伏兔二、走狐一、飞雉一。有兔伏于道周，命殿前都指挥使高琼射获之。至棘店顿，宴从臣	同上
景德元年十一月十四日	近郊	不详	景德元年十一月十四日，校猎于近郊。至于冈村，见民舍有墙垣颓坏、室屋卑陋者，因幸之，乃税户乔谦也	同上
景德三年十二月十二日	近郊	兔7	三年十二月十二日乙酉，校猎于近郊，射中走兔七，诏付光禄寺荐宗庙。至朱迁顿，赐从臣食	同上

表4   宋仁宗朝的畋猎活动

时间	地点	猎获物	史料	出处
庆历五年十月庚午	杨村	獐兔	庚午，上御内东门……遂猎于杨村，燕楻殿，奏教坊乐，遣使以所获獐兔驰荐太庙	《长编》卷157，庆历五年十月庚午，第3804页
庆历五年十月二十五日	城南东韩村	不详	二十五日，猎于城南之东韩村	《宋会要辑稿·礼》9之4，第530页
庆历六年十一月辛丑	城南东韩村	不详	辛丑，猎于城南东韩村……合围场径十余里，部队相应。上案辔中道，亲挟弓矢，而屡获禽	《长编》卷159，庆历六年十一月辛丑，第3854页

表5   北宋四朝皇帝狩猎次数统计

皇帝	在位时间	狩猎次数
宋太祖	960~976年	31
宋太宗	976~997年	20
宋真宗	997~1022年	5
宋仁宗	1022~1063年	3

分析上述五个表格可知，宋代帝王狩猎有以下特点：一、皇帝狩猎之风并不十分盛行。北宋一朝共有九个皇帝，从表中统计来看只有北宋前期的宋太祖、宋太宗、宋真宗、宋仁宗在位期间举行过狩猎活动。其中宋太祖在位 17 年，狩猎次数为 31 次，几乎每年 2 次。宋太宗统治长达 22 年，狩猎次数为 20 次；宋真宗在位 26 年期间狩猎 5 次；宋仁宗在位时间最长，为 42 年，狩猎仅为 3 次。由此可知，除太祖、太宗热衷于畋猎外，其他皇帝似乎并不酷好此项活动，宋英宗以后（包括宋英宗）的北宋五位皇帝竟然从未参与过狩猎。二、从狩猎时间来看，主要集中于冬季农历十、十一、十二月份。四位皇帝共打猎 59 次，其中有 51 次都集中于冬季，其他 8 次为春秋季节。三、从狩猎地点来看，主要集中于京师开封郊外。四、从猎获物来看，除偶尔几次猎获的有狐狸、獐、雉鸡外，几乎全是野兔。

二　狩猎所反映的开封环境问题

开封坐落于广袤的豫东平原之上，境内无山，河流、湖泊较多，属暖温带大陆性季风气候，四季分明，光照充足。北宋时期的开封地表水比较丰富，堪称北方的水城。据《宋史·食货志》记载："宋都大梁，有四河以通漕运：曰汴河，曰黄河，曰惠民河，曰广济河，而汴河所漕为多。"[①]水源充足应该有利于森林植被的生长和生存，但实际情况并非如此。开封早在北宋以前就是一个非常重要的城市，长期处于交通枢纽中心，历史上多次遭受战火和洪水的蹂躏，天然森林遭到焚毁。战国时期，开封为魏都大梁。公元前 250 年秦将王贲久攻大梁不下，乃决水灌城，大梁惨遭破坏[②]。隋唐时期，开封号称汴州，是中原地区一个非常重要的州郡。安史之乱之后，汴州成为军阀角逐的核心城市，战火频仍。五代以降，开封先后为后梁、后晋、后汉、后周的都城，在全国的地位首屈一指，但长年的战乱，使政权更迭如走马灯。开封久经战火的洗礼，周围生态环境遭到了严重破坏。据梅尧臣记载，宋初开封的郊区已经是"颓垣下多穴，所窟

---

① （元）脱脱等：《宋史》卷 175《食货志上》3，中华书局 1977 年版，第 4250 页。
② 周宝珠：《宋代东京研究》，河南大学出版社 1999 年版，第 3 页。

狐与蛇"①。开封已经没有大面积的天然森林②。

开封生态环境的状况从宋代统治者狩猎活动中亦可以窥豹一斑。由上述诸表格可知，宋太祖至宋仁宗时期在开封周边行猎时，所获猎物主要是野兔，偶尔是雉鸡和狐狸，没有狼、野猪以及虎豹等大型的猫科动物。无独有偶，其至宋太祖时期的大将高怀德"好射猎驰逐，尝三五日露宿野次，获狐兔殆至数百"③。在开封郊外露宿三五天打猎，猎获数百只狐兔，仍没有虎豹等其他大型动物。据程民生先生研究，两宋时期除京师开封外，各路均有老虎分布④。开封没有老虎等大型猫科动物的存在，表明当地的植被已经不适合老虎的生存，或者可以这样说，较其他路而言，开封是生态环境破坏较为严重的区域。那么这一时期，开封的生态环境是什么样子的呢？

帝王们捕猎猎获物 90% 以上都是野兔，表明北宋时期的开封四郊特别适合野兔的生存。据研究，野兔喜欢生活在有水源的混交林内，农田附近的荒山坡、灌木丛中以及草原地区、沙土荒漠区等，尤喜栖于多刺的洋槐幼林，生满杨、柳幼林的河流两岸和农田附近的山麓⑤。今人王文楷先生在《河南地理志·生物》中指出："唐宋时期开封的基本植物物种为暖温带落叶阔叶林，其代表植物主要有杨、柳、榆、槐、桐等落叶阔叶乔木，以及松、柏、桑、竹等树种；在盐碱地及沙地上则有一些沙蓬、碱蓬、蒺藜等生长。"这也表明唐宋时期开封的植被和生态情况较为适合野兔等小型动物的生存。

也许有人认为单从野兔这样一个物种来判断当时开封的生态环境未免武断。其实宋代文献的记载也与笔者的观点不谋而合。请看下面两则史料：

郊原臑臑，春草萋萋。边烽不警，牧马争嘶。厩空万枥，野散千

---

① （宋）梅尧臣：《梅尧臣集编年校注》卷 15《过开封古城》，上海古籍出版社 1980 年版，第 307 页。

② 程遂营：《唐宋开封生态环境研究》，中国社会科学出版社 2002 年版，第 89 页。

③ （宋）李焘：《续资治通鉴长编》卷 23，太平兴国七年七月甲午，中华书局 2004 年版，第 524 页。

④ 程民生：《宋代老虎的地理分布》，《社会科学战线》2010 年第 3 期。

⑤ 王廷选编：《狩猎》，江西科学技术出版社 1986 年版，第 212 页。

蹄。陂闲牧南，沙平走西，一饮空川，一龁空原。去如雾散，来若云
连。地广马多，古未有焉。①

　　牧马散近坰，阅视乘高秋。驼冈似沙苑，堆阜带川洲。

　　坡陁故梁城，萦薄西南陬。连棚映林樾，星罗倚层丘。②

　　上述两条史料生动地描绘了开封郊外的风光和生态。开封冈阜众多，
牧地广阔，有成片的荒滩和草原，土壤沙化较为严重。不可否认，这种地
形、地貌和生态环境比较适合野兔、狐狸等小型动物的生存。北宋前期开
封周边还有大量的草地存在，为野兔提供了赖以生存的生态环境和食物来
源。前面提到开封所在的豫东地区干旱少雨，牧地广布。宋政府在开封北
部开辟了大片牧地，"乃官民放养羊地"③。中牟以南，"地广沙平，尤宜
牧马"④。大片的牧马草地无疑为野兔提供了理想的生活场所和丰富的食
物来源。

三　帝王畋猎次数渐趋减少与开封生态环境的恶化

　　前文提到，从开国皇帝宋太祖建隆二年（961 年）开始狩猎到宋仁宗
时期，帝王打猎次数逐渐减少，甚至在仁宗庆历七年（1047 年）以后，
北宋再也没有皇帝举行过狩猎活动。导致这种状况的生态原因有哪些？笔
者以为，北宋中期京师开封周边环境的渐趋恶化是狩猎次数减少以至于无
的重要原因之一。

　　开封环境恶化的突出表现是沙尘天气的增多。沙尘天气是由于本地或
附近尘沙被风吹起而造成的。能见度明显下降，出现时天空混浊，一片黄
色。北方大多在春季容易出现。沙尘天气时风较大，影响的能见度在 1 公
里到 10 公里之外。它分为浮尘、扬沙、沙尘暴、强沙尘暴四个等级。土
地的荒漠化是引发沙尘天气的重要因素⑤。笔者据周宝珠先生《宋代东京

　　①　（宋）吕祖谦编：《宋文鉴》卷 2，杨侃：《皇畿赋》，中华书局 1992 年版，第 21 页。

　　②　（宋）吕祖谦编：《宋文鉴》卷 16，江休复：《牟驼冈阅马》，中华书局 1992 年版，第
216～217 页。

　　③　（元）陶宗仪编：《说郛三种》卷 43，上海古籍出版社 1988 年版，第 700 页。

　　④　（清）徐松辑：《宋会要辑稿·兵》21 之 36，中华书局 1957 年版，第 7142 页。

　　⑤　尹贞钤、许伟锋：《沙尘天气记录存在问题分析》，《陕西气象》2012 年第 1 期。

研究》一书统计，从宋太祖至宋仁宗统治的 104 年间，开封的大风沙尘天气有 21 次，平均每 5 年一次；从宋英宗至钦宗 64 年间共 19 次，平均每 3.6 年一次①。程民生先生也进行过类似统计：从太祖建隆元年到宋仁宗嘉祐四年（960～1059 年）100 年间沙尘天气共计 14 次，平均每 7 年一次；从嘉祐五年到靖康二年（1060～1127 年）68 年间沙尘天气为 24 次，平均每 2.8 年一次②。两人统计的数字虽有些出入，但其统计的共同点是北宋前期沙尘天气较少，尤其是宋太祖统治时期，竟无一次沙尘暴；北宋中后期以后沙尘天气大规模增加。宋太宗端拱二年（989 年）开封出现了第一次沙尘天气，史载"京师暴风起东北，尘沙瞳日，人不相辨"③。自此以后，开封扬沙和风霾（大风杂尘土而下）天气渐趋增多，北宋一朝达 40 余次。这种沙尘天气频繁出现除与开封地表的土壤有关外，显然开封的生态环境已渐趋恶化也是一个重要因素。宋英宗以后的五个皇帝再也没有举行过狩猎活动，应该说，开封土壤荒漠化严重，野兔的生存环境已遭到破坏，野兔已经很难再猎捕到当为重要原因之一。

其实，这种状况在宋真宗时期已经初露端倪。"上自景德四年以来，不复出猎。壬寅，诏五坊鹰鹘，量留十数，以备诸王从时展礼，余悉纵之。"④ 真宗自景德四年（1007 年）以后就不再举行狩猎活动，甚至在大中祥符二年（1009 年）诏令将五坊豢养的用以狩猎的鹰、犬等动物放归山林。真宗在位 26 年狩猎仅为 5 次，除忙于东封西祀外，开封周边的生态环境已大不如前也是一个客观因素。开封生态诚如梅尧臣所描绘的那样："暴风吹黄沙，对面不相亲。"⑤ 在这样生态逐渐恶化的环境下，野兔等野生小动物的减少当为一个重要因素。甚至早在宋真宗统治时期，京师开封郊外已经很难捕猎到狐、兔了。宋真宗咸平四年（1001 年）的一次狩猎活动中，"是时道傍居民或畜狐兔凫雉之类，驱

---

① 周宝珠：《宋代东京研究》，河南大学出版社 1999 年版，第 670～672 页。
② 程民生：《北宋开封气象编年史》，人民出版社 2012 年版，第 383 页。
③ （元）脱脱等：《宋史》卷 67《五行志》5，中华书局 1977 年版，第 1468 页。
④ （宋）李焘：《续资治通鉴长编》卷 71，大中祥符二年六月辛丑，中华书局 2004 年版，第 1616 页。
⑤ （宋）梅尧臣著，朱东润校注：《梅尧臣集编年校注》卷 18，上海古籍出版社 1980 年版，第 448 页。

于场中"①。围猎场中的狐、兔、凫、雉之类，竟然是周边居民所畜养的。

宋仁宗统治时期，曾一度恢复校猎之制。宋仁宗庆历五年（1045年），兵部员外郎、直集贤院李柬之建议仁宗恢复"祖宗校猎之制，所以顺时令而训戎事也"②。在庆历五年和六年期间，仁宗先后狩猎3次，自此以后，北宋皇帝再也没有举行过狩猎。即便如此，宋仁宗猎获的狐、兔已不再是京师开封周边的"原著民"，而是人为放生专用以狩猎的。如庆历五年十二月四日，"诏诸州军，腊日不得预下诸县科率狐、兔"③。可见这些狐、兔是向诸州军百姓征购而来的。显然，开封周边已经没有那么多野兔可供狩猎。到宋神宗统治时期，开封生态恶化已相当严重。沈括在《梦溪笔谈》里记述道："今齐、鲁间松林尽矣，渐至太行、京西、江南，松山太半皆童矣。"④ 程民生先生统计后发现宋仁宗以后至宋神宗时期，是开封沙尘暴天气最为猖獗的时期⑤。可见，到北宋中后期，从齐鲁大地到京西路，整个黄河中下游一带已经是濯濯童山了。张全明先生亦指出，宋元时期，黄河中下游流域，包括现在的关中、山西、京津、河北、河南、山东以及苏皖等部分地区，是我国历史上农牧业开发程度最高的地区。这里主要分布的是栽培植被和次生植被。至于有些过度垦荒或放牧的地方，甚至已成为不毛之地，并且开始出现水土严重流失的现象⑥。如此生态，野兔怎么能生存下去？

导致开封生态恶化的原因是什么？

首先，开封周边大量的退牧还耕，草场遭到破坏。

北宋是我国古代历史上疆域较为狭小的一个朝代，西北传统的畜牧业基地被辽、夏等民族政权占领，马监牧地不得不集中在黄河两岸。据笔者统计，北宋一朝陆陆续续建立了81所马监，仅今天河南境内牧马监就达

① （宋）李焘：《续资治通鉴长编》卷50，咸平四年十一月庚寅，中华书局2004年版，第1089页。

② （宋）李焘：《续资治通鉴长编》卷157，庆历五年八月丙辰，中华书局2004年版，第3796页。

③ （清）徐松辑：《宋会要辑稿·礼》9之4，中华书局1957年版，第530页。

④ （宋）沈括：《梦溪笔谈》卷24《杂志一》，远方出版社2004年版，第136页。

⑤ 程民生：《北宋开封气象编年史》，人民出版社2012年版，第398页。

⑥ 张全明、王玉德：《中华五千年生态文化》，华中师范大学1999年版，第430页。

35 所①。而传统上河南地区是以种植业为主要耕作方式的，牧地的南移与农业生产必然会产生尖锐的矛盾。

出于强干弱枝、拱卫京师的目的，宋政府在开封所在的京畿一带建立了 10 多所马监。为便于陈述，笔者将其列表 6 如下。

表 6   北宋开封马监的兴废沿革

马监名称	今地	马监性质	兴废沿革	史料来源
京师左右骐骥二院及其所属左右天驷四监、左右天厩二坊	开封	牧养孳生监	宋太祖时设左右飞龙二院，太平兴国五年（980 年），改为天厩坊。雍熙四年（987 年），改为左右骐骥院。太平兴国五年，宋太宗平太原，获马 4.2 万匹，于景阳门外新作 4 监，即左右天驷四监，熙宁三年（1070 年）将其并作 2 监	《宋会要辑稿·兵》21 之 3，第 7126 页。《文献通考》卷 56《职官考》，第 506 页
畿内十监	开封及周边县市	牧养孳生监	元丰六年（1083 年）设置，孳生马匹，但成效不彰。元丰八年（1085 年）八月罢废	《宋会要辑稿·兵》23 之 16 至 17，第 7167~7168 页。《东京梦华录注》卷 1《外诸司》，第 47 页
庆历宫骏坊	开封	宗室马厩	庆历八年（1048 年）五月，以群牧司新修马厩为宫骏坊。罢废时间不详	《玉海》卷 149《马政》下，第 2737 页
牧养上下监	开封	病马监	大中祥符四年（1011 年），于京城西开远门外置监，病重者送下监，轻者上监。上监不久即废，明道二年（1033 年）于上监故址上置天埙监，养无病马，病马送下监	《宋史》卷 198《兵志》12，第 4931 页
天埙监	开封	普通	明道二年（1033 年）于上监故址上置天埙监，养无病马，病马送下监	同上

由表 6 可知，京师开封从宋初到宋神宗元丰年间陆陆续续建立了 22 所马监牧地，有些监牧在宋真宗时期便逐渐被废弃，到宋神宗熙丰年间几乎大半被废除。这是因为澶渊之盟后，宋辽进入和平时期，宋真宗东封西祀，遂致财政枯竭。加之马政为不急之务，时任宰相的向敏中提出："国家监牧比先朝倍多，广费刍粟，若令群牧司度数出卖，散于民间，缓急取

---

① 张显运：《宋代畜牧业研究》，中国文史出版社 2009 年版，第 142 页。

之，犹外厩耳。"令 13 岁以上官马"估直出卖"①。在这之后，农牧之争渐趋激烈，大量牧地被农户侵占。鉴于农牧争地矛盾的激化，宋真宗天禧元年（1017 年）八月七日下诏："向罢放五坊鹰犬，其京城四面禁围草地，令开封府告谕百姓，许耕垦畜牧。"诏令废除开封周边用以狩猎的禁围草地，令民耕垦。宋仁宗天圣年间，"兵久不试，言者多以为牧马费广而亡补，乃废东平监，以其地赋民……于是河南诸监皆废，悉以马送河北"②。竟然将黄河南岸诸监罢废，赋牧地与民开垦，畜牧业不得不向农业让步。由于宋政府大规模地废除牧马草地，分布在黄河沿岸的牧地日渐减少。下面笔者把宋太宗至宋神宗时期牧地的分布面积统计如下：

表 7　　　　　　　　　北宋牧地数量统计表

牧地数量	时间	内容	史料来源	备注
9.8 万顷	淳化年间	内外坊监总六万八千顷，诸军班又三万九百顷不预焉	《宋史》卷 198《兵志》12，第 4936 页	内外坊监与诸军班牧地总数
7.53 万顷	咸平三年	诸坊监总四万四千四百余顷，诸班、诸军又三万九百余顷	《宋会要辑稿·兵》24 之 1，第 7179 页	内外坊监与诸军班牧地总数
5.5 万顷	治平末年	治平末，牧地总五万五千，河南六监三万二千，而河北六监则二万三千	《宋史》卷 198《兵志》12，第 4937 页	河南、河北监牧司所辖牧地总数
6.36 万顷	熙宁元年	左右厢马监草地四万八千二百余顷，原武、洛阳等七监三万二千四百余顷，其中万七千顷赋民以收刍粟	《宋会要·兵》21 之 26 至 27，第 7137～7138 页	开封府界牧地，河南六监及沙苑监牧地总数
5.5 万顷	熙宁二年	诏括河南河北监牧司总牧地，旧籍六万八千顷，而今籍五万五千	《宋史》卷 198《兵志》12，第 4940 页	河南河北监牧司所辖牧地总数

由表 7 可知，宋太宗淳化年间宋政府拥有牧地 9.8 万顷，以后日渐减少（熙宁元年出现过反弹），到宋神宗熙宁二年（1069 年）牧地只剩下5.5 万顷。草地开垦为农田，无疑使野兔、狐狸等动物失去了赖以生存的环境，其数量日益减少也就在所难免。

其次，开封人口的急剧增长加剧了生态环境的恶化。

---

① （清）徐松辑：《宋会要辑稿·兵》24 之 14，中华书局 1957 年版，第 7185 页。
② （元）脱脱等：《宋史》卷 198《兵志》12，中华书局 1977 年版，第 4930 页。

北宋时期，开封作为首都乃"八方争凑、万国咸通"① 之地，是当时世界上最大、最繁华的都市。这正如宋太宗时期参知政事张洎所言："今天下甲卒数十万众，战马数十万匹，并萃京师……比汉唐京邑民庶十倍。"② 开封到底有多少人口呢？目前仍是学界争论不休的一个问题，宋代史籍也语焉不详。如淳化二年（991 年）宋太宗言道："东京养甲兵数十万，居人百万。"③ 宋神宗时期的大臣侯叔献曾说："京师帝居，天下辐凑，人物之众，不知几百万数。"④ 宋哲宗时期，大臣范祖禹甚至称"京师亿万之口"⑤。京师开封户数今人也存在较大分歧，日本学者从 150 万到 500 万均有人提出⑥。不过国内宋史学界一般认为开封人口应在 100 万以上。如周宝珠先生估计东京最盛时有户 13.7 万左右，人口 150 万左右⑦。京师开封人口的急剧膨胀加剧了人与自然的矛盾，对土地资源和水资源都造成了较大的压力。北宋中期以后牧马草地的缩减，农牧争地矛盾的激化都与开封人口的剧增有关。台湾著名学者江天健先生指出："监牧受到农业的强势威胁，人口激增，农牧争地是促使官营牧马业衰落的根本原因之一。"⑧ 其实，人口的增长，草地的大面积缩减，不仅使官营牧马业渐趋衰落，也使得野兔等野生动物的生存受到了威胁，生态环境逐渐恶化。

总之，北宋前期是开封生态环境相对良好的时期，也是帝王狩猎最为集中的时期，宋仁宗庆历七年（1047 年）以后，随着农牧争地的加剧，生态环境的恶化，野生动物生存空间的进一步缩小以及野生动物的减少，北宋帝王的狩猎活动也寿终正寝。从某种意义而言，帝王狩猎活动是开封环境变迁的晴雨表。

---

① （宋）孟元老著，邓之诚注：《东京梦华录注·序》，中华书局 2004 年版，第 1 页。
② （元）脱脱等：《宋史》卷 93《河渠志》3，中华书局 1977 年版，第 2342 页。
③ （宋）李焘：《续资治通鉴长编》卷 32，淳化二年六月乙酉，中华书局 2004 年版，第716 页。
④ （清）徐松辑：《宋会要辑稿·食货》61 之 97，中华书局 1957 年版，第 5922 页。
⑤ （宋）范祖禹：《范太史集》卷 20《封还臣僚论浙西赈济事状》，文渊阁四库全书本，第1100 册，第 257 页。
⑥ ［日］木田知生：《关于宋代城市研究的诸问题——以国都开封为中心》，冯佐哲译，《河南师范大学学报》1980 年第 2 期。
⑦ 周宝珠：《宋代东京研究》，河南大学出版社 1999 年版，第 324 页。
⑧ 江天健：《北宋市马之研究》，台北编译馆 1995 年版，第 85 页。

本章小结

北宋是我国古代历史上疆域较为狭小的一个朝代，广大西部、西北部传统的畜牧地区的丧失使得畜牧业发展具有先天不足的特点。统治者不得不面对现实，退而求其次，将畜牧业基地调整到黄河南北较为适合畜牧的区域。另一方面，气候的寒冷，农牧分界线的南移使黄河沿岸出现了退耕还牧现象，为河南畜牧业的发展提供了物质基础。河南畜牧业发展还受国家政策的影响。如宋神宗熙宁年间推行保马法，令民养马，刺激了河南民间养马业的巨大发展。如前文提到，这一时期仅京西、京东等路民间养马就达 10 万匹。人们争相养马，出现了"畜马者众，马不可得，民至持金帛买马于江淮"的局面。

北宋时期的河南不仅是重要的农牧区，还是全国政治、经济和文化中心。三京四辅的政治地位、众多的人口，庞大的市场需求使其发展畜牧业的社会条件具有无法比拟的优越性。正是充分利用这些独特优势，河南畜牧业，尤其是官营畜牧业得到了前所未有的发展。官营监牧的近 1/2 分布在河南，几乎全部的官牧牛、驴、驼、羊集中在开封。所以就横向比较而言，河南官营畜牧业在全国独占鳌头，民间畜牧业也名列前茅。就纵向来看，北宋时期河南境内畜牧业的发展超过了历史上任何时期，取得了"前无古人，后无来者"的成就。

尽管河南畜牧业取得了如此辉煌的成就，我们在分析时也要看到其负面影响，畜牧业的巨大发展是以牺牲农业、生态环境为前提和代价的。张全明先生言道："宋元时期黄河中下游流域，包括现在的关中、山西、京津、河北、河南、山东以及苏皖等部分地区，是我国历史上农牧业开发程度最高的地区。这里主要分布的是栽培植被和次生植被。只是在大部分山区，才保存有较多的原生植被。至于过度垦荒或放牧的地方，甚至已成为不毛之地，并且开始出现水土严重流失的现象。"[1] 有宋一朝，河南境内农牧争地的矛盾贯穿始终，牧地广，则畜牧兴，农业衰，反之亦然。在农牧博弈的过程中，河南境内尤其是京师开封周边耕地罢废无常，造成了严

---

[1]　王玉德、张全明：《中华五千年生态文化》，华中师范大学出版社 1999 年版，第 430 页。

重的水土流失，也破坏了生态平衡，到北宋中后期，京师周围的次生林遭到了毁灭，北宋帝王从此也就与狩猎无缘了。

总之，北宋时期河南畜牧业不仅是河南经济的组成部分，而且是宋代畜牧经济不可分割的重要组成部分。它的迅猛发展不仅为军事战争提供了马匹、为农业和交通运输业提供了畜力，还为手工业生产提供了原料，为餐饮业提供了肉、蛋、奶等产品，从而提高了军队的战斗力，改善了交通运输条件，提高了人们的生活质量，促进了宋代商品经济的繁荣。在当时传统畜牧基地丧失、马匹匮乏、内忧外患严重的困境下，河南畜牧业的迅猛发展尽管也带来了一些负面影响，但还是利大于弊的。

第七章

金元明清时期的河南畜牧业

金元清三朝是游牧民族建立的王朝，畜牧业是其传统的生产方式。他们入主中原后面临着地尽抛荒的景象。"地著务农者，日减月削，先時畎亩，抛弃荒芜"，"中原膏腴之地，不耕者十三四；种植者例以无力，又皆灭裂卤莽"①。大量荒芜的土地为发展畜牧业提供了物质基础，因此他们在传统的农业区大力发展畜牧业。畜牧经济在国民经济中所占的比重加大，是这一时期的特色②。金元明清时期的畜牧业学界已有较为深入的探讨。代表性的有张英先生《略论金代畜牧业》首次对金代畜牧业进行了探讨；程妮娜、史英平先生《简论金代畜牧业》指出，畜牧业是金代社会经济中的重要部门之一，对促进金代以农为主的多种经营及军事、交通诸方面的发展起着重要的作用。乔幼梅先生《金代的畜牧业》认为畜牧业是女真金国的一项重要产业，是除了农业、渔猎之外女真人的传统产业，在经济生活中发挥了重要作用。比较而言，学界对元代畜牧业的研究给予了更多的关注。如洪书云先生的《元代养马业初探》对元代官私牧马业进行了考察。吴宏岐先生的《元代北方汉地农牧经济的地域特征》从历史地理学的视角考察了元代北方汉地农牧业分布的地域特征及农牧之间的博弈。他的另一篇文章《元代西南地区农牧经济的发展》指出元朝是西南地区经济开发史上非常重要的阶段，元朝对西南的开发不仅改变了元代以前西南地区旧的经济格局，也对以后各代西南地区农业经济的发展产生了重大的影响。王磊先生的《元代的畜牧业及马政之探析》对元代

---

① （元）胡祗遹：《胡祗遹集》卷22《杂著·宝钞法》，《元朝别集珍本丛刊》，吉林文史出版社2008年版，第458页。

② 程民生、马玉臣、程峰：《古代河南经济史》（下），河南大学出版社2012年版，第266页。

的畜牧业及马政进行了全面考察，分析了元代畜牧业的生产、畜牧业的政策、元代马政机构、牧地发展与建制情况。陈静先生的《元代畜牧业地理》对元朝的畜牧业进行了研究，其观点大多因袭前人，并无什么新的创建。赵彦风先生的《元代官牧场及相关问题研究》对元朝的官营牧场进行了详细的考证，并全面分析了农牧争地的矛盾。丁超先生的《元代大都地区的农牧矛盾与两都巡幸制度》指出元大都地区农业和畜牧业在地域分布和扩展上存在着对立关系，两都巡幸制度的目的在于最大限度地化解这种矛盾，它的实施，在维持和强化大都地区军事力量的前提下实现了农牧业经济收益的最大化。学界对金元时期西北地区的畜牧业关注颇多，对河南畜牧业仅有零星的探讨。

明清畜牧业的研究也不乏其人。如邹介正先生的《明代兽医学的发展》对明代兽医技术进行了探讨，指出我国传统兽医学的形成始于唐代，至明代中叶以后发展到一个新的高峰，明代的兽医科技成就为我国封建社会传统兽医学的顶峰。杜常顺先生的《明清时期黄河上游地区的畜牧业》从少数民族游牧业、官营畜牧业和农村畜牧业三方面考察了明清时期黄河上游地区畜牧业的经济状况。吕卓民先生的《明代西北地区的畜牧业》将明代西北地区的畜牧业分为官办监苑畜牧业、军卫畜牧业和民间畜牧业，并对这三种主要经营方式进行了分析。董倩先生的《明代官牧政策简论》考察了明代西北地区的官牧政策。杨登保先生的硕士论文《杨一清与明代马政》指出杨一清在明代马政衰微的情况下，临危受命，励精图治，整饬陕西马政，成效显著，但因明廷制度腐败，杨一清以一己之力终难阻止明代陕西马政的衰亡进程。杨琦、张法瑞先生的《从〈大明会典〉看明代畜牧律令制度及特点》依据《大明会典》的相关载录，对明代有关官畜孳生与牧养、畜产检验与役使、偷盗和宰杀牲畜等方面的畜牧律令制度进行条分缕析，总结历史经验教训，具有一定的理论与学术价值。

许檀先生的《清代山东牲畜市场》对清代山东的牲畜贸易与市场进行了探讨。王铭农先生的《明清时期动物阉割术的发展与影响》认为明清时期是我国传统兽医动物阉割技术成熟和发展的阶段，动物阉割技术由应用于牛、马为主，进一步发展到猪、羊、鸡、狗、猫等中小动物。中国的动物阉割技术在世界科技史上独树一帜，它对推动世界动物阉割技术的进一步发展和促进畜牧生产的发展都作出了重大贡献。李群先生的《中国近代畜牧业发展研究》指出近代既是我国传统畜牧业向现代畜牧业发展转变的重要时期，又是传统畜牧科技与现代畜牧科技相互交汇、融合的发展时期。赵珍先生的《清代至民国甘青宁地区农牧经济的消长与生态变迁》认为清代至民国时期甘青宁地区农牧交界带农耕和游牧民族因生存而争夺草场和耕地资源，弱化了这里原本脆弱的生态环境，使人居自然环境质量下降，生态失衡加重。苏亮先生的博士论文《清代八旗马政研究》从清代八旗马政的管理制度入手，以清朝前期为重点，分析清代八旗马政对于当时及后世的重大影响、意义和作用。

此外，程民生先生主编的《河南经济通史》中的《古代河南经济史》（下）与《近代河南经济史》（上）对这一时期河南畜牧业的研究最为全面、系统，也是本课题写作中参考最多的学术专著。

总之，以上宏论较为全面地探讨了金元明清时期的畜牧业，重点集中在马政与养马业方面，区域畜牧经济的研究还有待加强。

第一节　金元时期河南畜牧业

金元两朝是由少数民族建立的政权，统一中原后曾一度大肆发展畜牧业，将河南地区传统的农耕用地开拓为牧场，发展官营畜牧业。不仅如此，他们还沿袭了传统的税收方式，向全国征括马匹与畜产税。因此，金元统治时期，河南地区农牧关系矛盾尖锐，也直接影响了畜牧业的正常发展。

一　金代河南畜牧业

金元两代分别是女真人与蒙古人建立的政权，一向以发达的畜牧业著称。他们统治中原时期受传统的生产方式的影响，起初都在河南地区设置牧场，发展官营畜牧业。如金章宗明昌三年（1192 年），南京路（开封）有牧地 63,520 余顷，陕西路有牧地 35,680 余顷①。金世宗时河南、陕西两地"人稀地广，藁莱满野"，与大面积的牧地不无关系。金朝统治时期，河南民间畜牧业也有所发展。养马业如相州"家家有马"② 现象非常普遍。金

---

① （元）脱脱等：《金史》卷 47《食货志》，中华书局 1975 年版，第 1050 页。

② （宋）楼钥：《攻媿集》卷 112《北行日录》下，中华书局 1985 年版，第 1596 页。

太宗天会五年（1127 年）灭北宋以后，下令"内地诸路，每耕牛一具赋粟五斗，以备歉岁"①。金朝末年，蔡州新蔡征收赋税以牛数多少为差②，影响了农户养牛的积极性，直到金朝末年刘肃任知县时才废除了这一不合理的畜产税收制度。畜产税废除后，农户养牛的热情空前高涨，出现了"畜牧遍野"③ 的盛况。在当时，牛已经成为农户的主要家产。猪也是河南民间普遍饲养的家畜，金末元初的王恽描述了襄邑县（今睢县）牧猪情况："我行锦襄野，田间多牧豕。不沾栏苴溷，不识糟酵浑。渴饮兔苑溪，饱（当为饿字？）啮香皁根。所以味佳美，万有空其群。"④ 当地养猪因采取散养的方式，以放牧为主，故猪肉味道鲜美，为一方名优产品。

需要指出的是，金代由于统治者对民间畜牧业采取近乎杀鸡取卵式的搜刮，极大地摧残了河南畜牧业的发展。如金海陵王曾对统治区内马匹进行征括："调诸路马以户口为率，富室有至六十匹者。凡调马五十六万余匹，仍令本家养饲，以俟师期。"⑤ 金章宗泰和五年（1205 年）诏令"河南宣抚使，籍诸道兵，扩战马"⑥，卫绍王大安三年（1211 年）"括民间马"⑦。金宣宗贞佑三年（1215 年）"括民间骡付诸军，与马参用"⑧。金宣宗兴定元年（1217年）"遣官括市民马"⑨。有金一朝见诸文献的括马记载不绝如缕。

二　元代河南畜牧业

蒙元"以兵得天下，不藉粮馈，惟资羊马"⑩，将其盛行的畜牧业推向全国，一度将全国变成牧场："周回万里，无非牧地。"⑪ 都元帅察罕，元宪宗时"赐汴梁、归德、河南、怀、孟、曹、濮、太原三千余户为食

---

① （元）脱脱等：《金史》卷 3《太宗纪》，中华书局 1975 年版，第 57 页。

② （明）宋濂：《元史》卷 160《刘肃传》，中华书局 1976 年版，第 3764 页。

③ 同上。

④ （宋）王恽：《秋涧先生大全集》卷 4《赋襄邑燕豚》，四部丛刊本，第 13 页。

⑤ （元）脱脱等：《金史》卷 129《李通传》，中华书局 1975 年版，第 2785 页。

⑥ （元）脱脱等：《金史》卷 98《完颜匡传》，中华书局 1975 年版，第 2167 页。

⑦ （元）脱脱等：《金史》卷 13《卫邵王》，中华书局 1976 年版，第 293 页。

⑧ （元）脱脱等：《金史》卷 14《宣宗纪上》，中华书局 1975 年版，第 310 页。

⑨ （元）脱脱等：《金史》卷 15《宣宗纪中》，中华书局 1975 年版，第 332 页。

⑩ （明）宋濂：《元史》卷 205《卢世荣传》，中华书局 1976 年版，第 4566 页。

⑪ （明）宋濂：《元史》卷 100《兵志三》，中华书局 1976 年版，第 1553 页。

邑，及诸处草地合一万四千五百余顷"①。元世祖中统二年（1261 年），诏谕"河南管军官于近城地量存牧场，余听民耕"②，说明河南有不少牧地。元政府原来禁止民间马匹买卖，到元世祖至元十二年（1275 年）"弛河南鬻马之禁"③才废除这一禁令，客观上促进了民间养马业的发展。

蒙古建立后为了提高战斗力，以尽快灭亡南宋和巩固统治，也是大肆向民间括马。范围除北方各省外，也包括中原地区和南方诸省。如元世祖中统二年（1258 年）十月，元政府规定西京（今河南洛阳）两路官民饲养牡马者，皆令从军④。十二月又括马 2.5 万匹授给缺少马匹的蒙古军⑤。中统三年（1259 年），诏北方各路今年以马为民赋⑥。元成宗元贞二年（1296 年）五月，"诏民间马牛羊，百取其一，羊不满百者亦取之，惟色目人及数乃取"⑦。元仁宗延佑三年（1316 年），右丞相铁木迭儿奏道："起遣河南行省所管探马赤军，各给马二匹，千户、百户、牌头内有骟马、牡马、牝马皆行，不足于附近州县拘刷四马以上之马，各贴为二匹。"⑧元文宗天历元年（1328 年），括河间、保定、真定、河南、山东、河东各路马，同年朝廷又派遣使者分行河北、河南等路搜括民间马匹⑨。元世祖忽必烈统治后期，元政府甚至强行拘刷内地的马匹，多次超出 10万之数。元成宗大德二年（1298 年），丞相完泽等奏道："世祖时刷马五次，后一次括马十万，……为刷马之故，百姓养马者少，今乞不定数目，除怀驹、带马驹外，三岁以上者皆刷之。"⑩故"民间皆畏惮，不敢养马，延以岁月，民马已稀"⑪。元朝还对民间畜牧业采取抽分的制度。元太宗

①　（明）宋濂：《元史》卷 120《察罕传》，中华书局 1976 年版，第 2956 页。
②　（明）宋濂：《元史》卷 4《世祖纪一》，中华书局 1976 年版，第 72 页。
③　（明）宋濂：《元史》卷 8《世祖纪五》，中华书局 1976 年版，第 169 页。
④　（明）宋濂：《元史》卷 4《世祖纪一》，中华书局 1976 年版，第 75 页。
⑤　同上书，第 76 页。
⑥　（明）宋濂：《元史》卷 5《世祖纪二》，中华书局 1976 年版，第 82 页。
⑦　（明）宋濂：《元史》卷 19《成宗纪二》，中华书局 1976 年版，第 404 页。
⑧　（民国）柯劭忞：《新元史》卷 100《兵志三》，吉林人民出版社 2005 年版，第 2016 页。
⑨　谢成侠：《中国养马史》，农业出版社 1991 年版，第 135 页，谢成侠综合《元史》和《新元史》括马得出的结论。
⑩　（民国）柯劭忞：《新元史》卷 100《兵志三》，吉林人民出版社 2005 年版，第 2013 页。
⑪　（明）黄淮、杨士奇：《历代名臣奏议》卷 68，郑介夫：《马政状》，上海古籍出版社 1989 年版，第 945 页。

时期，规定"家有马牛羊及一百者，取牝牛、牝羊各一头入官，牝马、牝牛、牝羊及十头，亦取牝马、牝牛、牝羊者一头入官。如有隐漏者尽没之"①。大德八年（1304 年）三月，又作出补充规定"诏诸路牧羊及百至三十者，官取其一，不及数者勿取"②。大肆的搜刮与抽分制度使本来就比较脆弱的河南畜牧业雪上加霜。

第二节　明代河南畜牧业

一　河南畜牧业发展概况

明朝时期随着政治经济中心的南移，官私畜牧业虽有一定程度的发展，但河南畜牧业与前朝相比明显衰落了。李根蟠先生在《我国古代的农牧关系》（下）一文中指出："明代除了官马民养外，虽然也有市马之制，然而主要是向辽东和西方少数民族区购买，内地已没有大量马匹可市了，传统农区民间养马业衰落的迹象已很明显。由于清政府实行禁养政策，民间养马的就更加寥寥无几。"明代官营畜牧业仿照宋代保马法。永乐初，设太仆寺于北京，掌顺天、山东、河南的官方牧马。"明制，马之属内厩者曰御马监，中官掌之，牧于大坝，盖仿《周礼》十有二闲之意。牧于官者，为太仆寺、行太仆寺、苑马寺及各军卫，即唐四十八监意。牧于民者，南者直隶应天等府，北者直隶及山东、河南等府，即宋保马意。"③ 令民户养马。明成祖永乐年间改为北方人户每在河南等地实行牧马于民的政策，五丁养马一匹，免其田租之半以补偿。意味着牧马是与种植业并重的两大主业之一。明仁宗洪熙元年（1425 年），规定养马户每 2 年缴纳 1 驹，成化年间，改为 3 年 1 驹。后因缺马，恢复为 2 年 1 驹制，养马民户愈加不堪④。明英宗正统十一年（1446 年）以后，河南彰德（安阳）、卫辉、开封诸府民也开始养马。明宪宗成化年间，这三府共有官方马骡 10,197 匹，其中卫辉府 3472 匹，彰德府 3577 匹，余下的 3148 匹当为开封府数字；此外还有各卫所

---

① （民国）柯邵忞：《新元史》卷 100《兵志三》，吉林人民出版社 2005 年版，第 2018 页。
② （明）宋濂：《元史》卷 21《成宗纪四》，中华书局 1976 年版，第 458 页。
③ （清）张廷玉：《明史》卷 92《兵志四》，中华书局 1974 年版，第 2269~2270 页。
④ 同上书，第 2291 页。

役使马匹5162匹，合计共15,359匹。① 另外，明世宗嘉靖年间，属于北直隶大名府的长垣有2210匹，占牧地312,100亩②。开州（今濮阳）有3460匹，占牧地352,930亩③。官方还有供驿递使用的马匹4198匹、驴1796头、牛6357头④。总体而言，明朝时期河南虽有一定数量的草地，但官营牧马业因政府政策失误而趋于衰落。如明孝宗时期，御史王济曾建议：

> 民苦养马。有一孳生马，辄害之。间有定驹，赂医讳之，有显驹坠落之。马亏欠不过纳银二两，既孳生者已闻官，而复倒毙，不过纳银三两，孳生不死则饥饿。马日瘦削，无济实用。今种马、地亩、人丁，岁取有定额，请以其额数令民买马，而种马孳生，县官无与。⑤

史料表明，因国家强制向民间括马，使得农户宁愿将马驹堕胎也不愿意饲养。为了改变这种现状，御史王济建议向民间定额括马，孳生马驹不在括马范围之内，以鼓励民间养马。

明代河南一带还饲养有一定数量的官牧牛。明代军队实行兵农合一的卫所制，各卫所有军田，军队自给自足。卫所屯田中有官方的耕牛，成化时共6544头，其中水牯牛224头、黄犍牛5395头、黄牯牛909头、黄犉牛16头⑥。

明朝时期，河南民间畜牧业个别地域仍有一定发展。人们认识到牲畜不仅能够满足社会生活的需要，还是农田粪肥的重要来源。如明崇祯年间出版的《沈氏农书·运田地法》言道："种田地，肥壅最为要紧。人粪力旺，牛粪力长，不可偏废。"强调牲畜粪肥对农业生产的重要性。客观而言，明朝时期河南畜牧业发展存在着地域的不平衡性。河南北部的彰德府（河南安阳）自古以来就以畜牧业发达著称，并延续至明代。附郭安阳县东的洹水两岸"善

---

① 程民生、程峰、马玉臣：《古代河南经济史》，河南大学出版社2012年版，第318~319页。

② （明）杜伟、刘芳：嘉靖《长垣志》卷3《马政》，《天一阁藏明代方志丛刊》，上海古籍书店1964年版，第18~19页。

③ （明）孙巨鲸、王崇庆：嘉靖《开州志》卷3《马政》，《天一阁藏明代方志丛刊》，上海古籍书店1964年版，第5页。原文"原额养马地三千五百二十九顷三十亩。种儿骒马一千七百三十六，儿马三百四十六匹，骒马一千三百八十四匹"。

④ （清）邹守愚：嘉靖《河南通志》卷9《民役》，河南大学图书馆1986年据北平图书馆典藏原刻本影印本，第11页。

⑤ （清）张廷玉：《明史》卷92《兵志四》，中华书局1974年版，第3273页。

⑥ （明）胡谧：成化《河南总志》卷2《兵备》，河南大学图书馆1986年版，第19页。

牧羊"①，气候环境非常适合养羊。豫南一带的民间一些民户也饲养羊，有的还是养羊专业户。如明人王士性在河南确山县看到数以千计的羊群：

> （羊）群动以千计，止二三人执棰随之。或二三群一时相值，皆各认其群而不相乱，夜则以一木架令跳而数之。妓妇与肩酒肴者日随行，剪毛以酬。问之，则皆山以西人。冬月草枯，则麾羊而南，随地就牧，直至楚中洞庭诸湖左右泽薮度岁，春深而回。每百羊息羔若干，剪毛若干，余则牧者自得之。②

确山县牧羊业已成相当规模，羊群数量大，有专人看管放牧，春夏在本地放养，冬季到江南洞庭湖一带放养。郾城畜牧业发展迅猛，"郾之物力畜产丰饶，甲于诸县"③。裕州（河南方城）养牛业发达，开辟有专门的"牛市"④ 从事耕牛贸易。汝州土产马、牛、驴、骡、羊、猪等⑤。罗山土产马、牛、驴、骡、猪、羊等，县城南书院设有牛马市、北关有猪羊市等服务于交易⑥。开封西门外的马市街，即是牛、驴、骡、马的交易市场。城里的鹅鸽市，则是鹅、鸭、鸡等禽类买卖的专业市场⑦，至今仍沿用为地名。据嘉靖《河南通志》卷10《田赋》记载，河南每年上交的皮毛是"杂皮25,099张，禽兽1221只，翎毛1,687,689支"⑧。登封每年土贡"鹿二头，革三百六十五张，鹕（老鸟）四头，雁十四头，翎一万二千二百六十四支"⑨，说明河南野

---

① （明）崔铣：嘉靖《彰德府志》卷2《地理志》，《天一阁藏明代方志选刊》，上海古籍书店1964年版，第37页。

② （明）王世性撰，吕景林点校：《广志绎》卷3《江北四省》，《元明史料笔记丛刊》，中华书局2006年版，第66页。

③ 杨邦梁：（嘉靖三十三年）《郾城县志》卷1《土产》，《天一阁藏明代方志选刊》，第533页。

④ （明）牛梦耕：嘉靖《裕州志》卷2《建置志》嘉靖二十五年本，转引自张民服《明代中原商路与商品经济》，《史学月刊》2004年第1期。

⑤ （明）方应选修，张维新纂：万历《汝州志》卷2《食货》，《日本藏中国罕见地方志丛刊》，书目文献出版社1992年版，第337页。

⑥ （明）杨承父：万历《罗山县志》卷1《土产》，《日本藏中国罕见地方志丛刊》，书目文献出版社1992年版，第172页。

⑦ 孔宪易校注：《如梦录》，《关厢记第七》，《街市纪第六》，中州古籍出版社1984年版，第75、第37页。

⑧ 转引自程民生、马玉臣、程峰《古代河南经济史》（下），第361页。

⑨ 明嘉靖《登封县志》卷1《土贡》，登封县志办公室重印，第7页。

生动物的分布还是相当广泛的。河南民间还大量养猪以带来肉食，但猪肉味道欠佳。李时珍说：“猪，天下畜之，而各有不同。生青、兖、徐、淮者耳大，生燕、冀者皮厚，生梁、雍者足短，生辽东者头白，生豫州者味短，生江南者耳小，（谓之江猪），生岭南者白而极肥。”① 河南地区猪肉“味短”可能与当地气候与环境有关。

二　河南畜牧业衰落的原因

明朝时期，河南畜牧业在某些地区、某些生产部门有些发展，但不可否认，就总体而言河南畜牧业已经走向衰落。纵观明代河南畜牧业衰落的原因，笔者认为主要有以下几点：首先，明朝时期，随着经济重心南移的完成，河南与东南地区相比经济地位明显衰落了。诚如王士性所言：“自昔以雍、冀、河、洛为中国，楚、吴、越为夷。今声名文物，反以东南为盛，大河南北，不无少让何？”② 章潢在《图书编·论西北古今盛衰》中亦言道：“故今之中原，非古之中原，今日之中原，已与古偏方无异。而古之中原，乃在今东南偏方之域矣。徇名而责实，必有轻重之当，议者可不深考云。”③ 显然，河南经济已经是“无可奈何花落去”。畜牧经济是河南经济的重要组成部分，“皮之不存，毛将焉附？”其次，严寒的气候使大量牲畜被冻死，畜牧业遭受巨大损失。据竺可桢先生研究，明代自代宗以后进入第四个寒冷期④，气候奇寒，牲畜多被冻死。下面就《明史·五行志》略举几例：

> 景泰四年冬十一月戊辰至明年孟春，山东、河南、浙江、直隶、淮、徐大雪数尺，淮东之海冰四十余里，人畜冻死万计。五年正月，江南诸府大雪连四旬，苏、常冻饿死者无算。是春，罗山大寒，竹树鱼蚌皆死。衡州雨雪连绵，伤人甚多，牛畜冻死三万六千蹄。成化十三年四月壬戌，开原大雨雪，畜多冻死。十六年七八月，越嶲雨雪交

① 李时珍：《本草纲目》卷50《豕》，人民卫生出版社2005年版，第2685~2686页。
② （明）王士性：《王士性地理书三种·广游志》卷上《地脉》，上海古籍出版社1993年版，第210页。
③ （清）章潢：《图书编》卷34《舆地总论论西北古今盛衰》，文渊阁四库全书本，第969册，第680页。
④ 竺可桢：《中国近五千年来气候变迁的初步研究》，《考古学报》1972年第1期。

作，寒气若冬。弘治六年十一月，郧阳大雪，至十二月壬戌夜，雷电大作，明日复震，后五日雪止，平地三尺余，人畜多冻死。正德元年四月，云南武定陨霜杀麦，寒如冬。万历五年六月，苏、松连雨，寒如冬，伤稼。四十六年四月辛亥，陕西大雨雪，橐驼冻死二千蹄。①

解读上述史料可知，有明一代，恶劣严寒的天气并不少见，如景泰四年、五年、成化十三年、十六年、正德元年、万历五年、万历四十六年等，经常出现"人畜冻死"的记载。严寒的气候严重损害了河南畜牧业的正常发展。

此外，长期的战乱也使河南畜牧业遭受重创。在元末明初推翻蒙古统治的战争中，河南惨遭蹂躏，从河南开封到河北之间"时兵革连年，道路皆榛塞，人烟断绝"②。开封府延津县历经战乱后"籍民占田，而土著止十数家"③。洧川县（今尉氏）洪武初年经历战火的洗礼，"百姓流移，存者十二三。郊原旷野，鞠为茂草"④。据《明史·周腾蛟传》记载："河南凡八郡……其南五郡十一州七十三县，靡不残破，有再破三破者。城郭丘墟，人民百不存一。……中原祸乱于是为极。"⑤ 据今人王兴亚统计，洪武十四年（1381 年）"河南布政司辖区有户三十一万四千八百九十五，人一百八十九万一千八十七口，每平方公里平均为十二·八五人"⑥。战争使河南地区的民户极度锐减，朝不保夕，更无暇顾及畜牧业的发展。

大量的土地兼并也是造成明代河南畜牧业衰落的重要原因。《明史·兵志》说："按明世马政，法久弊丛，其始盛终衰之故，大率由草场兴废。"⑦ "诸监草场，原额十三万三千七百余顷，存者已不及半"⑧，土地兼并使大面积的草场遭到损毁，严重影响了官营牧马业的发展。金元统治

① （清）张廷玉等：《明史》卷28《五行志一》，中华书局 1974 年版，第 426 页。

② 《明太祖实录》卷 33，洪武元年闰七月庚子，上海书店 1990 年版，第 579 页。

③ （清）余心孺：(康熙四十一年)《延津县志》卷9，屈可伸：《重修大觉寺志》，中国古籍出版社 2009 年版，第 26 页。

④ （清）何文明：(嘉庆二十三年)《洧川县志》卷4《职官志·宦绩》，清嘉庆二十三年刻本，第 1 页。

⑤ （清）张廷玉等：《明史》卷 293《周腾蛟传》，中华书局 1974 年版，第 7519 页。

⑥ 王兴亚：《明初迁山西民到河南考述》，《史学月刊》1984 年第 4 期。

⑦ （清）张廷玉等：《明史》卷 92《兵志四》，中华书局 1974 年版，第 2275 页。

⑧ 同上书，第 2273 页。

时期，统治者把中原一带和长江沿岸的部分农田辟为牧地，明建国后把这些草地分给功臣或作为官营牧地，但这些牧地很快就成为权贵们觊觎的对象。明宣宗宣德以后，即已产生"庄田（豪强侵占的土地）日增，草场日削，军民皆困于孳养"①的局面。明孝宗弘治十一年（1498年），何孟春奏"近年看（皇）庄人役，罔恤国体。近亩之土田，小民衣食之资，横加侵占，由寻及丈，跨亩连蹊，求益不已"②。又成化年间吏部侍郎叶盛上奏："向时岁课一驹，而民不扰者，以刍牧地广，民得为生也。自豪右庄田渐多，养马渐不足。洪熙初，改两年一驹，成化初，改三年一驹。马愈削，民愈贫。然马卒不可少，乃复两年一驹之制，民愈不堪。"③上述记载，清楚地表明了明朝时期官私畜牧业走向衰落的原因。

总之，有明一代河南畜牧业在整个河南历史上没有多大的建树，尤其是官营畜牧业发展缓慢，民间畜牧业虽有所发展，但又具有突出的地域不平衡性。明代畜牧业之所以呈现如此特征，与该时期河南经济的整体衰落，常年的战乱以及大量的土地兼并息息相关。

第三节　清代河南畜牧业

河南历史上一向以农业发达而著称，畜牧业只是副业，是农户补贴家用、改善生活的主要产业之一。正因为如此，历史时期河南畜牧业也有所发展。清代是河南历史上人口增加最为显著的一个时期，晚清时期人口已经超过2000万，因人口基数大，民间畜牧业又是以一家一户为单位的小农生产，所以牲畜的绝对数量就相当庞大。与民间畜牧业相比，河南官营畜牧业则走向衰败。

一　河南畜牧业发展概况

（一）大牲畜的饲养

大牲畜主要指牛、马、驴、骡等，在农业生产与交通运输中发挥着

---

① （清）张廷玉等：《明史》卷92《兵志四》，中华书局1974年版，第2275页。
② （明）陈子龙等编：《明经世文编》卷127，《何文简奏疏·陈万言以俾修省疏》第2册，中华书局1962年版，第1225页。
③ （清）张廷玉等：《明史》卷92《兵志四》，中华书局1974年版，第2271页。

重要作用，因此一般农户都要饲养。一般来说，"百亩之家……牛一头，驴二头；千亩之家……牛十头，驴二十头。此其大较也，诚然哉！"①河南的大牲畜以牛、驴最为突出。清末所列全国十大产黄牛的省份中，河南居于首位，在"出产尤多"的具体三地中，信阳又居首位，光州境内"有水牛、黄牛及羊"②，光州民熊唯一与人合伙养牛数百，"苗壮蕃息，岁赢巨利"③，是名副其实的养牛大户。汝南还是全国四大水牛产地之一，"出产尤多"④。河南所产的牛品种优良，南阳黄牛是其中的佼佼者。南阳黄牛早在宋代已经闻名遐迩，为我国五大著名黄牛品种，属较大型役、肉兼用品种，产于南阳的唐、白河流域的广大平原地区，以体格高大、肌肉发达、结构紧凑、皮薄毛细、体质结实、行动迅速、役用性能强为特点。"千百年来，这里的人们种植小麦、玉米、高粱、红薯、豌豆、蚕豆、黄豆、黑豆、水稻、谷子、大麦、芝麻、花生、棉花和烟叶等。这些作物的栽培，为养牛提供了丰富的饲料资源。"⑤ 在河南农村，农户养牛不仅是满足农业生产的需要，还是补贴家用，发家致富的来源之一。《补农书》记载当时养牛获利的方法："里亦有以畜牛为利者，买瘠牛，使童子牵之，朝食露草，日饲棉花饼，养一二月，则牛肥而价倍，一牛尝得数金之息；即养瘦马之智，不可为常。"⑥ 祁隽藻《马首农言·畜牧》也认为："养犊最为农家之利。或畜字，或买犊，一年之间，可致倍获。犍牛其利尤多。"养牛不仅能够用于农业生产，还能够养家糊口，一举多得。

马、驴、骡等也是河南民间普遍饲养的大牲畜。如息县大牲畜有马、骡、驴、牛等⑦。禹州"牛数种，羊数种，马、骡数种，驴数种"以及猪等⑧。乾隆《林县志·牧畜记》："县属牲畜：马驴骡牛皆有。山

　①　故宫博物院编：康熙《开州志》卷1《方物》，《故宫珍本丛刊·河南府州县志》，海南出版社2001年版，第21页。

　②　杨修田纂修：《光州志》卷4《物产》，台湾成文出版社1966年版，第440页。

　③　熊绪瑞：《光山熊氏家谱》卷1《传述》，民国12年石印本。

　④　（清）刘锦藻：《清朝续文献通考》卷386《工务考》，上海商务印书馆1936年版。

　⑤　郑丕留主编：《中国家畜生态》，中国农业出版社1992年版，第85页。

　⑥　陈恒力、王达：《补农书校释》，中国农业出版社1983年版，第134页。

　⑦　嘉庆《息县志》卷1《物产》，清嘉庆四年刻本，第16页。

　⑧　道光《禹州志》卷9《土产》，清同治九年刻本，第18页。

中不通车辇，致远负重，碾磨耕田，一代人力，重有赖焉。"林县以山地为主，交通不便，大牲畜是最主要的交通工具和生产力。林县还产一种体型较小的袖珍马，如同西南的果下马。"生长岩间，善行石径。"在以山地为主的当地派上了大用场。偃师县"有牛，有马，有驴，有骡，有豕，有羊，有猫，有犬，有兔，有狐"①。豫西地区的偃师县地处丘陵，生态良好，农户除饲养大家畜外还养犬、兔、狐等小动物。河南各地盛产骡，顾炎武说："今中原亦自产骡，任重致远之资，胜于驽驷百倍。"② 如豫南光山一带，产驴、骡较多，是当地的主要交通工具。从光山到山西解县沿途运输的驴、骡，"每日往来络绎不绝"③。鹿邑县产健骡"求之者常自远至。毛色美而健走者，恒得善价"④。豫东淮阳一带盛产驴，"县内养驴较多，且体型大，品质优，抗病力强，且名扬遐迩，时称'陈州驴'"⑤，成为豫东一带地方著名的畜牧品种。泌阳驴也是不可多得的优良畜种，早在唐朝时期就已经很著名，称为怀州驴，明清以来在豫西南广泛饲养。

需要指出的是，河南还存在一定数量的官牧。如清初河南地区驿站有马5284匹，雍正初年驿马有4701匹，乾隆十三年（1748年）减少到3200匹⑥。这些驿马是河南官牧的一个组成部分。

河南的大牲畜，在满足农业生产、交通运输和社会生活需要的同时，还经常被政府征调、购买，驱往外地，为军事战争服务。如康熙年间用兵于西藏，朝廷调发河南马、骡1万匹，"如数遣赴军，而民不扰"⑦，顺利地完成了任务。康熙五十四年（1715年）平定准葛尔之役，又调发河南的骡、马⑧。雍正年间，朝廷要求在河南各州县购买驮骡3000匹，当时有人表示为难，说"河南素非产骡之地，即民间有孳生骡只，俱低小无力，难以任重致远，所用骡头，原系山、陕两省贩子

① 《偃师县志》卷5《风土记》，中州古籍出版社2002年版，第87页。
② （清）顾炎武：《日知录》卷29《驴骡》，上海商务印书馆1929年版，第81页。
③ 《芮城县志·生业略》民国12年铅印本。
④ （清）刘锦藻：《清朝续文献通考》卷386《工务考》，浙江古籍出版社2000年版。
⑤ 邵士杰、王守德主编：《淮阳县志》，河南人民出版社1991年版，第426页。
⑥ 张圣城：《河南航运史》，人民交通出版社1989年版，第32页。
⑦ 《清史稿》卷285《张孟球传》，中华书局1977年版。
⑧ （清）傅恒：《平定准噶尔方略》前编卷2，文渊阁四库全书，第357册，第43页。

赶求货卖"①。这是说河南不产骡子，实际情况却不是如此。后来"查所解驮骡，极其膘壮，均堪负重致远"②。不仅顺利完成了任务，而且征括的还都是健骡。

（二）猪、羊、鸡等畜禽的饲养

在小农经济为主的社会，猪、羊、鸡等畜禽是经济收入、获得粪肥的重要来源。张履祥在其《补农书》中说："种田不养猪，秀才不读书"，"则养猪羊乃作家第一著。计羊一岁所食，取足于羊毛、小羊，而所费不过垫草，宴然多得肥壅。养猪，旧规亏折猪本，若兼养母猪，即以所赚抵之，原自无亏。若羊，必须雇人斫草，则冬春工闲，诚靡廪糈。若猪，必须买饼，容有贵贱不时。今羊专吃枯叶，枯草，猪专吃糟麦，则烧酒又获赢息。有盈无亏，白落肥壅，又省载取人工，何不为也！""养猪不赚钱，回头看看田。"③ 张履祥认为以糟麦、枯叶与枯草为饲料养猪、羊以获得厩肥的方法最为经济。正因为如此，河南各地普遍饲养这些牲畜。如光山县"县俗多放豚"④ 以散养为主。鹿邑县"羊（农家所畜，率不过三五头，无百十成群者，且皆山养）、猪（亦户畜养之）"⑤，几乎家家户户都畜养三五头。在河南山区多有成规模的养羊业。如林县的南部、东南部，"其民稼穑兼放牧，其地有绒、毡之利"。林县山多地少，民户多以放羊为业："至放牧之利，惟羊为富。凡羊群以春月卧谷地，夏月上山；以秋月卧麦地，冬月入圈。"巧妙而充分地利用了不同资源，每年春秋两季梳收羊毛，以细毛为绒，以粗毛为毡，⑥ 带动起了毛纺织业的发展。豫北山区"寒羊毛"比较著名，特点是"纤维细短，色泽光白，富于黏缩性，弹性尤佳，宜造细呢等"，每斤价格五六十元⑦。

---

① 《世宗宪皇帝朱批谕旨》卷126之14，雍正六年十月二十七日，文渊阁四库全书，第421册，第409页。

② 《世宗宪皇帝朱批谕旨》卷126之12，雍正六年二月初三日，文渊阁四库全书，第421册，第350页。

③ 陈恒力、王达：《补农书校释》，中国农业出版社1983年版，第62～65页。

④ 光绪《光山县志》卷13《物产》，中国古籍出版社1991年版，第26页。

⑤ 于沧澜纂，蒋师辙修：（光绪二十二年）《鹿邑县志》卷9《物产》，台湾成文出版社1976年版，第360页。

⑥ （清）杨潮光：乾隆《林县志》卷5《土宜记》，《牲畜记》，台湾成文出版社1968年版，第3、18页。

⑦ 刘锦藻：《清朝续文献通考》卷385《实业八》，浙江古籍出版社1988年版，第11330页。

在河南农村，一般农户还饲养鸡、鸭等家禽。如沿淮两岸的民户，"饲鸡为专业者，但乡村居户之饲育家禽之三五头者，比比皆是"①。泌阳的鸡有红、白、黑、黄、斑、褐数种②。息县禽类有鹅、鸭、鸡③。光山县境内，鸡，"邑人皆饲之"④。还有"专有以养鸭为业者"，"养鸭者，夏日购乳鸭数百头或数千头，进水筑场饲养，稍长则行棚逐食，深秋肥硕则售以充实，故曰菜鸭，多获厚利。于菜鸭中提养雌鸭者曰养母鸭，以售蛋为利，春夏之交送暖房，利尤厚"⑤。禽类产品中，除了肉食以外，主要利润还是蛋类。如鹿邑唐桥盛产鸭蛋"美过南方高邮州所制，土人谓之'唐蛋'他村效制，不能及也"，为一方名优特产。清末，浙江商人阮文中在河南彰德、许昌、驻马店等地设立蛋厂，首开河南建设蛋厂之先河，将鸡蛋做成蛋粉远销国外⑥。鹿邑还有许多养鸽人家，目的不是食用，而是利在酿酒用的鸽粪，主要由东邻安徽亳州人贩卖，显然是商品生产。农户最喜欢养的是鹌鹑，用于相斗赌博，善斗的雄鹌鹑每只价钱高达白银 2 两⑦，收入可观。

总之，无论是大牲畜牛、马、驴、骡，还是小畜禽猪、羊、鸡、鸭在河南民间都普遍饲养，而且还涌现出南阳黄牛、泌阳驴、陈州驴等优良品种。畜牧业的发展不仅满足了农户社会生产与生活的需要，还是家庭收入的来源之一。

二　河南牲畜市场

清代，牲畜除用于生产、生活之外，更多地用于商品交换。河南各乡村集镇基本上都有牲畜交易市场。如息县有畜市⑧，睢州（今睢县）有猪市⑨，

---

① 吴世勋：《分省地志·河南》，中华书局 1927 年版，第 202 页。

② （清）倪明进：道光《泌阳县志》卷 3《物产》，台湾成文出版社 1976 年版，第 16 页。

③ 嘉庆《息县志》卷 1《物产》，清嘉庆四年刻本，第 16 页。

④ 晏兆平：《光山县志约稿》卷 1《地理志·物产》，台湾成文出版社 1968 年版，第 83 页。

⑤ 同上。

⑥ 政协新乡市委员会秘书处：《解放前新乡蛋厂发展情况》，《河南文史资料》第 5 辑，1981 年印行，第 136 页。

⑦ （清）于沧澜等修：光绪《鹿邑县志》卷 9《物产》，台湾成文出版社 1976 年版，第 13 页。

⑧ （清）刘光辉：嘉庆《息县志》卷 2《建置志·市集》，清嘉庆四年刻本，第 52 页。

⑨ 河南省商丘地区地方志编纂委员会编，杨子建等校点：乾隆《归德府志》卷 10《地理略（下）·里集》，中州古籍出版社 1994 年版，第 381 页。

开封西关有牛马市①。此外,河南还有定期的庙会和专门的牲畜交易大会,南阳地区的内乡县西庙岗有规模很大的牲畜交易市场,每年农历三月十四日起会3天,会上牲畜的成交额数量惊人,短短三天可售出牛、马、驴、骡上千,猪、羊等小牲畜更是无数②。禹州的骡马会,开始于晚春,结束于秋天,持续半年之久,以西关为中心,扩展至附近乡村,乃是一个方圆七八里的大市场。由于大牲畜饲养较多,牲畜多销往周边的湖北、山东、河北、山西一带。如清朝中期,汉口的大部分牛"来自河南"③。《临清县志·商业》记载山东临清"牛出河南,马出北口,均有陆路贩入本境各集市售销之"。禹州的骡马会,"招客北抵燕代,西极秦陇,凡马牛骡所聚,一望如林",甚至连西北边疆的客商都被吸引过来,极大地丰富了当地的牲畜种类,并有利于品种质量的提高④。据张民服先生估计,清朝中期,中原地区大牲畜的年交易额应该在200万两以上,年交易牲畜在25万~35万头。这个数字高于同期畜牧业发达的山西、直隶等地的牲畜交易额⑤,从一个侧面也反映出清代河南畜牧业有较大的发展。

河南牲畜在交易时价格怎样?张民服先生依据《刑科题本》中土地债务的档案,列出了清代中原地区一些大牲畜的价格。请看表1:

表1   《刑科题本》中原地区大牲畜价格

年代	地区	牲畜种类	价格	资料出处及说明
嘉庆三年	河南	马	钱14吊	嘉庆刑科题本,土地债务档,档号4528
嘉庆八年	河南	马	银13两	同上档,档号4378
嘉庆九年	河南	马	银18两	同上档,档号4770
道光七年	河南固始	马	钱27吊	道光刑课题本,土地债务档,档号6410
道光十年	河南	马	钱9吊	同上档,档号6636

---

① 鲁曾煜、张淑载:(乾隆四年)《祥符县志》卷6《坊集·市集》,台湾成文出版社1966年版,第52页。

② 王兴亚:《明清河南集市庙会会馆》,中州古籍出版社1998年版,第106页。

③ (清)章学诚:《湖北通志检存稿》卷1《食货考》,《湖北地方古籍文献丛书》,湖北教育出版社2002年版,第35页。

④ 参见程民生等《古代河南经济史》(下),河南大学出版社2012年版,第417页。

⑤ 张民服、吴志远:《清代中原地区牲畜市场研究》,《郑州大学学报》2013年第6期。

续表

年代	地区	牲畜种类	价格	资料出处及说明
嘉庆元年	河南	驴	钱 4800 文	嘉庆刑课题本，土地债务档，档号 4190
嘉庆八年	河南登封	驴	钱 5700～6000 文	同上档，档号 4717
嘉庆十二年	河南	驴	银 16.5 两	同上档，档号 4900
道光九年	河南	驴	钱 4000 文	道光刑课题本，土地债务档，档号 6589
道光十年	河南	驴	钱 3200 文	同上档，档号 6654
道光十三年	河南	驴	钱 7.5 吊	同上档，档号 6807
道光十四年	河南汝宁	驴	钱 3100 文	同上档，档号 6945
道光十六年	河南开封	骡	钱 9 吊	同上档，档号 6939
嘉庆二年	河南南阳	犍牛	钱 7200 文	嘉庆刑课题本，土地债务档，档号 6039
嘉庆二年	河南	黄牛	银 7.3 两	同上档，档号 4308
嘉庆八年	河南陈州	牛	钱 14.5 吊	同上档，档号 4736
嘉庆八年	河南南阳	耕牛	钱 23 吊	同上档，档号 4693
嘉庆十二年	河南	牛	钱 17 吊	同上档，档号 4950
嘉庆十七年	河南陈州	牛	钱 10 吊	同上档，档号 5330
嘉庆十八年	河南	牛	钱 5700 文	同上档，档号 5356
道光七年	河南	牛	钱 22 吊	道光刑课题本，土地债务档，档号 6431
道光七年	河南南阳	牛	钱 22 吊	同上档，档号 6405
道光九年	河南	耕牛	钱 12.8 吊	同上档，档号 4561
道光十年	河南	牛	钱 9 吊	同上档，档号 6635
道光十三年	河南	牛三只	钱 48 吊	同上档，档号 6764
道光十三年	河南	牛抵债	钱 6100 文	同上档，档号 6783
道光十五年	河南	牛	钱 4500 文	同上档，档号 6816
道光十六年	河南	牛	钱 10 吊	同上档，档号 6927
道光十九年	河南	牛	钱 7.6 吊	同上档，档号 7149

　　表 1 中所列牲畜的价格为嘉庆到道光年间河南大牲畜马、牛、驴、骡等的价格。需要解释的是，在清代，钱的换算大体上是这样的：一吊钱即一贯铜钱 = 1000 文 = 1 两白银。从表中统计来看，清朝中期中原地区马匹的价格在 9 两～27 两白银之间；耕牛的价格在 4.5 两～23 两白银之间；驴、骡则为 3.2 两～16.5 两白银。比较而言，马匹在河南饲养相对少于

其他大牲畜，故价格昂贵；牛是中原地区普遍饲养的大牲畜，在农业生产中地位最为重要，因此价格也相对较高；驴的体格与重要性都不如牛，而且是河南农村广泛饲养的牲畜，因而价格相对便宜。通过对牲畜价格的解读基本上能看出大牲畜在河南饲养分布的情况。

三 影响畜牧业发展的因素

需要指出的是，清代河南畜牧业尽管有一定发展，但不可忽视的是，这一时期繁重的赋税以及肆意横行的水患和瘟疫，严重制约了畜牧业的发展。

（一）繁重的赋税

清朝时期，繁重的赋税是制约畜牧业发展的一大因素。乾隆年间，河南农民"终岁勤动，所得粮食除完交田主租息外，余存无几，仅堪户口，最为贫苦"。"一至青黄不接，则糊口无资，东那（挪）西借。遂有奸贪富户及外来游棍，乘机重利盘剥，八折出借，滚算月利，不及一年，利过于本。至期逼索，如狼似虎，刻不容缓，或准其牲畜、粮食，或折收田、房、器具；贫民生计尽归若辈之手。"① 再加上欠租负债，"则虽获丰收，仅足偿欠，穷佃其何以堪！且佃户惟恐地主夺田另佃，往往鸡豚布帛，无不搜索准折，甚至有卖男鬻女以偿租者。此等风气，大概皆然"②，严重影响了河南畜牧业的健康发展。光绪三十一年（1905 年）清政府在河南安阳设立直豫厘金局，在汉口设立鄂豫厘金局，其税率为从价的 25%，课税货物有 15 类，涉及畜牧产品的有"毛皮兽角类；牲口飞禽类"③。对畜牧产品课以重税。清代河南民户缴纳的牲畜税是多少呢？顺治元年（1644 年）清政府曾规定："凡贸易牲畜，按价值每两纳银三分。"④ 即缴纳牲畜价格的 3%。其实，这规定仅仅是用于贸易的牲畜，而农户饲养的牲畜也要缴纳牲畜税。清代河南各地（不全）征收畜产税的情况，张民服先生曾做过统计，请看下表：

---

① 佚名：《心政录》卷3，台北新文丰出版公司1989年版，第35页。
② 《心政录》卷2，台北新文丰出版公司1989年版，第22~23页。
③ 罗玉东：《中国厘金史》上册，上海商务印书馆1936年版，第162页。
④ （清）托津等奉敕纂：《钦定大清会典事例·户部》卷192《杂赋》，《近代中国史料丛刊三编》第66辑，台北文海出版社1991年版，第9042页。

表2　　　　　　　　　　　清代河南地区缴纳的畜产税①

县名	包含税种	征收方式	资料来源
阌乡	牛马税	官差催缴	顺治《阌乡县志》卷3《赋役》
兰阳	马牛驴税	行户呈缴	康熙《兰阳县志》卷2《田赋》
内黄	牛驴猪税	与马税分开征收	康熙《彰德府志》卷9《田赋》
永城	猪羊税	照额征解	康熙《永城县志》卷3《田赋》
淮宁	牛马税	照额增解	道光《淮宁县志》卷5《籍赋》
祥符	牛驴骡马猪税	官差催缴	光绪《祥符县志》卷8《田赋》
鄢陵	牲口税	就市征收	经济学会编《河南全省财政说明》,上编岁入部,正杂各税,五项杂税附表
禹州	牲口税	行户呈缴	同上
鲁山	牲口税	向归会场集头包缴	同上
滑县	牛马税	除行户包缴外,由会场征收	同上
伊阳	牲口税	按老牙活余新五项照额分解	同上
杞县	牲口税	照额征解	同上
中牟	牲口税	逢会征收,照额增解	同上

表3　　　　　　　　　　　清朝前期中原地区活税情况②

县名	所属府州	顺治朝	康熙朝	雍正朝	税额(两)
武安	彰德府	有活税		51.77	
临漳	彰德府	有活税		39.87	
浚县	彰德府			有活税	83.469
内黄	彰德府			有活税	92.43
获嘉	卫辉府			有活税	35.358
宜阳	河南府			有活税	22.831
兰阳	开封府	有活税			4.5
汝阳	汝宁府	有活税	有活税		顺治朝25 康熙朝30.5
息县	光州	有活税			20

①　张民服、吴志远:《清代中原地区牲畜市场研究》,《郑州大学学报》2013年第6期。
②　同上。

由表 2、表 3 可知，清代河南各地征收的牲畜税内容有一定差别，但基本上都对大牲畜征税；个别地方对猪、羊等小牲畜也课以税收，如永城县。牲畜税征收的方式有照额征收、行户呈缴、就市征收等；征收的对象有用以交易的牲畜与农户饲养的牲畜；不同的地区以及不同的时期征收的税额都有所差异。对农户与商户征收畜产税，虽然不利于私营畜牧业的发展，但从一个侧面也反映了当时农村牲畜饲养的普遍，是政府税收的重要来源之一。清朝中期以后，河南各地因私营畜牧业发展迅猛，缴纳的牲畜税也有了大幅度增长。如乾隆年间怀庆府缴纳牲畜税 2720 两、彰德府 1050 两、卫辉府 577 两、陈州府 470 两、汝宁府 313 两、河南府 250 两、开封府 222 两、光州 183 两、南阳府 90 两、汝州 34 两[1]。税额的增加在一定程度上影响了河南畜牧业的健康发展。

（二）频繁的自然灾害

清代各种自然灾害连绵不绝。据苏全有先生统计，仅光绪元年（1875 年）到光绪二十一年（1895 年）间，短短 21 年，河南就发生各种自然灾害达 1402 次，仅次于山东（1559 次），位居全国第二[2]。频繁的自然灾害给畜牧业生产带来了极大的危害，如水患是牲畜的一大杀手。道光二十一年（1841 年）河患后，开封历经洪水的肆虐，惨不忍睹：“传闻附郭三万家，横流所过成荒沙。水面浮尸如乱麻，人家屋上啄老鸦。”[3] 水患不仅淹没了农田，还直接造成人畜的死亡。清顺治帝十一年（1654 年）黄河大水，封丘县人畜死者甚众。“封丘黄河复决大王庙，阿垂成而复溃。夏淫雨连月，平地水深丈余，坏民禾稼，民间墙宇倾颓，压死人畜无算。”[4]

旱灾也是造成牲畜死亡的重要因素之一。清同治年间河南修武县大旱，“牲畜杀尽，田产卖尽，子女鬻尽，树皮草根剥尽”[5]。牲畜杀光，哀鸿遍野，嗷嗷待哺。清光绪三年至四年（1877～1878 年）山西、河南发

---

① 张民服、吴志远：《清代中原地区牲畜市场研究》，《郑州大学学报》2013 年第 6 期。

② 苏全有、王守谦、李长印等：《近代河南经济史》（上），河南大学出版社 2012 年版，第 20～21 页。

③ （清）朱琦：《怡志堂诗初编》卷 4《河决行》，《续修四库全书》，第 1530 册，第 159 页。

④ 温克刚、庞天荷：《中国气象灾害大典》（河南卷），气象出版社 2005 年版，第 127 页。

⑤ 《修武县文史资料》，第 9 辑，第 40 页。

生特大旱灾，史称"丁戊奇荒"，导致 1000 万人死亡，"茫茫浩劫，亘古未闻，历观廿一史所载，灾荒无此惨酷"。灾荒高温干旱，使草木枯竭，人畜饮水严重缺乏，中暑死亡者很多。"树无鸟，水无鱼，猪羊牛犬久无闻见。"① 这次大旱对河南、山东等地的畜牧业而言几乎是灭顶之灾。

其他如蝗灾、雹灾对畜牧业的影响也不可小觑。咸丰七年（1857 年），河南光州"秋间蝗灾较早，一食无余，民间之苦异常，有数十里无炊烟者"②，光绪三年（1876 年），陈州府之淮阳、商水、项城等地蝗灾"六月蝗，食禾几遍"③。光绪二十六年（1900 年），归德府的考城（河南兰考一带）、永城蝗灾，"由临县入境，飞则蔽日，平地寸余，食禾几尽"④。康熙七年（1668 年），新安县雨雹，"屋舍禾稼尽伤"，庄稼被毁直接危及牲畜的口粮。冰雹还会对牲畜本身造成直接的伤害。如同治七年（1868 年）八月十六日，信阳一带雨雹，积地二三寸厚，牛羊狂奔，禽鸟小兽被击死极多⑤。总之，清朝时期水、旱、蝗、雹频仍，制约了河南畜牧业的健康发展。

总之，清代由于经济重心的南移，河南地区失去了往日的雄风，经济发展一蹶不振。相较于其他经济部门，畜牧业，尤其是民间畜牧业却有较大的发展，农户几乎家家饲养牲畜用以社会生产和生活。畜牧业的兴盛还促进了牲畜市场的勃兴。但不可否认的是，清代以来多如牛毛的苛捐杂税、连绵不绝的自然灾害在一定程度上影响了畜牧业的正常发展。

尽管如此，这一时期，河南因人口数量的激增，畜牧技术的进步以及便捷的交通运输条件，客观上促进了畜牧业的发展。河南人口的数量逐渐增长，尤其是晚清时期，已超过 2000 余万，如嘉庆二十五年（1820 年）河南人口已达 2749.7 万人，超过了以往历史上任何时期的数量⑥。河南历史上以一家一户为单位的小农经济，畜牧业是副业，几乎家家户户都要饲养牲畜以补贴家用。人口基数大，则所饲养的牲畜绝对数量就非常庞

①　《新洭纪略》，《申报》1878 年 12 月 14 日，第 3 版。

②　《咸丰七年十二月二十一日李孟群折》《录副档》，第一历史档案馆，转引自李文海《近代中国灾荒纪年》，湖南教育出版社 1990 年版，第 192 页。

③　徐家璘修，杨凌阁纂：(民国 7 年)《商水县志》卷 24《杂事志》，第 1237 页。

④　张之清修，田春同纂：(民国 13 年)《考城县志》卷 3《事记》，第 189 页。

⑤　马雪琴：《明清河南自然灾害研究》，《中国历史地理论丛》1998 年第 1 期。

⑥　程民生、马玉臣、程峰等：《古代河南经济史》（下），河南大学出版社 2012 年版，第 492 页。

大。另一方面，近代以来随着西学东渐，西方先进的畜牧技术逐渐传播到中原地区。早在光绪二十四年（1898 年）清政府就开设农学堂，"举中西树艺，畜牧之法"①。清政府还派遣一些留学生远渡重洋学习畜牧技术。如"赴日本学习蓁畜新法之陈某等，集款创设畜牧公司专蓁牛羊二种"②。留学生陈某将日本先进的畜牧技术传到中国，并在河南开设畜牧公司蓁养牛羊，为河南畜牧业的发展注入了新鲜血液。此外，便捷的交通运输条件有利于畜产品的外销，客观上提高了民户牲畜养殖的积极性。晚晴时期是河南交通运输业发展的一个重要阶段，陆路方面形成了以开封、洛阳、怀庆府为中心的、通往全国的、四通八达的交通网络③。铁路修筑后，铁路沿途州县商品贸易如火如荼，"民物络绎不绝于途，商贩歌呼相望于路"④。各地畜牧产品和土特产通过铁路被大量地运出河南。如西平县"自光绪末叶京汉铁路告成，运输便利，于是本邑土产如芝麻、黄豆、小麦及牛羊皮等，多为外来客商所采购"⑤。南阳县"境内牛皮运售汉口出洋，购买者颇多，每年约数千张"⑥。范县"牛羊皮路运直隶、河南等处，每岁销行约千余张"⑦。总之，晚清以来畜牧技术的进步为畜牧业的发展保驾护航，便利的交通条件以及众多的人口为其发展提供了更为广阔的消费市场。尽管有诸多的制约因素，但是河南畜牧业仍顽强地向前发展，并取得了较大的成绩。

本章小结

　　金元明清时期随着政治、经济重心的南移，河南地区失去了往日的雄

---

① 沈云龙主编，佚名辑：《中国近代史参考资料》第 6 辑，《戊戌变法·政变月纪》，台北文海出版社 1971 年版，第 392 页。

② （清）陈夔龙：《河南官报》，《外省纪闻·实业》1905 年第 56 期。

③ 苏全有、李长印、王守谦：《近代河南经济史》（上），河南大学出版社 2012 年版，第 304~306 页。

④ 张绅璜纂修：《确山县志》卷 15，汉口大丰印书馆 1931 年铅印本，第 1 页。

⑤ 瑞澄：《盟水斋存牍》卷 1，中国政法大学出版社 2002 年版，第 34 页。

⑥ 潘守廉：（光绪三十年）《南阳县户口地土物产畜牧表图说》，台湾成文出版社 1968 年版，第 10 页。

⑦ 光绪《范县乡土志》（商务），转引自丁德超《近代豫西北农村市场与社会转型》，硕士学位论文，陕西师范大学，2009 年，第 44 页。

风，畜牧业，尤其是官营畜牧业黯然失色。考察这一时期河南畜牧业衰落的原因，可以发现，大量的土地兼并使畜牧业发展失去了物质基础，诚如《明史·兵志》说："按明世马政，法久弊丛，其始盛终衰之故，大率由草场兴废。"① 金元清三朝莫不如此。其次，繁重的赋税严重影响了畜牧业的健康发展。金元明清时期因战乱频繁，苛捐杂税繁多，政府经常向民户括马或强令民户缴纳各种畜牧产品，严重挫伤了农户养殖的积极性。此外，常年的战乱造成了牲畜的死亡，直接影响了畜牧业的发展。尽管如此，由于这一时期河南人口的数量逐渐增长，尤其是晚清时期，河南人口已超过 2000 余万，人口基数大，所饲养的牲畜绝对数量则有所增加，这一点我们在考察河南畜牧业时也应该注意到。

①　（清）张廷玉等：《明史》卷 92《兵志四》，中华书局 1974 年版，第 2275 页。

第八章

民国时期河南畜牧业的
曲折发展

历史时期的河南一向以农业生产而著称，畜牧业似乎不那么光彩夺目。然而，民国时期河南畜牧业发展迅猛，在全国名列前茅，但这种发展不是一帆风顺的，其间有前进也有倒退，呈现出曲折的趋势。李群先生在其大作《中国近代畜牧业发展研究》中将民国时期畜牧业发展划分为两个阶段，1912～1937 年为畜牧业快速发展时期，1937～1949 年为艰难发展时期，可谓至论。关于这一时期畜牧业研究的情况，苏全有先生在其论文《中国近代畜牧业研究述评》中已有全面的总结和论述。从其梳理的情况来看，民国时期河南畜牧业的研究很少，除程民生先生的《河南经济简史》，黄正林、张燕、宿志刚的《近代河南经济史》（下）有些许介绍外，目前尚无专文进行探讨，这与当时河南畜牧业在全国的地位是极不相称的。

第一节　河南畜牧业发展概况

民国时期，河南畜牧业因战乱与自然灾害的影响，具有鲜明的阶段性特征。

民国时期，先后经历了旷日持久的抗日战争和解放战争，给河南人民带来了深重灾难，人口大量减少，畜牧业发展也遭受重创。如 1937 年河南人口为 3429.3 万人，到 1944 年人口锐减为 2471.0 万人，不到 8 年人口减少了 958.3 万人（见表 1）。战乱给畜牧业造成的破坏更大。有人统计"从 1938 年商丘沦陷到 1948 年商丘解放，兵匪横行，抓车拉夫，抢劫牲口，每年失去牲口的农民达 3000 户以上"，1948 年商丘解放前夕，"有

40%的农户缺乏牲口"①。频繁的自然灾害也是影响这一时期畜牧经济发展的重要因素之一。如1938年黄河花园口决堤，使河南20余县被淹，人口减少了150万人，牲畜大量死亡。直到1947年，河南黄泛区仍急需补充大牲畜685千头才能满足农业生产②。1942～1943年的河南大旱与蝗灾使300万人口丧生。抗战胜利后到1949年新中国成立前，河南人口和经济才得以缓慢增长③。所以，就整个民国时期而言，因频繁的战乱与自然灾害，河南畜牧业的发展如同人口与经济一样，呈现出曲折发展的趋势。为了能更好地说明此趋势，下面依据已有的统计成果将这一时期人口和牲畜数量的变化列表如下：

表1　　　　　　　民国时期河南人口统计表　　　　　　单位：万

年份	1912	1914	1931	1936	1937	1938	1939	1940	1941	1943	1944	1946	1947	1948
人口	2851.8	3062.0	3284.4	3430.0	3429.3	3340.9	2960.0	3066.6	2930.9	2595.0	2471.0	2699.4	2847.3	2965.4

表2　　　　　　　　河南省近代畜禽饲养数统计表④

（单位：人口／千人；家畜／千头、千匹、千只）

年份	人口	水牛	黄牛	马	驴	骡	山羊	绵羊	猪	鸡	鸭	鹅
1912	30832	70	1810	200	1100	360	1590	1540	1130	9300	1190	300
1914		80	1900	215	1290	420	1370	1330	1270	9500	1200	310
1915		90	2000	216	1240	460	1550	1130	1150	9700	1260	320
1916		95	2100	224	1330	500	1580	1140	1140	9800	1300	330
1918		100	1950	263	1570	560	1620	1020	1330	10339	1329	338
1919	33000	110	1930	260	1630	580	1660	970	1550	11527	2173	409
1920		120	2100	240	1590	610	1730	940	1790	11565	2422	461
1925		140	2600	490	1950	750	2150	1150	2450	14430	2300	410

---

① 商丘县志编纂委员会：《商丘县志》，生活·读书·新知三联书店1991年版，第125页。

② 汪万春：《改进河南畜牧事业之商榷》，河南省农业改进所河南农讯社编：《河南农讯》第2卷第3期。

③ 黄正林、张艳、宿志刚：《近代河南经济史》（下），河南大学出版社2012年版，第10～11页。

④ 李群：《中国近代畜牧业发展研究》，中国农业科学技术出版社2004年版，第95页。

续表

年份	人口	水牛	黄牛	马	驴	骡	山羊	绵羊	猪	鸡	鸭	鹅
1930		170	3100	700	2310	900	2550	1370	2910	18000	2180	360
1933		120	3170	680	2420	820	2500	1500	3100	18330	3110	340
1934		152	3580	750	2496	896	2780	1528	3221	21508	2081	319
1935		199	3604	832	2679	1077	2965	1604	3387	22071	2581	444
1936	36000	190	3245	684	2377	902	2400	1310	3457	19309	2410	216
1937		192	3139	487	1900	676	1529	889	3187	18370	2263	262
1938		140	1837	146	965	175	963	505	1674	9565	1161	176
1939		120	1752	154	1028	180	732	292	1662	10310	1056	151
1940		150	1660	150	940	160	670	310	1630	9400	880	100
1942		130	1980	146	980	137	670	351	1568	7865	622	46
1943		120	2150	139	1010	149	691	366	1670	6767	626	72
1944		130	2310	160	1120	170	740	360	1870	7389	787	64
1945	40125	150	2600	170	1200	190	870	420	2100	12200	840	80
1946		140	2900	183	1344	210	1010	490	2316	14184	929	107
1947		160	3220	180	1403	230	1032	546	2569	14274	953	127
1949	42241	140	3475	95	1736	133	618	376	1551	9295	622	83

表3　　　　1936 年、1944 年、1946 年与 1947 年河南省家畜数量统计①　单位：千头

年度	水牛	黄牛	马	驴	骡	山羊	绵羊	猪
1936	86	3243	684	2377	902	2400	1310	3457
1944	34	1405	118	722	131	539	264	1169
1946	35	2302	183	1344	250	1010	590	2316
1947	57	2420	225	1403	277	1032	546	2569

　　从表 1 看，从 1912 年到 1937 年抗日战争全面爆发前夕，河南人口是逐年增长的；从 1938 年到 1944 年人口逐渐递减（1939 年有过短暂的增长），其间正值抗日战争时期。1946 年抗日战争结束后到 1948 年人口又开始缓慢地增长。人口的变化与畜牧业的发展基本上成正比，从表 2 与表

---

① 黄正林、张艳、宿志刚：《近代河南经济史》（下），河南大学出版社 2012 年版，第 453 页。

3 牲畜数量的变化中可以清楚地看到这一点。表 2 统计的是从 1912 年～
1949 年 38 年间河南牲畜的饲养情况。从表中可以看出，从 1912 年到
1936 年（即民国初年到抗战前夕）河南省牲畜饲养的数量基本上呈逐年
递增的趋势。例如，黄牛的数量 1912 年为 1810 千头到 1936 年递增为
3245 千头，增长了 1435 千头。又如，猪的数量 1912 年为 1130 千头，
1936 年为 3457 千头，24 年间增长了 2327 千头，增长数量惊人。当然，
个别牲畜数量有起伏不定的，但总体上还是增长的。这一时期社会相对安
定，人口增长，畜牧业也有了较大发展。表 3 统计的是 1936 年、1944
年、1946 年与 1947 年河南牲畜的饲养情况，表 2 与表 3 在统计这几年牲
畜饲养的数量时数字是有出入的，如 1936 年水牛数量，表 2 为 19 万头，
表 3 则为 8.6 万头，相差甚远。表 3 统计数字总体上偏少，谁更接近于历
史真实，尚难判断。尽管两者统计的数额不同，但都反映了这样一个不争
的事实，在 1936 年前河南畜牧业发展迅猛，饲养的牲畜数量远远大于抗
战爆发后及国共两党内战时期饲养的牲畜数量，1937～1949 年河南畜牧
业趋于衰落。

　　河南畜牧业中，大牲畜中牛的数量最多，小牲畜以猪、羊饲养为主，
家禽中鸡的饲养最为普遍。如 1935 年水牛为 19.9 万头，黄牛有 360.4 万
头，远远超过了其他任何大牲畜的数量。这是因为历史上河南就是一个以
农业为主的地区，牛是农耕的主要畜力。"河南农民耕地动物，多藉牛
力，故蓄牛甚多；用骡马者仅西北部，东北部之富家耳。淮河以南，水田
较多，多养水牛，余则尽为黄牛。"[①] 家禽中鸡的数量最多，从表 2 看
1935 年河南省养鸡数量为 2207.1 万只。河南是以农业为主的省份，能够
给鸡提供谷物饲料，所以几乎家家养鸡，而且鸡不像鹅、鸭那样需要有宽
广的水域，对地域环境有一定的要求。表 2 从宏观上记载了近代河南家畜
家禽的饲养情况。我们再选取一些微观数据来看。如 1949 年新中国成立
前，新安县牛、驴、骡、马仅 3 万头左右，贫苦农民多无力饲养，猪、
羊、鸡等小家畜家禽则家家喂养[②]。孟津县 1949 年全县有大家畜 28,884
头，其中牛 22,290 头，占 77.2%；驴 4,547 头，占 151.74%；骡 168

　　① 吴世勋：《分省地志·河南》上编，中华书局 1927 年版，第 37 页。
　　② 新安县地方史志编纂委员会：《新安县志》，河南人民出版社 1989 年版，第 262 页。

头，占 5.6%；马 429 匹，占 1.66%。小家畜 9,594 头，其中猪 3,002 头，占 31.29%；绵羊 4,085 只，占 42.58%；山羊 2507 只，占 26.13%。家禽 118,428 只[①]。可见在河南一般州县每户饲养牲畜为 3 头左右，牛是最主要的牲畜，家禽中鸡的饲养最多。

综上所述，民国时期，河南畜牧业发展可以分为两个阶段：1912～1936 年河南相对安定，畜牧业飞速发展；1937～1949 年，内忧外患频繁，天灾人祸不断，畜牧业发展受到了严重制约，日益衰败。牛、猪、羊、鸡是河南饲养最普遍的畜禽，畜牧业发展具有地域的不平衡性。

一　耕牛的饲养

前文提到，民国时期，耕牛的饲养最为普遍，在大牲畜中足以傲视群雄，首屈一指。但由于耕牛的生活习性不同以及河南各地气候、环境的差异，因此耕牛的饲养有着明显的地域差别。豫北地区饲养黄牛较多，民国《鄢陵县志·物产》载："牛多行于豫北及河北。"另据《林县志》载："兽类，下户畜驴和牛，中户以上畜骡。马、牛、羊、猪、驴与骡畜于厩。秋夏草盛时，有放牧于野者，名曰放青。牛羊放于山，牛八九成群，早出午归，晚出昏归，日以为常。资以畜粪耕田，与骡马同，惟骡马可乘骑运输，而牛专用于耕或挽碾磨耳。"[②] 当地耕牛主要用于农耕和拉磨，采取就青牧养与舍饲相结合的方式。安阳县"西山岭一带，富有农户，牛羊成群"[③]。辉县农户也饲养黄牛、马、驴等大牲畜用于农耕。据 1928 年调查，辉县四村户均耕地约 21 亩，养牛 0.63 头、驴 0.24 头、马 0.15 匹、骡 0.45 头[④]。豫西地区，耕牛仍是最主要的生产力。1949 年解放前夕，孟津县全县有大家畜 28,884 头，其中牛 22,290 头，占 77.2%；驴 4,547 头，占 151.74%；骡 168 头，占 5.6%；马 429 匹，占 1.66%[⑤]。

---

①　孟津县地方史志编纂委员会：《孟津县志》，河南人民出版社 1991 年版，第 195 页。

②　张凤台、李见荃等修撰：（民国 21 年）《林县志》卷 10《风土》，台湾成文出版社 1932 年版，第 590～591 页。

③　裴希度、董作宾：《续安阳县志》卷 7《实业志农业》，北平文岚簃古宋印书局 1933 年版，第 1315 页。

④　行政院农村复兴委员会：《河南省农屯调查》，商务印书馆 1934 年版，第 24 页。

⑤　孟津县地方史志编纂委员会：《孟津县志》，河南人民出版社 1991 年版，第 195 页。

新安县 1949 年解放前夕，饲养大家畜 33,306 头，其中牛 27,616 头①。豫中的许昌等地也牧养有一定数量的黄牛。1928 年许昌五村调查为户均 12 亩，养牛 0.3 头、驴 0.3 头、马 0.02 匹、骡 0.04 头②，可见，在河南农村，大牲畜中牛的比率是最高的。

豫西南地区盛产黄牛，所产南阳黄牛是国内不可多得的优良品种。费里朴《中国之畜牧》对我国近代黄牛分类做了如下论述：

> 中国牛曰黄牛，藉以别于水牛、牦牛也。中国黄牛，主要类型有二：一为蒙古黄牛，产于华北及西北一带；一为役用黄牛，分布于华中、华南诸省。西藏高原，牛体格较小，似又另属一型。蒙古牛骨骼纤细，即肌肉瘦削，体型轮廓，与乳牛类似，产乳能力，虽较体型粗大之役用黄牛高出一等，然与乳用种相较，则未免大为逊色。毛色颇不一律，有黑色者，亦有褐色、黄色或白花者，更有黄黑斑纹者。华中、华南所产之牛，肌肉较蒙古种为丰满，一般体态，类似兼用种。黄色最属常见，亦有褐色者，若干产区，深红、浅红亦有，黑色亦有，惟不受欢迎，盖农人有"十黑九懒"之谚也。渭河及黄河流域下游所产之牛，体格高大，四川东南部与湖北、湖南、贵州边境亦有一部属大型。南方其余产牛区，以小型为主。各区所产之牛，体型亦颇不一样。例如渭河流域与黄河下游，至少尚可分为二型。陕西南部之牛，体格既大，肌肉亦甚丰厚，故形态深，四肢亦长，步伐迅捷。毛色较渭河流域之牛为淡，深黄，杂以褐毛。蒙古牛肩平，南部之牛，则肩顶多有隆起。同属华南之牛，南部者肩峰较大，北部者较小。即在同一区域所产之牛，肩峰差异亦大。③

费里朴将我国近代黄牛分为两个类型，蒙古黄牛与役用黄牛，南阳黄牛属于役用黄牛，具有"体躯高大，肌肉发达。结构紧凑，皮薄毛细，鼻镜宽，鼻孔大，口大方正，眼大有神，肩部宽阔，胸骨突出，背腰平

---

① 新安县地方史志编纂委员会：《新安县志》，河南人民出版社 1989 年版，第 262 页。
② 行政院农村复兴委员会：《河南省农屯调查》，商务印书馆 1934 年版，第 25 页。
③ 转引自郑丕留主编《中国牛品种志》，上海科学技术出版社 1988 年版，第 20 页。

直，四肢端正，蹄大坚实"① 等突出优点，是不可多得的优良品种。民国时期，南阳地区的群众中曾流传"上买一张皮，下买四只蹄，前买胸膛膊，后买屁股齐"的谚语②。南阳黄牛主要分布在唐、白河流域的平原地区，尤以南阳市郊，南阳县瓦店、英壮、陆营、新店、黄台岗、茶庵、潦河、溧河、青华，邓县白牛、穰东、汲潭，社旗县桥头，新野县王集、岗头等地最为著名。养量为 5 万 ~ 6 万头③。

与其他省份相比，河南黄牛的数量也独占鳌头。顾谦吉认为我国黄牛主要分布在华北平原及 1000 米以下的旱作物区，它是这些地带的主要役畜；河南、山东最多，其次是江西、湖北、湖南、江苏、广东、广西等地，这些地区很少利用黄牛的乳产品；不过，在山东和河南黄牛肉的销路较好，每年由青岛运往日本的鲜牛肉数量可观，有的专门饲养这一类肉用黄牛，叫"菜牛"④。可见，河南黄牛的产量位居全国之首。

另据李群先生统计，民国时期全国各省畜养的水牛与黄牛数量，也可以看出河南黄牛饲养数量之庞大。笔者以 1936 年抗战前数字进行比较。1936 年全国黄牛、水牛饲养情况（单位：千头）："山西省：水牛 2，黄牛 585；河北省：水牛 21，黄牛 1118；山东省：水牛 13，黄牛 2736；江苏省：水牛 829，黄牛 2364；浙江省：水牛 297，黄牛 724；安徽省：水牛 731，黄牛 895；湖南省：水牛 1683，黄牛 1712；湖北省：水牛 757，黄牛 1804；江西省：水牛 1062，黄牛 1881；福建省：水牛 294，黄牛 423；广东省：水牛 1643，黄牛 1549；四川省：水牛 2330，黄牛 923；云南省：水牛 781，黄牛 547；贵州省：水牛 513，黄牛 610；甘肃省：水牛 9，黄牛 688；陕西省：水牛 5，黄牛 1001；青海省：水牛 0，黄牛 76；察哈尔省：水牛 0，黄牛 54；绥远省：水牛 0，黄牛 333；宁夏省：水牛 0，黄牛 31。"⑤ 而前文统计，1936 年河南水牛为 190 千头，黄牛为 3245 千头（或水牛 86 千头，黄牛 3243 千头）。无论哪种统计结果，均可看出民国时期河南黄牛的饲养数量远远超过其他省份，首屈一指。河南黄牛饲养盛

---

① 柏卫平、赵文汉纂：《南阳畜牧志》，中州古籍出版社 1992 年版，第 34 页。
② 同上。
③ 南阳县地方史志编纂委员会：《南阳县志》，河南人民出版社 1990 年版，第 233 页。
④ 顾谦吉：《中国的畜牧》，商务印书馆 1939 年版，第 21 页。
⑤ 李群：《中国近代畜牧业发展研究》，中国农业科学技术出版社 2004 年版，第 154 ~ 173 页。

况在新中国成立初期仍保持着突出的优势，谢成侠先生1957年统计的一份资料也可以清楚地看出这一点。

表4		全国黄牛和水牛的统计①			单位：头
省（市）区	黄牛	水牛	省（市）区	黄牛	水牛
北京	14866		江苏	1141104	544276
天津	5951	1	安徽	1527823	635872
上海	10401	1132	浙江	822421	235623
河北	1152770		福建	703795	269813
山西	1271780		河南	5167852	165148
内蒙古	3889169		湖北	1840705	679577
辽宁	1113528		湖南	1777449	764468
吉林	917435		江西	1317573	640851
黑龙江	798874		广东	2613221	1976941
陕西	2017419	2869	广西	2262724	1814081
甘肃	2167123		四川	5077047	2310708
青海	3579602		贵州	1852995	937086
新疆	2359424		云南	2824986	1349974
山东	3626730	4806	台湾	（不详）	
西藏	（不详）				

　　注：本表数字，除西藏和台湾外，均根据1957年农业部计划局编印的《各省（市、区）牲畜分县统计资料汇编》。

　　从表4可知，1957年河南黄牛饲养的数量为5,167,852头，独占鳌头。四川省排名第二，为5,077,047头，比河南省少90,705头。这个统计数字虽是新中国成立后的1957年统计的，但大体上也能反映出河南黄牛饲养的情况。

　　相较于黄牛，河南水牛的数量就有点相形见绌。据谢成侠统计，1957年河南水牛饲养数量为165,148头，在全国中位居中等。由于河南大部分地区属于温带大陆性气候，干旱少雨，不大适合水牛的生存。只有豫南地

---

　　① 谢成侠：《中国养牛史》，中国农业出版社1985年版，第126页。

区的信阳诸县、汝南一带有一定数量的水牛。"淮河以南，水田较多，多养水牛，余则尽为黄牛。"① 据刘景向记载河南境内，"水田仅淮南之信阳、罗山、潢川、商城、固始、光山六县，故水牛之数约十余万头……全省无大牧场，惟光山西境，濒竹竿河，北至杏山之麓，有滩地十余里，每年约产牛万余头；罗山境内山谷中，年亦可产数千头。市场仅周家口及禹县两处"。光山县境内"黄牛、水牛兼畜"②，汝南是全国四大水牛产地之一，"出产尤多"③。豫南水牛属于信阳水牛型，品种优良。据《息县志》记载：

> 本县水牛属信阳水牛型，毛色灰褐，皮厚毛疏，体型较大，骨骼粗壮，肌肉丰满，步态稳健，嘴方鼻孔大，眼大有神，背腰平直，胸深而宽，管骨健粗，蹄大结实，尾粗而短。公牛角粗而长，呈簸箕型，颈粗肩高，母牛角细，呈筛子型，颈稍单薄而长，后驱比较发达，特别适应水田耕作。④

从材料的描述可以看出，信阳水牛具有体型硕大、骨骼健壮、肌肉丰满、适于水田耕作等突出优点。

综上所述，民国时期河南耕牛的饲养在全国占突出地位，尤其是黄牛产地遍布全省，饲养数量占绝对优势；水牛主要产在豫南一带，在全国也有一席之地。河南耕牛不仅多，而且涌现出南阳黄牛、信阳水牛等优质品种。

二 马、驴、骡等大牲畜的饲养

民国时期，马、驴、骡等也是河南北方民间普遍饲养的大牲畜。顾谦吉《中国的畜牧》中说："马、驴、骡是华北及华中山地与云南的主要力兽，合占全国牲畜总量的 11.9%。分布以河南、山东、河北以及云南为

---

① 吴世勋：《分省地志·河南》上编，中华书局1927年版，第37页。
② 晏兆平：《光山县志约稿》卷1《地理志·物产》，台湾成文出版社1968年版，第83页。
③ （清）刘锦藻：《清朝续文献通考》4卷386《实业考九·工务》，江苏古籍出版社1988年版，第11334页。
④ 息县志编纂委员会编：《息县志》，河南人民出版社1989年版，第231页。

主要省份。"① 吴世勋指出河南"用骡马者仅西北部、东北部之富家耳"。其实，骡、马、驴等在河南无论富家还是一般的贫民均有饲养。"（河南）养马者率多农家，为骑乘及耕田之用。"如太康县"农家以马牛为常畜，挈牧亦甚繁盛"②。马也是农户经常饲养的牲畜之一。

据表 2 统计，民国时期河南养马最多时为 1935 年，数额为 83.2 万匹，最少是解放前夕的 1949 年，为 9.5 万匹；骡最多时达 107.7 万头，最少也在 13.3 万头；驴少则 94 万头，多者为 267.9 万头。河南地区也有不少名优畜产，泌阳驴就是其中之一。泌阳驴大约有 4000 年的饲养历史。西汉后期，随着中原与西域交往日益频繁，大批驴、骡引入中原，"来自西域或中亚、西亚的驴，沿着黄河流域分布的同时，其另一支来到伏牛山以南、桐柏山以北富庶的南阳盆地、唐河、泌阳河两岸，形成了著名的泌阳驴"③。

尽管如此，与牛的饲养情况相比，马、驴、骡在河南农村的饲养则稍逊一筹。如 1928 年河南许昌五村调查为户均 12 亩，养牛 0.3 头、驴 0.3 头、马 0.02 匹、骡 0.04 头；辉县四村户均耕地约 21 亩，养牛 0.63 头、驴 0.24 头、马 0.15 匹、骡 0.45 头④。马、驴、骡适合生长在气候干旱温凉的地区，河南夏季炎热多雨，气候总体上不大适于这些牲畜。

三　猪、羊等小牲畜的饲养

河南地处中原，历史上以农业生产为主，种植大麦、小麦、水稻、高粱、玉米等农作物，为猪、羊等小牲畜提供了丰富的食物。因此，民国时期河南地区的农户几乎家家饲养猪、羊等牲畜。据统计，民国时期河南省养猪最多时达 345.7 万头、羊 456.9 万只（参见表 2：1935 年、1936 年统计数字）。"凡畜牧挈生之数，羊群最繁，获利最厚，一岁本岁均，二岁再倍，三岁四倍，六年以往，则本一而利百。"⑤ 尤其是羊的饲养，一本

---

①　顾谦吉：《中国的畜牧》，商务印书馆 1939 年版，第 21 页。
②　刘盼遂：民国《太康县志》卷 3《政务志·畜牧业》，台湾成文出版社 1976 年版，第 179 页。
③　耿社民、刘小林主编：《中国家畜品种资源纲要》，中国农业出版社 2003 年版，第 250 页。
④　行政院农村复兴委员会：《河南省农屯调查》，商务印书馆 1934 年版，第 24 页。
⑤　郭文韬、曹隆恭：《中国近代农业科技史》，中国农业科技出版社 1989 年版，第 451～452 页。

万利，是家庭经济收入的重要来源之一。

先看豫北、豫西地区。猪、羊是豫北农村普遍饲养的牲畜，其典型以林县、安阳县为代表。林县位于太行山，多荒坡、草地，适合放牧猪、羊。"羊群较大小以百计，多以千计，春日卧谷地、夏则上山，秋日卧麦地，冬始入圈。春梳冬毛，秋梳夏毛，毛之细者曰绒。猪之畜以粉房为多。"① 安阳县"西山岭一带，富有农户，牛羊成群，至于养猪，虽为粉坊专业，而水冶居民，比户饲养，视为一大利源"。清末豫北一带的"寒毛羊"比较著名，其羊毛"纤维细短，色泽光白，富裕黏缩性，弹性尤佳，宜造细呢等"②，是不可多得的优质品种。豫西一带以山地丘陵为主，适合畜牧。据民国17年《河南通志》采访册记载，豫西灵宝县"家畜有鸡鸭猪羊等类，其饲养目的系供婚丧喜庆及其宴席之需要，向不敷全县之用，故无出境贩卖之事"③，主要满足农户的生活需求，商品化程度很低。荥阳县境内近山间有牧羊者，猪则中户以上之家畜之，"每圈亦五七头"④。汜水县（今荥阳西北汜水镇）"邑内间有牧羊畜牸者。此外还有'牛、马、驴、骡、猪、兔'等⑤"。据《孟津县志》统计，1949年解放前夕，孟津县有小家畜9594头，其中猪3002头，占31.29%；绵羊4085只，占42.58%；山羊2507只，占26.13%。⑥ 新安县1949年解放前夕，全县饲养的小家畜山、绵羊21,361只，猪16,386头⑦。从这些统计数据来看，牲畜饲养量总体偏低，这是因为经历了长达8年的抗日战争以及3年的解放战争，到解放前夕，畜牧业已经是千疮百孔；豫西、豫北一带农户养猪的数量稍低于羊。

豫东地区几乎家家户户饲养猪、羊。如鹿邑县："羊，农家所畜，率不过三五头，无百十成群者，且皆山养；猪亦户畜养之。"⑧ 几乎每家都

---

① （民国21年）《林县志》卷10《风土》，台湾成文出版社1932年版，第590～591页。

② （清）刘锦藻：《清朝续文献通考》385卷《实业考八工务》，上海商务印书馆1936年版，第11330页。

③ 灵宝县地方史志编纂委员会：《灵宝县志》，中州古籍出版社1992年版，第410页。

④ 卢以治等纂修，张沂等辑：（民国13年）《续荥阳县志》卷4《食货志》，台湾成文出版社1976年版，第283页。

⑤ 刘景向纂：《河南新志》（上册）卷4《物产》，中州古籍出版社1988年版，第194页。

⑥ 孟津县地方史志编纂委员会：《孟津县志》，河南人民出版社1991年版，第195页。

⑦ 新安县地方史志编纂委员会：《新安县志》河南人民出版社1989年版，第262页。

⑧ 于沧澜纂，蒋师辙修：（光绪二十二年）《鹿邑县志》卷9《物产》，中州古籍出版社1992年版，第360页。

畜养三五头猪、羊。商水县"猪羊二物畜之太多，而无圈以限之"①。因猪、羊畜养太多竟达到无圈可养的地步。民国24年（1935年）淮阳县全县饲养生猪达3.56万头②。沈丘县的槐山羊声名远播，因其所产板皮自"中清"以后多集中于河南省沈丘县的"槐店镇"，故名"槐山羊"。槐山羊广泛饲养于整个豫东地区，是当地的一大名产③。另外，民国时期，在河南豫东靠近山东一带还引进了山东寒羊，这种羊"体躯较高大，毛品质略细"④，也是不可多得的地方名产之一。

　　豫中、豫南地区的许昌、驻马店、信阳一带的民间也大量饲养猪、羊。河南养猪"自许昌以南即盛，肉、油运输汉口。大河沿岸，乡民有恒产者，家有饲猪，而城市之民则否。许昌、信阳则盛于城市，信阳居民，有一家养猪数头者，若他出乡民之畜鸡然"⑤。饲猪之风以信阳、许昌为最盛，但就猪肉品质而言，不如北方地区所产猪。许昌县"养鸡养猪，土人虽不知研究学术而由经验所得，饲育有法，营业亦甚发达"⑥。许昌县民户养猪基本上靠传统经验的积累。正阳县民间，"只猪、羊、鸡三种，间或家畜数百头，售裕日用。至牛、马、驴、骡，农民取足助耕，无专事牧养为业者"⑦。光州境内"有水牛、黄牛及羊"，而"淮以南皆羖羚羊，不及北地白毛大尾羊"⑧。豫西南的南阳养羊业发达，早在1906年绅士赵素庭就在南阳开始创立牧羊公司⑨，实行专业化饲养。

　　总之，猪、羊是河南境内优势家畜，饲养历史悠久，一般家庭均有饲养，是补贴家用的生活来源之一。因河南人口数量多，户数多，猪、羊饲养的绝对数值就比较大。

　　① 徐家璘修，杨凌阁纂：（民国7年）《商水县志》卷5《地理志》，江苏古籍出版社、上海书店1990年版，第352页。

　　② 邵士杰、王守德主编：《淮阳县志》，河南人民出版社1991年版，第426页。

　　③ 田金棋、赵东阶：《汜水县志》卷7《实业》，上海世界书局1928年铅印本，第273页。

　　④ 李群：《中国近代畜牧业发展研究》，中国农业科学技术出版社2004年版，第36页。

　　⑤ 吴世勋：《分省地志·河南》上编，中华书局1927年版，第184页。

　　⑥ 王秀文等修：《许昌县志》卷6《实业》，1923年宝兰斋石印本，第357页。

　　⑦ 魏松声等纂：（民国25年）《正阳县志》卷2《实业·农业》，台湾成文出版社1968年版，第273页。

　　⑧ 杨修田纂修：《光州志》卷4《物产》，台湾成文出版社1966年版，第440页。

　　⑨ 柏卫平、赵文汉纂：《南阳畜牧志》，中州古籍出版社1992年版，第110页。

四　家禽的饲养

鸡、鸭、鹅是近代河南农户饲养的主要家禽。禽类产品中，除了肉食以外，主要利润还是蛋类，是人们改善生活、补贴家用的主要来源。"平民生活程度较低，鸡蛋非通常食品，大都储积以待出售。小贩负担巡游乡村，虽铁路未通，如南阳、临汝等县，太行、伏牛等深山之中，皆由小贩辗转运出。近年此业益盛，而中下之家皆视为重要生产。以鸡蛋为煤油、火柴、蔬菜等之交易品，其使用与货币等矣。"① 可见，在近代，河南农村家禽的饲养对农户而言意义重大，鸡蛋是换取煤油、食盐、火柴、蔬菜等生活必需品的主要物质。

正因为如此，河南农村普遍饲养家禽以补贴家用，但因气候和自然条件的影响，河南地区民间养鸡的数量远远超过鹅、鸭：

> 鸡鸭鹅之类，在河南为农家良好副业。全省养鸡之户，几占三分之二。惟南部邻湖北诸县颇养鸭、鹅，但无专以为业者。其年产之数，大约鸡可四五千万只，鸭约得鸡二十分之一，鹅约得鸭四十分之一。鸡之成群者颇少，仅林县有群。鸭则信、罗、光、潢、商、固等县有群。岁丰水满，辄三五人集资豢之。自夏历四月始，每群或千余至二三千。早稻即获，逐田食其遗粒及鱼虾之类，九月而肥，岁旱则散。鹅则数十成群者更少，率今年饲而明年止，其确数皆难调查。此三禽者，每年皆有输出，而以鸡为大宗。由平汉铁路运往汉口、北平者，为数甚巨。②

解读上述材料可知，民国时期，鸡是河南农户普遍饲养的家禽，每年约四、五千万只，相当于鸭的 20 倍，鹅的 40 倍。而根据李群先生的统计，河南 1935 年民间饲养鸡、鸭、鹅的数量分别为：鸡 2207.1 万只，鸭 258.1 万只，鹅 44.4 万只。鸡的数量几乎相当于鸭的 10 倍，鹅的 50 倍。两者记述的数字虽有出入，但也大体上反映了河南民间鸡、鸭、鹅饲养的情况。

---

① 刘景向总纂：《河南新志》卷 4《物产·农产》，中州古籍出版社 1988 年版，第 193 页。
② 刘景向总纂：《河南新志》卷 5《实业，畜牧》上册，中州古籍出版社 1988 年版，第237～238页。

因河南各地地理环境的差异，民国时期家禽的饲养也存在着地域的不平衡性。豫北地区多山，适合家禽的散养，故养鸡较多。如安阳县："饲鸡不专为营利，近因蛋贵，亦为农家副产之一。"[①] 林县："所产鸡蛋，籍以换油换盐或售于蛋商，转运相卫东大路及鹿岭口，贩鸡蛋者逐日络绎不绝，亦输出品一大宗。"[②]　"鸡蛋主要销往安阳、新乡等县。"[③] 鸡蛋是当地输出的大宗商品。豫西一带农村也大量养鸡，据统计1949年解放前夕，孟津县全县饲养鸡118,428只[④]。洛阳县农户养鸡很多，鸡蛋主要用于出口，"洛阳县今日交通便利，鸡蛋亦为出口品"[⑤]。荥阳县 "鸡则家家畜之，铁路通行以来，鸡卵有时运出境外"[⑥]，依靠便利的铁路运输将鸡蛋运出境外。总之，民国时期豫西、豫北一带的农村家禽饲养以鸡为主，鸡蛋是重要的出口商品，是民户经济收入的来源之一。

豫东南、豫南一带，水网密布，民户除养鸡外，还利用优越的自然条件饲养鹅、鸭。如河南沿淮两岸的民户，"饲鸡为专业者，但乡村居户之饲育家禽之三五头者，比比皆是"[⑦]。太康县 "平民以养鸡养羊为多，鸡几无家无之"[⑧]。"每年输出鸡卵于开封、郑州、许昌、周口等处，价值颇巨。"[⑨] 太康县的鸡蛋远销豫中、豫东一带。鹿邑县利用水网密布的优越条件大力发展养鸭业，生产的 "唐蛋" 久负盛名。上蔡县农户养鸭成为当地的主要副业之一。据民国32年（1943年）《重修蔡县志·实业志》记载，"临水各户喜饲鸭，规模大者动辄数千只，以时出入，集成巨款，亦乡村副业之一种也"。养鸭数千只，堪称 "养鸭之巨子"。光山县境内，

①　民国《续安阳县志》卷7《实业志·农业》，北平文岚簃古宋书局1933年铅印本，第17页。

②　王泽敷、王怀斌修，李见荃纂：（民国21年）《林县志》卷10《风土》，台湾成文出版社1932年版，第592页。

③　同上。

④　孟津县地方史志编纂委员会：《孟津县志》，河南人民出版社1991年版，第195页。

⑤　林传甲：《大中华河南省地理志》第115章《洛阳县》，商务印书馆1920年版，第229~230页。

⑥　卢以治等纂修，张沂等辑：（民国13年）《续荥阳县志》卷4《食货志》，台湾成文出版社1968年版，第283页。

⑦　吴世勋：《分省地志·河南》上编，中华书局1927年版，第202页。

⑧　刘盼遂：（民国）《太康县志》卷3《政务志·实业》，台湾成文出版社1976年版，第180页。

⑨　刘盼遂：（民国）《太康县志》卷3《政务志·畜牧》，台湾成文出版社1976年版，第180页。

鸡"邑人皆饲之"①。还有"专有以养鸭为业者","养鸭者，夏日购乳鸭数百头或数千头，进水筑场饲养，稍长则行棚逐食，深秋肥硕则售以充实，故曰菜鸭，多获厚利。于菜鸭中提养雌鸭者曰养母鸭，以售蛋为利，春夏之交送暖房，利尤厚。"② 光山县农户养鸭既出售菜鸭，又销售鸭卵，一举两得，获利颇丰。

总之，民国时期，河南畜牧业总体有了很大发展，与其他朝代及其他省份相比，牲畜数量占绝对优势。但由于这一时期内忧外患频繁，自然灾害频发，在一定程度上影响了畜牧业的发展，使畜牧业出现了曲折的发展趋势。

第二节　河南畜牧业市场

民国时期河南地区畜牧业的兴盛，催生了牲畜交易市场与畜产品贸易市场的兴旺。牲畜与畜产品远销天津、汉口甚至欧美。河南畜牧市场的活跃客观上刺激了农户家庭养殖的积极性，极大地促进了民间畜牧业的发展。

一　活畜交易市场

民国时期，河南牲畜除用于生产、生活之外，更多地用于商品交换。各乡村集镇基本上都有牲畜交易市场。如豫东开封农村集市"农土特产、干果陆陈、猪马牛羊、砖瓦木料"③，各种土特产品和牲畜交易应有尽有。洛阳周边集市"作买卖农器、家具、牲口、花木之市场"④，形成了一些专门的牲畜交易市场。郑州的一些中小集市上也有牲畜交易，会上"有专业的牛马经纪，有的地方叫行户，他们凑几棵树，或立几根木桩，拉上根拴牲口的绳，介绍牲畜的买卖，拾取佣金"⑤。许昌、鄢陵、扶沟一带的牲畜交易会称为"缤会"或"绳会"，每月定期举行几次⑥。

① 晏兆平：《光山县志约稿》卷 1《地理志·物产》，台湾成文出版社 1968 年版，第 83 页。
② 同上。
③ 高峰秀：《忆开封村边庙会》《开封文史资料》第 5 辑，开封文史资料委员会 1987 年编，第 162 页。
④ 胡朴安编：《中华全国风俗志》（下编）河北人民出版社 1986 年版，第 123 页。
⑤ 袁山周编：《郑州市民俗志》，郑州市民政局民俗志编辑室 1987 年版，第 93 页。
⑥ 赵金荣：《三里不同俗十里改规矩》，《许昌文史资料》第 8 辑，许昌县文史资料委员会1995 年版，第 176 页。

除一般集市外，河南各地还定期举行骡马大会。如郑州骡马大会上半年从 3 月 1 日起，在东大街；下半年从 10 月 1 日起，在南关，形成了固定的交易场所。"这两处的骡马药材大会的交易额都很大。"① 安阳也定期举办骡马会。据民国《续安阳县志》记载，"向有一定地点，集中各项货物以供买卖。大会则有各种农具估衣骡群马群者，名之谓骡马大会"②。河南内乡县的西庙岗黑虎爷会："以牲畜交易为主，每会成交额达上千头大牲畜，猪羊无数。"③ 漯河 1923 年成立了牲畜同业工会，"组织处理牛行业的日常事务与纠纷"。英国人安子钦每日在漯河牲畜交易会上买磅牛 50 头，经漯河火车站运往天津，然后乘船运到国外④，使得国内的牲畜交易市场与国际市场有了紧密的联系。周口骡马大会，"沿街植树椿如林，相距咫尺，用系牛马驴骡，南北两寨，按奇偶日，隔日交迭为市，或买或卖，有不远千里而来者，其商区可达山东、直隶之南部，江苏、安徽之北部"⑤，吸引了许多外省的客商不远千里而来。

民国时期，河南牲畜市场的交易量还是很大的。如前文提到内乡的一个乡村集市每次成交额"上千头大牲畜，猪羊无数"。民国《光山县志·约稿·食货志·表》载光山县 1929 ~ 1920 年"猪年约万头，出售麻城宋埠，价值十二万元"。每年出售上万头猪。长葛县 1934 年生猪贸易在 2.5 万头以上⑥。临颍县 1934 年，全县活羊年交易量达 89 万只⑦。牲畜市场的活跃提高了农户畜禽养殖的积极性，促进了畜牧业的发展。

二　畜产品交易市场

民国时期，河南的畜产品如皮毛、猪鬃、鸡蛋等远销国内外，在中原地区"传统的封闭型畜牧业生产结构逐步向近现代化的外向型生产结

---

① 袁业周编：《郑州市民俗志》，郑州市民政局民俗志编辑室 1987 年版，第 89 页。
② 转引自程民生《河南经济简史》，中国社会科学出版社 2005 年版，第 293 页。
③ 孙国文主编：《内乡民俗志》，中州古籍出版社 1993 年版，第 210 页。
④ 张福祥：《风雨春秋八十年——漯河市牛行街牲畜贸易市场见闻》，《漯河文史资料》第 2 辑，1988 年版，第 109 页。
⑤ 吴世勋：《分省地志·河南》上编，中华书局 1927 年版，第 202 页。
⑥ 《河南各县物产调查·长葛县》，《工商半月刊》1934 年第 6 卷第 4 号。
⑦ 《河南各县物产调查·临颍县》，《工商半月刊》1934 年第 6 卷第 3 号。

构"① 转化过程中起到了重要作用，客观上刺激了农户畜牧业生产与养殖的积极性。如"清末至民国，因县（淮阳）内山羊板皮质量优良，曾大量出口，因而山羊饲养量大增"②。羊皮的大量出口促使了淮阳县山羊饲养规模的扩大。

首先是皮毛市场的勃兴。民国时期，河南的许多城市、集镇是重要的皮毛等原料输出地。"河南牛皮以黄河之南为盛，陕县、洛阳、郑州、许昌、郾城、驻马店、信阳诸车站，皆为牛皮集散之地。西至南阳，东至淮阳，牛皮皆转输至车站，操其业者，大概为回民。豫西之牛皮集于洛阳，汝阳道东部之牛皮集于信阳。近自陇海铁路通至陕县，陕县西南及陕西之牛皮皆集焉。信阳多水牛皮，郑州概黄牛皮，二处均为河南牛皮之大市场。汉口之牛皮十分之七八为河南货，以来自信阳为最多。"③河南铁路运输发达的城市，如开封、洛阳、郑州、信阳等成了重要的皮毛集散地。刘景向亦言信阳是河南地区最大的水牛皮集散地④。开封的皮货业在 1921 年以前达到极盛，"该业之在汴市，几有莫能比拟之势"。后受"九一八"事变的影响才逐渐衰落⑤。豫西一带因养羊较多，羊皮、羊毛等畜产品是重要的出口物质之一。如宜阳县，"羊皮、羊毛、烟草亦有输出者，凡牛羊皮之输出，皆由洛阳至正县，由京汉铁路达汉口"⑥，陕县"所有黄河通货，均由城西北太阳渡登岸，陕甘羊皮由此以输出"⑦，孟县的上坡村皮革生产更为壮观，全村 1 万多人几乎全部从事皮革加工，对外出口。

猪鬃也是民国时期河南重要的出口物资："据平汉铁路沿线物产表，郾城站及彭家湾站，俱有猪毛、猪鬃之输出。"⑧"猪鬃是猪脊背上的刚毛，可以做各种刷子，如白色的猪鬃，用科学方法漂白后即成为纯白、

---

① 樊如森：《天津开埠后的皮毛运销系统》，《中国历史地理论丛》2001 年第 1 期。

② 邵士杰、王守德主编：《淮阳县志》，河南人民出版社 1991 年版，第 426 页。

③ 吴世勋：《分省地志·河南》上编，中华书局 1927 年版，第 38 页。

④ 刘景向总纂：《河南新志》卷 4《物产·农产》，中州古籍出版社 1988 年版，第 195 页。

⑤ 实业部中国经济年鉴编纂委员会：中国经济年鉴续编（1935），商务印书馆 1935 年版，第 505～506 页。

⑥ 林传甲：《大中华河南省地理志》第 120 章《宜阳县》，商务印书馆 1920 年版，第 239～240 页。

⑦ 林传甲：《大中华河南省地理志》第 116 章《陕县》，商务印书馆 1920 年版，第 231～232 页。

⑧ 刘景向总纂：《河南新志》卷 4《物产·农产》，中州古籍出版社 1988 年重印（1929 年版），第 195 页。

半透明的制刷材料，可以制作牙刷、理发刷、医用刷等。此外，较长的猪鬃还可以用作制造丝织品的'蔻头'，或做缝鞋用，较短的猪鬃可以制作毡毛或精美弹簧家具的衬垫等。"① 除平汉铁路沿线郾城与信阳彭家湾外，豫中长葛、豫西南淅川②、豫北辉县也有大量的猪鬃出口③。

　　河南集市输出皮毛的数量惊人，一般乡村集镇运销的畜皮都在千张以上，有的甚至数万张。如南阳县年产"牛皮三千张，羊皮约一千余张"，"境内牛皮运售汉口出洋，购买者颇多，每年约数千张"④。据咸丰《淅川直隶厅乡土志·商业条》记载，淅川"运出本境之品，则牛羊皮行销汉口，牛皮岁一千余张，羊皮约五百张"。该县的荆紫关每年销售猪鬃达 4 万公斤。范县"牛羊皮路运直隶、河南等处，每岁销行约千余张"⑤。长葛的石固镇全年运销猪鬃 1 万斤，马鬃 5000 斤，羊皮 5 万斤，马尾 3000 斤，黄狼皮 5000 斤，犬皮 3 万斤，羔皮 1 万斤，销往汉口、天津等地⑥。怀庆府（今河南沁阳）、河南府、卫辉府（今河南卫辉）是当时羊毛的主要产地，多运往天津出口⑦。辉县"四境平均出产羊皮 3.5 万张，牛皮 5000 张，骡马皮 3500 张，羊毛 2.2 万斤、羊绒 9500 斤、猪鬃毛 6500 斤，其中本地消费占 20%，80% 以上由火车输往天津大沽口，本地设有皮行两家"⑧。此外，豫南确山县驻马店镇牛羊皮年交易数量各在 500 吨以上⑨。据程海娟研究，民国时期河南运往汉口天胜厂的羊皮 5000 张，黑纹底皮每年 7000 张销往汉口和武昌两地⑩。河南境内的皮毛通过铁路源源不断地销往汉口与天津，再经由这些城市出口

---

① 李群：《中国近代畜牧业发展研究》，中国农业科技出版社 2004 年版，第 120 页。

② 丁德超：《近代豫西北农村市场与社会转型》，硕士学位论文，陕西师范大学，2008 年，第 45 页。

③ 河南省公署建设厅：《河南建设月刊》1938 年第 1 期。

④ 潘守廉：（光绪三十年）《南阳县户口地土物产畜牧表图说》，台湾成文出版社 1968 年版，第 10 页。

⑤ 光绪《范县乡土志》（商务），转引自丁德超《近代豫西北农村市场与社会转型》，硕士学位论文，陕西师范大学，2008 年，第 44 页。

⑥ 丁德超：《近代豫西北农村市场与社会转型》，硕士学位论文，陕西师范大学，2008 年，第 45 页。

⑦ 王志军：《略论近代河南与通商口岸的贸易》，《洛阳理工学院学报》2010 年第 4 期。

⑧ 河南省公署建设厅：《河南建设月刊》1938 年第 1 期。

⑨ 贾贵浩：《1895—1937 年河南集市研究》，硕士学位论文，河南大学，2006 年，第 19 页。

⑩ 程海娟：《近代我国畜产品出口贸易及其对经济的影响》（1840—1936），硕士学位论文，南京大学，2006 年，第 19 页。

国外。这种交换"虽采取商品形式，却是为买而卖，实际上是使用价值的直接交换"①。在交换的过程中，商品生产者实际上蒙受了巨大损失。如1942年猪鬃在河南抗战区每斤收购价格仅七、八元，客商倒卖到天津每斤则五十元以上②。

河南出口的皮毛不仅量大而且品质优良，深受国内外客商的好评。如槐山羊板皮产于黄河以南、淮河以北、京广铁路以东、津浦铁路以西的黄淮地区，其中心产于周口地区的沈丘、项城、淮阳和郸城等地。早在清朝时期，槐山羊皮就闻名遐迩，远销英、法、德、美、日等国，受到好评。民国时期，槐山羊皮的经营者为区别与其他山羊板皮，将其购置的山羊板皮打成捆后，在其皮肉面上印上行号并印上"槐"字，故称"槐皮"，"汉口路槐皮"③成为一大名牌产品。

三　鸡蛋的输出

河南历史上是以农业为主的地区，一般农户家里都饲养有鸡，用鸡蛋换取一些生活必需品。近代以来，随着交通运输业的快速发展，鸡蛋成为大宗商品，远销到国内外。"大河南北，凡人民繁殖之地即鸡之饲养区域，亦鸡蛋之生产地。"④"所产鸡蛋，籍以换油换盐或售于蛋商，转运相卫东大路及鹿岭口，贩鸡蛋者逐日络绎不绝，亦输出品一大宗。"⑤如荥阳县"鸡则家家畜之，铁路通行以来，鸡卵有时运出境外"⑥。洛阳县"今日交通便利，鸡蛋亦为出口品"⑦。依靠便利的铁路运输将鸡蛋运出境外。

当然，鸡蛋毕竟不是容易保存的商品，在炎热的夏季以及贩运的过程中易于变质和损坏。为了使鸡蛋能够长期保存、长途贩运，很多客商

---

① 吴承明：《中国的现代化：市场与社会》，生活·读书·新知三联书店2001年版，第112页。

② 邢汉三：《日伪统治河南见闻录》，河南大学出版社1986年版，第174页。

③ 刘振中：《槐山羊历史与现状及其发展途径》，《中国食草动物》1993年第3期。

④ 吴世勋：《分省地志·河南》第2章《人文·蛋粉工业》，中华书局1927年版，第35页。

⑤ 王泽敷、王怀斌修，李见荃纂：（民国21年）《林县志》卷10《风土》，台湾成文出版社1932年版，第592页。

⑥ 卢以治等纂修，张沂等辑：（民国13年）《续荥阳县志》卷4《食货志》，第283页。

⑦ 林传甲：《大中华河南省地理志》第115章《洛阳县》，商务印书馆1920年版，第229～230页。

纷纷建立起现代化的蛋厂（又称蛋粉厂）。"蛋粉工厂俗名蛋厂，将黄白分制成粉，装桶封固，由铁路运至汉口，输出国外。"① 如修武县"设立蛋厂，出品运往欧美各处以挽利权"②。清末，浙江商人阮文中在河南彰德、许昌、驻马店等地设立蛋厂，首开河南建设蛋厂之先河③。民国以来，蛋厂如雨后春笋一般在河南建立起来。据统计，在 1930 年，河南先后建立起永丰、信恒、振豫、庆丰、元隆、泰源、新济、元昌、同和裕等 10 余家蛋厂④。到 1936 年，山西有蛋厂 32 所，河南 26 所，河北、江苏紧随其后。其中资本金在 20 万，流动资金 30 万元，职工 1000 人的大规模蛋厂有 8 家，其中河南 3 家，河北 2 家，湖北、山东各一家。资本金 2 万，流动资金 3 万，职工 300 余人的小规模蛋厂共有 76 家，其中河南 24 家，山西 31 家，江苏 10 家，安徽 5 家⑤。虽然山西蛋厂的总数比河南稍多，但其没有一家规模较大的蛋厂，而河南却占了 3/8。所以，就蛋产量而言，河南与山西可谓半斤八两，不相上下，均足以傲视他省。丁德超先生曾将 1936 年河南规模较大的蛋厂进行过统计，笔者抄录如下：

表 5 　　　　　　　　　 1936 年河南蛋厂统计表⑥ 　　　　　　　　　单位：元

厂址	企业名称	资本额	运输方式	厂址	企业名称	资本额	运输方式
获嘉	泰源	30000	道清铁路	新乡	福义	45000	京汉铁路
	永记	40000			恒裕	40000	
	泰和	40000			慎康	30000	
漯河	美丰	42000	京汉铁路兼水运	清化镇	德丰	35000	道清铁路
	鼎丰	30000			恒茂	30000	

① 吴世勋：《分省地志·河南》第 2 章《人文·蛋粉工业》，中华书局 1927 年版，第 35 页。

② 萧国桢：民国《修武县志》卷 9《财赋·实业》，台湾成文出版社 1976 年版，第 751 页。

③ 政协新乡市委员会秘书处：《解放前新乡蛋厂发展情况》，《河南文史资料》1981 年印行第 5 辑，第 136 页。

④ 王天奖：《清末至民初年间河南资本主义工矿企业》，《河南文史资料》2001 年第 3 辑，第 179~181 页。

⑤ 实业部上海检验局：《中国出口蛋业》，《国家贸易导报》1936 年第 8 卷第 8 号。

⑥ 丁德超：《近代豫西北农村市场与社会转型》，硕士学位论文，陕西师范大学，2008 年，第 46 页。

续表

厂址	企业名称	资本额	运输方式	厂址	企业名称	资本额	运输方式
道口	泰源	35000	道清铁路兼水运	许州	豫昌	200000	京汉铁路
	振丰	30000			福义	30000	
开封	庆丰	40000	陇海铁路	彰德	同记	350000	京汉铁路
	庆云	35000			中孚	50000	
	大昌	30000			同和裕	40000	
郑州	大昌	400000	京汉铁路	洛阳	庆云	40000	陇海铁路
孟县	庆记	42000	陇海铁路	修武	三阳	40000	道清铁路
滑县	中兴	40000	水运	楚旺	庆记	30000	水运

由表 5 可以看出，河南蛋厂主要设在家禽饲养兴盛和交通便利的地区，如郑州、开封、新乡、彰德、许昌等地。民国时期河南规模较大的蛋厂有 26 家，其中资本金在 3 万~5 万之间的有 23 家，本金超过 20 万的有 3 家，分别是许州的豫昌、彰德的同记和郑州的大昌。由于资金雄厚，河南蛋厂生产规模非常庞大。如新乡恒裕蛋厂，"鸡蛋购自本境，旺年约收鸡蛋两千万枚"[①]。仅一个蛋厂在当地就收购鸡蛋 2 千万枚（约 200 万斤）。又如大昌蛋厂 1930 年日产量为 20 箱，到 1933 年，短短 3 年期间日产量就达到 600 箱[②]。蛋厂的大规模发展提高了农户养鸡的积极性，客观上促进了河南家禽饲养业的发展。

四　皮毛加工业市场的兴起

民国时期，畜牧业的兴盛为皮革加工业与绒毛制造业的兴起提供了丰富的原料。豫北地区的绒毛业和皮革制造业较为兴旺，形成了林县、孟县等交易市场。如孟县的皮革加工制造在怀庆府颇有名气，据民国《孟县志》记载："东桑坡村有皮作坊十八家，西桑坡村十四家，多由陕西采购羊皮，制造各种皮袍，佳者每件值三四十元"，但"制革多沿旧法，故未

---

① 刘景向总纂：《河南新志》卷 5《实业·工业》，中州古籍出版社 1988 年重印（1929 年版），第 248 页。

② 黄正林、张艳、宿志刚：《近代河南经济史》（下），河南大学出版社 2012 年版，第 150 页。

能造精致用品。"① 林县"全县绒毛行无虑数十家，以羊毛、羊绒制成帽、毡、毯等，运销汉口、京、津，获利颇巨，故绒毛业为豫北冠"②，成为豫北地区最大的绒毛加工与销售市场。但从整体看，这一时期省内各地的畜产品生产多以加工生产生皮为主，而以畜产品为原料的制革业尚显落后。这一方面是因为国外对皮货需求量增加及其皮货价格的上涨，刺激了生皮的生产，另一方面是由于制革技术难，成本高，国内市场狭小，获利不如生皮加工来得快。加之畜牧饲养者生产观念落后，生产技术落后，缺乏市场营销能力，急于获取眼前利益等，使得省内畜皮加工仍停留在以输出原料为主的初级阶段。

需要指出的是，河南畜牧业市场的发展也不是一帆风顺的，日本全面侵华后，畜牧业市场遭到了重创。如1937年日货进入新乡后，"原有12家蛋厂，仅剩7家，职工由3000人减至250人"③。民国时期，开封制革业最盛时有175家，产品远销北京、兰州等地。1938年开封沦陷后，"皮革生产处于半停顿状态"④。抗战期间，河南畜产品市场日益萎缩和衰败。

总之，民国时期，河南地区家庭养殖业的兴盛以及近代交通运输业的迅速发展，为当地牲畜交易以及畜产品贸易业的兴起提供了良好的契机。同时也加强了河南区域市场与国际市场的联系，使河南的经济结构"由传统的封闭型畜牧业生产结构逐步向近现代化外向型生产结构转型"发挥了重要作用，增加了河南经济的现代化因素，对自然经济的解体也是一个极大的冲击。

第三节　民国时期影响河南畜牧业发展的因素

畜牧业生产是生物的再生产，各种牲畜都与其周围的环境保持着密切的联系，进行着持续的能量与物质交换。正因为如此，畜牧业受自然与气

---

① 阮藩济等修，宋立梧等纂：《孟县志》卷6《选举·社会·商业》，台湾成文出版社1976年版，第1079页。

② 王泽敷、王怀斌修，李见荃纂：（民国21年）《林县志》卷10《风土》，台湾成文出版社1932年版，第592页。

③ 新乡市地方史志编纂委员会：《新乡市志》上，中州古籍出版社2008年版，第33页。

④ 开封市地方史志编纂委员会：《开封简志》，河南人民出版社1988年版，第49页。

候条件的影响很大。另一方面，作为农业的一个生产部门，畜牧业还受诸多社会环境的制约，如一定时期的交通运输条件、科学技术、国家政策与税收、战争等。

一　便捷的交通条件

民国时期是河南交通运输业发展的一个重要时期，陆路方面形成了以开封、洛阳、怀庆府为中心的、通往全国的四通八达的交通网络①。不仅如此，近代还掀起了修筑铁路的高潮，清末在河南先后建成京汉、汴洛、道清3条铁路，"省内总长为888.1公里，约占全国铁路的10%，仅次于河北、辽宁、黑龙江，居全国第4位"②。铁路的修筑更是大大缩短了货物外运的时间，使得原本闭塞的中原人民的思想观念和生活方式发生了很大变化，如河南夏邑县"邑人安土重迁，老死不出境外者，至梯山航海，奔竞商途者，得未曾有也。所谓商日中为市，交易而已，受物而鬻，贾术而已。今则铁路开通，交通便利，愁迁变化，月异而戚不同"③。铁路未修前，人们很少出境，商业萧条；铁路修筑后，极大地改变了人们的生活方式。尤其是铁路附近沿线的州县"民物络绎不绝于途，商贩歌呼相望于路"④，大大冲击了当地的自然经济，加快了商品流通的速度和数量。宣统二年（1910年）时任湖广总督的瑞澂记述了河南货物经光山、襄阳、安陆、应山、孝感等地运往湖北，"铁道既通，交易繁盛百倍"，各地畜牧产品和土特产被大量地运出河南。如西平县"自光绪末叶京汉铁路告成，运输便利，于是本邑土产如芝麻、黄豆、小麦及牛羊皮等，多为外来客商所采购"⑤。由于铁路运营后提供的便利条件，河南的畜牧产品生产与贸易较前有了长足的发展，并形成了开封、洛阳、郑州、怀庆、归德（今河南商丘）、宁陵等羊皮

---

①　苏全有、李长印、王守谦：《近代河南经济史》（上），河南大学出版社2012年版，第304～306页。

②　河南省地方史志编纂委员会：《河南省志·铁路交通志》，河南人民出版社1991年版，第9页。

③　韩世勋、黎德芬：《夏邑县志》卷1《地理志·商业》，1920年石印本。

④　张缙璜纂修：《确山县志》卷15，1931年铅印本，第1页。

⑤　瑞澂：《盟水斋存牍》卷1，中国政法大学出版社2002年版，第34页。

生产集散地①。

随着交通运输业的迅猛发展，牛肉、羊毛等畜产品也成了民国时期河南出口的大宗物资。1922～1931 年青岛海关对外贸易称，"根据德国管理胶澳时所编之统计，青岛出口牛肉 70% 来自豫省"②。怀庆府、河南府、卫辉府是当时羊毛的主要产地，多运往天津出口③。林县"以羊毛、羊绒制成帽、毡、毯等，运销汉口、京、津，获利颇巨"④。羊绒产品因便利的交通条件而远销武汉、北京、天津等地。随着铁路交通的发展，"陕县、洛阳、许昌、郑县、郾城、驻马店、信阳等车站皆为牛皮之集散地"⑤。"豫西之牛皮集中于洛阳、汝阳道，近自陇海铁路通至陕县西南及陕西之皮皆集于此。"可见河南牛皮的集散地集中于车站与铁路沿线附近，其对外贸易显然是依靠便利的铁路运输。又如，宜阳县"凡牛、羊之输出，皆由洛阳至郑县，由平汉铁路达汉口"⑥。陕县，"所有黄河通货，均于城西北太阳渡登岸，陕甘羊皮，由此以输出"⑦。豫南一带的猪鬃大多集中在湖北老河口，运销到汉口进行出口，豫北一带的猪鬃主要通过天津销往国外⑧。总之，近代河南便捷的交通运输条件促进了畜牧产品的外销，客观上有利于畜牧业的发展。

二 畜牧技术的进步与优良畜种的引进

民国以来，随着西学东渐，西方先进的畜牧技术和优良的畜牧品种逐渐传播和引进到中原地区，促进了河南畜牧业的发展。

近代以来河南大力引进国外优良品种，其中以引进萨能羊为最早。

---

① 程海娟：《近代我国畜产品出口贸易及其对经济的影响》（1840—1936），硕士学位论文，南京大学，2006 年，第 15 页。

② 青岛档案馆：《帝国主义与胶海关》，档案出版社 1986 年版，第 306 页。

③ 王志军：《略论近代河南与通商口岸的贸易》，《洛阳理工学院学报》2010 年第 4 期。

④ 王泽敷、王怀斌修，李见荃纂：（民国 21 年）《林县志》卷 10《风土》，台湾成文出版社 1932 年版，第 592 页。

⑤ 刘景向总纂：《河南新志》卷 4《物产·农产》，第 195 页。

⑥ 林传甲：《大中华河南省地理志》第 120 章《宜阳县》，武学书馆 1920 年版，第 239～240 页。

⑦ 林传甲：《大中华河南省地理志》第 116 章《陕县》，武学书馆 1920 年版，第 231～232 页。

⑧ 程海娟：《近代我国畜产品出口贸易及其对经济的影响》（1840—1936），硕士学位论文，南京大学，2006 年，第 17 页。

1904 年偃师县由瑞士的传教士引进 5 只萨能羊，饲养在老城西街。1906年意大利天主教和美国基督教传教士来郑州传教，带来 10 余只萨能羊和吐根堡羊①。民国以来，欧美奶山羊、奶牛、蛋鸡、细毛羊和肉猪等先后引进到河南地区。近代我国先后还从国外引进不少优良猪种，如约克夏、巴克夏、杜洛克、波中猪、汉普夏、切斯特白猪、泰姆华斯猪等。19 世纪末晚清政府把这些猪种引进到辽宁、河北等省，民国时期引进河南②。它们和河南当地的土猪杂交，改善了河南的猪种。此外，民国时期还注重耕牛优良品种的培育。1941～1943 年南京国民政府农林部先后在江西临川、湖南零陵、广西桂林、四川南川、贵州湄潭、河南洛川成立了 6 个耕牛繁殖场③。1946 年河南地方政府利用荷兰纯种牛 2 头与河南民间母牛配种 90 余次④。1947 年河南农业改进所利用荷兰公牛配种繁殖乳牛 2 头，1948 年开封配种站利用荷兰公牛与民间母牛配种 6 次⑤。国外这些优良畜种的引进对改善河南当地牲畜的品质起到了一定作用。

民国时期，国民政府在河南成立了畜牧治疗与科研机构。如 1941 年成立河南洛川耕牛繁殖场⑥。1943 年在河南郑州成立了第三兽医院，院长为张庆玺。同年南京国民政府成立了马政司。该机构成立后设兽医器材库于南京，洛阳、汉口、西安等各补给区设立兽医器材分库⑦。1943 在河南洛宁设置河南兽疫防治处，处长为苏荫庚。1947 年在山西长治设立了北方大学农学院，该院设立了畜牧兽医系和兽医专科学校，为晋冀鲁豫解放区培养兽医专门人才。它既是教学和科研基地，又是为群众牲畜治疗疾病的场所。随着解放战争的胜利，1947 年在晋冀鲁豫全境建立畜牧兽医教育工作站，培养了 360 名畜牧兽医干部，在扑灭猪瘟、牛瘟、炭疽病及人

---

①　河南省地方志编纂委员会编纂：《河南省志·畜牧志》，河南人民出版社 1995 年版，第76 页。

②　中国家畜家禽品种志编委会：《中国猪品种志》，上海科学技术出版社 1986 年版，第12～13 页。

③　中国畜牧兽医学会编：《中国近代畜牧兽医史料》，中国农业出版社 1992 年版，第 28 页。

④　《一年来之河南畜牧兽医》，河南农业改进所河南农讯社编：《河南农讯》第 2 卷第 1、2期合刊，1948 年，第 20 页。

⑤　黄正林、张艳、宿志刚：《近代河南经济史》（下），河南大学出版社 2012 年版，第 451 页。

⑥　李群：《中国近代畜牧业发展研究》，中国农业科学技术出版社 2004 年版，第 59 页。

⑦　中国畜牧兽医学会编：《中国近代畜牧兽医史料》，中国农业出版社 1992 年版，第 13 页。

才培养等方面发挥了积极的作用①。

民国时期河南地方政府还特别重视引进和培养兽医人才。1933 年许振英教授在河南大学农学院建立了中国第一个畜牧兽医系（1938 年春迁到镇平，后合并到西北农学院），知名教授有路葆清、谷子俊、蔡继贤等人②。这些教授在欧风美雨的浸润下本身就是著名的畜牧兽医专家。如许振英教授是畜牧学家和动物营养学家，先后毕业于美国名校康乃尔大学农学院和威斯康辛大学研究生院，1933 ～ 1935 年，在河南大学农学院任教授、畜牧系主任。他将美国的畜牧文献译成中文，供教学、科研使用，同时将美国先进的畜牧技术引入到河南。路葆清教授是我国著名的家畜育种学家，他早年深造于美国依阿华州立大学兽医学院，20 世纪 30 年代回国后来到国立河南大学农学院任教，他的《家畜育种学》是中国最早的一部家畜育种学专著。民国时期，他们从教于河南大学畜牧兽医系，为河南省乃至全国培养了一批兽医畜牧人才③。总之，民国时期河南畜牧业在西方现代兽医学的影响下，无论是在兽医技术、畜种改良技术还是畜牧人才培养方面都取得了较大成绩。

三　其他因素

需要指出的是，民国时期河南畜牧业尽管有较大发展，但不可忽视的是，这一时期连绵不断的战乱、多如牛毛的苛捐杂税以及肆意横行的水患和瘟疫，严重制约了畜牧业的发展。

首先，统治者对畜牧业课以重税。民国初年，河南地方财政入不敷出，为了解决财政困难，河南省政府不断增加各种税种，据统计，仅杂税一项就有 30 余种，涉及牲畜的税收有"猪捐、羊捐、车骡捐"等④。北京政府统治时期，从 1915 年开始向河南全省征收屠宰税，原定征收猪、牛、羊三种，税率为猪每头纳税 0.3 元，牛每头 1 元，羊每只 0.2 元。嗣后改为牛 2 元，禁止宰牛的地方猪征 0.4 元，羊征 0.3 元⑤。日伪政权统

①　中国畜牧兽医学会编：《中国近代畜牧兽医史料》，中国农业出版社 1992 年版，第 215 页。

②　同上。

③　同上。

④　中国第二历史档案馆等编：《中华民国工商税收史料选编》第 5 辑《地方税及其它税捐》，第 693 页。

⑤　王泽敷、王怀斌修，李见荃纂：（民国 21 年）《林县志》卷 10《风土》，台湾成文出版社 1932 年版，第 592 页。

治时期，对河南畜产品则是赤裸裸地大肆掠夺。如 1943 年征集 "羊毛（净重）26.4 万公斤、山羊绒（净绒）3.2 万公斤、骆驼毛 1000 公斤、牛皮 5.5 万张、豚皮 4000 公斤、马皮 1.2 万张、羊毛皮 35 万张、猫狗毛皮 7 万张、兔毛皮 3 万张、制革用羊皮 39.3 万张"①。总之，国民政府以及日伪统治者对河南畜牧业课以重税与大肆掠夺，严重挫伤了农户畜禽养殖的积极性，阻碍了畜牧业的健康发展。

其次，常年的战乱使畜牧业发展举步维艰。近代以来随着西方殖民者的入侵，尤其是日本侵略者对中国长达八年的蹂躏，畜牧业几乎遭到毁灭性打击。"十年战乱（1937～1947 年）……（河南）牲畜损失达六百余万头。"② 如温县，日军侵占期间 "牲畜家禽已寥寥无几，1945 年温县解放之初，全县耕畜仅存数百头"③。汝南县抗战期间损失牛 18,943 头、驴8,745 头、骡 3,603 头、马 5,752 匹，畜牧业遭到了重创④。从 1937 年与1945 年这两年河南省牲畜数量的对比来看，亦可知战争对河南畜牧业危害之严重。请看材料：

表 6　　　　　1937～1945 年抗日战争期间河南省家畜饲养变化⑤

家畜	1937 年家畜数（千）	1945 年家畜数（千）	减少数（千）	减少比率（%）
牛	3331	2754	577	17.3
马	487	170	317	65.1
驴	1900	1200	700	36.8
骡	676	190	486	71.9
猪	3187	2100	1087	34.1
鸡	18370	12200	6170	33.6

---

① 中央档案馆等：《华北经济掠夺》，中华书局 2004 年版，第 838 页。

② 汪万春：《改进河南畜牧事业之商榷》，河南农业改进所河南农讯社编：《河南农讯》1948 年第 1 卷第 3 期。

③ 温县志编纂委员会：《温县志》，光明日报出版社 1991 年版，第 291 页。

④ 《抗战期间河南省各县牲畜损失情况》（二），河南省统计学会等：《民国时期河南省统计资料》下册，第 53 页。

⑤ 李群：《中国近代畜牧业发展研究》，中国农业科学技术出版社 2004 年版，第 141 页。

从表 6 统计来看，八年抗日战争期间（1937～1945 年），河南的牲畜因遭受日本侵略者的掠夺或大量用于战争与交通运输中，死亡惨重，数量急剧下降。比如骡子 1937 年河南全省统计有 67.6 万头，到 1945 年战争结束时，仅剩下 19 万头，减少率为 71.9%。又如马匹，也由原来的 48.7 万匹减少为 17 万匹，减少比率为 65.1%。战争对河南畜牧业破坏之严重，可谓窥一斑而知全豹。

再次，瘟疫也是畜禽的一大杀手。根据国民政府中央农业实验所 1933 年农情报告材料，20 年代初，全国死于牛瘟的牛有 280 多万头，死于猪瘟的猪达 920 万头，死于猪肺疫的猪达 790 万头，死于鸡新城疫的鸡有 1200 万只①，当然，河南的畜禽也难以幸免。河南畜禽因瘟疫死亡的数字也是令人触目惊心的。这里以河南灵宝县为例：1914 年，灵宝县五亩乡的鱼村一带流行炭疽病，全村 50 多头牛一个月内全部死光，这种病又传染给羊群，农民郭长有 50 余只羊全部死光。1920 年五亩乡周家山村流行炭疽病，全村 60 多头牛，不到一个月死了 50 余头。1926 年，朱阳乡的干沟村流行气肿疽（俗称"爬腿猴"或"走马疳"），全村 30 多头牛，死亡 25 头。农民说："不怕地不怕天，就怕牛得走马疳。"同年，会庙村的羊群流行炭疽病，一农户养羊 600 多只，一个月时间里，仅剩下 4 只。1936 年西闫乡的西谷驿、水泉城流行炭疽病，两村有驴 36 头，死亡 33 头②。1947 年兽疫流行，几乎波及整个河南全省，"死亡家畜达五十余万头"，损失惨重③。

此外，水灾泛滥也给河南畜牧业带来了深重灾难。据《新安县志》统计，民国六年（1917 年）七月，"大雨，山洪冲没石井、苍头等村，牛羊、粮食无算"。民国十三年（1924 年）"大雷雨，死人畜"。民国二十二年（1933 年）"夏，大雨，七月二十六日涧水溢，漂没人畜田舍"④。民国时期黄河花园口决口，河南被淹 20 余县，造成大量牲畜死亡。如郑

---

① 沈志忠：《近代中美农业科技交流与合作研究》，博士学位论文，南京农业大学，2004 年，第 122 页。

② 河南省灵宝县地方史志编纂委员会编：《灵宝县志》，中州古籍出版社 1992 年版，第 416 页。

③ 汪万春：《改进河南畜牧事业之商榷》，河南农业改进所河南农讯社编：《河南农讯》1948 年第 2 卷第 3 期。

④ 新安县地方史志委员会编纂：《新安县志》，河南人民出版社 1989 年版，第 128 页。

州、广武、扶沟、太康、洧川、尉氏等县 60% ～91% 以上村庄被淹，人员损失巨大，牲畜亦不能幸免①。直到 1947 年黄泛区这些县大牲畜还非常紧缺，时人估计急需补充水牛 7 万头、黄牛 17.5 万头、马 10.4 万头（匹）、骡 9.2 万头、驴 24.4 万头，共计 68.5 万头②。水灾造成了牲畜的急剧短缺，严重影响到农业生产。

总之，民国时期天灾继以人祸严重制约了畜牧业的发展。尽管如此，由于广泛的社会需求以及西方殖民者将中国作为畜产品的原料供应地，河南畜牧业在风雨飘摇的社会中仍以顽强的生命力向前发展，取得了一定的成绩，并逐渐走向了近代化。

本章小结

民国时期河南畜牧业的发展不是一帆风顺的，其间有前进也有倒退，呈现出曲折的发展趋势。一般而言，战乱时期，畜牧业遭受重创，牲畜大量减少；和平时期，人口大量增加，畜牧业发展迅猛。因此可以说，国泰则民安，民安则经济发展，反之亦然。

另一方面河南畜牧业有着突出的特点和地域特征。河南畜禽养殖的绝对数量在全国名列前茅，大大超过了甘肃、青海、新疆、内蒙古等这些传统的畜牧业生产地区；大牲畜中以黄牛饲养为主，小牲畜主要为猪、羊，家禽中鸡的饲养最为普遍；河南涌现出许多优良畜种，如南阳黄牛、泌阳驴、信阳水牛、槐山羊等；豫南多水田，猪和水牛是最常见的牲畜；豫北多旱地，马、驴、骡、羊这些喜干爽温凉的牲畜饲养较多。随着畜牧业迅速发展，在河南各地逐渐形成了畜禽交易市场和畜牧产品集散地。如郑州、漯河、周口等地的骡马会吸引着来自周边陕、甘、晋、冀等省的大商人前来交易，其规模可谓盛况空前。畜牧业的兴盛还催生了畜产品加工业和制革业的兴起。

不可否认，民国时期，铁路、公路的大规模修建为河南畜牧业的发展

---

① 徐有礼、朱兰兰：《略论花园口决堤与泛区生态环境恶化》，《抗日战争研究》2005 年第 2 期。

② 汪万春：《改进河南畜牧事业之商榷》，河南农业改进所河南农讯社编：《河南农讯》1948 年第 2 卷第 3 期。

提供了便捷的交通条件。河南境内形成了以开封、洛阳、怀庆府为中心的、通往全国的、四通八达的交通网络。通过这些铁路与公路，河南的畜牧产品源源不断地输往世界各地。同时，近代畜牧技术的进步为河南畜牧业的发展保驾护航。随着西学东渐，西方先进的畜牧技术与优良畜种逐渐传播和引进国内，改良了河南的畜种，为河南传统的畜牧兽医技术输入了新鲜血液。当然，这一时期频繁的战乱、繁重的捐税以及连绵的自然灾害在一定程度上制约了河南畜牧业的发展。尤其是战乱，几乎使河南畜牧业遭到毁灭性的打击。

总之，民国时期河南畜牧业总体上有较大发展。但河南传统上是以农业为主的地区，畜牧业是副业，仅仅是农业生产的补充。近代以来，由于中国主权的丧失，中国成为西方列强的原料市场和资本输出地。西方殖民者加强对畜牧原料产品的掠夺，在一定程度上刺激了河南农户畜禽养殖的积极性，使畜牧业在一定时期出现了"繁荣"景象。但这种发展是一种畸形的、殖民地依附性的，随着国际皮毛市场的兴衰而发生波动。

第九章

历史时期影响河南畜牧业发展的因素

影响畜牧业发展的因素很多，本章主要从河南自身的内部原因，即自然灾害与环境变迁、战乱频繁与苛捐杂税等社会因素进行分析。客观而言，与历史上传统的畜牧业基地西北、东北等地区相比，河南畜牧业很难与之颉颃。再加之历史上各种自然灾害和其他因素的影响，河南畜牧史可以说是一部多灾多难的历史。

第一节　自然灾害对畜牧业的影响

河南是中华民族的发祥地。也是历史上人类活动的中心地区之一，频繁的人类活动对河南的地理环境造成了很大的影响，如水土流失严重、生物资源短缺、大气和环境污染、自然灾害的频频发生等。宋人邢昺言："民之灾患大者有四：一曰疫、二曰旱、三曰水、四曰畜灾，岁必有其一，但或轻或重耳。"[①] 这些自然灾害对畜牧业而言无疑是严峻的考验。

一　水患

历史上，河南境内河湖众多，为农业发展提供了灌溉的水源，但另一方面，河湖众多，又带来了频繁的水患，给农牧业生产造成了极大的影响。清人顾祖禹言道："河南境内之川，莫大于河，而境内之险亦莫重于河；境内之患，亦莫甚于河。盖自东而西，横亘千五百里。其间可渡处，约以数十计，而西有陕津，中有河阳，东有延津。自三代以后，未有百年

---

① （元）脱脱等：《宋史》卷 431《邢昺传》，中华书局 1977 年版，第 12797 页。

无事者也。"① 河流之于河南像一把双刃剑。

先秦时期,黄河流域的生态就像现在的长江流域一样,湖泊众多,树木浓郁。已故著名历史地理学家史念海先生曾指出:在黄河中上游,"六盘山以东,直抵山西、陕西省间的黄河峡谷,其间千数百里,都曾经被称为沃野,农牧兼宜。……黄土高原上罗列的群山,那时,这些山上都是郁郁葱葱,到处是森林被覆,而山上的林区还往往伸延到山下的平川原野"②。据《孟子·滕文公上》记载:"当尧之时,洪水横流,氾滥于下,草木畅茂,禽兽繁殖,五谷不登,禽兽逼人。兽蹄鸟迹之道交于中国。"这一时期虽有一定的水旱灾害,但因其植被良好,畜牧业尤其是狩猎相当兴盛。

秦汉时期,伴随着人口的迅速增长,国家所面临的人口压力日益突出。为解决人民的生活问题,西汉在实行移民的同时,大力提倡垦荒。到汉平帝元始二年(公元2年),全国垦田面积达到827万多顷,尤其是对人口密集的黄河中下游地区的开发,达到了近乎掠夺式的地步,森林、草原等植被遭到了破坏,水土流失严重,黄河水道泥沙比重增大,导致河患频繁,黄河改道,黄河中下游地区出现了中国历史上生态环境恶化的第一个周期③。张步天先生亦指出:"唐代由于政治的需要,边地屯田扩大,黄河中游地区的农耕开发使黄土高原植被不断破坏,水土流失严重,黄河河水含沙量有所提高,这从唐代已把黄河作为一个固定的地理名称的情况可以得到证明。"④ 史念海先生的研究表明,黄河中游地区的破坏过程可以分为四期:西周春秋战国为第一个时期,陕西中部和山西南部的森林绝大多数在战国时受到破坏;秦汉魏晋南北朝为第二个时期,平原上基本已经没有林区可言;隋唐是第三时期,森林的破坏开始移向更远的山区;北宋时期,沈括指出:"今齐鲁间松林尽矣,渐至太行、京西、江南,松山太半皆童矣!"山东松林全部消失,自太行山至河南一带的北方松林也所存不多。明清以来是第四个时期,特别是明中叶以后,黄土高原森林受到

---

① (清)顾祖禹:《读史方舆纪要》卷46《河南》一,中华书局2005年版,第2012~2013页。

② 史念海:《河山集》(二集),人民出版社1981年版,第357页。

③ 王玉德等:《中华五千年生态文化》,华中师范大学出版社1999年版,第173页。

④ 张步天:《中国历史地理》,湖南大学出版社1988年版,第2页。

摧毁性的破坏，除了少数深山，一般说来，各处都已达到难以恢复的地步①。以上学者无一例外地指出，历史时期黄河流域的滥垦滥伐是导致中下游中原地区水患频繁、水土流失严重的重要原因。

森林的滥砍滥伐带来的是洪水肆虐，历史上河患频繁，黄河多次改道。据记载，历史上黄河曾大规模地改道 26 次，从周定王五年（公元前 602 年）到宋朝 960 年建立的 1500 多年里，改道 6 次，其余 20 余次均发生在宋代以降。宋徽宗建中靖国元年（1101 年）左正言任伯雨上奏："河为中国患。二千岁矣。自古竭天下之力以事河者，莫如本朝。"② 元人也说："虎牢迤东距海口三二千里，恒被其害，宋为特甚。"③ 从宋朝以来，黄河泛滥加剧，危害也越来越大。"黄河入淮之路一自中牟（今河南中牟）过项城（今河南项城南），入凤阳（今安徽凤阳西）而下，即洪武间河决孙家渡口之路也；一自开封兰阳（今河南兰考）至虞城（今河南虞城北），经徐州（今江苏徐州）而下，即今河出徐沛间之路也；一自归德（今河南商丘南）过宿州（今安徽宿州）符离集，出宿迁（今江苏宿迁）而下，即今赵皮寨上下之路也。自宋以来五百年，黄河入淮虽转徙不常，总之不出此三路。"④ 明嘉靖时总理河道周用说："河南府、州、县密迩黄河地方，历年亲被冲决之患，民间田地决裂破坏，不成垅亩……中土之民，困于河患，实不聊生。"清世宗言道："惟河南一带，河身淤高，连年冲决，乃朕所日夜忧心者。"⑤ "豫省沿河各州县地方，自黄水漫溢之后，将纳粮地亩变成盐碱沙土者，比比皆是。"清朝以后，河南的植被更加稀少，如俞森指出："今河南、河北树木稀少，木不克土，土性轻扬，尽成沙砾。"⑥ 森林具有防风固沙、保持水土的作用，河南森林植被的减少便失去了这一功能，导致水患频繁，而频繁的水患造成了水土流失、土

---

① 史念海：《河山集》（第三集），人民出版社 1988 年版，第 148 页。

② （元）脱脱等：《宋史》卷 93《河渠志三》，中华书局 1977 年版，第 2310 页。

③ （元）脱脱等：《宋史》卷 91《河渠志一》，中华书局 1977 年版，第 2256 页。

④ 同治《临武县志》卷 41《奏议·治河奏下》，《中国地方志集成》，江苏古籍出版社 2002 年版，第 470 页。

⑤ （清）鄂尔泰、张廷玉纂：《世宗宪皇帝朱批谕旨》卷 2 上，雍正二年三月初七，文渊阁四库全书，第 186 册，第 100 页。

⑥ 孙富山、郭书学编：《开封府志整理本》卷 36《艺文·说》，《俞森·种树说》，北京燕山出版社 2009 年版，第 952 页。

壤沙化，两者是相辅相成的关系。

除了黄河水患之外，各种暴雨、山洪暴发及河南境内其他河流水患也同样对畜牧业造成了严重威胁。我国是历史上各种水灾极为频繁的国家，较之于国内其他地方，河南境内的水灾有过之而无不及。水患给人民的生命财产和畜牧业带来极大的破坏。例如，东汉光武帝建武十七年（41年），"洛阳暴雨，坏民庐舍，压杀人畜，伤害禾稼"①。后晋开运三年（946年），"天下大水，霖雨六十余日，饥殍盈路，居民拆木以供爨，锉藁席以秣马牛"②。宋仁宗天圣四年（1026年），豫西汝阳、许昌一带大雨，使很多牲畜被大水卷走，"汝颍之间近值大水，冲注牛畜，虽有原田无牛耕种，乞下汝州应有百姓卖买耕牛持免税钱"③，其导致耕牛被水冲走，直接影响了当地的农业生产。宋仁宗嘉祐元年（1056年）七月，开封周边"以雨水为灾……至于王城京邑，浩如陂湖，人畜死者，不知其数"④。宋英宗治平二年（1065年）八月庚寅，"京师（开封）大雨，地上涌水，坏官私庐舍，漂人民畜产不可胜数"⑤。开封的一次大雨使无数牲畜葬身洪水；宋高宗绍兴三十二年（1162年）淮河流域"大雨，淮水暴溢数百里，漂没庐舍，人畜死者甚众"⑥。总之，因水患频繁，河南地区牲畜被淹死的直接史料亦俯拾皆是。这里仅举发生在河南境内的水患对畜牧业生产的影响，其实很多在邻省发生的水患也会对河南农牧业生产造成一定的影响与破坏。

宋代以降，洪水肆虐，仍是威胁牲畜生命安全的主要自然灾害之一。明朝时期，"大河西来，自砥柱、析城（山）、王屋（山）东过孟津（今河南孟津东），入开封之境，地平土疏，荡啮为灾。岁费埽卷以万计，民膏竭矣，河患依然……河南岁苦治河，而民之脂膏已竭"⑦。明崇祯元年

　　① （元）马端临：《文献通考》卷303《物异考》九，中华书局1986年版，第2389页。

　　② （宋）欧阳修：《新五代史》卷52《杜重威传》，中华书局1975年版，第592页。

　　③ （清）徐松辑：《宋会要·食货》17之20，中华书局1957年版，第5079页。

　　④ （宋）李焘：《续资治通鉴长编》卷183，嘉祐元年七月丙戌，中华书局2004年版，第4424页。

　　⑤ （元）脱脱等：《宋史》卷61《五行志》1上，中华书局1977年版，第1319～1337页。

　　⑥ （元）脱脱等：《宋史》卷32《高宗纪九》，中华书局1977年版，第610页。

　　⑦ （明）章潢：《图书编》卷37《河南图叙》，文渊阁四库全书本，上海古籍出版社1992年版，第969册，第771～772页。

（1628 年）黄河在开封决口"溺死士民数十万"①。道光二十一年（1841 年）河患后，开封历经洪水的肆虐，惨不忍睹："传闻附郭三万家，横流所过成荒沙。水面浮尸如乱麻，人家屋上啄老鸦。"②水患不仅淹没了农田，还直接造成牲畜的死亡。例如，清顺治帝十一年（1654 年）黄河大水，封丘县人畜死者甚众。"封丘黄河复决大王庙，阿垂成而复溃。夏淫雨连月，平地水深丈余，坏民禾稼，民间墙宇倾颓，压死人畜无算。"③又如，民国时期黄河决口，造成大量牲畜死亡，直到 1947 年黄泛区 20 余县大牲畜奇缺。据当时人估计急需补充水牛 7 万头、黄牛 17.5 万头、马 10.4 万头、骡 9.2 万头、驴 24.4 万头，共计 68.5 万头④。一些特大暴雨也会造成牲畜死亡。据《新安县志》统计，民国六年（1917 年）七月，"大雨，山洪冲没石井、苍头等村，牛羊、粮食无算"。民国十三年（1924 年）"大雷雨，死人畜"。民国二十二年（1933 年）"夏大雨，七月二十六日涧水溢，漂没人畜田舍"⑤。这些史料尽管仅仅是从浩如烟海的文献中抄录的几条而已，但也足以看出洪水肆虐对畜牧业的危害之大。

水患除直接造成牲畜死亡外，还会导致一些疾病和瘟疫的产生。其中最应引起重视的是牛羊炭疽病、耕牛血吸虫病，猪丹毒、猪肺病、猪链球菌病，鸡法氏囊病、球虫病，以及各种动物易发生的中毒病、胃肠道传染病等。这些疾病都会对牲畜造成伤害，甚至死亡。

二　旱灾和蝗灾

自然植被破坏带来的又一严重恶果，就是旱灾和蝗灾更加频繁。旱灾与蝗灾是河南地区主要的自然灾害，河南历史上原本以旱地农业为主，在很大程度上是靠天吃饭，在自然植被良好、黄河利大于害的历史时期，情况相对较好，反之则旱灾剧增。综合竺可桢先生的统计，自西汉至唐代 1113 年间的旱灾，明确是北方的 94 地次，平均 11.8 年 1 地次；而自五代

　　①　（清）张廷玉等：《明史》卷 8《五行志一》，中华书局 1974 年版，第 454 页。

　　②　朱琦：《怡志堂诗初编》卷 4，《河决行》，《续修四库全书》，第 1530 册，第 159 页。

　　③　温克刚、庞天荷：《中国气象灾害大典》（河南卷），气象出版社 2005 年版，第 127 页。

　　④　汪万春：《改进河南畜牧事业之商榷》，河南农业改进所河南农讯社编：《河南农讯》第 2 卷第 3 期。

　　⑤　新安县地方史志委员会编纂：《新安县志》，河南人民出版社 1989 年版，第 128 页。

至清代的 1004 年间，明确是北方的 518 地次，平均 1.9 年 1 地次，增加了 5 倍多。邓云特先生指出，魏晋以来随着战乱以及黄河中上游生态植被的破坏，自然灾害愈演愈烈。"终魏晋之世，黄河长江两流域间连岁凶灾，几无一年或断，总计二百年中，遇灾凡 304 次，其频度之密，远愈前代。举凡地震水旱风雹蝗螟霜雪疾疫之灾，无不纷至沓来，一时俱见。一言旱灾，则二百年间见于史书者凡 60 次，以言水灾，亦达 56 次。至于风灾，共达 54 次。次为地震，计 53 次，频度亦密。再次为雨雹之灾，计亦 35 次。此外异灾 17 次，蝗灾 14 次，歉饥 13 次，他如霜雪、地沸各仅两次，不足述矣。"① 其中就包含旱灾与蝗灾。旱灾对畜牧业发展危害极大，据现代草地学研究，旱灾对畜牧业的影响主要表现在以下几个方面：（1）春旱年份，天然草场牧草的播种，出苗将受到影响，从而导致青草期的缩短；（2）如果发生了连续干旱，则将加剧草场退化和草原土壤沙化的进程，同时对人工草场建设、天然草场的改良带来影响，还可以造成牧草的大幅度减产，影响当年家畜的抓膘和冬季饲草的储备；（3）冬季少雪，夏季干旱，将使地下水位下降，湖泊、泡子水面缩小，泉水枯竭，河水断流，窖地蓄不上水，乃至人、畜饮水困难而成灾②。旱灾对畜牧业造成最严重的后果是使牲畜饮水发生困难，直接导致牲畜渴死或患病而亡。如汉明帝永平十八年（75 年），"是岁，牛疫。京师及三州大旱"③，汉章帝章和二年（85 年）五月，"京师旱……比年水旱，民不收货，三辅、并、凉、少雨，麦根枯焦，牛死日盛"④。汉献帝建安十二年（207 年）九月，"时寒且旱，二百里内无复水，军又乏食，杀马数千匹以为粮，凿地入三十丈乃得水"⑤。北魏孝文帝太和十一年（487 年），"大旱，京都民饥，加以牛疫，公私阙乏，时有以马驴及橐驼供驾挽耕载。诏听民就丰。行者十五六，道路给粮廪，至所在，三长赡养之"⑥。宋高宗绍兴五年（1135 年）五月，"大燠四十余日，草木焦槁，山石灼人，喝死者甚众"；同治

①　邓云特：《中国救荒史》，上海书店 1984 年版，第 13 页。
②　中国牧区畜牧气候区划科研协作组编：《中国牧区畜牧气候》，气象出版社 1988 年版，第 131 页。
③　（南朝·宋）范晔：《后汉书》卷 3《章帝纪》，中华书局 2003 年版，第 132 页。
④　（南朝·宋）范晔：《后汉书》卷 25《鲁恭传》，中华书局 2003 年版，第 877 页。
⑤　（西晋）陈寿：《三国志》卷 1《魏书·武帝纪》，中华书局 2007 年版，第 21 页。
⑥　（北齐）魏收：《魏书》卷 110《食货志》，中华书局 1975 年版，第 2856 页。

年间河南修武县大旱，"牲畜杀尽，田产卖尽，子女鬻尽，树皮草根剥尽"①。牲畜杀光，哀鸿遍野，嗷嗷待哺。清光绪三年至四年（1877～1878年）山西、河南等省发生的特大旱灾，历史上称为"丁戊奇荒"，这场旱灾导致约1000万人死亡。"茫茫浩劫，亘古未闻，历观廿一史所载，灾荒无此惨酷！"灾荒高温干旱，使草木枯竭，人畜饮水严重缺乏，中暑死亡者很多。"树无鸟，水无鱼，猪羊牛犬久无闻见。"② 这次大旱对河南、山东等地的畜牧业而言几乎是毁灭性的打击。1929年，河南、陕西、甘肃、青海、宁夏连续三年遭受前所未有的大旱，哀鸿遍野，牲畜几乎全部被旱死和宰杀③。

伴随着旱灾而来的是蝗灾。蝗灾是北方特有的灾害，南方的蝗灾都是北方波及所致。宋人程大昌说："江南无蝗，其有蝗者，皆是北地飞来也。"据邓云特（邓拓）先生统计，从周代至五代，约发生蝗灾135地次，其中秦代以来的1181年间约122地次，平均9.6年1地次；从宋代至清代的951年间，约发生蝗灾338地次，平均2.8年1地次④，频率增加了3倍多。亦有学者统计："从公元前770年到公元1935年的2642年间，大的蝗灾有790多次。这期间，宋代以前是每三年发生一次，宋代以后是每五年发生二次。"⑤ 两者统计的数字虽有出入，但所反映的共同问题是宋代以后随着生态环境的破坏，蝗灾发生的频率愈来愈快。每次蝗灾，往往禾稼一空，草木皆尽，饥荒踵至。如汉安帝延光五年（126年），"京师及郡国十二蝗"⑥。《晋书·五行志》记载怀帝永嘉四年（310年）五月，"大蝗，自幽、并、司、冀至于秦雍，草木牛马毛鬣皆尽"⑦，"后秦有蝗，草木皆尽，牛马相啖毛"⑧。唐玄宗开元四年（716年），"河南北蝱为灾，飞则翳日，大如指，食苗草树叶，连根并尽"⑨。晋天福末年，

① 《修武县文史资料》，第9辑，修武县文史资料委员会1993年版，第40页。
② 《新淝纪略》，《申报》1878年12月14日第3版。
③ 《中国近代畜牧史料集》，气象出版社1988年版，第90页。
④ 转引自张建民、宋俭《历史灾害学》，湖南人民出版社1998年版，第93页。
⑤ 《农史研究》第三辑，中国农业出版社1983年版，第122页。
⑥ （南朝·宋）范晔：《后汉书》卷6《孝顺孝冲孝质帝纪》，中华书局2003年版，第257页。
⑦ （唐）房玄龄、褚遂良：《晋书》卷29《五行志》第19，中华书局1974年版，第881页。
⑧ （宋）欧阳修：《新唐书》卷124《姚崇传》，中华书局1975年版，第4385页。
⑨ （宋）李昉：《太平广记》卷474《蝗》，中华书局1962年版，第3906页。

"天下大蝗，连岁不解。行则蔽地，起则蔽天，禾稼草木，赤地无遗。其蝻之盛也，流引无数，甚至浮河越岭，逾池渡堑，如履平地。人人家舍，莫能制御。穿户入牖，井溷填咽，腥秽床帐，损吃书衣，积日连宵，不胜其苦"①。蝗虫所过之处，赤地无遗。如同宋人记述的那样："万口飒飒如雨风，稻粱黍稷复何有？"② 可见蝗灾给农牧业带来的灾难几乎是毁灭性的。如宋宁宗嘉定八年（1215 年）四月，"飞蝗越淮而南，江淮郡蝗食禾苗，山林草木皆尽"③。元顺帝至正十九年（1359 年），山东、河东、河南、关中等处 "蝗飞蔽天，人马不能行，所落沟堑尽平，民大饥"。明崇祯十三年（1640 年），两畿、山东、河南、山西、陕西旱蝗，造成 "人相食" 的惨剧。清朝以降，河南蝗灾更是接连不断。如咸丰七年（1857年），河南光州 "秋间蝗灾较早，一食无余，民间之苦异常，有数十里无炊烟者"④。光绪三年（1876 年），陈州府之淮阳、商水、项城等地蝗灾 "六月蝗，食禾几遍"⑤。又如光绪二十六年（1900 年）归德府的考城、永城蝗灾，"由临县入境，飞则蔽日，平地寸余，食禾几尽"⑥。民国时期1941～1942 年河南全省大旱，赤地千里。当时人们 "变卖牛马，苟延生命。入春以来，糠菜业已吞净，物产无所弃变，全恃剥食榆皮……耕牛家犬，均杀果腹，现罗掘俱穷，谋生乏术。鲁山、襄城、郏县、禹县等地居民食树皮草根已成惯事，有将甘草炒黄，磨成细末，和以榆树皮粉果腹者"⑦。牲畜杀尽，树皮啃光，哀鸿遍野，流离失所。旱灾、蝗灾频仍，是危害农业与畜牧业发展的主要自然灾害之一。

三　瘟疫

历史上，瘟疫是造成人畜死亡的主要杀手之一。据龚胜生统计，在

---

①　（宋）李昉：《太平广记》卷 479 《蝻斯》，中华书局 1962 年版，第 3949 页。

②　（宋）郭祥正：《青山续集》卷 4 《长芦咏蝗》，文渊阁四库全书本，第 1116 册，第 804 页。

③　（元）脱脱等：《宋史》卷 62 《五行志》1 下，中华书局 1977 年版，第 1356～1358 页。

④　《咸丰七年十二月二十一日李孟群折》《录副档》，第一历史档案馆。转引自李文海 《近代中国灾荒纪年》，第 192 页。

⑤　徐家璘修，杨凌阁纂：（民国 7 年）《商水县志》卷 24 《杂事志》，第 1237 页。

⑥　张之清修，田春同纂：（民国 13 年）《考城县志》卷 3 《事记》，第 189 页。

⑦　《河南省旅沪同乡会会议》，上海市档案馆，档案号 Q117—30。转引自苏新留《民国时期水旱灾害与河南乡村社会》，博士学位论文，复旦大学，2003 年，第 28 页。

有确切记载的疫灾年份从春秋到清朝（公元前 770～公元 1911 年）的2681 年间，共有疫灾的年份为 669 年，平均疫灾每 4 年发生一次，在这些年份中魏晋南北朝、明朝、清朝发生的年份最多，分别占总年份的11%、25.3% 和 32.6%。总体上看，中国疫灾的流行有越来越频繁的趋势，这种趋势不是直线上升，而是螺旋式上升①。据近代科学研究，造成牲畜死亡的瘟疫主要有炭疽、猪瘟、牛瘟、口蹄疫、牛传染性胸膜肺炎、牛黑腿病、马鼻疽、鸡白痢、猪丹毒、狂犬病等，这些都会给牲畜带来极大的危害。这些疾病有些是牲畜所患疾病，有些是人畜共患。河南是猪瘟高发的地区之一，一旦发病，死亡率在 60% 以上②。降水过多是造成上述疾病的重要原因之一。降水多会使得蚊蝇、寄生虫及其他一些病菌大量繁殖，牲畜如羊、马等长期处在潮湿的环境中会引起严重的腐蹄病、寄生虫病和一些瘟疫的发生，影响家畜健康，甚至造成畜群死亡。"耕牛疫疠殊甚，至有一乡一里靡有孑遗者。"③ 一次牛疫甚至导致全乡耕牛死亡。

就河南地区而言，东汉、魏晋、唐宋时期是瘟疫最为流行的时期，这些瘟疫有些是全国大规模的爆发，有些是局部地区发生，但都对畜牧业生产造成了极大的破坏。例如，汉光武帝建武十六年（40 年），"四方牛大疫，临淮独不，邻郡人多牵牛入界"④；汉明帝永平十八年（75 年），"牛疫死"；汉章帝建初元年（76 年），下诏："比年牛多疫病，垦田减少，谷价颇贵，人以流亡"，发生了连年的牛疫。建初四年（79 年）冬，"京都牛大疫"⑤，这次牛疫很快由京师洛阳蔓延到河南其他州县，牛群大批死亡，对农业生产几乎造成毁灭性的打击。"自牛疫以来，谷连食少，良田吏教未至，刺史、两千石不以为负。其令郡国募人无田欲徙他界就肥饶者，恣听之。到在所，赐给公田，为雇耕庸，赁种饷，贳与田器，勿收租五岁，除算三年。其后欲还本乡者，勿禁。"⑥ 东汉末年，汝南桓景家

①　龚胜生：《中国疫灾的时空分布变迁规律》，《地理学报》2003 年第 6 期。

②　封自豪：《中国之畜牧》（续），《东方杂志·东方论坛》1941 年第 12 期。

③　（宋）陈旉著，万国鼎校注：《陈旉农书校注》卷上《祈报篇》，中国农业出版社 1965 年版，第 44 页。

④　（南朝·宋）范晔：《后汉书》卷 16《五行志四》，中华书局 2003 年版，第 3336 页。

⑤　同上。

⑥　（南朝·宋）范晔：《后汉书》卷 3《肃宗孝章帝纪》，中华书局 2003 年版，第 145 页。

"鸡犬牛羊一时暴死"①。牛疫的长时期爆发严重影响了东汉时期河南牧牛业的发展，给农业生产也造成了巨大的损失。魏晋时期，瘟疫也时常爆发。如北魏孝文帝太和元年（477 年），诏令："去年牛疫死大半，今东作既兴，人须肆业，有牛者加勤于常岁，无牛者倍佣于馀年。一夫治田四十亩，中男二十亩，无令人有馀力，地有遗利。"② 一次牛疫对牧牛业几乎是灭顶之灾，也造成了农业生产中畜力匮乏。

唐朝时期，瘟疫流行，危害极为严重。例如，唐高宗永隆二年（684 年），"监牧马大死，凡十八万匹"③。一次死掉 18 万匹，让人触目惊心。此外，牛疫也是威胁牲畜生命的主要疾病，有唐一代，牛疫也经常发生。例如：

> 调露元年春，牛大疫。
> 神龙元年春，牛疫。二年冬，牛大疫。
> 贞元二年，牛疫。④

宋代河南牲畜疫灾现象更为严重，常常造成牲畜的大批死亡。为避免芜杂，笔者列表如下：

表 1　　　　　　　　　两宋时期河南牲畜疫灾情况统计

时间	公元	地区	状况	资料来源	灾次
淳化五年		宋州、亳州	淳化五年，宋、亳数州牛疫，死者过半，官借钱令就江、淮市牛	《宋史》卷173《食货志上一》，第4159页	1
大中祥符七年	1014	诸州	明年，诸州牛疫，又诏民买卖耕牛勿算	《宋史》卷173《食货志上一》，第4162页	2
大中祥符八年	1015	许多州县	以诸州牛疫，免牛税一年	《宋会要辑稿·食货》1之8，第4810页	3

---

① （宋）李昉：《太平御览》卷991《药部八·茱萸》，中华书局1960年版，第4386页。
② （元）马端临：《文献通考》卷2《田赋考二》，中华书局1986年版，第39页。
③ （宋）欧阳修：《新唐书》卷36《五行志三》，中华书局1975年版，第952页。
④ （宋）欧阳修：《新唐书》卷35《五行志二》，中华书局1975年版，第905页。

时间	公元	地区	状况	资料来源	灾次
大中祥符八年八月	1015	京东西、河北、陕西	诏京东西、河北、陕西承前例差车牛及和雇般辇悉罢之，以牛疫故也	《长编》卷85，大中祥符八年八月癸未，第1944页	4
庆历四年三月	1044	淮河流域的信阳及江南诸路	（欧阳修）风闻江、淮以南，今春大旱，至有井泉枯竭、牛畜瘴死、鸡犬不存之处	《长编》卷147，庆历四年三月乙丑，第3554页	5
绍兴年间		淮西、江东西、湖南地、京西路	前日忽承金字牌被旨，以淮西江东西湖南地京西路牛疫，恐民无以耕，委令逐路各取常平诸色钱物，遣官出产处收买租赁与民	《建康集》卷7《又与秦相公书》	6
绍兴十二年	1142	诸州	又今岁缘牛疫，民间少阙耕牛，应人户典卖耕牛，特与免纳税钱一年，客旅兴贩处准此	《宋会要辑稿·食货》63之203，第6087页	7
绍熙四年春	1193	淮西	淮西牛大疫死	同上	8
庆元元年	1195	淮浙	淮浙牛多疫死	《文献通考》卷311《物异考》17，第2440～2442页	9

　　需要指出的是，两宋时期造成牲畜死亡的疫病很多，由表1统计，史料中所见明确说明发生在河南地区的仅牛疫就有9次。在古代，牛是农民的衣食之本，国家比较重视，所以对牛疫多有记载。其实，疫病并不仅给牛带来瘟疫，对其他牲畜而言，同样是不可避免的。

　　宋代以降，河南地区的瘟疫不绝如缕，尤其是在民国时期，兵荒马乱，战乱频繁，瘟疫对畜禽的危害异常严重。如前文提到，20世纪20年代初，全国死于牛瘟的耕牛280余万头，死于猪瘟的猪达920万头，死于猪肺疫的猪达790万头，死于鸡新城疫的鸡有1200万只[①]，河南地区也难以幸免，尤其是豫西一带的灵宝牲畜死亡最为严重。1914年，灵宝县五亩乡的鱼村耕牛患炭疽病，50头耕牛几乎全部死光；1920年该乡周家山村流行炭疽病，全村60多头牛一月之内死了50余头。1926年灵宝朱阳乡的干沟村流行气肿疽，全村30多头牛，死亡25头[②]。同年，该县会庙的羊群流行炭疽病，一农户家600只羊死了596只。1936年黄河西岸的

---

① 转引自沈志忠《近代中美农业科技交流与合作研究》，博士学位论文，南京农业大学，2004年，第122页。

② 河南省灵宝县地方史志编纂委员会编：《灵宝县志》，中州古籍出版社1992年版，第416页。

西古驿一带发生炭疽病，仅一个村，有驴 36 头，死 33 头，仅余 3 头①。1947 年河南全省兽疫流行，死亡牲畜 50 余万头②。瘟疫几乎给畜牧业造成毁灭性的打击。

据现代科学研究诱发疫情的四大因素："一是由于大量的畜禽在地震或水灾中直接死亡或者灾后由于缺水缺饲料等问题死亡。而每一个死亡畜禽都是一个细菌和病毒的滋生体，都会对环境造成影响。二是地震破坏了当地的自然环境，有一些在土壤中的细菌，像炭疽杆病和破伤风梭菌，这些细菌暴露在外面，极易引起人和牲畜的感染。三是由于动物抵抗力降低，存活的动物很可能成为病毒细菌的传播媒介。四是环境中存在的细菌和病毒，极易通过食物饮水以及伤口，对人和动物造成感染。此外，还有些寄生虫病，如猪囊虫、血吸虫等。"③ 每一次大的瘟疫发生都会造成大批牲畜的死亡，严重破坏了畜牧业的发展。

此外，恶劣寒冷的天气也会造成牲畜死亡。如汉武帝元封二年（前 109 年），"大寒，雪深五尺，野鸟兽皆死，牛马皆蜷缩如刺猬，三辅人民冻死者十有二三"④。王莽天凤四年（17 年）八月，"大寒，百官人马有冻死者"⑤。汉桓帝延熹七年（164 年），"其冬大寒，杀鸟兽，害鱼鳖，城傍竹柏之叶有伤枯者"。赤乌四年（241 年）正月，"大雪，平地深三尺，鸟兽死者太半"⑥。宋徽宗政和三年（1113 年）十一月，大雨雪，连十余日不止，平地八尺余，冰滑，人马不能行，诏百官乘轿入朝，飞鸟多死⑦。连绵不断的大雪，造成禽类大量死亡。明代宗景泰四年（1453 年）冬十一月戊辰至明年孟春，"山东、河南、浙江、直隶、淮、徐大雪数尺，淮东之海冰四十余里，人畜冻死万计"。景泰五年春，"罗山大寒，竹树鱼蚌皆死"⑧。康熙二十九年（1690 年）南阳连续大雪，人畜冻死者

---

① 河南省灵宝县地方史志编纂委员会编：《灵宝县志》，中州古籍出版社 1992 年版，第 410 页。

② 汪万春：《改进河南畜牧事业之商榷》，河南农业改进所河南农讯社编：《河南农讯》1948 年第 2 卷第 3 期。

③ 中国兽医网：《人畜共患病防控知识》，2014 年 3 月 26 日 http//www.cadc.gor.cn。

④ （汉）匡衡：《西京杂记》卷 2，中华书局 1961 年版，第 12 页。

⑤ （汉）班固：《汉书》卷 99 下《王莽传》，中华书局 2006 年版，第 4151 页。

⑥ （唐）房玄龄：《晋书》卷 29《五行下》，中华书局 1974 年版，第 872 页。

⑦ （元）脱脱等：《宋史》卷 62《五行志》1 下，中华书局 1977 年版，第 1342 页。

⑧ （清）张廷玉等：《明史》卷 28《五行志一》，中华书局 1974 年版，第 426 页。

无数。此外，雹灾对牲畜也是一个威胁。如万历二十八年（1600 年）河南全省雨雹，"伤麦禾"①，康熙七年（1668 年）新安县雨雹"屋舍禾稼尽伤"，庄稼被毁，直接危及牲畜的口粮。冰雹还会对牲畜本身造成直接的伤害。如同治七年（1868 年）八月十六日，信阳一带雨雹，积地二、三寸厚，牛羊狂奔，禽鸟小兽被击死极多②。极端恶劣的天气除直接冻死牲畜外，还会带来一些传染病。现代科学研究，一般遭受雨雪冰冻灾害地区，气温回升，冰雪融化后，容易造成口蹄疫、高致病性禽流感、高致病性猪蓝耳病、链球菌病、炭疽病等多种动物疫病的发生和流行。

第二节　战争对畜牧业的影响

一　北宋以前的河南战乱对畜牧业的影响

作为中原腹心之地的河南，每次国家发生战乱，河南总是群雄逐鹿的主战场，历代战乱最为频繁。"河南，古所称四战之地也。当取天下之日，河南在所必争；及天下即定，而守在河南，则岌岌焉有必亡之势矣。"③ 据有关学者统计，我国历史上的内部战争以河南最多，占全国总数的 1/5，平均每 25 年爆发一次较大规模的战役。作为内部战争的主要战场凡 120 次，占全国总数 538 次的 22.3%；在河南发生的外部战争 59 次，位居全国第二，占全国总数的 12.6%④。恩格斯指出："一次毁灭性的战争足以使一个国家在数世纪内荒无人烟，文明毁灭。"⑤ 如东汉初年人口在天灾、战乱中急剧减少，"战斗死亡，缘边四夷所系掳，陷罪，饥疫，人相食，及莽末诛，而天下户口减半矣"⑥。东汉末年的黄巾起义和军阀混战使得黄河流域的中原地区："名都空而不居，百里绝而无民者，不可胜数。"⑦ "户口减耗，十裁一在"⑧，三国时江

---

① （清）张廷玉等：《明史》卷 28《五行志》，中华书局 1974 年版，第 432 页。

② 马雪琴：《明清河南自然灾害研究》，《中国历史地理论丛》1998 年第 1 期。

③ （清）顾祖禹：《读史方舆纪要》卷 46《河南方域纪要序》，中华书局 2005 年版，第 2083 页。

④ 李燕茹、胡兆量：《中国历史战场地域分布及其对区域发展的影响》，《人文地理》2001 年第 6 期。

⑤ 《马克思恩格斯全集》第 18 卷，人民出版社 1979 年版，第 263 页。

⑥ （汉）班固：《汉书》卷 24《食货志》，中华书局 2006 年版，第 1185 页。

⑦ （南朝宋）范晔：《后汉书》卷 49《仲长统》，中华书局 2003 年版，第 1649 页。

⑧ （晋）陈寿：《三国志》卷 8，《魏书·张绣传》，中华书局 1959 年版，第 262 页。

淮为战争之地，"自江、淮至于清、济，户口数十万，自免湖泽者，百不一焉。村井空荒，无复鸡鸣犬吠"①。安史之乱对豫西地区造成的灾难最为严重。唐代宗时，刘晏言道："东都彤破，百户无一存……起宜阳、熊耳、虎牢、成皋五百里，见户才千余，居无尺椽，爨无盛烟，兽游鬼哭。"②"自伊洛以东，暨乎海岱，灌莽巨泽，苍茫千里，人烟断绝，鸡犬不闻，道路萧条，进退艰阻。"唐后期的藩镇割据，战乱频仍，"西至关内，东极青、齐，南出江、淮，北至卫滑，鸟烂鱼散，人烟断绝，荆榛蔽野"③。五代时期，契丹入寇"出帝再幸澶州，杜重威为北面招讨使，守贞为都监。晋兵素骄，而守贞、重威为将皆无节制，行营所至，居民豢圈一空"④。两宋时期，宋金之间战火连绵，中原地区的畜牧业遭受了沉重打击。如靖康之变，金军攻占开封索要马、驴、骡等大牲畜各1万匹，金军统帅斡里雅布占据牟驼冈，获马2万匹⑤。战争造成北宋官营马匹几乎荡然无存。南宋文人庄绰描写到，建炎元年（1127年）秋，"余自穰下由许昌以趋宋城，几千里无复鸡犬，井皆积尸，莫可饮"⑥。从邓州穰东经许昌到商丘一线，几千里经过金军的劫掠，"无复鸡犬"，人烟断绝。元好问描绘豫西卢氏县历经战乱的残破景象亦云："乱余村落不见人，霰雪霏霏暗清晓。莘川百里如掌平，闲田满眼人得耕。山中树艺亦不恶，谁遣多田知姓名。许李申杨竟何得？只今惟有石滩声。"⑦总之，北宋以前，河南作为中国古代的政治、经济与文化中心，是各民族政权激烈角逐的心脏地带，这些战争几乎都发生在河南，或以河南作为主要战场，对当地畜牧业的危害可想而知。

二　金元明清时期河南战乱对畜牧业的影响

金元明清时期，随着政治、经济和文化重心的转移，河南失去了往日的雄风，但不可否认，河南却成为金与南宋、蒙古与南宋争夺的前沿阵

---

① （梁）沈约：《宋书》卷95《索虏传》，中华书局1974年版，第2359页。

② （宋）欧阳修：《新唐书》卷149《刘晏传》，中华书局1975年版，第4794页。

③ （后晋）刘昫等编纂：《旧唐书》卷200《秦宗权传》，中华书局1975年版，第5398页。

④ （宋）欧阳修：《新五代史》卷52《李守贞传》，中华书局1974年版，第595页。

⑤ （宋）陈均：《九朝编年备要》卷30，靖康元年正月癸酉，文渊阁四库全书本，第328册，第821页。

⑥ （宋）庄绰：《鸡肋编》卷上，中华书局2004年版，第21页。

⑦ （金）元好问：《遗山集》卷4《高门关》，人民文学出版社1958年版，第205页。

地，因此，依然战乱不息。金元时期，蒙古人大批南下，对河南畜牧业又是一场浩劫。如成吉思汗八年（1213 年），蒙军"凡破（金）九十余郡，所破无不残灭，两河、山东数千里，人民杀戮几尽，金帛、子女、牛马羊畜皆席卷而去，屋庐焚毁，城廓丘墟矣"①。在元末明初推翻蒙古统治的战争中，河南又一次惨遭蹂躏，从河南开封到河北之间"道路皆榛塞，人烟断绝"②。在长期的明末战争中，河南是主要战场，遭受的摧残最为严重："河南凡八郡……其南五郡十一州七十三县，靡不残破，有再破三破者。城郭丘墟，人民百不存一……中原祸乱于是为极。"③

常年的战乱使得大批河南人流离失所，地尽抛荒。故而入清之后，河南也最为荒凉，顺治时"荒地以河南、山东最多"④。连农业都遭受了几乎毁灭性的打击，更遑论河南畜牧业了。

三 近代以来的战乱对畜牧业的影响

近代是中国历史上最为屈辱的一个时期，1840 年鸦片战争，西方殖民者打开了中国的大门，中国开始沦为半殖民地半封建社会。1856～1860 年第二次鸦片战争，西方殖民者攻占北京，进一步加深了中国的半殖民地化。1900 年八国联军掀起了侵华战争，生灵涂炭，畜牧业也遭受重创。1937～1945 年日本侵略者对中国长达八年的蹂躏，畜牧业几乎遭到毁灭性打击。"十年战乱（1937～1947）……（河南）牲畜损失达六百余万头。"⑤ 如 1938 年日军进犯济源，济源至邵原镇 20 里内牲畜"被宰杀数万头"⑥。抗战期间，据武陟、博爱、泌阳三县六个村的统计，牲畜平均损失了 65.5%，其中 1 村损失殆尽，2 村为 70%，2 村在 80% 以上⑦。温县，日军侵占期间"牲畜家禽已寥寥无几，

---

① （宋）李心传：《建炎以来朝野杂记·乙集》卷 19《鞑靼款塞蒙古本末》，中华书局 2006 年版，第 850 页。

② 中研院历史语言研究所编：《明实录·明太祖实录》卷 33，洪武元年闰七月乙亥，国立北平图书馆藏红格本，第 579 页。

③ （清）张廷玉等：《明史》卷 293《周腾蛟传》，中华书局 1974 年版，第 7519 页。

④ （民国）赵尔巽等：《清史稿》卷 244《王命岳传》，中华书局 1977 年版，第 9616 页。

⑤ 汪万春：《改进河南畜牧事业之商榷》，河南农业改进所河南农讯社编：《河南农讯》1948 年第 1 卷第 3 期。

⑥ 《孟沁济三县敌屠杀焚劫》，《新华日报》1938 年 7 月 1 日。

⑦ 《近代史资料》编辑部、中国人民抗日战争纪念馆：《日军侵华暴行实录》（一），第 334 页。

1945 年温县解放之初，全县耕畜仅存数百头"①。汝南县抗战期间损失牛 18,943 头、驴 8745 头、骡 3603 头、马 5752 匹，畜牧业遭到了重创②。

从 1937 年与 1945 年这两年河南省牲畜数量的对比来看，亦可知战争对河南畜牧业危害之严重。请看材料：

表 2 　　　　1937—1945 年抗日战争期间河南省家畜饲养变化③

家畜	1937 年家畜数（千头）	1945 年家畜数（千头）	减少数（千头）	减少比率（%）
牛	3331	2754	577	17.3
马	487	170	317	65.1
驴	1900	1200	700	36.8
骡	676	190	486	71.9
猪	3187	2100	1087	34.1
鸡	18370	12200	6170	33.6

表 3 　　　　河南省抗战中牲畜等损失表④ 　　　（单位：千头）

牲畜名称	战前	战时	减少数量
水牛	77	34	43
黄牛	1056	1405	240
马	325	118	207
骡	430	131	299
驴	1141	722	422
山羊	1051	539	512
绵羊	647	264	383
总计	4734	3212	1206

需要指出的是，因统计方法的不同以及抗战时期很多资料的缺乏，上述表 2、表 3 在统计河南省牲畜的数量上有很大出入。但不可否认的是，两个表格均反映了一个共同问题，即八年抗战期间河南省牲畜损失惨重，数量急剧下降。如从表 2 看，比如骡子，1937 年河南全省统计有 67.6 万

①　温县志编纂委员会：《温县志》，光明日报出版社 1991 年版，第 291 页。
②　《抗战期间河南省各县牲畜损失情况》（二），河南省统计学会等：《民国时期河南省统计资料》下册，第 53 页。
③　李群：《中国近代畜牧发展研究》，中国农业科学技术出版社 2004 年版，第 141 页。
④　汪万春：《改进河南畜牧事业之商榷》，《河南农讯》1948 年第 2 卷第 3 期。

头，到 1945 年战争结束时，仅剩下 19 万头，减少率为 71.9%。又如马匹，也由原来的 48.7 万头减少为 17 万头，减少率为 65.1%。战争对河南畜牧业破坏之严重，可谓窥一斑而知全豹。

第三节　征用牲畜和畜产税

历史时期，牲畜不仅是重要的生产力与战略物质，还是国家财政的重要来源之一。因此，历代统治者几乎都要征括牲畜与畜产税，为军事提供马牛等运输与交通工具，为武器制造提供畜皮、筋角，为国家提供税收来源。因此，统治者大量征收牲畜与畜产税，严重挫伤了农户饲养牲畜的积极性，制约了畜牧业的发展。

一　征括牲畜和牲畜税

在冷兵器时代，牛、马等大牲畜不仅是重要的生产力，还是必要的军用物资和重要的交通运输工具，因此常常成为政府征购的对象。不仅如此，为了增加税收，民间畜养的小牲畜猪、羊、犬等也往往成为政府觊觎的对象。早在先秦时期，统治者已经开始征购牲畜和畜产税。如《诗经·七月》有"一之日于貉，取彼狐狸，为公子裘；二之日其同，载缵武功。言私其豵，献豜于公"之语。可见，春秋时期统治者已经开始无偿征收畜产税了。秦汉魏晋时期，牲畜也经常成为税收的重要来源之一。如王莽统治时期，诏令："诸取众物、鸟兽、鱼鳖、百虫于山林水泽及畜牧者……皆各自占所为于其所在之县官，除其本，计其利，十一分之货，而以其一为贡。敢不自占，占不以实，尽没入所采取。"[1] 凡是狩猎和畜牧的农户，将其猎获物和畜养牲畜利润的 1/10 上贡国家，否则严惩不贷。如北魏明元帝泰常六年（421 年）诏令："调民二十户，输戎马一匹，大牛一头。"[2] 战乱时期，畜产征税更是甚嚣尘上。如唐玄宗开元九年（721年）以前，"天下之有马者，州县皆先以邮递军旅之役，定户复缘以升

---

① （元）马端临：《文献通考》卷 14《征榷考一》，中华书局 1986 年版，第 144 页。
② （宋）王钦若等编纂：《册府元龟》卷 487《赋税一》，中华书局 1960 年版，5826 页。

之。百姓畏苦，乃多不畜马"①。唐宪宗元和十八年（817年），"时东畿（洛阳）民户供军尤苦，……牛皆馈军，民户多以驴耕"②。唐文宗开成二年（837年）十二月，武宁军节度使薛元赏奏："泗口税场，应是经过衣冠商客，金银、羊马、斛斗、见钱、茶盐、绫绢等，一物已上并税。今商量其杂税物请停绝。"一个小小的泗口税场常年征收羊马等杂税，直到唐文宗时才予以废除。五代时期，烽火连天，战乱频繁，对马、牛等畜力亦有较大的需求。如后唐庄宗同光三年（925年）六月，"将事西蜀，下河南、河北诸州府和市战马，所在搜括，官吏除一匹外，官收匿者，致之以法。由是搜索殆尽"③。后汉高祖天福十二年（947年）包括洛阳在内的河南道，是战争时期政府征购马匹的主要地区。"河南诸道并奏使臣到和买战马。始帝去冬以北虏犯阙陷战马二万匹，而骑卒在焉。时方欲攻邺垒而制塞下，遂降和买。河南诸道不经虏掠处士人私马。"④ 这种和买的实质往往是巧取豪夺。

北宋时期，宋太宗为统一全国，大量征购马匹，一次就向开封府界和地方诸州征括民马173,597匹。⑤ 宋仁宗康定年间，元昊侵扰宋朝边境，宋政府诏令"京畿、京东西、淮南、陕西路扩市战马"⑥，在开封及周边地区大括民马。宋神宗元丰年间，讨伐西夏，仅京畿开封地区就购得民马3476匹⑦。蒙古国建立后，采取羊马抽分的措施："其赋敛差发，数马而乳，宰羊而食，皆视民户畜牧之多寡而征之，犹汉法之上供也。"⑧ 这一时期，征收畜产税还没有固定的数额。元朝建立后，则依据饲养牲畜的数量，曾一度抽取1/10。"分付原主，其余尽数收括，若将堪中马匹隐弊，及不行印烙者，当该官吏断罪罢职"⑨，"诸色目人等马牛羊群，十取其

---

① （宋）欧阳修：《新唐书》卷50《兵志》，中华书局1975年版，第1338页。
② （后晋）沈昫等：《旧唐书》卷15《宪宗纪下》，中华书局1975年版，第459页。
③ （宋）王钦若等编纂：《册府元龟》卷621《监牧司》，中华书局1960年版，第7482页。
④ 同上。
⑤ （宋）李焘：《续资治通鉴长编》卷20，太平兴国四年十一月辛丑，中华书局2004年版，第464页。
⑥ 《宋史全文》卷7下，康定二年二月乙巳，黑龙江人民出版社2003年版，第338页。
⑦ （宋）李焘：《续资治通鉴长编》卷345，元丰七年四月丙子，中华书局2004年版，第8272页。
⑧ （宋）彭大雅：《黑鞑事略》，丛书集成初编本，第7页。
⑨ 柯邵忞：《新元史》卷100《兵志三》，吉林人民出版社2005年版，第2012页。

一，隐匿者罪之"①。后来才逐渐降低税收。如元成宗贞元二年（1296年）诏令："诏民间马牛羊百取其一，羊不满百者，亦取之，惟色目人及数乃取。"② 明建国后也大肆向民间搜刮马匹，明宪宗成化年间吏部侍郎叶盛上奏："向时岁课一驹，而民不扰者，以刍牧地广，民得为生也。自豪右庄田渐多，养马渐不足。洪熙初，改两年一驹，成化初改三年一驹；马愈削，民愈贫。然马卒不可少，乃复两年一驹之制，民愈不堪。"③ 养马户每 2 年缴纳 1 驹，成化初，改为 3 年 1 驹。后因缺马，恢复为 2 年 1 驹制，养马民户愈加不堪。

二　征收畜牧产品税

除直接征购牲畜外，历代政府还大量征收畜产税。畜产征税由来已久，如《周礼·地官》中的闾师一职掌管 "国中及四郊之人民六畜之数，以任其力，以待其政令，以时征其赋"。五代后周广顺二年（952 年）规定："每岁民间所收牛皮，三分减二，计田十顷，税取一皮，馀听民自用及买卖，惟禁卖于邻国。"④ 宋立国伊始便开始征收畜产税。如宋太祖建隆四年（963 年），规定："各道州府人户所纳牛、皮、筋、角，每夏秋苗共十顷，纳皮一张，角一对，黄牛干筋四两，水牛干筋半斤。"⑤ 宋太宗端拱二年（989 年），河北西路招置营田使樊知古奏请征购 "修城木五百余万，牛革三百万"⑥。牛皮、筋、角是重要的军用物质，是制造弓箭不可或缺的原料，宋朝又是处于多元国际的朝代，内忧外患频繁，武器需求量大，因此对这些战略物资的征收远超其他诸朝。宋太宗淳化五年（994年）五月，诏令："作坊工官造弓弩用牛筋，岁取于民，吏督甚急，或杀耕牛供官，非务农重农之意。自今后官造弓弩，其纵理用牛筋，他悉以马筋代之。"⑦ 征收牛筋，致使民户屠杀耕牛，戕害生命，不利于农业生产，诏令以马筋代替牛筋。

---

① 柯邵忞：《新元史》卷 100《兵志三》，吉林人民出版社 2005 年版，第 2018 页。
② 《大元马政记》，仓圣明智大学刊本，第 31 页。
③ （清）张廷玉等：《明史》卷 92《兵志四》，中华书局 1974 年版，第 2271 页。
④ （元）马端临：《文献通考》卷 4《田赋四》，中华书局 1986 年版，第 54 页。
⑤ （清）徐松辑：《宋会要辑稿·食货》70 之 2，中华书局 1957 年版，第 6571 页。
⑥ （元）脱脱等：《宋史》卷 276《樊知古传》，中华书局 1977 年版，第 9395 页。
⑦ （元）马端临：《文献通考》卷 4《田赋四》，中华书局 1986 年版，第 55~56 页。

　　明朝时期，缴纳畜牧产品也是农户的惯常赋税之一。据嘉靖《河南通志》卷10《田赋》记载，河南每年上交的皮毛是"杂皮25,099张，禽兽1221只，翎毛1,687,689支"。登封每年土贡"鹿二头，革三百六十五张，鹎（老鸟）四头，雁十四头，翎一万二千二百六十四支"①。甚至牲畜交易也要纳税。宋立国伊始诏令，"买卖牛、驴、骡、马、骆驼，须当日到商税院上簿，限三日纳税、印契，如不申官，准漏税条抽罚"②。买卖牲畜都要纳税。牲畜在交易过程中要交纳多少税额，宋初规定：

　　　　关市之税，凡布帛、什器、香药、宝货、羊羖，民间典卖庄田、店宅、马、牛、驴、骡、橐驼，及商人贩茶盐，皆算，有敢藏匿物货，为官司所捕获，没其三分之一，以其半畀捕者。贩鬻而不由官路者罪之。有官须者十取其一，谓之抽税。自唐室藩镇多便宜从事，擅其征利，其后诸国割据，掊聚财货以自赡，故征算尤繁。宋朝每克复疆土，必下诏蠲省。凡州县皆置务，关镇或有焉，大则专置官监临（景德二年，诏诸路商税年额及三万贯以上，审官院选亲民官临莅），小则令、佐兼领，诸州仍令都监、监押同掌之。行者赍货，谓之过税，每千钱算二十；居者市鬻，谓之住税，每千钱算三十。大约如此，然无定制，其名物各从地宜而不一焉。③

　　由上述史料可知，唐朝以来，牲畜交易等所纳税为10%。宋朝减轻了牲畜交易税，将关税分为过税和住税，过税为2%，住税为3%。尽管如此，从全国来看牲畜交易税仍是国家税收的重要来源之一，这里仅以牛税为例："茶、牛及钱宝三者，国家利源所在。"④ 显而易见，繁重的畜产税无疑挫伤了人们畜养牲畜的积极性，阻碍了畜牧业的发展。宋仁宗时期，大臣吕公绰出知郑州，"官籍民产，第赋役重轻，至不敢多畜牛，田

①　嘉靖《登封县志》卷1《土贡》，登封县志办公室重印，第7页。
②　（清）徐松辑：《宋会要辑稿·职官》27之35，中华书局1957年版，第2954页。
③　（元）马端临：《文献通考》卷14《征榷考一》，中华书局1986年版，第145页。
④　（宋）李心传：《建炎以来系年要录》卷186，绍兴三十年九月壬午，中华书局1955年版，第3117页。

畴久芜秽"①。因官府大肆征收耕牛税，致使百姓不敢养牛，田地抛荒。
1127 年，北宋灭亡，金军占领中原地区，诏令内地诸路"每牛一具赋粟
五斗为定制"不仅如此，金朝还强令民户缴纳包括牲畜在内的物力钱：
"计民田园、邸舍、车乘、牧畜、种植之资，藏镪之数，征钱有差谓之物
力钱。"② 绍兴年间，宋高宗下诏"京西、淮南贩买耕牛，与免税三
年"③。元世祖中统三年（1263 年），诏北方各路今年以马为民赋④。清乾
隆时期，因租赋沉重，民户往往将鸡豚用以偿租。"则虽获丰收，仅足偿
欠，穷佃其何以堪！且佃户惟恐地主夺田另佃，往往鸡豚布帛，无不搜索
准折，甚至有卖男鬻女以偿租者。此等风气，大概皆然。"⑤ 光绪三十一
年（1905 年）清政府在河南安阳设立直豫厘金局，在汉口设立鄂豫厘金
局，其税率为从价的 25%，其课税货物有 15 类，涉及畜牧产品的有"毛
皮兽角类；牲口飞禽类"⑥。对畜牧产品课以重税。

民国时期，战乱频繁，河南地方财政入不敷出。为了解决财政困难的
问题，河南省政府不断增加各种税种，据统计，仅杂税一项就有 30 余种，
涉及牲畜的税收有"猪捐、羊捐、车骡捐"等⑦。北京政府统治时期，从
1915 年开始河南全省开始征收屠宰税，原定征收猪、牛、羊三种，税率
为猪每头纳税 0.3 元，牛每头 1 元，羊每头 0.2 元。自此以后允许宰牛的
地方，猪、羊仍照旧率，牛每头征 2 元。禁止宰牛的地方猪征 0.4 元，羊
征 0.3 元⑧。

日伪政权统治时期对河南进行大肆搜刮，仅畜牧产品一项，就让人触
目惊心。如 1943 年征集"羊毛（净重）26.4 万公斤、山羊绒（净绒）
3.2 万公斤、骆驼毛 1000 公斤、牛皮 5.5 万张、豚皮 4000 公斤、马匹
1.2 万张、羊毛皮 35 万张、猫狗毛皮 7 万张、兔毛皮 3 万张、制革用羊

---

① （元）脱脱等：《宋史》卷 311《吕公绰传》，中华书局 1977 年版，第 10210 页。
② （元）脱脱等：《金史》卷 47《食货二》，中华书局 1975 年版，第 1056～1057 页。
③ 《宋史全文》卷 22 下，绍兴二十六年四月庚寅，黑龙江人民出版社 2003 年版，第 1496 页。
④ （明）宋濂：《元史》卷 5《世祖纪二》，中华书局 1976 年版，第 82 页。
⑤ 《心政录》卷 2，台北新文丰出版公司 1989 年版，第 22～23 页。
⑥ 罗玉东：《中国厘金史》上册，商务印书馆 1936 年版，第 162 页。
⑦ 中国第二历史档案馆等编：《中华民国工商税收史料选编》第 5 辑《地方税及其它税
捐》，第 693 页。
⑧ 王泽溥修，李见全纂：民国《林县志》卷 5《财政》，台湾成文出版社 1932 年版，第
387 页。

皮 39.3 万张"①。所谓的征集其实是明火执仗，公然抢劫。

需要指出的是，历史上个别统治者有时也蠲免牲畜税。例如，宋宁宗时，废除了光宗以来征收的畜产税：

> 或以小民粗有米粟，仅存屋宇，凡耕耰刀斧之器，鸡豚犬彘之畜，纤微细琐皆得而籍之。吏视其略之多寡，以为物力之低昂。又有计田家口食之馀，尽载之物力者，上之人忧之，于是又为之限制，除质库房廊、停塌店铺、租牛、赁船等外，不得以猪羊杂色估纽，其贫民求趁衣食，不为浮财，后耕牛、租牛亦与蠲免。②

综上，历史上因战乱频繁，马、牛、驴等大牲畜往往成为征购的对象，牛皮、筋、角则成为制造工具的重要原料，民间畜养的牲畜也成为国家赋税的重要来源之一。河南在历史上是战略要地，征用牲畜和畜产税的缴纳往往高于其他地区，这些对河南人民而言无疑是雪上加霜，不仅给河南民户带来了深重灾难，也严重影响了畜牧业的发展。

本章小结

古人言"得中原者，得天下"。河南地处中原，战略地位非常重要，历来是兵家必争之地，也是人类活动最为频繁的地区。频繁的战乱与人类活动使生态环境遭到了很大破坏。畜牧业生产是生物的再生产，各种牲畜都与其周围的环境保持着密切的联系，进行持续的能量与物质交换，生态环境的破坏与变迁对畜牧业生产造成了深远的影响。这是因为"家畜是恒温动物，有一个调热生物系统，其作用是把它们的体温变化保持在一个很小的范围内，只有这样才有可能生存。当体温下降或低于某一界限，或上升到高于某一上限时，都易造成家畜病变，甚至死亡。简单地说，适当的温度能增强畜体新陈代谢，促进生长发育，但温度过低则使家畜生长发育受阻，甚至冻伤、冻死。温度过高则使家畜的泌乳量显著下降，并对家

---

① 中央档案馆等：《华北经济掠夺》，中华书局 2004 年版，第 838 页。
② 《文献通考》卷 13《职役考二》，中华书局 1986 年版，第 138 页。

畜的繁殖机能产生不良影响，使精液品质下降，精子活力降低，畸形精子比例增多，造成夏季孳育率低，或不育现象"①。历史上河南地区自然灾害频仍，如水患、干旱、疫病、冻灾、地震等导致了牲畜的大量死亡。除自然灾害外，一些人为因素，比如战争、国家无休止地征用牲畜以及多如牛毛的畜产税收，这些政策和措施对畜牧业的危害较自然灾害有过之而无不及。所以河南畜牧业在某一时期、某一特定阶段虽有所发展，但就整个河南畜牧史来看，堪称多灾多难，畜牧业发展举步维艰。河南畜牧业发展所遭受的灾难远远超过历史上传统的畜牧业基地西北、东北等地区，因为这些地方远离中原王朝，统治者有些鞭长莫及。

---

① 牧区畜牧气候区划科研协作组编：《中国牧区畜牧气候》，气象出版社 1988 年版，第 2 页。

第十章

历史时期河南畜牧技术的发展

几千年来，我国传统兽医技术取得了辉煌成就，主要表现在对畜禽的辨证施治、色脉诊断、症候学、脏腑说、针灸术等方面[①]。河南长期是我国古代政治、经济、文化与科技的中心，其畜牧技术也有很大的发展。

第一节 先秦时期河南畜牧兽医技术的滥觞

先秦时期，畜牧业特别是养马业已相当发达，在家畜饲养、外形学、繁殖、兽医技术等方面都积累了一定经验。

一 牲畜饲养技术

在先秦时期的畜牧业生产中，牲畜的饲养，管理已进入比较精细的人工管理阶段，积累了丰富的经验，掌握了一套较为完备的畜牧业生产技术。如《周礼·天官冢宰》中记载："凡会膳食之宜，牛宜稌，羊宜黍，豕宜稷，犬宜粱，雁宜麦，鱼宜苽。"可见先秦时期已经注意到不同牲畜的饮食合理搭配。周自强先生通过对甲骨文字的解读，推断商代已经采用人工放牧。商人还在王畿和诸侯国内设有专供畜牧的牧场，且已经有了比较固定的放牧场所。在饲养方式上除人工放牧外还有圈栏饲养。殷墟出土的甲骨卜辞中有"刍、牧、牢、厩、圂、庠"等文字，反映商代牲畜圈养和厩养已经比较普遍，以及进行围地放牧，种植牧草饲养牲畜[②]。春秋时期对牲畜的放牧时间也有规定，《左传》庄公二十九年（公元前665

---

① 李群：《近代畜牧业发展研究》，中国农业科学技术出版社 2004 年版，第 54 页。
② 周自强：《中国经济通史先秦经济卷上》，经济日报出版社 2000 年版，第 296～297 页。

年）中的所谓"凡马，日中而出，日落而入"的说法。牧地管理方面，《周礼·夏官·牧师》中有"孟春焚牧"的记载，郑玄解释说：孟春焚牧是为了"除陈草生新草"，使牧地有充足的优质牧草供牲畜食用。

　　先秦时期，河南各诸侯国特别注重马匹的饲养，人们对马的生活习性已经相当了解。如庄子指出："马，蹄可以践霜雪，毛可以御风寒。龁草饮水，翘足而陆，此马之真性也。……夫马，陆居则食草饮水，喜则交颈相靡，怒则分背相踶。马知已此矣。"①《诗经·周南·汉广》："言秣其马"；《韩非子·外储篇》："吾马菽粟多矣，甚臞，何也？"古代以粟和菽（豆）作为主要精饲料，统称"秣"。粟是碳水化合物含量高的饲料，豆是蛋白质饲料。使用碳水化合物和蛋白质饲料、粗料和精料合理搭配，说明在先秦时期中原地区就有了比较科学的饲养技术。舍饲技术，《周礼·夏官·圉师》中有"春除蓐，衅厩，始牧，夏庌马"的记载，意思即春天开始出牧时，要清除马厩中的蓐草、垫土，使之清洁；夏天要把马系于庌中使之乘凉。《吴子兵法·治兵第三》也强调在调教马匹上要"习其驰逐，闲其进止，人马相亲，然后可使"，要深知马的习性，与马谙熟。

　　此后，又对马匹进行生态学的观察，掌握它的生活习性，在这方面的经验总结是："养物惟马为贵，其性恶湿，利居高燥，须惕其好恶，顺其寒温，量其劳逸，慎其饥渴。"另据《吴子兵法·治兵第三》记载，吴起在魏国变法时，关于如何养马答魏武侯言道："夫马必安其处所，适其水草，节其饥饱。冬则温厩，夏则凉庑，刻剔毛鬣，谨落四下。戢其耳目，无令惊骇；习其驰逐，闲其进止。人马相亲，然后可使。车骑之具，鞍、勒、衔、辔，必令完坚。凡马不伤于末，必伤于始；不伤于饥，必伤于饱。日暮道远，必数上下，宁劳于人，慎勿劳马。"强调对马匹要精心饲养，"适其水草"符合马的生活习性，冬天马匹要拴在温暖的马厩，夏天一定要让马棚保持凉爽；喂养马匹不要过饱；使用马匹不要使其过度劳累。周代的职官中设有趣马，"掌赞正良马，而奇其饮食，简其六节。掌驾说之颁，辨四时之居治，以听驭夫"，是专门管理和饲养国马的官员。

---

① 郭庆藩辑：《庄子集释》卷 4《外篇·马蹄》，中华书局 1961 年版，第 339 页。

二　畜种改良技术

畜种改良技术是一门古老的学问，在我国有着悠久的历史。早在殷商时期已经熟练地掌握牲畜阉割技术。周自强指出，早在 3000 多年前商代已经学会对公猪去势和母猪阉割，在当时是很先进的技术。商代对畜牧业中主要牲畜马、牛、羊、猪等，皆施以阉割术，可见其普遍运用。对牲畜的阉割，其目的一是育肥，快育肉优。二是选种，达到留优汰劣的目的。《夏小正》中的"攻驹"、《周礼·夏官·校人》中说的"攻特"都是指雄马去势。商代马匹品种优良，体形高大。1953 年在安阳大司空村 M175 号车马坑中出土 1 车 2 马，据保存较好的马骨推算，此两匹马高达 145 厘米①。1972 年在殷墟孝民屯 M7 发现的车马坑中，2 马的前肩高度实测为 140～150 厘米②，显然优于我国现在的马种。我国现在的马以三河马（内蒙、东北一带）为最高，公马平均高度为 146.2 厘米，母马 141.1 厘米③。可见商代的马匹身材高大，品种优良，应归功于选种的结果。三是改变牲畜的性格，使其温顺，易于调教。由于阉割技术的采用，使商代的畜牧业保持了较高水平，为王室祭祀、肉食提供了大量的优质牲畜，并为战争提供了优良的驾车之马④。

不仅如此，先秦时期河南的先民们还重视适时配种，《礼记·月令》："季春之月，乃合累牛腾马游牝于牧。"在春季让牲畜适时交配。马匹交配时还懂得要严格管束好幼驹，使其不混杂于牝马之间，滥肆交配而影响正常发育。《周礼·夏官·校人》载："仲夏，游牝别其群，则絷腾驹。""游牝别其群"⑤ 则把怀孕的母畜分别放牧，以免受到伤害。牲畜交配时还注意使牝、牡数有适当比例。《周礼·夏官·校人》："凡马，特居四之一。"即比例为三牝一牡才能使牝马不空怀，提高产驹率。

三　兽医技术

先秦时期，河南兽医技术也取得了初步发展。据传说，黄帝时中原地

---

①　谢成侠：《中国养马史》，科学出版社 1959 年版，第 33 页。

②　杨宝成：《殷代车子的发现与复原》，《考古》1984 年第 6 期。

③　谢成侠：《中国养马史》，科学出版社 1959 年版，第 272～279 页。

④　周自强：《中国经济通史·先秦经济》卷上，经济日报出版社 2000 年版，第 301～302 页。

⑤　《吕氏春秋·十二纪》，江西人民出版社 2010 年版，第 2625～2626 页。

区有名叫马师皇的，擅于医马，其传略见于《古今医统》及《列仙传》。但历史可考的至少春秋时期已经出现兽医，如《列子·黄帝篇》："范氏门徒路遇乞儿马医。"今据《周礼·天官》记载兽医："掌疗兽病，疗兽疡。凡疗兽病，灌而行之，以节之，以动其气，观其所发而养之。凡疗兽疡，灌而剧之，以发其恶，然后药之、养之、食之。凡兽之有病者，有疡者，使疗之。死则计其数，以进退之。"① 兽医的职掌是治疗内外科兽病。治疗内科病，采用口服汤药，缓和病势，节制它的行动，借以振作它的精神，然后观察它的表现和症状，妥善调养。治外科病，也是服药，并且要手术割治，把脓血恶液排除，然后再用药治，让它休养，并注意调养。这则史料表明先秦时期兽医已比较发达，不仅有了内科、外科的区分，而且制定了诊疗程序，并且重视护理。为了加强对病马的管理，西周时期，国家还专门设置了"巫马"一职，"掌养疾马而乘治之，相医而药攻马疾，受财于校人。马死，则使其贾粥（鬻）之，入其布于校人"②。负责病马的治疗、管理和死马的处理。

四 相畜术

相畜学说在我国是一门古老的科学，起源远在没有文字记载以前。古时根据牲畜的外形来判断牲畜的生理机能特点和生产性能，以此作为识别牲畜好坏和选留种畜的依据，是古时相畜术的主要内容。一方面，先秦时期，由于诸侯兼并战争频繁，军马需要量与日俱增，同时也迫切要求改善军马的质量；另一方面，先秦时期也是生产工具改革和生产力迅速提高的一个时期，由于耕牛和铁犁的使用，人们希望使用拉力比较大的耕畜。因此，正是战争与农耕对优良畜种的广泛需求最终促使了我国古代相畜术的形成和发展。

相畜术早在殷商时期就已经形成。例如，在3000多年前就有关于相马术的记载（安阳殷墟博物馆编号为 H3 1817 片甲骨记载的为相马内容，笔者前往殷墟亲眼目睹）。先秦时期的伯乐更是因善相马而闻名于世，徐无鬼也是当时的相马名家。徐无鬼曾言道："吾相马直者中绳，曲者中

---

① 《周礼·天官冢宰》，中州古籍出版社 2010 年版，第 12 页。
② 《吕氏春秋·十二纪》，江西人民出版社 2010 年版，第 2625~2626 页。

钩，方者中矩，圆者中规。"① 相马术是马种改良和军事用马的一个依据，有着重要的军事和经济意义。相马，除了对毛色的重视外，还重视齿形和体形的选择。据郭沫若研究，殷墟出土的甲骨卜辞中就有相马的记载。"即在戊午之日卜取什么毛色和怎样体格的马。"② 据《吕氏春秋·观表》记载，战国时有 10 个著名的相马高手："寒风相口齿、麻朝相颊、子女厉项目、卫忌相髭、许鄙相脉、投伐褐相胸胁、管清相膹吻、陈悲相股脚、秦牙相前、赞君相后。" 由此可知，先秦时期对马匹的眼、耳、鼻、舌几乎身体的各个重要器官都有了一定的判断标准，为以后牧马业的发展和品种改良提供了一定的条件。

春秋战国时期已经有很多著名的相畜学家，最著名的要算春秋时期卫国的宁戚了。他著有《相牛经》，这部书虽早已散失，但它的宝贵经验一直在民间流传，对后来牛种的改良起过很大作用。

第二节 秦汉魏晋南北朝时期河南畜牧技术

秦汉魏晋南北朝时期，随着国家统一中央集权的建立，经济、文化有了巨大发展，中原王朝与周边国家和地区的交流日益频繁。在这一背景下，周边地区先进的畜牧经验与畜牧技术、优良的畜牧品种逐渐传播和引进到中原地区，促进了河南畜牧技术的发展。

一 秦汉时期河南畜牧技术的发展

秦汉时期河南畜牧技术有了进一步发展。首先，在饲养技术上，有了明显的进步。如猪的饲养，汉代则已由先秦时期的放养为主发展到圈养为主，或圈养与放牧结合。河南陕县出土的陶羊圈呈半圆形，圈的后部有屋檐，前部有供羊进出的门③。这种圈养模型在河南焦作等地也有出土，"猪圈呈长方形，四周有墙，长 35，宽 24.5 厘米"，圈内有厕所，厕所中有便池④。可见秦汉时期圈养猪已经相当普遍。圈养猪既有利于猪的育

---

① 《庄子》卷 8《杂篇·徐无鬼》，中华书局 2007 年版，第 819 页。
② 罗振玉：《殷墟书契前编》卷 4，天津古籍出版社 1993 年版，第 47 页，第 5 片。
③ 叶小燕：《河南陕县刘家渠汉墓》，《考古学报》1965 年第 1 期。
④ 索全星：《河南焦作白庄 6 号东汉墓》，《考古》1995 年第 5 期。

肥，又有利于积肥。秦汉时期，猪的育肥技术也取得了显著发展。据《氾胜之书》和《神农本草经》等书记载，以瓠瓢、梓叶和桐花饲养猪，"肥大易养"。《淮南万毕术》还记载了"麻盐肥豚法"，"取麻子三斤，捣千余杵，煮为羹，以盐一升著中，和以糠三斛饲豕，则肥也"。育肥技术的提高能够使生猪提前出栏，农户可以获得更多、更快的经济效益。在对羊的饲养上，人们总结出来的经验是，"以时起居，恶者辄去，毋令败群"①。把那些带有传染病的羊杀掉，以免传染给整个羊群，造成更大的经济损失。在对马匹饲养上，西汉时期张骞出使西域，引进了西域的优质牧草苜蓿，并进行了广泛的试种和推广。

> 马嗜苜蓿。汉使取其实来，于是天子始种苜蓿、蒲陶肥饶地。及天马多，外国使来众，则离宫别馆旁尽种蒲萄、苜蓿极望。②

苜蓿有"牧草之王"之美誉，不仅产量高，而且草质优良，"它含有大量的粗蛋白质、丰富的碳水化合物和 B 族维生素，维生素 C、维生素 E 及铁等多种微量营养素"③，各种畜禽均喜食。苜蓿的引进是我国畜牧发展史上的重大事件之一，对繁育良种马、增强马、牛的体质和挽力，都发挥了积极作用。

其次，牲畜的育种改良技术有了较大发展。张仲葛先生言道，秦汉时期"形成了家畜品种改良的高潮时代"④。汉代在猪的选育方面的经验和技术相当成熟。《史记·日者列传》记载："留长孺以相彘立名。"《齐民要术》引"留长孺相彘法"说："母猪取短喙无柔毛者良。喙长则牙多，一厢三牙以上，则不烦畜，为难肥故。有柔毛者焰治难净也。"说明当时已经认识到外形是体质的外部表现，能反映猪的生理机能的特点和生产性能。因此，据以选留种猪，对于汉代猪种质量的提高起了很大作用。关于汉代猪种的优良品质，可以从现代出土的古代文物中得到证实。根据华南

---

① （汉）司马迁：《史记》卷30《平准书》，中华书局 1959 年版，第 1432 页。
② （汉）司马迁：《史记》卷 123《大宛列传》，中华书局 1959 年版，第 2407 页；《汉书》卷 96 上《西域·大宛国》，中华书局 2002 年版，第 3895 页。
③ 参见《百度百科·苜蓿》。
④ 张仲葛：《中国畜牧业发展史》，《中国畜牧学杂志》1958 年第 3 期。

汉墓和洛阳等地出土的汉代青瓦猪的外型来看，汉代华南小耳型猪（属华南猪类型）头短宽，耳小直立，颈短阔，背腰宽广，臀部和大腿发育极其良好，四肢短小，鬃毛柔细，品质优良①。这种优美的体态，说明中国古代猪种很早就具有早熟、易肥、发育快、肉质好的特性。

　　在牛马的选种方面，秦汉时期继续沿用先秦以来的牲畜阉割技术，又发明了新的阉割技术。河南方城县城关地区分别于 1976 年和 1982 年在两座东汉墓中发现了两块犍牛画像石，一图是趁牛全力前抵，抬左后腿扑前之际，阉者用左手抓住牛睾丸，右手紧握利刃待割的形象②；另一图则是牛身后为一戴尖顶帽的阉者，左手抓住牛睾丸，右手操刀割之的画面③。显然，秦汉时期，牛的阉割技术已经相当普及。

河南省方城汉墓牛阉割石刻像

　　马的去势已开始使用"水割法"，据《元亨疗马集》记载：

　　　　至于汉楚分争之时，有大元帅韩氏集将军，因营马多生热症，以谓不利于军，遂易其骟法，祛其火烙，用搜筋进步之工，白筋三寸截之，血筋五寸分之，新水净其疮口，油盐少许入之，朝夕牵行，以前

①　徐旺生编著：《中国养猪史》，中国农业出版社 2009 年版，第 177 页。
②　南阳市博物馆等：《河南方城东关东汉画像石墓》，《文物》1980 年第 3 期。
③　南阳地区文物队等：《河南方城县城关镇汉画像石墓》，《文物》1984 年第 3 期。

喂养，此谓韩元帅水骟法也。

马匹去势时用手按压精索，前后反复捻搓，压迫止血，并使精索从最细处自行断裂。此法比汉以前用烧红铁烙断血管、摘除睾丸的"火割法"要安全得多。

秦汉时期，西域一带盛产良马，随着张骞出使西域，西域地区的大宛汗血马和乌孙马传到中原地区。史载：

> （大宛国）多善马，马汗血，言其先天马子也。张骞始为武帝言之，上遣使者持千金及金马，以请宛善马。宛王以汉绝远，大兵不能至，爱其宝马不肯与。汉使妄言，宛遂攻杀汉使，取其财物。于是天子遣二师将军李广利将兵前后十余万人伐宛，连四年。宛人斩其王毋寡者，献马三千匹，汉军乃还。①
>
> （乌孙）随畜逐水草，与匈奴同俗。国多马，富人至四五千匹……乃发使送骞，因献马数十匹报谢。②

由上述史料可知，西域的大宛国与乌孙在张骞出使西域后先后向中原王朝"献马"，西汉王朝虽然采取的手段有点霸道，强人所难，但也表明汉武帝对良马的求"贤"若渴。良马传入中原后，汉武帝将其命名为"天马"和"西极马"，对内地马匹的改良起到了重要作用。南阳汉墓中出土的马俑和画像石上刻绘的马的形象，均为高头大马，膘肥体壮，可能是杂交改良的结果；南阳市西关的一座汉墓中，出土了一匹灰陶大马，四肢稳立，姿态雄健。旁有二胡俑，深目高鼻，脸生络腮胡，裤腿高挽，赤足，一手挥掌，大有跨马之意，也表明西域的良种马已经引进到中原地区③；洛阳出土的西汉画像砖上有多幅描绘骏马的图像，骏马脖颈细长，肌肉发达，雄健有力，与西域马的体质十分相似④。这些周边少数民族优

---

①　《汉书》卷96上《西域·大宛国》，中华书局2002年版，第3894～3895页。

②　《汉书》卷96上《西域·乌孙国》，中华书局2002年版，第3901～3902页。

③　魏仁华：《南阳古代的畜牧业》，《南都学坛》1990年第4期。

④　周到等编：《河南汉代画像砖》，上海人民美术出版社1985年版，图8，第8页，图12，第10页。

良畜种的传入对改善中原地区牲畜的品质有重要意义。

此外，秦汉时期中原地区相马术有了突出的发展。当时有"以相马立名天下"的相马专家黄直、陈君夫，并有相马书问世。曹魏时期的朱建平是相马名家，"建平又善相马。文帝将出，取马外入，建平道遇之，语曰：'此马之相，今日死矣。'帝将乘马，马恶衣香，惊咬文帝膝，帝大怒，即便杀之"①。东汉时期的马援也是一位杰出的养马家和相马高手。他继承祖先相马家仪氏、中帛氏、谢氏、丁氏的相马特长，又结合自己的实践经验，在西汉相马家东门京制作的铜马基础上，在洛阳宫中创制了"高三尺五寸，围四尺五寸"的铜质良马，作为标准马式②。

　　近世有西河子舆，亦明相法，子舆传西河仪长孺，长孺传茂陵丁君都，君都传成纪杨子阿，臣援常师事子阿，受相马骨法。考之于行事，则有验效。臣愚以为传闻不如亲见，视影不如察形。今欲形之于生马，则骨法难备具，又不可传之于后。孝武皇帝时，善相马者东门京铸作铜马法献之，有诏立马于鲁班门外，则更名鲁班门曰金马门。臣谨依仪氏鞘、中帛氏口齿、谢氏唇髻、丁氏身中，备此数家骨相以为法。马高三尺五寸，围四尺五寸，有诏置于宣德殿下，以为名马式焉。③

这是已知历史上最早的标准马式，比西方早 1800 多年④。这一铜马模型相当于近代马匹外形学良马标准型。

二　魏晋南北朝时期河南畜牧技术

魏晋南北朝隋唐是我国古代历史上民族分裂与大融合时期。494 年北魏孝文帝迁都洛阳，同时也将鲜卑族丰富的畜牧经验带到了中原地区。

魏晋南北朝时期，畜牧技术有了明显发展。《齐民要术》把畜牧生产经验和技术上升到理论高度，总结出"服牛乘马，量其力能；寒温饮饲，

---

① （西晋）陈寿：《三国志》卷 29《朱建平传》，中华书局 1982 年版，第 810 页。
② （南朝·宋）范晔：《后汉书》卷 24《马援传》，中华书局 2003 年版，第 841 页。
③ 同上书，第 840～841 页。
④ 林甘泉：《中国经济通史·秦汉经济卷》，经济日报出版社 1998 年版，第 291 页。

适其天性"① 16 字的总原则。不仅如此,《齐民要术》还总结了牲畜的饲养技术、选种技术、栈养技术等。下面以羊、马为例,略举几条史料便可窥知一二:

　　羊者,火畜也。其性恶湿,利居高燥。作棚宜高,常除粪秽。若食秋露水草,则生疮。

　　常留腊月、正月生羔为种者,上;十一月、二月生者次之。(非此月数生者,毛必焦卷,骨骼细小。所以然者,是逢寒遇热故也。其八九十月生者,虽值秋肥;然比至冬暮,母乳已竭,春草未生,是故不佳。其三、四月生者,草虽茂美,而羔小未食,常饮热乳,所以亦恶。五、六、七月生者,两热相仍,恶中之甚。其十一月及二月生者,母既含重,肤躯充满,草虽枯。亦不赢瘦;母乳适尽,即得春草,是以极佳也。)大率十口二羝。(羝少则不孕,羝多则乱群。不孕者必瘦,瘦则非惟不蕃息,经冬或死。)羝无角者更佳。(有角者喜相觚触,伤胎所由也。)拟供厨者,宜剩之。(剩法:生十余日,布裹齿脉碎之。)

　　牧羊必须大老子,心性宛顺者,起居以时,调其宜适。卜式云:牧民何异于是者?(若使急性人及小儿者,拦约不得,必有打伤之灾,或劳戏不看,则有狼犬之害;懒不驱行,无肥充之理;将息失所;有羔死之患也。)惟远水为良,二日一饮。(频饮则伤水而鼻脓。)缓驱行,勿停息。(息则不食而羊瘦;急行,则垄尘而蚰颡也。)春夏早放,秋冬晚出。(春夏气软,所以宜早;秋冬霜露,所以宜晚。《养生经》云:"春夏早起,与鸡俱兴;秋冬晏起,必待日光。"此其义也。夏月盛暑,须得阴凉。若日中不避热,则尘汗相渐,秋冬之间,必致癣疥。七月以后;霜气降后,必须日出霜露晞解,然后放之。不尔,则逢毒气,令羊口疮,腹胀也。)

　　圈不厌近,必须与人居相连,开窗向圈。(所以然者,羊性怯弱,不能御物。狼一入圈,或能绝群。)架北墙为厂。(为屋即伤热,

---

① (北魏)贾思勰著:《齐民要术》卷6《牛、马、驴、骡第五十六》,上海古籍出版社2006年版,第378页。

热则生疥癣。且屋处惯暖，冬月入田，尤不耐寒。）圈中作台，开
窦，无令停水。二日一除，勿使粪秽。（秽则污毛；停水则挟蹄；眠
湿则腹胀也。）①

（养猪）春夏草生，随时放牧。糟糠之属，当日别与。（糟糠经
夏辄败，不中停故。）八、九、十月，放而不饲。所有糟糠，则蓄待
穷冬春初。②

鸡种，取桑落时生者良，（形小，浅毛，脚细短者是也，守窠，
少声，善育雏子。）春夏生者则不佳。（形大，毛羽悦泽，脚粗长者
是也。游荡饶声，产、乳易厌，既不守窠，则无缘蓄息也。）③

《齐民要术》是北魏时期的著名农学家贾思勰的一部农学作品，书中
详细介绍了魏晋时期北方地区（包括中原地区）丰富的畜牧经验。如在
对羊的饲养上主张"起居以时，调其宜适"、"春夏早放，秋冬晚出"、
"圈不厌近，开窗向圈"等；猪的饲养上要求就青牧养与舍饲相结合；鸡
种的选择上强调要"取桑落时生者"，形体高大、羽毛有光泽的鸡。这既
是对古代畜牧饲养技术经验的总结，也为后来各朝代所沿用。

第三节　隋唐五代时期河南畜牧技术

一　养马技术的发展与马种的改良

隋唐虽是统一的国家，但统治者均有北方少数民族的血统，畜牧业是其
入主中原前传统的生产方式。统一全国后，统治者大量从周边国家和地区引
进优良畜种，这些先进的畜牧技术无疑也会传到河南地区。唐人张说在《大
唐陇右监校颂德碑》中言道："若夫春祭马祖，夏祭先牧，秋祭马社，冬祭马
步，敬其本也；日中而出，日落而入，禁原燎牧，除蒡莽厩，时其事也。"张

---

① （北魏）贾思勰：《齐民要术》卷6《养羊第五十七》，上海古籍出版社2006年版，第
418~419页。

② （北魏）贾思勰：《齐民要术》卷6《养猪第五十八》，上海古籍出版社2006年版，第
442页。

③ （北魏）贾思勰：《齐民要术》卷6《养鸡第五十九》，上海古籍出版社2006年版，第
446页。

说其实是对春秋时期养马技术的吸收和发展。因为《周礼·夏官·校人》就已经提到，"周人春祭马祖，夏祭先牧，秋祭马社，冬祭马步"。郗昂更具体指出："人从话言，马赖调豢，将蕃其类，必谨其初。故春祭房星，尊祖也；夏祭先牧，尚养也；秋祭马社。敬乘也；冬祭马步，存神也。"① 强调马匹要日中而出，日落而入，以避免食用带有露水的草料。隋唐时期，统治者还将周边或外国优良的马种引进到中原地区以改良当地的马种，繁殖良马。如唐高祖武德年间，"康国马，康居国也，是大宛马种，形容极大。武德中，康国献四千匹，今时官马，犹是其种"，是不可多得的优良品种。又如突厥马"技艺绝伦，筋骨合度，其能致远，田猎之用无比"②，唐朝时期也大量引进到中原地区。如唐太宗贞观年间，突厥骨利翰遣使献良马 100 匹，其中有 10 匹"尤骏"。《唐会要·马》是这样描述的：

> 贞观二十一年八月十七日，骨利翰遣使朝贡，献良马百匹，其中十匹尤骏。太宗奇之，各为制名，号曰十骥。其一曰腾云白，二曰皎雪骢，三曰凝露白，四曰元光骢，五曰决波䯄，六曰飞霞骠，七曰发电赤，八曰流金骠。九曰翔麟紫，十曰奔虹赤。上乃叙其事曰："骨利翰献马十匹，特异常伦。观其骨大业粗，髇高意阔，眼如悬镜，头若侧砖，腿像鹿而差圆，颈比凤而增细。后桥之下，促骨起而成峰；侧鬐之间，长筋密而如瓣。耳根铁勒，杉材难方；尾本高丽，掘砖非拟。腹平肷小，自劲驱驰之方；鼻大喘疏，不乏往来之气。殊毛共栉，状花蕊之交林；异色同群，似云霞之闲彩。仰轮乌而兢逐，顺绪气而争追，喷沫则千里飞红，流汗则三条振血，尘不及起，影不暇生。顾见弯弓，逾劲羽而先及；遥瞻伏兽，占人目而前知。骨法异而应图，工艺奇而绝象，方驰大宛。固其驽骞者欤。"③

唐太宗李世民极尽笔墨对突厥奉送的马匹赞扬有加，这 10 匹马其中 6 匹成为御马，是为"昭陵六骏"。突厥良马对改良中原地区的马匹起到

---

① （清）董诰等：《全唐文》卷361，郗昂，《岐邠泾宁四州八马坊颂碑》，中华书局1983年版，第3671页。
② （宋）王溥：《唐会要》卷72《诸藩马印》，上海古籍出版社2006年版，第1547页。
③ （宋）王溥：《唐会要》卷72《马》，上海古籍出版社2006年版，第1542页。

了一定的作用。除了从西域、突厥等地引进马匹外，有唐一朝还从其他地方大量引进良马。据马俊民先生统计，隋唐以来，从北部、西部、西南、东北等地区引进周边各族及域外各国良马的记录达 83 种之多，而以西部地区为最，其次是北部地区、东北地区、西南地区，此外还有从不明地区收进的良马 10 种。唐朝引进良马的地区非常广阔，东达朝鲜半岛，西至阿拉伯，北抵西伯利亚，南到印度①。

二　养羊技术的进步

隋唐时期，河南地区的养羊技术发展很快。放羊不能太靠近水源，如果饮水太频，则羊易蹄甲出脓，应该两天饮一次水。春夏天热时宜早放，秋冬天凉时宜晚放，到了冬天最冷时要圈养。对于羊圈，也有具体要求："圈不厌宽，架北墙为厂，圈中立台开窦，勿使停水。两日一饮，除粪。圈内须傍墙竖柴圈匝，令棚出墙，勿令虎狼得跃，又恐羊揩墙土，则毛不堪入用"。要求羊圈要靠近北墙而建，这样使得羊圈非常向阳通风；圈中不能缺水，羊能够随时饮用；圈内靠墙的地方要堆放柴火，既能阻挡狼的侵入，又能使羊不在墙上蹭痒，保持羊毛的干净。最有趣的是拢羊入圈和分别病羊的方法，"养羊以瓦器盛盐一二升挂羊栏中，羊喜盐，数归啖之，则羊不劳人收也"。羊圈中放一些盐，既能吸引羊入圈，还能够祛病健体。对于病羊的判断是在羊栏前挖一个深二尺，宽四尺的坑："往来皆跳过者，不病；如有病，入坑行，宜便别著，恐想染也。"②体格健壮没有疾病的羊能一跃而过，有病的则不能越过大坑，以此来分辨羊是否染病，从而将其单独圈养，勿使其传染。

唐朝时期，河南一带已经有了杂交的绵羊，它是中原地区的羊与西北地区吐蕃的藏羊杂交而成。近年来在河南洛阳出土的唐三彩陶羊即是明证③。猪的饲养上一般采取舍饲与放牧相结合的方法。"豕入此月即放，

---

① 马俊民：《关于唐代"胡马"引进及其历史作用》，《天津大学学报》1998 年版第 4 期；乜小红：《唐五代畜牧经济研究》，中华书局 2006 年版，第 271～272 页。

② （唐）韩鄂撰，缪启愉校释：《四时纂要校释》卷 1《引羊法》、《别羊病法》，中国农业出版社 1981 年版，第 40 页。

③ 谢成侠：《中国养牛羊史》，中国农业出版社 1985 年版，第 151 页。

不要喂，直至十月。所有糟糠，留备穷冬饲之。"① 从春季青草生长出来，直到农历十月，采取就青牧养，十月后，天气寒冷，草叶枯萎，无法觅食，则进行圈养舍饲。

三　相畜技术的发展

隋唐时期，河南地区相畜术有了较大发展。据《隋书·经籍志》记载有《周穆王八马图》、《齐侯大夫宁戚相马经》、梁有《伯乐相马经》，《关中铜马法》、《王良相牛经》、《高堂隆相牛经》、《淮南八公相鹄经》、《浮兵公相鹤经》、《相鸭经》、《相鸡经》、《相鹅经》等。② 这些论著既有对前代相畜技术经验的总结，又有隋代畜牧技术的记载。相畜术的迅猛发展既是这一时期畜牧业显著发展的表现，也反映了当时畜牧技术的巨大进步。总之，隋唐时期随着朝贡贸易，北方少数民族及周边国家将他们传统的畜牧技术传到了中原地区，客观上也促进了河南畜牧技术的发展。

第四节　宋代河南畜牧技术的突出发展

宋朝是中国古代畜牧技术取得巨大进步的一个时期。牲畜饲养、畜种改良、兽医技术以及家畜外形学等在前代的基础上都有了明显进步，东京开封府、西京洛阳河南府、南京商丘应天府又是宋代的"三京"，文化昌明，发达的文化对畜牧技术的发展也是很大的促进。

一　饲养管理技术的进步

宋代特别注重牲畜的饲养管理，在这方面有一套完备而细致的规定。早在淳化年间，宋太宗诏令在京师开封的饲养员传授饲养技术、总结其经验，颁于诸军和近臣，足见宋政府对畜群饲养之重视。

> 淳化二年十二月，诏围人取善马数十匹于便殿，设皁栈，教以刍秣。帝以其法亲谕宰执，仍颁于诸军，复以马医方书数本赐近臣。其

---

① （唐）韩鄂撰，缪启愉校释：《四时纂要·八月》，中国农业出版社 1981 年版，第 200 页。
② 参见乜小红《唐五代畜牧经济研究》，中华书局 2006 年版，第 294 页。

法：马上槽时先饲空草，然后加麸料伴喂，不得水多。饲毕，歇一两
食时，乃可饮以新水。春、夏宜数饮。不明乘骑来，候喘定汗解，方
得饮喂。仍不得饲以旧草，多成肠结。冬月勿饮水，水草中无使有沙
石、粪土，食之，肺及肠胃成病。初乘时勿便纵走，骤走多，肺病皆
由此致也。①

史料表明：宋朝在对官马的饲养上可谓关怀备至，宋太宗亲自向大臣
们传授饲养技术：马上槽时先喂草，不添加饲料，然后再加入麦麸，掺水
要少；饲养完毕，让马匹休息一两个时辰，再让其饮水，春夏气温高，马
匹体内水分消耗快，一天应该多次饮水；冬天尽量不要让马匹饮用冷水，
水草一定要干净卫生，不要有沙石、粪土之类的脏东西，否则马匹容易患
上肠胃疾病；骑乘时，开始不要让马匹跑得太快，过一会儿再加快速度，
否则马易生肺病。"上有所好，下必甚焉"，最高统治的高度重视饲养技
术，必然会在社会上引起很大的反响。

宋真宗时，命朱峭制定《牧马法》赐给内外坊监②。当气候严寒、冬
雪无草时，常会造成牲畜"冬瘦"现象。对此，宋政府诏令各监牧在春
夏牧草茂盛时收割，晒干后堆积起来"以备冬饲"③，当官畜无草时"量
加秣饲"④，通过增加饲料帮助畜群度过寒冬。对那些四时逐水草而牧的
羸病牲畜则"就早栈而饲"⑤，专门饲养，添加"小灶"。

精心喂饲是牲畜饲养管理中的最重要环节。宋代特别强调牲畜的精心
饲养，如羊群牧放时要求"露草干时儿牧羊"⑥，"牧羊忌太早，太早羊辄
伤……日高露晞原草绿，羊散如云满山谷"，"羊性畏露，晚出而早归"⑦，
等等，一再强调羊群应在晨露干后才牧放。因春季羊吃露水草易患侵袭性
尾蚴寄生虫病，会使羊群瘦损倒毙。这种虫随露水上升爬至草上，太阳照

①　（清）徐松辑：《宋会要辑稿·兵》24 之 5，中华书局 1957 年版，第 7181 页。
②　（宋）王应麟：《玉海》卷 149《祥符牧马法》，江苏古籍出版社 1987 年版，第 2737 页。
③　（元）脱脱等：《宋史》卷 198《兵志》12，中华书局 1977 年版，第 4937 页。
④　（清）徐松辑：《宋会要辑稿·兵》24 之 7，中华书局 1957 年版，第 7182 页。
⑤　（清）徐松辑：《宋会要辑稿·兵》24 之 1，中华书局 1957 年版，第 7179 页。
⑥　（宋）陆游：《陆游集·剑南诗稿》卷 78《村舍》，中华书局 1976 年版，第 1832 页。
⑦　（宋）沈作宾、施宿：《嘉泰会稽志》卷 17《兽部》，宋元方志丛刊本，中华书局 1990
年版，第 7043 页。

射则退至草根①。

不仅如此，在不同的季节，饲养程序乃至饲料都有所区别。如就马的饲养来看：

> 春季放大血则夏无热壅之病。宜灌茵陈散或木通散。遇夜，令马卧粪场。每日麸料各八分，卯时骑习驰骤，辰时上槽。喂罢，饮新水，申时再喂罢、搐拽、调习行步，令马头平。至夜半再喂。每日三次喂。

> 夏季不得出血，若出血则秋必发病。宜灌消黄散并茵陈散。须搭棚，令马于风凉处，不得着热。每日喂饲，比春季加料减麸。寅时骑习驰骤，卯时上槽。喂罢，饮新水。未时再喂罢，亦饮新水。申后搐拽，调习行步。至二更时，喂第三次。每五日一次于河内水深处浸之。

> 秋季宜灌理肺散、白药子散。每日麸料各八分。卯时骑习驰骤，辰时喂。巳时饮新水。申时再喂罢、搐拽、调习行步。子夜喂第三次。自八月已后，勿令马于雨露处霖泥，勿令久卧湿地。至九月，宜上粪场歇卧。

> 冬季宜灌白药子散、茴香散。十二月内，七日一次啖猪脂药。每日麸料各八分。卯时骑习驰骤，巳时上槽。喂罢，饮新水。未时乘骑搐拽、调习行步。酉时再喂。至夜，上粪场歇卧。四更时喂第三次。②

宋人饲养马匹一年四季基本上遵循这样一套程序，灌药—骑习—喂麸料—饮水—再次喂马—搐拽（遛马）—骑习—喂马。由于春、夏、秋、冬四季的变换，喂药的种类、喂饲、饮水、调习的时间安排，随着季节的变化也有所不同。

宋人还根据天气情况的变化饲以不同的草料，如耕牛的饲养上：

---

① 张仲葛、朱先煌：《中国畜牧史料集》，科学出版社1986年版，第172页。

② （宋）王愈：《蕃牧纂验方》卷上《四时调适之宜》，江苏人民出版社1958年版，第8～12页。

　　方旧草朽腐，新草未生之初，取洁净藁草细剉之，和以麦麸、谷糠或豆使之微湿，槽盛而饱饲之。豆仍破之可也。藁草须以时暴干，勿使朽腐。天气凝凛，即处之燠暖之地，煮糜粥以啖之，即壮盛矣。亦宜预收豆楮之叶，与黄落之桑，舂碎而贮积之，天寒即以米泔和剉草糠麸以饲之。

　　在喂饲耕牛方面真可谓精心周到，对铡草、泡豆、选料等各方面都有严格要求。如草需要晒干，豆需要泡好以防止腐败；天气暖和喂以麦麸谷糠之类的食物，天气寒冷，将牛拴到阳光充足的地方，"以米泔和剉草糠麸以饲之。"诚如陈旉在《农书》中所言："视牛之饥渴，犹己之饥渴；视牛之困苦赢瘠，犹己之困苦赢瘠；视牛之疫疠，若己之有疾也；视牛之字育，若己之有子也。"① 完全把牲畜等同于人来看待，体现了爱畜如己的思想。

　　宋人特别强调厩舍卫生："于春之初，必尽去牢栏中积滞蓐粪。亦不必春也，但旬日一除，免秽气蒸郁，以成疫疠；且浸渍蹄甲，易以生病。又当祓除不祥，以净爽其处乃善。"② 强调每隔 10 日牛栏要打扫一次，这样可以保持清洁，预防和减少疾病。

　　为了加强对牲畜饲养的管理，宋政府还对在京师开封饲养官畜的人数进行了量化：

　　　　诸系饲，象，各给兵士（量象多少，临行差给）。马以褯（槽）为率，每槽置槽头一人，兵士（一）人，兽医两（量）给（诸畜需医者准此）。骡二头、驴五头，各给兵士一人。外群羊五百口，给牧子五人，群头一人。在亦（京）三栈羊千口，给牧子七人，群头一人。驼三头、牛三头，各给兵士一人。③

京师开封的牲畜主要供给宫廷和百官使用或食用，因此待遇自然要优

　　① （宋）陈旉著，万国鼎校注：《陈旉农书校注》卷中《牧养役用之宜篇第一》，中国农业出版社 1965 年版，第 48 页。
　　② 同上。
　　③ 《天一阁藏明钞本天圣令校证》卷 24《厩牧令》，中华书局 2006 年版，第 289 页。

于"他畜"。在牲畜饲养人数的分配上，宋政府依据的标准是牲畜数量的多少与体格的大小。一般而言，象体格高大，食量很大，配给的饲养人员也就相应多些；马以槽为标准（一槽 3 匹，笔者注）给槽头 1 人，饲养士兵 1 人，兽医按需要分给；骡子与驴体格稍小，则规定骡子 2 头，驴子 5 头给兵士 1 人。在京师开封外放牧的羊群每 500 只配备牧羊人 5 个，群头 1 人；在京师栈养的羊每 1000 只羊配给饲养员 7 人，群头 1 人；骆驼 3 头，牛 3 头，各配给看管兵士 1 人。

不仅如此，宋政府还根据官畜的生理特征、体格和食量大小的不同给予不等的草料、盐、药，既有利于满足牲畜的生长需求，加强疫病的防治，又在一定程度上避免了浪费：

> 诸系饲，给干者，象丁（一）头，日给稾（十）五围，①马一匹，供御及带甲、递铺者，各日给稾八分，余给七分，蜀（马）给五分（其岁时加减之数，并从本司宣敕下）；羊一口，日给稾一斤（分）；骡每头，日给稾大（六）分（运物在道者，给七分）；驴每头，日给稾五斤（分）（运物在道者，给七分）；驼一头，日给稾入（八）分；牛一头，日给稾一围。

> 诸系饲，给豆、盐、药者，象一头，日给大头（豆）二斗；马一匹，俱（供）御及带甲、递铺者，日给豆八升，余给七升，蜀马（日给）五升。驴（骡）一头，日给豆四升、麸一升。月给盐六两、药一唉（运物在道者，日给盐五勺，冬月唉药，加白米四合）。驴一头，（日）给豆三升、麸五合，月给盐二两、药一唉（每七分为率，给药三分。运物在道者，日给豆四升，麸七合）。外群羊一口，日给大豆五合，每二旬一给唉，盐各半两，三月以后就牧饲青，惟给唉、盐。在京三栈羊，日给大豆一升二合，月给唉、盐二两半（其在京三栈牡羊，豆、盐皆准外群，准四月以后就牧）。驼（一头），日给大豆七升，盐二合（负物在道者，豆给八升），岁二给唉药。牛（一头），日给大豆五升，月给盐四两、药一唉。

---

① 每围以三尺为限，史料中的八分、七分相当于 0.8、0.7 围，笔者注。

在长期的精心饲养过程中，人们还总结出了一套牲畜饲养、育肥经验。如"羊者，火畜也，其性恶湿，利居高燥。作棚栈且高，常除粪秽，巳时放之，未时收之，若食露水则口生疮"。什么是栈养法呢？明朝时期徐光启在其《农政全书》中有过详细介绍。

栈羊法：向九月初，买脿羯羊。多则成百，少则不过数十羫。初来时与细切干草，少着糟水拌。经五、七日后，渐次加磨破黑豆，稠糟水拌之。每羊少饲，不可多与，与多则不食，可惜草料，又兼不得肥。勿与水，与水则退脿溺多。可一日六七次上草，不可太饱，太饱则有伤，少则不饱，不饱则退脿。栏圈常要洁净，一年之中，勿喂青草，喂之则减脿破腹，不肯食枯草矣。①

仔细解读史料可知，始于宋代的栈养羊法，其实就是舍饲，尤其强调精心喂饲。羊"食钩吻则肥，食仙茅则肪，食仙灵脾则淫，食踯躅则死。性畏露，宜晚出早归"。应该在干爽高燥的地方搭建棚栈养羊，保持羊圈卫生，放牧时要晚出早归；羊食钩吻②、仙茅（一种野生植物）便于育肥。猪"小时糟饲者不长，用麻子二升捣碎，盐一升同煮，和糖三升，食之即肥"。麻子、盐、糖在一块同煮喂猪可育肥。"胡麻面啖犬则黑光而骏。""马者，火畜也。其性恶湿，利居高燥。忌作坊于午位，日夜喂饲。仲春放淫，顺其性也；季春必啖，恐其退也。盛夏必浸，恐伤于暑；季冬必温，恐伤于寒。啖以猪脂及犬汁，煮粥则肥。"马"刍粟中入贯仲，饲之宜肥。性畏暑，不畏寒，病宜洗澡，不宜日晒"③。马匹适合生活在干燥温凉的地方，春季要喂药预防疾病，夏季要洗澡，以防中暑，喂给猪脂、粥类便于催肥。骆驼"用力过度则死，以盐和麦纳入口中饲之，则三日不饥"。"牛走顺风，马走逆风，犬喜雪，马喜风，豕喜雨"④。总之，这些经验的积累和总结对牲畜催肥、保持家畜健康、延长其寿命有一定的积极意义。

---

① （明）徐光启：《农政全书》（下册）卷41《牧养》，岳麓书社2002年版，第671页。
② 钩吻：葫蔓藤科植物葫蔓藤，一年生的藤本植物。
③ （宋）赵希鹄：《调燮类编》卷4，丛书集成初编，第211册，第88～89页。
④ （宋）赵希鹄：《调燮类编》卷1，丛书集成初编，第211册，第8页。

二　牲畜育种技术的显著提高

北宋时期，河南畜牧业在育种技术方面也取得了一定的进步。北宋画家张择端的名画《清明上河图》上有 5 头猪，腿矮嘴短、肥胖宽圆，具有典型的华南猪特点。据相关资料记载，我国的猪种可分为华北猪和华南猪两大系，此外还有介于二者之间的华中型猪，基本是华南猪与华北猪的混交结果。华南猪一般生活在热带、亚热带地区，岭南、珠江流域一带民间饲养较多①。这种猪具有体短肥胖、易成熟、出栏早等优点。而北宋京师开封猪的特征竟与华南猪相似，说明至少在宋代华南良种猪已经在北方饲养，可见河南养猪、育种技术之发达。

为了能更好地了解京师开封官营畜牧的孳生育种情况，宋政府规定，新生的牲畜要登记造册。大中祥符三年（1010 年）宋真宗下诏："自今十坊监、车营务、奶酪院、诸园苑、开封县西郭省庄有孳生纯赤黄色牛犊，别置栏圈喂养，准备拣选供应……逐处有新生犊即申省簿记，关太仆寺逐祭取索供应。"②把新生牲畜登记造册，可以知道存栏的数量，为以后取用提供依据。不仅如此，连即将出生的牲畜也要登记，"有孳生犊将未生时，先关本州岛注籍"③。注籍管理为以后牲畜的繁殖、育种提供可供参考的数据。

在长期的家禽育种过程中，宋人还发现："鹅宜以一岁再伏者为种，大率三雌一雄"，"凡鸡种取桑落时则良，春夏生者不佳"④。"鸡双黄者，生两头及三足鸡"⑤，"鸭若只一雄，则虽合而无卵，须二三始有子"⑥，"养鸭每年五月五日不得放接，只干喂，不得与水，则日日生卵。不然，或生或不生。土硫磺饲之易肥"⑦。这些发现对提高家禽的繁殖率和产蛋率以及优生、优育有重要意义。

---

① 安徽省农业厅编：《养猪学》，安徽人民出版社 1960 年版，第 36 页。
② （清）徐松辑：《宋会要辑稿·礼》26 之 9，中华书局 1957 年版，第 1008 页。
③ （清）徐松辑：《宋会要辑稿·食货》63 之 62，中华书局 1957 年版，第 6003 页。
④ （宋）陈元靓：《事林广记·庚集》卷 6《畜牧便宜》，中华书局 1999 年版，第 445 页。
⑤ （宋）苏轼：《物类相感志》，丛书集成本，第 1344 册，第 26 页。
⑥ （宋）庄绰：《鸡肋编》卷中，中华书局 1983 年版，第 73 页。
⑦ （宋）陈元靓：《事林广记·庚集》卷 6《畜牧便宜》，第 445 页。

三 畜病治疗技术的突出发展

宋建国伊始，就在中央设立了药蜜库，"监官二人，以京朝官充，掌受糖蜜药物以供马医之用"。它是一个存储和供应兽用药物的医疗机构。它的建立是古代兽医技术的一大发展。药蜜库每月定期向诸班军队提供啖马药，用于预防疾病的发生①。

宋政府还针对官马病损的情况，在京师开封成立了收养病马的机构——牧养上、下监，收养各监牧送来的病马。病轻者送上监，重者送下监，分10槽进行治疗。每槽配有专门的医兽人员，根据治疗的情况，对他们逐季进行考核②。牧养上、下监就其性质而言，相当于当今的兽医院。

有宋一代，统治者很重视畜病治疗知识的宣传与推广。如淳化年间，宋太宗以马医方书数本赐给近臣。大中祥符年间，宋真宗下诏令兽医、副指挥使朱峭编《疗马集验方》，"颁给内外坊监并录付诸班军队。帝虑传写差误，令本司镂版模本以给之"③。统治者的倡导对畜病知识的传播起到了极大的推动作用。正因为统治者的重视，宋代编纂的（有些是前代的，宋人重新编订）有关畜牧兽医方面的专著就达40多种，列表如下：

表1 宋代编撰、修订的畜牧兽医著作

书籍名称	卷数	作者	备注	史料来源
《周穆王相马经》	3	缺		（宋）王尧臣：《崇文总目》卷6，第79页
《辨养良马论》	1	缺		同上
《马齿口诀》	1	朱遵度		《宋史》卷207《艺文志》6，第5292页
《辨马图》	1	朱遵度		同上
《医马经》	1	朱遵度		同上
《辨马经》	1	朱遵度		同上

---

① 参见（清）徐松辑：《宋会要辑稿·食货》52之13，中华书局1957年版，第5705页。
② （清）徐松辑：《宋会要辑稿·兵》24之7，中华书局1957年版，第7182页。
③ 同上。

续表

书籍名称	卷数	作者	备注	史料来源
《疗马集验方》	不详	朱岷	大中祥符元年（1008年）颁布镂版发行	《宋会要辑稿·兵》24之7，第7182页
《牧马法》	不详	朱岷	同上	同上
《马政条贯》	不详	王海	熙宁三年（1070年）颁行	《宋会要辑稿·兵》24之19，第7188页
《群牧司编》	12	王海	熙宁三年（1070年）颁行	《长编》卷211，熙宁三年五月庚戌，第5137页
《群牧故事》	6	王曙	景德二年（1005年）颁行	《长编》卷60，景德三年七月丙辰，第1350页
《养马条》	3	曾布	熙宁六年（1073年）八月颁行	《长编》卷246，熙宁六年八月戊戌，第5999页
《群牧司敕令》	不详	崔台符、刘航		《续资治通鉴长编拾补》卷2，治平四年十一月丁亥，第73~74页
《相马经》	1	不详	记述养马法式、马疾及其治疗方法	（宋）赵弁：《郡斋读书后志》卷2，第404页
《育骏方》	3	不详	相马及医治畜牧之方	同上
《皇帝医相马经》	3	不详		《文献通考》卷223《经籍考》50，第1800页
《马史精略》	56	不详		《宋史》卷203《艺文志》2，第5098页
《官马倅马草料等式》	9	不详		《宋史》卷204《艺文志》3，第5140页
《马经》	3	不详		《宋史》卷206《艺文志》5，第5242页
《相马经》	3	不详		同上
《相马病经》	1	萧绎		同上，第5252页
《马经》	3	常知非		同上
《辨养马》	不详	谷神子		同上
《相马病经》	3	不详		同上
《明堂灸马经》	2	不详		《宋史》卷207《艺文志》6，第5292页
《司牧安骥集》	3	李石	宋代重新编订	同上，第5315页
《司牧安骥方》	1	李石	宋代重新编订	同上
《蕃牧纂验方》	不详	王愈	现存2卷	《文渊阁书目》卷3《类书》，第198页

续表

书籍名称	卷数	作者	备注	史料来源
《景佑医马方》	1	不详		（宋）郑樵：《通志》卷66《艺文略》4，第784页
《骐骥须知》	1	不详		同上
《牛马书》	1	不详		同上
《牧养志》	不详	陈元靓		转引自王毓瑚《中国畜牧史料》，第352页
《集马相书》	不详	孙珪		《文献通考》卷220《经籍考》47，第1785页
《相马经》	不详	陈元靓		（清）黄虞稷辑：《千项堂书目》卷5《艺术类》，第231页
《农书》	3	陈旉		《宋史》卷205《艺文志》4，第5207页
《牛羊日历》	1	刘轲	宋重新编订	《宋史》卷206《艺文志》5，第5220页
《论驼经》	1	朱遵度		《宋史》卷207《艺文志》6，第5292页
《疗驼经》	1	同上		同上
《医驼方》	1	同上		同上
《六壬七曜气神星禽经》	1	不详		《宋史》卷206《艺文志》5，第5242页
《禽法》	1	林百子		同上，第5251页
《三十六禽歌》	1	司马先生		同上
《东川白氏鹰经》	1	不详		《崇文总目》卷6，第79页
《鹰鹘五藏病源》	1	不详		同上

　　上述表格中列举了44种有关宋代编订的畜牧兽医著作，是我国古代劳动人民智慧与血汗的结晶，有利于防治牲畜疾病、推动畜牧业的发展和畜牧技术的提高。

　　牛、羊及其他杂畜疾病治疗方面，宋代也积累了许多经验。如在牛病的治疗上，宋人指出："然牛之病不一，或病草胀；或食杂虫，以致其毒；或为结胀，以闭其便溺，冷热之异，须识其端。"如何治疗呢？"其用药，与人相似也，但大为之剂以灌之，即无不愈者。其便溺有血，是伤于热也，以便血溺血之药，大其剂灌之。冷结，即鼻干而不喘，以发散药投之。热结，即鼻汗而喘，以解利药投之。胀即疏通，毒即解利。若每能审理以节适，何病之足患哉。"强调要了解病因；加大剂量，对症下药。对于宋代经常流行的牛疫，宋人指出传统治疗中的一些错误做法，提出要隔离病牛，以防传染："今农家不知此说，谓之疫疬。方其病也，熏蒸相染，尽而后已。俗谓之天行，唯以巫祝祷祈为先，至其无验，则置之于无可奈何。又已死之肉，经过村里，其气尚能相染也。欲病之不相染，勿令与不病者相近。能适时养治，如前所说，则无病矣。今人有病风、病劳、病脚，皆能相传染，岂独疫疬之气熏蒸也哉。"① 这种处理办法显然要优于前代。

表 2　　　　　　　　　**宋代耕牛常见疾病及治疗方法**

耕牛主要疾病	治疗配方
牛瘴疫方	石菖蒲、淡竹叶、葛粉、绿豆、苍术等分为细末，每服一两。芭蕉自然汁三升入蜂蜜一两并黄蜡二钱重调灌之
牛咳嗽方	榆白皮三两水煮极滑，熟，取三升灌。又法，豉汁调食盐灌
牛尿血方	川当归、红花为细末，以酒二升半煎取二升，冷，灌之有效
牛患眼方	牛生白膜遮眼，用炒盐并竹节烧存性细研，一钱贴瘿，效
牛中热方	兔口去粪，用芦草裹，令吞，未愈再服
牛气噎方	牛有茅根噎以皂角末吹鼻中，更以鞋底拍停骨下，效
牛腹胀方	牛吃着杂虫致腹胀用燕屎一合，浆水二升调，灌之有效
牛触人方	牛颠走，逢人即触是胆大也，黄连、大黄末鸡子、酒调灌，效
牛尾焦方	牛尾焦不食水草，以大黄、黄连、白芷末、鸡子、酒，调，灌之，效
牛生蛭方	牛肚中生蛭以盐、苔脯唊之，虫出食苔、牛倒草则啗死，效
牛气胀方	净水洗汗鞲，取汁一升、好醋半升，和，灌之，愈
牛鼻胀方	治以十分酽好醋一盏许，灌之耳中，立愈
牛肩烂方	旧棉絮三两，烧，存性，麻油，调抹，忌水五日，愈
牛漏蹄方	紫矿为末，猪脂和，纳入蹄中，烧铁篦烙之，愈
牛生虱方	生土、当归捣，浸醋一宿，涂之，愈。胡麻油亦可
牛沙疥方	乔麦随多寡烧灰淋汁，入绿矾一合，和，付之

表 2 中共列举了 16 种耕牛常见病及其治疗方法。这些方法虽简单，

① （宋）陈旉著，万国鼎校注：《陈旉农书校注》卷中《医治之宜篇第二》，中国农业出版社 1965 年版，第 50 ~ 51 页。

但可操作性强，易于推广，有利于耕牛疾病的治疗和牧牛业的健康发展。

宋代是自然灾害较为频繁的时期，常常造成羊群的死亡，在长期治疗各种羊群疾病的过程中，宋人积累了丰富的经验：

> 羊有疥者间别之，不使相染，或能合群致死。当栏前作沟，深三尺，广四尺，能过，则无；病，沟行者，别收。①

疥疮是一种危害极大的传染病，常导致羊群的大批死亡，如何及早发现羊群患有此病，上述史料给出了非常便捷的判断方法，简单易行。即在羊圈前挖一大沟，那些强壮无疾病的羊会一跃而过，而患病者则会顺着沟行走。如何治疗羊群疥疮呢？宋人指出：

> 梨、芦根以泔浸致灶边，常暖数日，以砖刮患处以药汁涂之，再上即愈。若病多渐二涂之，并涂则痛。②

羊群如果生了疥疮，用梨、芦根、泔水浸泡在一起，放在灶旁加温熬汁涂抹到患处，病情严重者多涂抹几次，便可治愈。

此外，诸如羊群常见疾病夹蹄、中水等，宋代也提出了有效的治疗方法。如《事林广记》中的"羊夹蹄方"条是这样记载的：

> 杀羊肮煎熟去滓，取铁篦子一枝，炭火烧令热，将脂匀于篦上，就夹处烙之，莫令入水，次日即愈。

羊蹄有病，在铁篦子上抹上油脂，烧热后涂在患处，不要沾水，第二天就可痊愈。

治疗"羊中水方"：

> 先以水净洗眼鼻中脓污令洁，次用盐一撮就杓子内，以沸汤搅

---

① （宋）陈元靓：《事林广记·庚集》卷6《畜牧便宜》，第445页。

② 同上。

化，须极咸，候冷澄取清汁，各注一鸡子清计灌于两鼻，五日后必渐
渐肥愈，未愈则再灌。[①]

上述几种羊群常患疾病的配方原料易得，治疗简单，便于推广，对保
护河南牧羊业的健康发展有一定的积极作用。

第五节　明清以来河南畜牧技术的提高

明清以来，随着西学东渐，西方传教士在中国传播基督教、天主教的
同时，也将西方先进的畜种改良技术与畜牧兽医技术传到中国，如 20 世
纪初先后将萨能羊、吐根堡羊引进河南[②]。后来又引入了约克夏、巴克
夏、杜洛克、波中猪、汉普夏、切斯特白猪、泰姆华斯猪、欧美奶山羊、
奶牛、蛋鸡、细毛羊和肉猪等[③]。一些留学生也将外国先进的畜牧技术引
进国内，如赴日本学习豢畜新法的陈某等，集款创设畜牧公司专豢牛羊二
种[④]，为河南畜牧业的发展注入了新鲜血液。

一　畜种改良技术的发展

民国时期成立了畜牧兽医组，在畜种改良和牲畜疫病防治方面取得了
较大的成果。首先，制定了耕牛保育及繁殖办法。1947 年河南省农业改
进所制定了《河南省奖励耕牛保育及繁殖办法》，要求各县设置奖励耕牛
保育及繁殖委员会，由有关机关制定，专人兼任，聘请当地热心人士、士
绅及农民分任职务，办理奖励耕牛保育及繁殖事宜；调查各地耕牛饲养的
情况，对繁育耕牛成绩优良者，如种公牛身高在 145 厘米以上，具有高强
配种能力者，公母牛发育良好者，母牛生产力强大者分别进行奖励；倡导
农户组织耕牛合作社，向银行贷款选购优良母牛及公牛大量繁殖；农闲时

---

① （宋）陈元靓：《事林广记·辛集》卷 7《兽医集验》，第 479 页。
② 河南省地方志编纂委员会编纂：《河南省志·畜牧志》，河南人民出版社 1995 年版，第
76 页。
③ 中国家畜家禽品种志编委会：《中国猪品种志》，上海科学技术出版社 1986 年版，第
12～13 页。
④ （清）陈夔龙：《河南官报》，《外省纪闻·实业》1905 年第 56 期。

定期举行耕牛比赛会，延请专家及热心之士绅进行评定，对获得评定等级的良种牛农户，酌给奖金或奖状，并报省府备查①。这些奖励措施的出台，在一定程度上提高了农户饲养耕牛的积极性，有利于畜种繁殖与改良。其次，从西方引进优良畜种，进行品种改良。民国时期，我国先后还从国外引进了不少优良猪种，约克夏、巴克夏、杜洛克、波中猪、汉普夏、切斯特白猪、泰姆华斯猪等②。这些猪种和河南当地的土猪杂交，改善了河南当地的猪种。1941～1943 年南京国民政府农林部先后在江西临川、湖南零陵、广西桂林、四川南川、贵州湄潭、河南洛川成立了 6 个耕牛繁殖场。晋冀鲁豫边区采取了鼓励和保护畜牧业发展的政策，对于能做种畜的公、母畜扶植，使其繁殖，并重视民户引进牲畜良种、杂交等，使畜牧业有了显著发展。据统计，到 1948 年 10 月，包括河南在内的耕畜较日伪统治时期增长了 32.08 倍③。河南省为了改良当地牲畜的畜种，1946年先后从荷兰引进纯种荷兰牛 2 头，来航鸡种卵 408 个，让荷兰牛与河南民间牛配种 90 余次④。1948 年繁殖荷兰牛第一代杂种公牛 1 头，纯种短角母牛 1 头。在开封配种站荷兰种用公牛与民间母牛配种 6 次，后来逐渐扩大了配种业务。生产来航鸡种卵 469 个，以 25 个进行种鸡卵育并 321个从事推广⑤。总之，上述诸种措施的实施与推广，促进了河南畜牧业的发展和品种的改良。

二　疫病治疗的加强

明清以来，由于战乱和灾荒频繁，造成疫病流行，很多牲畜因疫病而死亡。尤其是民国以来，疫病更是威胁牲畜健康的一大杀手。为了减少疫病对牲畜的威胁，国民政府在河南成立了畜牧治疗与科研机构。如 1941

---

① 河南农业改进所河南农讯社编：《河南省奖励耕牛保育及繁殖办法》，《河南农讯》1948年第 1 卷第 2 期。

② 中国家畜家禽品种志编委会：《中国猪品种志》，上海科学技术出版社 1986 年版，第12～13 页。

③ 中国畜牧兽医学会编：《中国近代畜牧兽医史料》，中国农业出版社 1992 年版，第 28页。

④ 河南农业改进所河南农讯社编：《一年来之河南畜牧兽医》，《河南农讯》第 2 卷，1948年第 1、2 期。

⑤ 《本所元至三月份工作简报》，河南农业改进所河南农讯社编：《河南农讯》1948 年第 2卷第 3 期。

年成立河南洛川耕牛繁殖场①。1943 年在河南郑州成立了第三兽医院，院长为张庆玺，1947 年迁往兰州。1943 年马政司成立后，设兽医器材库于南京，洛阳、汉口、西安等各补给区设立兽医器材分库②。1943 年在河南洛宁设置河南兽疫防治处。兽医院及其他兽医机构的建立对减少和防治牲畜疾病起到了一定的作用。

三 畜牧兽医人才的培养

明清以来，河南还注意兽医人才的教育和培养。河南农学院 1930 年前后有畜牧兽医系，校址开封。著名教师有许振英、路保清、谷子俊。1938 年春迁到镇平，后合并到西北农学院③。1947 年在山西长治设立了北方大学农学院，该院设立了畜牧兽医系和兽医专科学校，为晋冀鲁豫解放区培养兽医专门人才，既是教学和科研基地，又是群众牲畜治疗疾病的场所。到 1947 年仅晋冀鲁豫全境建立的畜牧兽医教育工作站，就培养了 360 名畜牧兽医干部，在扑灭猪瘟、牛瘟、炭疽病，人才培养等方面发挥了积极的作用④。同年河南省成立了兽疫防治委员会，先后到开封、许昌、郾城、信阳、潢川等县从事调查⑤，为防治疫情起到了一定的作用。总之，明清以来河南畜牧业在西方现代兽医学的影响下，无论是育种技术、兽医技术，还是畜牧人才培养方面都取得了较大成绩。

本章小结

历史上河南是我国古代文化中心，也是科学技术最为昌明的地区之一。伴随着科技文化的发展，河南地区畜牧技术也取得了很大进步。历史上河南畜牧技术的进步主要体现在牲畜的饲养技术、畜种改良技术、兽医技术以及家畜外形学的发展诸多方面。

---

① 李群：《中国近代畜牧业发展研究》，中国农业科学技术出版社 2004 年版，第 59 页。
② 中国兽医学会编：《中国近代畜牧兽医史料》，第 13 页。
③ 同上书，第 215 页。
④ 同上书，第 28 页。
⑤ 河南农业改进所河南农讯社编：《一年来之河南畜牧兽医》，《河南农讯》第 2 卷，1948 年第 1、2 期。

河南畜牧技术的发展有两个特点：其一，畜牧技术起步早，发展快。早在先秦时期，河南地区已经能够熟练地阉割牲畜、辨别牲畜品种的优良，甚至出现专门的兽医人员。其二，特别注重借鉴与吸收周边国家和地区先进的畜牧经验。比如，秦汉时期，将西域的养马技术与良种马引进中原地区，如西域大宛汗血马和乌孙马，改良了河南地区的马种。魏晋南北朝时期大量吸收鲜卑族畜牧技术，《齐民要术》中先进的畜牧饲养与管理经验传播到中原地区。隋唐时期统治者为了改良中原地区的马种，先后从周边民族与国外引进良马达 83 种之多。北宋时期，也将西北蕃马、契丹马、大理马等优良品种引入到中原地区，蒙古人的相马法（駃騠相马之法）传到内地①。明清以来，随着西学东渐，中国政府大量吸收西方先进的畜牧技术，并从国外引进优良品种。如 20 世纪初先后将萨能羊、吐根堡羊、欧美奶山羊、细毛羊、约克夏、巴克夏、杜洛克、波中猪、汉普夏、切斯特白猪、泰姆华斯猪、奶牛、蛋鸡等引进中国，并在河南境内广泛推广，亲自派留学生东渡日本学习豢畜新法等。由于政府的重视，历史上河南畜牧技术得到了巨大发展。畜牧技术的进步不仅在一定程度上弥补了河南畜牧业发展先天不足的缺憾（从气候、地理环境以及传统的生产方式来看，河南是不大适合畜牧业发展，传统上是一个以种植业为主的地区），而且对其他地区畜牧业的发展也产生了深远的影响。

---

① 张显运：《宋代畜牧业研究》，中国文史出版社 2009 年版，第 314～341 页。

第十一章

历史时期河南的人口与农牧关系

在古代传统的农耕社会里，种植业和畜牧业是农业中的两个主要生产部门，它们所占比例如何、布局怎样以及农耕与畜牧结合的方式如何对农业生产的结构都会有很大的影响。而不同的历史时期、不同地域的农业生产结构，是当时当地生产力发展的重要表现，并对整个社会经济、政治和文化的发展产生巨大的影响。因此，如何协调农牧之间的关系，是关系到国计民生的一件大事。人口是人类历史中最活跃、最具有决定性的因素，在一定意义上，人类社会的历史就是人口与土地的历史，农业与畜牧业的发展更是以土地为基础的。河南地处中原，是中国古代人口最为稠密、土地开发最早、农业经济最发达的地区之一，畜牧业也有较大的发展，人口、种植业与畜牧业三者的关系更为复杂。

第一节　宋以前河南人口与农牧关系

一　历史时期河南的人口

河南地处中原，唐宋以前是我国古代政治、经济与文化中心，也是人口最多的地区之一。司马迁言："昔三代之居，皆在河洛之间。"河南大部分属暖温带气候，夏季炎热雨水丰沛，秋季晴和日照充足。全省年平均气温一般在12℃～16℃之间，适合人居与农牧生产。《周礼·夏官司马·职方》指出：

　　河南曰豫州：其山镇曰华山，其泽薮曰圃田，其川曰荥雒，其浸曰波溠；其利林、漆、丝枲；民二男三女；畜宜六扰，其谷宜五种。

历史上河南就是人口聚集、土地开发较早、农牧业发达的地区。先秦时期，河南是王朝的都城所在地，夏、商、东周先后在这里定都。袁祖亮先生根据皇甫谧《帝王世纪》记载，指出当时全国的人口已达13,553,923 人①。司马迁也说："昔唐人都河东，殷人都河内，周人都河南。夫三河在天下之中，若鼎足，王者所更居也，建国各数百千岁。"②三河指的是河东、河南、河内，其中河南与河内均在今天的河南境内。由此可见，先秦时期的河南人口数量已达数百万之多。

西汉以降，我国古代历史上人口数量已有明确记载。当然由于诸多因素的影响，人口的记载会有很大出入。袁祖亮先生通过对古代文献的爬梳，推算出西汉以降河南地区人口的数量。下面依据其统计的数字列表如下：

表1　　　　　　　　　**历史时期河南人口数量统计表**③

朝代	时间	公元纪年	人口数额（人）	占全国人口的比例（%）
西汉	汉平帝元始二年	公元 2 年	12762023	21
东汉	汉顺帝永和年间	136～141 年	9959246	20
西晋	西晋武帝太康元年	280 年	3050653	19
隋	隋炀帝大业五年	609 年	9629189	21
唐	唐玄宗开元二十八年	740 年	7473307	16
宋	宋徽宗崇宁元年	1102 年	2882008	6
元	元世祖至元二十七年	1290 年	969493	1.6
明	明神宗万历六年	1578 年	5193602	8
清	宣统三年	1911 年	26894945	7
民国	十七年	1928 年	29090180	6
民国	三十五年	1946 年	26994209	

从袁祖亮先生统计的结果来看，唐朝以前河南人口数量总数虽不是很大，仅西汉时期就超过了1000 万，但因全国人口少，河南人口仍然占绝

---

①　袁祖亮：《河南历史人口发展概况》，《郑州大学学报》1982 年第 4 期。
②　（西汉）司马迁：《史记》卷 129《货殖列传》，中华书局 1959 年版，第 3262～3263 页。
③　袁祖亮：《河南历史人口发展概况》，《郑州大学学报》1982 年第 4 期。

对优势，基本上都在 1/5 左右。宋代以降，尤其是清朝到民国时期，河南人口绝对数量大幅度增加，但因全国人口基数大（清朝时期，全国人口已经超过 4 亿），河南人口所占比重基本上不超过 10%。

当然，历史时期河南人口的数量因学者占有的材料及使用的统计方法不同，得出的结论也就有很大差别，有的甚至大相径庭。程民生先生编著的《河南经济通史》、《河南经济简史》等对历史上河南的人口也进行了统计。

表 2 　　　　　　　　　　　历史时期河南人口数量统计表

朝代	时间	公元纪年	人口数额（万人）
西汉	汉平帝元始二年	公元 2 年	1289
东汉			921.1347
西晋			
隋	隋炀帝大业五年	609 年	955.4514
唐	唐玄宗天宝元年	742 年	767.4299
宋	宋徽宗年间	1100～1125 年	1000 万
元			
明	明神宗万历六年	1578 年	519.3602
清	嘉庆二十五年	1820 年	2749.7
民国	二十年	1931 年	3284.4
民国	三十五年	1946 年	2699.4

程民生先生对个别朝代河南的人口没有进行统计，比如西晋和元代，只是大致估计了该时期河南的户数，故在列表时没有列入。从两人统计的数字来看，历史时期，河南的人口总体上呈增长趋势，尤其是西汉、清朝和民国时期。只是在个别朝代，由于战争、自然灾害等因素的影响，人口数量减少。人口数量的多寡对农业与畜牧业造成了深远的影响。

二　宋代以前河南人地与农牧关系

河南人口的增长必然带来人地之间、农牧之间的矛盾。如西汉时期，人口超过 1200 万，地狭人稠，人地矛盾就已经初露端倪。"内郡人众，水泉荐草不能相赡，地势温湿，不宜牛马；民跖末而耕，负檐而行，劳罢而寡功。是以百姓贫苦，而衣食不足，老弱负辂于路，而列卿大夫或乘牛车。"① 东汉时期，河南人口虽有所下降，但洛阳作为都城，皇亲国戚、达官贵人、贩夫走卒荟萃于此，一些地方人地矛盾仍很尖锐。"中州内郡，规地拓境，不能半边，而口户百万，田亩一全，人众地荒，无所容足。"② 东汉末年，战乱频繁导致中原地区人口的大量迁移，土地荒芜，人地关系的矛盾得以缓解。三国两晋南北朝时期，中原地区战火连绵，生灵涂炭，土地大量荒芜，大量的无主土地为畜牧业尤其是官营畜牧业发展提供了便利条件。薛瑞泽先生指出，魏晋时期，河南境内的牧场基本分布在三魏地区和豫南一带③，官营畜牧业得到了空前发展，当时河南境内仅官府饲养的耕牛就达到 4.5 万头。西晋末年，畜牧业的飞速发展使得人地关系、农牧关系日趋紧张：

> 天下千城，人多游食，废业占空，无田课之实。较计九州，数过万计。可申严此防，令鉴司精察，一人失课，负及郡县，此人力之可致也。
>
> 州司十郡，土狭人繁，三魏尤甚，而猪羊马牧，布其境内，宜悉破废，以供无业。业少之人，虽颇割徙，在者犹多，田诸菀牧，不乐旷野，贪在人间。故谓北土不宜畜牧，此诚不然。案古今之语，以为马之所生，实在冀北，大贾眳羊，取之清渤，放豕之歌，起于钜鹿，是其效也。可悉徙诸牧，以充其地，使马牛猪羊龁草于空虚之田，游食之人受业于赋给之赐，此地利之可致者也。
>
> 又昔魏氏徙三郡人在阳平顿丘界，今者繁盛，合五六千家。二郡田地逼狭，谓可徙还西州，以充边土，赐其十年之复，以慰重迁之情。一举两得，外实内宽，增广穷人之业，以辟西郊之田，此又农事之大益也。④

　　① （汉）桓宽撰，王利器校注：《盐铁论校注》卷 3 《未通第十五》，第 190 页。

　　② （汉）王符撰，（清）王继培笺，彭铎校正：《潜夫论笺校正》卷 5 《实边第二十四》，中华书局 1985 年版，第 285 页。

　　③ 薛瑞泽：《古代河南经济史》（上），河南大学出版社 2012 年版，第 377 页。

　　④ （唐）房玄龄等撰：《晋书》卷 51 《束皙传》，中华书局 1974 年版，1431 页。

为了缓解西晋后期因人口的大量增长与畜牧业的迅猛发展带来的人地、农牧的尖锐矛盾，西晋文学家束皙提出要将三魏地区的人口移民西州边境，将畜牧业迁到西北地区的主张。

隋唐五代时期，河南人口呈现出曲折发展的趋势。隋朝时期国家统一，经济发展，人口增长，隋政府又实行了核定户口的措施即"大索貌阅"和"输籍定样"，国家控制的编户齐民迅速增加。以中原为中心的北方地区出现了人满为患的现象，人地关系非常紧张。"时天下户口岁增，京辅及三河地少而人众，衣食不给，议者咸欲徙就宽乡。其年冬，帝命诸州考使议之，又令尚书以其事策问四方贡士，竟无长算。帝乃发使四出，均天下之田，其狭乡每丁才至二十亩，老少又少焉。"① 程民生先生依据《隋书·地理志》统计，河南当时人口为 9,554,514 人，占全国总数的20%，每平方公里为 56.8 人。因人口增长，地少人多，有人提出了迁徙宽乡的建议。隋朝末年由于隋炀帝的残暴统治以及隋末农民大起义的战火，社会经济遭到严重破坏，人口锐减。河南为东都所在地，遭受战乱的破坏更大，人口大量流失或死于战争，到唐朝初年这一地区的经济仍未得到恢复。唐太宗贞观六年（633 年），魏征上言，"今自伊洛之东暨乎海岱，灌莽巨泽，茫茫千里，人烟断绝，鸡犬不闻，道路萧条，进退艰阻"②。人地关系因战乱人口锐减而得以缓解，当然这是一种非正常的解决方式。

唐朝建立后大力发展经济，先后出现了贞观之治、开元盛世的繁荣局面，人口也得以大幅度回升。据统计，这一时期全国的户数为 9,069,154户③，河南人口也很快得以恢复，到天宝元年（742 年），河南人口为7,674,299 人，占全国总数的 12.8%，居全国第二位④。河南人口的增长使更多的土地得以开垦，经济也很快出现繁盛的景象："大河南北，人口殷繁，衣食之原，租赋尤广。"⑤ 唐朝中后期的安史之乱，使河南经济再

---

① 《隋书》卷 24《食货志》，中华书局 1973 年版，第 682 页。
② （唐）吴兢撰，谢宝成校：《贞观政要集校》卷 2《纳谏第五》，中华书局 2003 年版，第126 页。
③ （宋）王溥：《唐会要》卷 84《户口数》，中华书局 1955 年版，第 1837 页。
④ 程民生、程峰、马玉臣：《古代河南经济史》（下），河南大学出版社 2012 年版，第 54页。
⑤ （宋）王钦若等：《册府元龟》卷 487《邦计部·赋税》，中华书局 1960 年版，第 5829 页。

次遭受重创。史载：

> 东周之地，久陷贼中，宫室焚烧，十不存一，百曹荒废，曾无尺椽，中间畿内，不满千户。井邑榛荆，豺狼所嗥。既乏军储，又鲜人力。东至郑、汴，达于徐方，北自覃怀，经于相土，人烟断绝，千里萧条。[①]

材料表明，安史之乱使河南大部分地区遭受战火的蹂躏，人烟断绝。安史之乱前后河南人口巨变，赵文林、谢淑君曾经做过统计：752 年，河南人口为 7,593,611 人，每平方公里 45.47 人，占全国人口比重为 12.64%；而安史之乱后的 813 年河南人口为 1,970,678 人，每平方公里仅为 11.8 人，占全国人口的比重为 5.13%[②]。安史之乱对河南的影响非常深远，人地关系的矛盾再次得到解决。直到北宋时期，随着河南大片牧地的开垦，人口的增长、农业的飞速发展，人地、农牧关系再一次出现了不可调和的矛盾，直到北宋灭亡。

第二节　宋代河南人口与农牧关系

宋代是我国历史上的后三国时期，宋与辽、夏、金长期对峙，西北、西南、东北以及云南等地均不在宋朝版图之内，因此宋代疆域狭小。但另一方面，宋朝时期又是我国古代历史上经济文化最为发达的朝代之一，人口众多，土地广泛开垦。到宋徽宗时期，人口达到 1 亿，土地开垦面积达 7.2 亿亩，这一数字是前代所未达到的，也为后来的元明所不及[③]。据程民生先生估计，宋神宗时期，河南人口达到 1000 万，垦田面积仅计算京西路与开封府，至少在 32,668,357 亩。当时全国垦田面积为 461,655,611 亩，河南占 7%，与河南占全国户口的 6.47% 大体一致。每平方公里平均约为 156 亩，垦殖指数居全国第 10 位[④]。

---

①　（五代）刘昫《旧唐书》卷 120《郭子仪传》，中华书局 1975 年版，第 3457 页。

②　赵文林、谢淑君：《中国人口史》，人民出版社 1988 年版，第 226～228 页。

③　漆侠：《宋代经济史》（上），经济日报出版社 2007 年版，第 65 页。

④　程民生、马玉臣、程峰等：《古代河南经济史》（下），河南大学出版社 2012 年版，第 211 页。

另一方面，北宋时期由于疆域的狭小与传统的畜牧业基地的丧失，官营牧地不得不集中在黄河两岸的中原地区，农牧争地的现象非常严重。北宋前期牧地较为宽广，宋政府采取了委派官员定期检校，加强牧草与棚井等基础设施的管理措施，基本上能满足国马放牧的需求①。北宋中后期由于保马法与给地牧马法的先后施行，财政危机，以及统治者贪图眼前利益，将大量牧地租赁给佃户，牧地遭到了严重破坏，到宋徽宗时期河南牧马草地几乎被蚕食殆尽。不可否认，农业的强势威胁是牧地萎缩的根本原因。

一　北宋时期河南监牧的分布概况

唐宋时期，官营牧马业主要采取监牧管理的方式。"马者，兵之用也。监牧所以蕃马也，其制起于近世。唐之初起，得突厥马二千匹，又得隋马三千于赤岸泽，徙之陇右，监牧之制始于此。"②宋承唐制，陆陆续续在全国建立了116所监牧③。与汉唐以及后来的元明相比，北宋是统一王朝中疆域最为狭小的一个，国土面积最大时仅254万平方公里，丧失了西部、西北部传统上以畜牧业为主的领土，狭小的疆域是其畜牧业发展的瓶颈。为发展官营畜牧业，宋政府竭力向黄河沿岸拓展牧地。另一方面，北宋时期长期持续的寒冷干燥气候使得华北平原北部退耕还牧的趋势得到加强，农业和牧区的分界线逐渐南移，大致移到今天的陇海线附近，即此线以北区域是牧区和农牧混合区，以南主要以种植业为主④。郑学檬先生也有类似看法："宋金时期北方继十六国北朝之后出现第二次改农为牧的高潮，这虽与游牧民族入主中原有关，却也是农业区在寒冷气候之下向南推移的表现。"⑤北宋官营牧监的分布也证实了这一观点。北宋一朝陆续建立了81所监牧，其中长期存在的有16所，它们分布在，京西路5监：洛阳（今河南洛阳）监、管城（今河南郑州）原武监、白马（今河南滑县东）灵昌监、许州（今河南许昌）单镇监、中牟（今河南中牟东）淳泽监；京东路1监：郓州（今山东东平）东平监；河北路7监：澶州

---

①　张显运：《宋代畜牧业研究》，中国文史出版社2009年版，第99～102页。

②　（宋）欧阳修：《新唐书》卷50《兵志》40，中华书局1975年版，第1337页。

③　张显运：《宋代畜牧业研究》，中国文史出版社2009年版，第142页。

④　同上书，第5页。

⑤　郑学檬：《中国古代经济重心南移和唐宋江南经济研究》，岳麓书社2003年版，第41页。

（今河南濮阳）镇宁监、洺州广平（今河北广平）2 监、卫州（今河南卫辉）淇水 2 监、安阳（今河南安阳）监、邢州（今河北邢台）安国监；陕西 3 监：同州（今陕西大荔）病马监、同州沙苑 2 监。此外，东京开封还有左右天驷 4 监和左右天厩 2 坊①。这些监牧基本上都分布在黄河沿岸地区，这 16 所监牧中在今天河南省境内的就有 8 所。其余的分布在今天的陕西、山西、河北、山东等地。如此分布，一方面是由于国防安全的需要，"汉、唐都长安，故养马多在沂陇三辅之间；国家都大梁，故监牧在郓、郑、相、卫、许、洛之间，各取便于出入"②。北宋马监的分布有着明显的拱卫京师开封的政治目的。正因为如此，北宋时期河南官营监牧基本上以开封为中心分布在洛阳、许昌、郑州、新乡、安阳、濮阳等地。

　　从前文统计可知，北宋一朝在今河南境内先后建立了 35 所马监，相当于今甘肃、陕西、山西、河北四省（这四个省有部分领土为周边民族所占领，又处于前线，影响了马监的建立）这些传统的畜牧地区马监数量的总和。除豫南没有马监外，其余地区均有马监分布，尤其是京师开封建立了 21 所马监，河南境内牧马草地的广泛分布，使农牧关系趋于紧张。请看下表：

表 3　　　　　　　　北宋马监在现今各省分布数统计表③　　　　　　单位：（所）

省　名	河南	福建	甘肃	河北	陕西	山西	山东	青海	合计
马监数额	35	11	11	10	9	3	1	1	81

表 4　　　　　　　　北宋牧地与农田面积的比较④　　　　　　　单位：（%）

路名	京畿路	河北路	京西路	京东路	河东路	陕西路
牧地与农田之比	4.2	5.4	10	4.5	2.9	2

---

　　①　（清）徐松辑：《宋会要辑稿·兵》21 之 4 至 5，中华书局 1957 年版，第 7126 ~ 7127 页。

　　②　（宋）李焘：《续资治通鉴长编》卷 364，元祐元年正月丁巳，中华书局 2004 年版，第 8736 页。

　　③　北宋时期各路监牧的分布情况，请参见拙作《宋代畜牧业研究》，中国文献出版社 2009 年版，第 127 ~ 142 页。

　　④　江天健：《北宋市马之研究》，台湾编译馆 1995 年版，第 80 ~ 81 页。

表 5   北宋时期河南的行政区划①

路名	府州军	辖县数（个）	治所	现在地名
京畿路	开封府	16	开封	开封
京西北路	河南府	16	洛阳	洛阳东
京东西路	应天府	6	宋城	商丘南
河北西路	相州	4	安阳	安阳
河北西路	浚州	2	卫县	淇县东
河北西路	卫州	4	汲县	卫辉
河北西路	怀州	3	河内	沁阳
河北东路	开德府	7	濮阳	濮阳南
京西北路	滑州	3	白马	滑县东
永兴军路	陕州	7	陕县	三门峡西
永兴军路	虢州	4	虢略	灵宝
京西北路	孟州	6	河阳	孟州南
京西北路	郑州	5	管城	郑州
京西北路	汝州	5	梁县	汝州
京西北路	颍昌府	7	长社	许昌
京西北路	淮宁府	5	宛丘	淮阳
京西北路	蔡州	10	汝阳	汝南
京西北路	信阳军	2	信阳	信阳
京西南路	邓州	5	穰县	邓州
京西南路	唐州	5	泌阳	唐河
淮南西路	光州	4	定城	潢川

需要指出的是，表 4 统计了部分路农田与牧地之比，但很不全面。如陕西路马监较多，但农牧之比仅为 2%；以开封为中心的京畿路所辖县数为 16，马监最多，在农牧比重中仅占 4.2%，有待商榷。尽管如此，从上述表中仍可以看出北宋马监牧地的大致分布情况，即主要分布京西路、京畿路、河北路、京东路等地，今天的河南、河北、甘肃等地，即黄河沿岸的省份，这与前面文献记载的情况不谋而合。由表 5 可知，北宋时期，现

---

① 程民生、程峰、马玉臣：《河南经济通史·古代河南经济史》（下），河南大学出版社 2012 年版，第 106～107 页。

今河南省的范围大部分为京西路与京畿路，这两路共辖县为 85 个，占河南总县数 126 个的 67%。在以京西路、京畿路为中心的河南，不大的地域上却大大小小分布了 35 所马监牧地，在农业中的比重达到 10%，远远超过其他地区，亦可见其农牧争地矛盾的尖锐。

客观而言，历史上河南是以农耕为传统的耕作方式，畜牧业仅仅是副业，是农业经济的补充。但北宋时期由于特殊的疆域条件（疆域狭小，传统的畜牧基地丧失）、国防原因（外患频繁，战乱不断，需要饲养大量官马）以及气候的寒冷导致农牧线的南移，使得河南地区成为最主要的官营畜牧基地。当然，不可否认，河南部分州县还是较为适合畜牧的，是亦农亦牧的地区。如河南洛阳、开封一带，"土薄水浅"[①]，"风吹沙度满城黄"[②]，干旱少雨，不大适合种植业的发展，却是发展畜牧业的理想场所。"中牟以南，地广沙平，尤宜牧马"，"汴河以南县邑，长陂广野，多放牧之地"[③]。国家在这里建立监牧，充分考虑了自然条件因素。正是由于牧业的扩展，造成农牧关系异常紧张，有宋一朝，农牧争地的现象，尤其是北宋中后期可谓剑拔弩张，不可调和。

二 农牧争地问题的严重

牧地是发展畜牧业的物质基础，是监牧建立的前提条件。一方面，需宽广的牧地为马匹提供足够的鲜嫩的青草，这些草含有马匹正常生存所必需的营养物质，如蛋白质、脂肪、糖和各种矿物质、维生素和氨基酸等。它们对幼驹的生长、成年马匹的繁殖、马匹质量的提高有重大影响。另一方面，宽广的牧地为马匹提供了活动的场所，便于其自由交配，利于马匹的健康和繁殖。遗憾的是，宋代由于疆域狭小，人口的迅速增长，粮食的需求量增大，传统的畜牧业基地基本上丧失殆尽，诚如欧阳修所言：

> 今之马政皆因唐制，而今马多少与唐不同者，其利病甚多，不可概举。至于唐世牧地，皆与马性相宜，西起陇右（陇山以西）、金城

---

① （宋）江少虞：《宋朝事实类苑》卷 61《土厚水深无病》，上海古籍出版社 1981 年版，第 815 页。

② （宋）王安石：《王文公文集》卷 76《读诏书》，上海人民出版社 1974 年版，第 809 页。

③ （宋）吕祖谦编：《宋文鉴》卷 2，杨侃《皇畿赋》，中华书局 1990 年版，第 21 页注文。

（今甘肃兰州北）、平凉（今甘肃平凉）、天水（今甘肃天水南），外
暨河曲（今山西河曲）之野，内则歧（今陕西凤翔）、豳（今陕西彬
县）、泾（今甘肃泾川）、宁（今甘肃宁县），东接银（今陕西米
脂）、夏（今陕西靖边县境），又东至于楼烦（今山西娄烦），此唐养
马之地也。以今考之，或陷没夷狄，或已为民田，皆不可复得。①

　　宋代以前传统的畜牧业基地或"陷没夷狄，或已为民田"，几乎不复
存在。正因为如此，宋代官营牧地不得不向黄河两岸传统的农业基地——
中原地区拓展，侵占大量农田，无疑会影响农业生产与官营牧马业的健康
发展。韩茂莉指出"在传统的农耕区内设置牧监，弃农从牧则显然有悖
于事物发展规律，这是唐后期及北宋马政失败的根本原因"②。宋人自己
也很清楚这一点，但又无可奈何。

　　有宋一代，农牧之间的矛盾在立国之初就凸显出来。如宋太宗雍
熙四年（987 年）孔维上书请禁原蚕以利国马，遭到了乐史的反对，
农牧之争遂起开端。至道二年（996 年）闰七月，诏"邢州先请射草
地荒闲田土许民请射充永业。其间多有系牧龙坊草地者，州与本坊互
有论列，久未能决，乃遣中使相度，而有是命。仍俟秋收毕乃得取地
入官"③。原系牧龙坊草地已被邢州农户侵占殆尽，政府诏令地方在秋
收后归还。

　　相较于其他地区，河南监牧最多，农牧争地的现象更为严重。宋真宗
时期官营牧马业发展到顶峰，黄河沿岸尤其是广大中原地区建立了许多马
监牧地。澶渊之盟后，宋辽进入和平时期，经济发展，人口有了较大增
长。据漆侠先生统计，宋太祖开宝二年（976 年）全国户数为 3,090,504，
垦田面积为 295,332,060 亩；宋太宗至道三年（997 年）为 4,132,576
户，土地开垦为 312,525,125，但到了宋真宗统治时期，人口突飞猛进增
长，垦田面积也急剧扩大，如天禧五年（1021 年）人口竟达到 8,677,677

---

① （宋）李焘：《续资治通鉴长编》卷 192，嘉祐五年八月甲申，中华书局 2004 年版，第
4642～4643 页。
② 韩茂莉：《唐宋牧马业地理分布论析》，《中国历史地理论丛》1987 年第 2 期。
③ （清）徐松辑：《宋会要辑稿·兵》21 之 24，中华书局 1957 年版，第 7136 页。

户，垦田面积为 524,758,432 亩①。33 年间人口与土地开垦分别增长了 2.1 倍、1.68 倍。在国土面积总量不变的情况下，农田的开垦势必会导致牧地的被侵吞。另一方面，宋真宗在位期间东封西祀，大肆挥霍，遂致财政枯竭，加之马政为不急之务，时任宰相的向敏中提出："国家监牧比先朝倍多，广费刍粟，若令群牧司度数出卖，散于民间，缓急取之，犹外厩耳。"要求将部分马匹卖掉以缓解财政与农业的压力。大中祥符六年（1013 年），群牧司建议将洛阳马监的 5000 匹马裁减 3000 匹，"洛阳监秩五千匹，岁费颇重，只令裁减三千"，得到了宋真宗的同意②。后来宋政府又诏令将 13 岁以上的官马"估直出卖"③。这一时期，河南境内农牧之争渐趋激烈，大量牧地被农户侵占。宋真宗天禧元年（1017 年）八月七日下诏："诏罢放五坊鹰犬，其京城四面禁围草地，令开封府告谕百姓，许耕垦畜牧。"诏令废除开封周边用以狩猎的禁围草地，令民耕垦。畜牧业不得不向农业让步。

除了政府公然罢废监牧外，河南农户盗耕牧地的现象也很严重。如景德年间，新乡县（今河南新乡）牧龙乡 100 余里草地被民侵占，宋真宗令殿中丞祖世昌、内侍高班石惟清等前去清查，共查出牧地 690 余顷，其中被民侵占者达 1/3④。大中祥符七年（1014 年）三月，侍卫马军司言"雍丘（今河南杞县）等县牧马地多为民所盗耕"，宋真宗下诏："遣官于本县按籍参定，立堠以表之。"树立一定的标识物将牧马草地和民田隔开。簿籍立堠之后，群牧司还要派官员定期去检查，将检查结果造册登记，"每季具帐付群牧司管系"⑤将信息反馈回来。李昭述时任群牧判官，他"举籍钩校，凡括十数千顷，时议伏其精"⑥。一次就清查出农户侵吞的十数千顷官营牧地。簿籍立堠措施的实施，效果非常明显，收回了许多被民户侵占的土地。河南地区农牧关系之紧张由此可见。

---

① 漆侠：《中国经济通史·宋代经济史》（下），经济日报出版社 1999 年版，第 49、64 页。
② （清）徐松辑：《宋会要辑稿·兵》24 之 12，中华书局 1957 年版，第 7184 页。
③ （清）徐松辑：《宋会要辑稿·兵》24 之 14，中华书局 1957 年版，第 7185 页。
④ （清）徐松辑：《宋会要辑稿·兵》21 之 25，中华书局 1957 年版，第 7137 页。
⑤ 同上。
⑥ （宋）胡宿：《文恭集》卷 38，文渊阁四库全书本，第 1088 册，第 950 页。

由于中国传统上是一个以农耕为主的社会，在农耕与畜牧激烈冲突的情况下，统治者无疑会偏向农业。北宋中后期，在废除监牧呼声日益高涨的情况下，河南诸监也遭到了罢废。宋仁宗天圣年间，"兵久不试，言者多以为牧马费广而亡补……于是河南诸监皆废，悉以马送河北"①。竟然将黄河南岸中原地区大部分诸监罢废，赋牧地与民开垦，畜牧业再次向农业让步。天圣五年（1027 年），废除单镇监，次年（1028 年）废洛阳监，于是"河南诸监皆废"②。宋仁宗庆历年间因战事频繁，国马紧张，曾一度不得不恢复诸监。

宋神宗统治时期王安石担任宰相，推行保马法，令民养马，将部分牧养马匹的重任转嫁给百姓，开源节流。熙宁元年（1068 年），枢密副使邵亢"请以牧马余田修稼政，以资牧养之利"，群牧司遂将河南境内原武、单镇、洛阳等 7 监良田 1.7 万顷"赋民以收刍粟"。次年，"请以牧地赋民者纷然，而诸监寻废"③。熙宁八年（1075 年）诏"河南北见管九监内，沙苑监令属群牧司，余八监并废后，尽以牧地募民租佃，所收岁租计百余万"④。由此可见，神宗一朝农牧争地的矛盾已难调和，政府为了多收刍粟，竟然置国防安全于不顾，废弃马监牧地，显示了宋政府在政治上的短视以及农耕意识的根深蒂固。

宋哲宗统治初期司马光上台，实行元祐更化，重新恢复了王安石变法期间废除的马监，个人的意气之争上升到国家层面：

> 有国以来未尝无马，国多马则强，少马则弱，而能蕃息马者，牧监也。昔废监之初，识者皆曰："十年之后，天下当乏马，缓急无所得，虽有智者不能为之谋矣"。后不待十年，而天下之马已不可多得，此非国之利也……今若因复置监，收牧地入官，则百姓戴陛下之恩，如释重负，脱沉疴矣！⑤

---

① （元）脱脱等：《宋史》卷 198《兵志》12，中华书局 1977 年版，第 4930 页。

② 同上。

③ 同上书，第 4939～4940 页。

④ （清）徐松辑：《宋会要辑稿·兵》21 之 29，中华书局 1957 年版，第 7139 页。

⑤ （宋）李焘：《续资治通鉴长编》卷 374，元祐元年四月辛卯，中华书局 2004 年版，第 9068 页。

　　元祐初，并不考究熙宁以来讲议本末利害之详，研求所以增损措置之术，惟务尽罢元丰所行之法，一切复置旧监，遂将民间已请佃地栽种到桑枣果园及庄井屋宇，毁伐废坏不少；兼兴复监牧，增至官吏，所费不赀，殊未见其效。①

　　元祐更化，司马光尽废王安石变法条款，矫枉过正，将民间使用已久的已经用作耕地的牧地重新恢复，大肆损毁耕地上的果树、庄稼和房屋，耗资巨大，成效并不显著。显然，司马光的做法有党派的意气之争，但农牧争地的白热化矛盾也是不争的事实。

　　宋徽宗时期人口激增，已达 1 亿，农牧争地现象更为严重。大观二年（1108 年），宋徽宗诏令废除监牧，实行给地牧马法，"虽已推行而地之顷数尚少，访闻多缘土豪侵冒，官司失实，牙吏欺隐，百不得一"②。河南境内的牧地几乎被土豪侵冒殆尽，给地牧马法成了一纸空文。

　　此外，在考察农牧冲突的问题上，通过北宋一朝牧地垦辟、牧马的数量、牧地载畜量等数值亦可知其矛盾的尖锐。为避免芜杂，下面笔者将诸数值列表如下：

表6　　　　　　　　　　　　北宋官马数量统计表③

时间	公元纪年	官马数量（万）	资料来源	备注
太平兴国四年	979 年	21.2	《宋史》卷 198《兵志》12，第 4929、4933 页	宋太宗平太原得汾晋之马 4.2 万匹，括民马 17 万匹
大中祥符六年	1013 年	20 余	《文献通考》卷 160《兵考》12，第 1390 页	18 坊监及诸军马数。
天圣年间	1023～1031 年	10 余	《文献通考》卷 160《兵考》12，第 1390 页。《宋史》卷 198《兵志》12，第 4933 页	皇佑五年（1053）丁度上书言天圣中牧马至 10 余万
熙宁二年	1069 年	15.36	《玉海》卷 149《马政》下，第 2740 页。《宋史》卷 198《兵志》12，第 4931 页	天下应在马数（其中包括部分从民间征调的马匹）

---

　　① （清）黄以周辑：《续资治通鉴长编拾补》卷 13，绍圣三年七月癸巳，中华书局 2004 年版，第 516 页。

　　② （清）徐松辑：《宋会要辑稿·兵》21 之 31，中华书局 1957 年版，第 7140 页。

　　③ 张显运：《宋代畜牧业研究》，中国文史出版社 2009 年版，第 145～146 页。

表7   北宋牧地数量统计表

牧地数量（万顷）	时间	内容	史料来源	备注
9.8	淳化年间	内外坊监总六万八千顷，诸军班又三万九百顷不预焉	《宋史》卷198《兵》12，第4936页	内外坊监与诸军班牧地总数
7.53	咸平三年	诸坊监总四万四千四百余顷，诸班、诸军又三万九百余顷	《宋会要·兵》24之1，第7179页	内外坊监与诸军班牧地总数
5.5	治平末年	治平末，牧地总五万五千，河南六监三万二千，而河北六监则二万三千	《宋史》卷198《兵》12，第4937页	河南河北监牧司所辖牧地总数
6.36	熙宁元年	左右厢马监草地四万八千二百余顷，原武、洛阳等七监地三万二千四百余顷，其中万七千顷赋民以收刍粟	《宋会要·兵》21之26至27，第7137~7138页	开封府界牧地，河南六监及沙苑监牧地总数
5.5	熙宁二年	诏括河南河北监牧司总牧地，旧籍六万八千顷，而今籍五万五千	《宋史》卷198《兵》12，第4940页	河南河北监牧司所辖牧地总数

表8   北宋牧地载畜量统计表

载畜量	时间	内容	史料来源
50	嘉佑年间	凡牧一马，往来践食，占地五十亩	《宋史》卷198《兵志》12，第4940页
50	熙宁年间	今约以马五万匹为额，每匹占地五十亩	《宋会要·兵》21之26，第7137页
115	宋仁宗时期	每牧马一匹占草地一百一十五亩	《孝肃包公奏议》卷7《请将邢、洺州牧马地给与人户依旧耕佃》，第89页
31	宋仁宗时期	兼知卫州淇水监每马一匹占地三十一亩	《孝肃包公奏议》卷7《请将邢、洺州牧马地给与人户依旧耕佃》，第89页

　　由上述诸表格可知，从北宋初期到宋神宗时期，官营马匹的数量一般保持在10万以上。宋太宗与宋真宗时期达到了顶峰，官马数额超过了20万匹，以后随着牧地的缩减，财政困难以及保马法、给地牧马法的施行，国家牧马于民，官营牧地的马匹大为减少。官马的衰落与牧地的减少息息相关，农牧争地矛盾的加剧很大程度上影响了官营牧马业的健康发展。如，北宋前期，牧地数量较为充足，在7.53万顷至9.8万顷之间，而此时也正是官营牧马业发展的黄金时期，官马昌盛，达20余万匹。如宋太

宗淳化年间，牧养马匹 21.4 万匹，牧马草地达到 9.8 万顷。如果按宋代一般牧地的载畜量①每 50 亩养马一匹的话，基本上能满足官马的草料需求（宋代官马采取槽饲与牧放相结合的饲养方式，以牧放为主）。但到后来，随着农牧争地的愈演愈烈，牧地由宋初的 9.8 万顷减少到熙宁年间的 5.5 万顷，官马也减少到 10 余万匹。到宋徽宗年间，罢废监牧，实行给地牧马法，官马仅剩下 3 万匹②。总之，从整个北宋时期农牧争地的发展趋势来看，农业的强势威胁使牧地日益萎缩，牧地的缩减严重影响了官营牧马业的正常发展，马匹数量急剧减少，可以说农牧争地、牧地萎缩与官马减少三者之间存在着因果关系。甚至江天健先生指出"监牧受到农业的强势威胁，人口激增，农牧争地是促使官营牧马业衰落的根本原因之一。"③ 可谓一语中的。

需要说明的是，北宋时期河南各地区人口的数量、畜牧业的发展与农业开发的程度是不平衡的，因此，各地农牧关系的紧张程度也就不同。相比较而言，中原腹地、黄河沿岸地区，尤其是京师开封周边地区，因大量的牧马草地的存在，占用大量农田，农牧关系几乎到了不可调和的境地。豫南、豫西南地区开发较晚，人口相对较少，农牧关系就相对缓和。比如信阳军，徽宗时期户数仅为 9954 户，"淮上不惟人稀，牛亦难得"④，"淮浙耕牛绝少"⑤，"淮田一废不夏秋，五夫扶犁当一牛"⑥。南宋时期，因北民的大量南迁，淮河流域才得以大规模开发，农牧发展起来。宋孝宗乾道年间淮河流域的信阳、光州开始向外输出耕牛⑦，宋宁宗嘉泰年间"牛皮、筋、角惟两淮、荆襄最多者，盖其地空旷，便于水草"⑧。淮河流域的州县是牛皮筋角的重要产地，足以说明其畜牧业发达的盛况。

---

① 载畜量是指在一定放牧时期内，一定草场面积上，在不影响草场生产力及保证家畜正常生长发育时，所能容纳放牧家畜的数量。参见贾慎修《草地学》，农业出版社 1982 年版，第 237 页。

② 请参见拙作《宋代畜牧业研究》第四章官营牧马业，中国文史出版社 2009 年版，第 90～107 页。

③ 江天健：《北宋市马之研究》，台湾编译馆 1995 年版，第 85 页。

④ （宋）楼钥：《攻媿集》卷 91《直秘阁广东提刑徐公行状》，四部丛刊本，第 18 页。

⑤ （清）徐松辑：《宋会要辑稿·食货》18 之 20，中华书局 1957 年版，第 5117 页。

⑥ （宋）周紫芸：《太仓稊米集》卷 2，文渊阁四库全书本，第 1141 册，第 11 页。

⑦ （清）徐松辑：《宋会要辑稿·刑法》2 之 13，中华书局 1957 年版，第 6548 页。

⑧ （宋）赵与衮：《辛巳泣蕲录》，历代笔记小说集成本，河北教育出版社 1995 年版，第 24 册第 136 页。

表9   宋徽宗崇宁年间（1102～1106年）河南户数表①

路名	府州军	户数（户）	辖县数（个）
京畿路	开封府	261117	16
京西北路	河南府	127767	16
京东西路	应天府	79741	6
河北西路	相州	36340	4
河北西路	浚州	3176	2
河北西路	卫州	23204	4
河北西路	怀州	32311	3
河北东路	开德府	31878	7
京西北路	滑州	26522	3
永兴军路	陕州	47806	7
永兴军路	虢州	22490	4
京西北路	孟州	33481	6
京西北路	郑州	30976	5
京西北路	汝州	41587	5
京西北路	颍昌府	66041	7
京西北路	淮宁府	32094	5
京西北路	蔡州	98502	10
京西北路	信阳军	9954	2
京西南路	邓州	11412	5
京西南路	唐州	89955	5
淮南西路	光州	12268	4

以上河南农户统计共 1,118,622 户。据《宋史·地理志》统计当时全国共 17,273,818 户，河南占全国总户数的 6.48%。但由于各地区户数人口的多少不同，比如西南地区的夔州路、广南西路地广人稀，其户数远不如北方诸路户数的人口多。因此，用户数统计只能大体反映当时河南人口的分布情况。从统计数字来看，河南各路人口分布不均，京师开封所在

①　程民生、马玉臣、程峰等：《河南经济通史·古代河南经济史》（下），河南大学出版社 2012 年版，第 106～107、208～209 页。

的京畿路辖 16 县，人口最多，几乎占整个河南户数的 1/4，西京河南府所在的京西北路辖 16 县，户数为 127,767，约占 1/9。户数最少的是河北西路的浚州与京西北路的信阳军。一般而言，人口密度大的地方，为了满足当地民众的基本生活需求，土地开垦的数量也就偏多。如宋神宗元丰年间开封府有 1,138,831 亩，领土面积为 17,149 平方公里，每平方公里平均 663 亩，垦殖指数全国第一[①]。显然，人口越多的地方，土地开发的就越多，农牧争地的现象也就更为严重，比如京畿路。人口较少的地方，耕地开发的较少，农牧争地的矛盾也就相对缓和，比如信阳军。

北宋官营牧地肇始于宋初，"其厩牧之政，则自太祖置养马务二，茸旧务四，以为牧放之地始"[②]。然后以京师开封为中心向黄河两岸拓展，在北宋太宗时期和真宗初年，河南及周边地区牧地发展达到顶峰，这时也是官营牧马业发展的黄金时期。以后牧地日渐萎缩，官营牧马业也渐趋衰败。虽然牧地的式微受国内形式、政治环境、经济发展等因素的影响，但不可否认，宋代疆域的狭小，传统牧地的丧失，农业的强势威胁则为根本原因。北宋马监牧地尽量分布在河南、河北，即都城周围和自然条件相对适合畜牧的区域，具有明显的地区分布不平衡性，也体现了宋代政治上"强干弱枝"的特点。北宋中后期，随着农牧争地的日益激化，大量牧地的被侵占，马监的罢废，到宋徽宗年间，"棚房井泉……荡然一空"[③]，"诸监马送沙苑者仅四千余匹，在道羸瘠死者殆半，国马尽于此矣"[④]。昔日兴盛的官营牧马业已成了明日黄花。

从宋代官营牧地的发展历程可知，在古代社会，牧地是官营牧马业发展的物质基础和晴雨表，牧地广则官马兴，反之亦然。官马的盛衰是影响一个国家政治、军事、外交关系的重要因素，终宋一代在军事和对外关系中一直处于积弱的状态，乃至最后灭亡，与其马政不昌不无关系，而最终导致这一切结果的"罪魁祸首"则是牧地的荡然无存。

---

① 程民生、马玉臣、程峰等：《河南经济通史·古代河南经济史》（下），河南大学出版社 2012 年版，第 211 页。

② （元）脱脱等：《宋史》卷 198《兵志》12，中华书局 1977 年版，第 4928 页。

③ （宋）赵汝愚：《宋朝诸臣奏议》卷 125，文彦博《上神宗论马监不可废》，上海古籍出版社 1999 年版，第 1385 页。

④ （宋）司马光：《涑水记闻》卷 15，中华书局 1989 年版，第 304 页。

不可否认，北宋王朝是汉民族统治下的以农立国的朝代，农业是根本，是基础，畜牧业则为辅助产业，传统的生产方式在统治者心中根深蒂固。再加之北宋中后期河南人口的急剧增长，农业的发展以及对土地的大量需求，统治者为了解决眼前的财政危机，不惜以牺牲畜牧业为代价来获得暂时的利益，牧地遭到毁灭性的破坏也就在所难免。

综上所述，自宋立国伊始直至灭亡，农牧争地贯穿始终，导致这一矛盾既有党争等政治因素、财政危机等经济因素，又有外患频繁等军事因素，但不可否认，北宋失去了幽云十六州这个天然屏障，失去了历史上传统的畜牧业基地，牧地南移到中原传统的农耕区域则为根本原因。

第三节　金元明清时期河南地区农牧的博弈

金元明清时期既有少数民族建立的统一政权，又有汉人建立的王朝。因此农牧关系极为复杂，农牧之间的博弈也异常激烈。尽管如此，这一时期农牧业发展的总趋势是，大部分少数民族政权统一全国后，最初都曾试图将传统的畜牧业生产方式向中原地区扩张，牧进农退；但政权稳定后，他们又不得不接受中原地区传统的农耕方式，农业在与畜牧业的较量中最终占了上风，农牧博弈中最终以农业的胜利而告终。这既是先进文化对落后文化的胜利，又是受中原地区气候、生态环境、传统的生产方式等客观因素制约的结果。

一　金元时期的牧进农退

金元是少数民族建立的王朝，他们统治中原后也本能地将传统的畜牧业生产方式带到了河南，在传统的农业区大力发展畜牧业。曾如张全明先生所言："蒙古统治者在扩张的最初时期，的确曾本能地企图把他们习惯的游牧生产方式加诸华北、中亚等地的城市及农耕地区。他们肆意破坏性的掠夺，毫无顾惜地使之变为荒无人烟的牧场。"[①]金代"中原膏腴之地，不耕者十三四；种植者例以无力，又皆灭裂卤莽"[②]。原本肥沃的农田因

---

① 张全明、王玉德：《中华五千年生态文化》，华中师范大学出版社1999年版，第469页。
② （元）胡祗遹：《胡祗遹集》卷22《杂著·宝钞法》，吉林文史出版社2008年版，第458页。

缺乏劳力而变得荒芜，金代在河南设置了牧场。前文提到，金章宗明昌三年（1192 年），南京路（开封）有牧地 63,520 余顷，陕西路有牧地 35,680余顷①，仅这两路牧地就超过了北宋畜牧业全盛时期的 9.8 万顷规模。随着金朝统治重心的逐渐南移，金朝统治者也加大了对中原一带畜牧业的管理，金章宗泰和二年（1202 年），在中原一带设置了围牧所，"河南东路、河南西路、陕西路皆设提举、同提举，山东路止设提举"②。这些地方相当于今天陕西、河南、山东一带，显然这里的畜牧业范围进一步扩大了。

蒙元统治时期，更是在全国推广畜牧业。蒙古在 1234 年灭金确立在黄河流域的统治之后，就有大臣公然提出"汉人无补于国，可悉空其人以为牧地"③。南宋灭亡后，元朝统治者曾一度将全国变成牧场："其牧地东越耽罗，北逾火里秃麻，西至甘肃，南暨云南等地，凡一十四处。周回万里，无非牧地。"④ 可见，包括河南在内的广阔国土几乎全部沦为牧地。元宪宗时"赐汴梁、归德、河南、怀、孟、曹、濮、太原三千余户为食邑，及诸处草地合一万四千五百余顷"给都元帅察罕⑤，元世祖中统二年（1261 年），诏谕"河南管军官于近城地量存牧场，余听民耕"⑥ 也充分表明河南存在着大片牧地。很显然，牧地的盲目扩充无疑要挤占农耕用地，造成牧进农退的格局。因此，从某种层面而言，金元时期河南境内是牧进农退，官营畜牧业一度得到了较大发展。也有学者提出了不同的看法，如程民生先生则认为金代河南地区人口有 265.5 万余户，人口在 1000 万以上，超过了宋代，说明这一时期河南农业有了较大发展⑦。

二　明清时期的农进牧退

明代是我国古代历史上土地开垦较为显著的一个朝代，也是土地兼并

① （元）脱脱等：《金史》卷 47《食货志》，中华书局 1975 年版，第 1050 页。
② （元）脱脱等：《金史》卷 56《百官志二》，中华书局 1975 年版，第 1289 页。
③ （明）宋濂：《元史》卷 146《耶律楚材传》，中华书局 1976 年版，第 3458 页。
④ （明）宋濂：《元史》卷 100《兵志三》，中华书局 1976 年版，第 2553 页。
⑤ （明）宋濂：《元史》卷 120《察罕传》，中华书局 1976 年版，第 2956 页。
⑥ （明）宋濂：《元史》卷 4《世祖纪一》，中华书局 1976 年版，第 72 页。
⑦ 程民生、马玉臣、程峰等：《河南经济通史·古代河南经济史》（下），河南大学出版社 2012 年版，第 269 ~ 270 页。

最为严重的时期之一。据官方统计，明万历年间全国耕地面积已达 7 亿亩，河南土地开垦为 74 万顷，约占全国耕地面积的 10.4%，仅次于湖广、南直隶，居全国第三位①。金元时期留下来的牧马草地很快成为豪强觊觎的对象，到明宣德年间出现了"庄田（豪强侵占的土地）日增，草场日削，军民皆困于孳养"②的牧地被大量侵占，牲畜饲养难以为继的现象。"诸监草场，原额十三万三千七百余顷，存者已不及半。"③《明史·兵志》里总结道："按明世马政，法久弊丛，其始盛终衰之故，大率由草场兴废。"④可谓精辟。农进牧退，河南畜牧业发展受到了严重制约，尤其是官营畜牧业几乎没有什么进展。

清朝是我国古代人口急剧增长的时期，到嘉庆二十五年（1820 年）河南人口已达 2749.7 万人，超过了以往历史上任何时期的数量。人口的急剧增长，必然造成土地的大量开垦，到乾隆三十一年（1766 年），河南土地开垦的面积为 731,735 顷，占全国总数的 9.8%，位居全国第二⑤。在河南领土面积总量不变的情况下，农田的大规模开垦无疑会侵占官营畜牧业基地，致使牧地减少，马政不昌。因此，清代时期河南官营畜牧业几乎无发展。

任何事物都有其两面性。清代以来，人口的急剧增长和农田的大量开垦，为民间畜牧业的发展提供了重要条件。马克思说："事实上，每一种特殊的历史的生产方式都有其特殊的、历史的起作用的人口规律。"⑥因为中国传统上是以一家一户为单位的自然经济，因户数的绝对值增加，人口的极度膨胀，必然给农业带来压力，早在 19 世纪 50 年代，马克思就指出："在这个国家（中国）缓慢的但不断增加的过剩人口，早已使他的社会条件成为这个民族的大多数的沉重枷锁。"⑦为了

---

①　胡谧：(成化二十二年)《河南总志》，转引自程民生、程峰、马玉臣《古代河南经济史》（上），河南大学出版社 2012 年版，第 299 页。

②　（清）张廷玉：《明史》卷 92《兵志四》，中华书局 1974 年版，第 2275 页

③　同上书，第 2273 页。

④　同上书，第 2275 页。

⑤　程民生、马玉臣、程峰等：《河南经济通史·古代河南经济史》（下），河南大学出版社 2012 年版，第 492 页。

⑥　《马克思恩格斯全集》第 23 卷，人民出版社 1972 年版，第 692 页。

⑦　《马克思恩格斯全集》第 7 卷，人民出版社 1972 年版，第 264 页。

补贴家用，一般农户都要饲养一些牲畜，所以民间牲畜的总量就非常庞大。另一方面，牲畜又为农业生产提供了畜力和粪肥，从这个层面看，人口与土地开垦的数量与民间畜牧业的发展是相辅相成的。因此，清代以来，直到现在，河南畜牧业的发展与人口的增长、土地的开垦息息相关。

本章小结

唐宋以前，河南是我国古代政治、经济与文化的中心，也是人口最为密集、土地高度开发的地区之一。人口的增长必然带来对粮食的大量需求，必然会促进土地的开垦，而在河南地区领土面积总数不变的情况下，土地的大量开垦无疑会挤占本来就不宽裕的牧地。人口的增长、农业开发与牧业萎缩是相辅相成的关系。另一方面，河南基本上以汉族为主，从事以种植业为主的传统的生产方式，畜牧业是副业，仅仅是农业生产的补充。正因为如此，历代统治者在思想上高度重视农业的发展，在农业与畜牧业博弈的过程中，往往以畜牧业的失败而告终。尽管在某一时期，比如东汉、北宋等朝代河南畜牧业曾一度出现过辉煌时期，但这种辉煌无疑与河南作为京师，统治者发展畜牧业，尤其是官营牧马业，拱卫京师的政治目的有关。此外，在以小农经济为主的社会，人口的增长也会促进对肉、蛋、奶的需求，这又迫使统治者有时不得不对畜牧业网开一面，在一定程度上允许甚至鼓励发展畜牧业。人口的急剧增长对畜牧业而言是一把双刃剑，人口增加会使农田开垦数量增多，官营牧地随之减少，官营畜牧业的发展也就日益萎缩。与官营畜牧业发展不同的是，在以一家一户为单位的自然经济情况下，人口的大量增加，农户增多，而一般农户都要饲养猪、羊、鸡等畜禽补贴家用，那么人口的绝对值越大，饲养的畜禽也就越多，私营畜牧业也就愈加兴旺。比如，先秦时期，河南人口在全国占绝对支配地位。诚如司马迁所言"昔唐人都河东，殷人都河内，周人都河南，夫三河在天下之中，若鼎足，王者所更居也，建国各数百千岁。土地小狭，民人众"①。河南是当时人口最多的地区，畜牧业也就最为发达。又如秦

---

① 司马迁：《史记》卷129《货殖列传》，中华书局1959年版，第3262～3263页。

汉时期，据袁祖亮统计，河南人口占全国人口的 20% 以上，北宋时期河南人口也占全国人口的 10% 以上，尤其是近代河南人口超过 2000 万，而这些时期也是河南畜牧业发展的高峰时期。一言以蔽之，历史时期河南畜牧业的发展与河南人口数量的多少息息相关。不可否认的是，人口、农业只是影响畜牧业发展的诸多要素之一，其他如自然灾害、战争的影响也不可小觑，有时甚至是决定性的。

参考文献

一　古代文献

1. 《管子》，中华书局 2009 年版。

2. 《论语》，中华书局 2006 年版。

3. 《孟子》，中华书局 2007 年版。

4. 《韩非子新校注》，上海古籍出版社 2000 年版。

5. 《黄帝内经》，陕西旅游出版社 2004 年版。

6. 《诗经》，吉林文史出版社 1999 年版。

7. 《山海经》，上海古籍出版社 1985 年版。

8. 《述异记》，浙江人民出版社 1984 年版。

9. 《十三经注疏》，中华书局 1980 年影印本。

10. （汉）司马迁：《史记》，中华书局 1959 年版。

11. （汉）班固：《汉书》，中华书局 1962 年版。

12. （汉）袁康著，吴平辑录：《越绝书全译》，贵州人民出版社 1996 年版。

13. （汉）桓宽撰，王利器校注：《盐铁论校注》，中华书局 1992 年版。

14. （汉）扬雄：《扬子云集》，文渊阁四库全书本。

15. （南朝·宋）范晔：《后汉书》，中华书局 2003 年版。

16. （魏）曹植：《曹子建集》，文渊阁四库全书本。

17. （晋）嵇康：《嵇中散集》，文渊阁四库全书本。

18. （晋）陈寿：《三国志》，中华书局 1982 年版。

19. （北魏）杨衒之著，范祥雍校注：《洛阳伽蓝记校注》，上海古籍出版社 1978 年版。

20. （魏）曹植著，赵幼文校注：《曹植集校注》，人民文学出版社 1984 年版。

21. （北齐）魏收：《魏书》，中华书局 1975 年版。

22. （北齐）颜之推：《颜氏家训》，黄山书社 2007 年版。

23. （南朝）郭茂倩：《乐府诗集》，文渊阁四库全书本。

24. （南朝）刘义庆：《世说新语》，文渊阁四库全书本。

25. （唐）李延寿：《北史》，中华书局 1974 年版。

26. （唐）房玄龄、褚遂良：《晋书》，中华书局 1974 年版。

27. （唐）魏征等：《隋书》，中华书局 1973 年版。

28. （唐）吴兢：《贞观政要》，上海古籍出版社 1987 年版。

29. （唐）李吉甫撰，贺次君点校：《元和郡县图志》，中华书局 1983 年版。

30. （唐）封演撰，赵贞信校注：《封氏闻见记校注》，中华书局 2005 年版。

31. （唐）白居易撰，顾学颉校点：《白居易集》，中华书局 1979 年版。

32. （唐）郑谷：《云台编》，文渊阁四库全书本。

33. （唐）元结：《次山集》，文渊阁四库全书本。

34. （唐）段安节：《乐府杂录·俳优》，丛书集成初编本。

35. （唐）韩鄂著，缪启愉校释本：《四时纂要》，中国农业出版社 1981 年版。

36. （唐）宗密：《禅源诸诠集都序》，中国社会科学出版社 1985 年版。

37. （唐）杜佑撰，王文锦等点校：《通典》，中华书局 1988 年版。

38. （唐）王维著，赵殿成笺注：《王右丞集笺注》，上海古籍出版社 1984 年版。

39. （唐）李吉甫：《元和郡县图志》，中华书局 2008 年版。

40. （后晋）刘昫等撰：《旧唐书》，中华书局 1975 年版。

41. （宋）李昉等：《太平御览》，中华书局 1966 年版。

42. （宋）司马光：《资治通鉴》，中华书局 1964 年版。

43. （宋）王钦若等：《册府元龟》，中华书局 1960 年版。

44. （唐）李林甫等：《唐六典》，中华书局 1992 年版。

45. （宋）王溥：《唐会要》，中华书局 1955 年版。

46. （宋）欧阳修：《新唐书》，中华书局 1975 年版。

47. （宋）王谠：《唐语林》，上海古籍出版社 1978 年版。

48. （宋）宋敏求：《唐大诏令集》，上海古籍出版社 1987 年版。

49. （宋）李昉：《文苑英华》，中华书局 1966 年版。

50. （宋）王钦若、杨亿等：《册府元龟》，中华书局 1982 年版。

51. （宋）彭百川：《太平治迹统类》，文物出版社 1991 年版。

52. （宋）林駉：《古今源流至论》，文渊阁四库全书本。

53. （宋）谢维新：《古今合璧事类备要》，文渊阁四库全书本。

54. （宋）高承：《事物纪原》，中华书局 1989 年版。

55. （宋）曾慥：《类说》，文渊阁四库全书本。

56. （宋）潘自牧：《记纂渊海》，文渊阁四库全书本。

57. （宋）章如愚：《群书考索》，书目文献出版社 1992 年版。

58. （宋）王应麟：《玉海》，江苏古籍出版社、上海书店 1987 年版。

59. （元）马端临：《文献通考》，中华书局 1986 年版。

60. （宋）孙逢吉：《职官分纪》，中华书局 1988 年版。

61. （清）徐松：《宋会要辑稿》，中华书局 1957 年版。

62. （宋）李焘：《续资治通鉴长编》，中华书局 2004 年版。

63. （宋）王称：《东都事略》，台北文海出版社 1979 年版。

64. 陈智超：《宋会要辑稿补编》，全国图书馆文献缩微复制中心 1988
    年版。

65. （元）佚名：《宋史全文》，黑龙江人民出版社 2003 年版。

66. （元）脱脱等：《宋史》，中华书局 1977 年版。

67. （元）脱脱等：《辽史》，中华书局 1974 年版。

68. （元）脱脱等：《金史》，中华书局 1975 年版。

69. （明）宋濂、王袆编：《元史》，中华书局 1976 年版。

70. （宋）李昉：《太平广记》，中华书局 1981 年版。

71. （宋）吕祖谦：《宋文鉴》，中华书局 1992 年版。

72. （宋）李攸：《宋朝事实》，中华书局 1955 年版。

73. （宋）窦仪：《宋刑统》，中华书局 1984 年版。

74. （宋）佚名著，天一阁博物馆等校注：《天一阁藏明钞本天圣令校
    证》，中华书局 2006 年版。

75.（宋）佚名：《宋大诏令集》，中华书局 1997 年版。

76.（宋）陈均：《九朝编年备要》，文渊阁四库全书本。

77.（宋）徐梦莘：《三朝北盟会编》，上海古籍出版社 1987 年版。

78.（宋）李心传：《建炎以来系年要录》，中华书局 1956 年版。

79.（宋）佚名：《续编两朝纲目备要》，中华书局 1995 年版。

80.（宋）佚名：《名公书判清明集》，中华书局 1987 年版。

81.（宋）袁韶：《钱塘先贤传赞》，文渊阁四库全书本。

82.（宋）徐自明：《宋宰辅编年录》，中华书局 1986 年版。

83.（宋）赵汝愚：《宋朝诸臣奏议》，上海古籍出版社 1999 年版。

84.（宋）朱熹、李幼武：《宋名臣言行录》，台北文海出版社 1967 年版。

85.（宋）杜大珪：《名臣碑传琬琰集》，台北文海出版社 1969 年版。

86.（宋）江少虞：《宋朝事实类苑》，上海古籍出版社 1981 年版。

87.（元）陶宗仪：《说郛三种》，上海古籍出版社 1988 年版。

88.（宋）谢深甫：《庆元条法事类》，黑龙江人民出版社 2002 年版。

89.（宋）吕祖谦：《历代制度详说》，文渊阁四库全书本。

90.（明）杨士奇：《历代名臣奏议》，上海古籍出版社 1989 年版。

91.（唐）张鷟：《朝野金载》，文渊阁四库全书本。

92.（五代）尉迟稚：《中朝故事》，历代笔记小说集成本，河北教育出版社 1995 年版。

93.（宋）欧阳修：《归田录》，中华书局 1981 年版。

94.（宋）范镇：《东斋记事》，中华书局 1980 年版。

95.（宋）刘斧：《青锁高议》，上海古籍出版社 1983 年版。

96.（宋）司马光：《涑水记闻》，中华书局 1989 年版。

97.（宋）魏泰：《东轩笔录》，中华书局 1983 年版。

98.（宋）张唐英：《蜀梼杌》，全宋笔记本，大象出版社 2003 年版。

99.（宋）赵升：《朝野类要》，中华书局 2007 年版。

100.（宋）宋敏求：《春明退朝录》，中华书局 1980 年版。

101.（宋）范公偁：《过庭录》，文渊阁四库全书本。

102.（宋）沈括著，胡道静校注：《新校正梦溪笔谈》，中华书局 1957 年版。

103.（宋）苏轼：《东坡志林》，全宋笔记本，大象出版社 2003 年版。

104.（宋）苏轼：《格物粗谈》，历代笔记小说集成本，河北教育出版社1995年版。

105.（宋）苏轼：《仇池笔记》，华东师范大学出版社1983年版。

106.（宋）苏轼：《物类相感志》，丛书集成本。

107.〔日〕成寻编著，王丽萍校点：《参天台五台山记》，上海古籍出版社2009年版。

108.（宋）李廌：《师友谈记》，中华书局2002年版。

109.（宋）邵伯温：《邵氏闻见录》，中华书局1983年版。

110.（宋）吕希哲：《吕氏杂说》，全宋笔记本，大象出版社2003年版。

111.（宋）汪藻著，王智勇笺注：《靖康要录笺注》，四川大学出版社2008年版。

112.（宋）黄朝英：《靖康缃素杂记》，中华书局1986年版。

113.（宋）李心传：《旧闻证误》，中华书局1981年版。

114.〔宋〕洪迈：《夷坚志》，中华书局1981年版。

115.（宋）洪迈：《容斋随笔》，上海古籍出版社1978年版。

116.（宋）何薳：《春渚纪闻》，中华书局1983年版。

117.（宋）周去非著，杨武泉校注：《岭外代答校注》，中华书局1999年版。

118.（宋）范成大：《范成大笔记六种》，中华书局2004年版。

119.（金）元好问：《续夷坚志》，中华书局1986年版。

120.（宋）叶梦得：《石林燕语》，中华书局1984年版。

121.（宋）释晓莹：《罗湖野录》，丛书集成本。

122.（宋）惠洪：《冷斋夜话》，中华书局1988年版。

123.（宋）王得臣：《麈史》，上海古籍出版社1986年版。

124.（宋）庄绰：《鸡肋编》，中华书局1983年版。

125.（宋）方勺：《泊宅编》，中华书局1983年版。

126.（宋）张邦基：《墨庄漫录》，中华书局2002年版。

127.（宋）赵叔向：《肯綮录》，历代笔记小说集成本，河北教育出版社1995年版。

128.（宋）陈元靓：《岁时广记》，历代笔记小说集成本，河北教育出版社1995年版。

129.（宋）陈元靓：《事林广记》，中华书局 1999 年版。

130.（宋）施彦执：《北窗炙輠录》，历代笔记小说集成本，河北教育出版社 1995 年版。

131.（宋）赵与衮：《辛巳泣蕲录》，历代笔记小说集成本，河北教育出版社 1995 年版。

132.（宋）曹勋：《北狩见闻录》，历代笔记小说集成本，河北教育出版社 1995 年版。

133.（宋）朱彧：《萍州可谈》，历代笔记小说集成本，河北教育出版社 1995 年版。

134.（宋）丁特起：《靖康纪闻》，历代笔记小说集成本，河北教育出版社 1995 年版。

135.（宋）佚名：《东南纪闻》，文渊阁四库全书本。

136.（宋）罗大经：《鹤林玉露》，中华书局 1983 年版。

137.（宋）江休复：《江邻几杂志》，全宋笔记本，大象出版社 2003 年版。

138.（宋）岳柯：《桯史》，中华书局 1981 年版。

139.（宋）陆游：《老学庵笔记》，中华书局 1979 年版。

140.（宋）邵博：《邵氏闻见后录》，中华书局 1983 年版。

141.（宋）陈鹄：《耆旧续闻》，文渊阁四库全书本。

142.（宋）周辉著，刘永翔校注：《清波杂志校注》，中华书局 1994 年版。

143.（宋）赵令畤：《侯鲭录》，中华书局 2002 年版。

144.（宋）费衮：《梁溪漫志》，上海古籍出版社 1985 年版。

145.（元）佚名：《湖海新闻夷坚续志》，中华书局 1986 年版。

146.（宋）王辟之：《渑水燕谈录》，中华书局 1981 年版。

147.（宋）吴曾：《能改斋漫录》，上海古籍出版社 1979 年版。

148.（宋）周密：《癸辛杂识》，中华书局 1988 年版。

149.（宋）李心传：《建炎以来朝野杂记》，中华书局 2000 年版。

150.（宋）赵彦卫：《云麓漫抄》，丛书集成本。

151.（宋）庞元英：《文昌杂录》，文渊阁四库全书本。

152.（宋）曾敏行：《独醒杂志》，上海古籍出版社 1986 年版。

153.（宋）赵溍：《养疴漫笔》，历代笔记小说集成本，河北教育出版社 1995 年版。

154.（宋）彭乘：《续墨客挥犀》，中华书局 2002 年版。

155.（宋）陈师道：《后山谈丛》，上海古籍出版社 1989 年版。

156.（宋）朱弁：《曲洧旧闻》，中华书局 2002 年版。

157.（宋）佚名：《爱日斋丛钞》，历代笔记小说集成本，河北教育出版社 1995 年版。

158.（宋）朱肱：《酒经》，历代笔记小说集成本，河北教育出版社 1995 年版。

159.（宋）苏易简：《文房四谱》，文渊阁四库全书本。

160.（宋）范成大著，胡起望、覃光广校注：《桂海虞衡志辑佚校注》，四川民族出版社 1986 年版。

161.（宋）孟元老著，邓之诚注：《东京梦华录注》，中华书局 2004 年版。

162.（宋）吴自牧：《梦粱录》，浙江人民出版社 1980 年版。

163.（宋）周密：《武林旧事》，中国商业出版社 1982 年版。

164.（宋）佚名：《西湖老人繁盛录》，中国商业出版社 1982 年版。

165.（宋）耐得翁：《都城纪胜》，中国商业出版社 1982 年版。

166.（宋）赵希鹄：《调燮类编》，丛书集成本。

167.（宋）罗愿：《尔雅翼》，丛书集成本。

168.（宋）许洞：《虎钤经》，文渊阁四库全书本。

169.（宋）曾公亮等：《武经总要》，文渊阁四库全书本。

170.（北魏）贾思勰著，石声汉校释：《齐民要术今释》，科学出版社 1958 年版。

171.（宋）陈旉著，万国鼎校注：《陈旉农书校注》，中国农业出版社 1965 年版。

172.（元）司农司编，石声汉校注：《农桑辑要校注》，中国农业出版社 1982 年版。

173.（宋）王愈：《蕃牧纂验方》，江苏人民出版社 1958 年版。

174.（宋）王愈：《安骥药方》，江苏人民出版社 1958 年版。

175.（宋）宋徽宗：《圣济总录纂要》，文渊阁四库全书本。

176.（宋）陈直：《寿亲养老新书》，文渊阁四库全书本。

177.（宋）寇宗奭：《本草衍义》，丛书集成本。

178.（宋）唐慎微：《重修政和证类本草》，四部丛刊本。

179.（宋）陈自明：《妇人大全良方》，文渊阁四库全书本。

180.（宋）周应合：《景定建康志》，宋元方志丛刊本，中华书局 1990 年版。

181.（宋）乐史撰，王文楚校：《太平寰宇记》，中华书局 2007 年版。

182.（宋）王存、曾肇等：《元丰九域志》，中华书局 1984 年版。

183.（宋）王象之：《舆地纪胜》，四川大学出版社 2005 年版。

184.（宋）宋敏求：《长安志》，宋元方志丛刊本，中华书局 1990 年版。

185.（宋）程大昌：《雍录》，中华书局 2002 年版。

186.（宋）周淙：《乾道临安志》，浙江人民出版社 1983 年版。

187.（宋）罗愿：《新安志》，宋元方志丛刊本，中华书局 1990 年版。

188.（宋）梁克家：《淳熙三山志》，宋元方志丛刊本，中华书局 1990 年版。

189.（宋）陈公亮、刘文富：《淳熙严州图经》，宋元方志丛刊本，中华书局 1990 年版。

190.（宋）谈钥：《嘉泰吴兴志》，宋元方志丛刊本，中华书局 1990 年版。

191.（宋）沈作宾、施宿：《嘉泰会稽志》，宋元方志丛刊本，中华书局 1990 年版。

192.（宋）陈耆卿、齐硕：《嘉定赤城志》，宋元方志丛刊本，中华书局 1990 年版。

193.（宋）罗叔韶、常棠：《澉水志》，宋元方志丛刊本，中华书局 1990 年版。

194.（宋）罗浚：《宝庆四明志》，宋元方志丛刊本，中华书局 1990 年版。

195.（宋）史能之：《咸淳毗陵志》，宋元方志丛刊本，中华书局 1990 年版。

196.（宋）潜说友：《咸淳临安志》，宋元方志丛刊本，中华书局 1990 年版。

197.（宋）王禹偁：《小畜集》，四部丛刊本。

198.（宋）张田：《包拯集》，中华书局 1963 年版。

199.（清）范能浚：《范仲淹全集》，凤凰出版社 2004 年版。

200.（宋）宋祁：《景文集》，丛书集成本。

201.（宋）曾巩：《曾巩集》，中华书局 1984 年版。

202.（宋）王安石：《王文公文集》，上海人民出版社 1974 年版。

203.（宋）梅尧臣：《宛陵集》，四部丛刊本。

204.（宋）欧阳修：《欧阳修全集》，中华书局 2001 年版。

205.（宋）司马光：《温国文正司马公文集》，四部丛刊本。

206.（宋）苏轼：《苏轼文集》，中华书局 1986 年版。

207.（宋）苏辙：《苏辙文集》，中华书局 1997 年版。

208.（宋）刘攽：《彭城集》，文渊阁四库全书本。

209.（元）陶宗仪：《说郛》，上海古籍出版社 1988 年版。

210.（明）黄淮、杨士奇：《历代名臣奏议》，上海古籍出版社 1989 年版。

211.（明）张溥编：《汉魏六朝百三家集》，文渊阁四库全书本。

212.（明）魏聿修：《弘治偃师县志》，1962 年上海古籍书店影印天一阁明抄本。

213.（明）毛晋：《二家宫词》，文渊阁四库全书本。

214.（明）陈耀文《花草稡编》，文渊阁四库全书本。

215.（明）邹守愚修：《河南通志》，明嘉靖三十四年刻，隆庆、万历增本。

216.（明）胡谧：《成化河南总志》，民国 22 年影抄明成化二十二年刻本。

217.（明）李锦：《新乡县志》，《天一阁藏明代方志选刊》，上海古籍书店 1963 年版。

218.（明）李时珍：《本草纲目》，人民卫生出版社 2005 年版。

219.（明）杨邦梁：（嘉靖三十三年）《鄢城县志》，天一阁藏明代方志选刊。

220. 明嘉靖《登封县志》，登封县志办公室重印本。

221.（清）顾炎武著，陈垣校注：《日知录校注》，安徽大学出版社 2007 年版。

222.（清）康熙：《御定全唐诗》，文渊阁四库全书本。

223.（清）徐松辑：《唐两京城坊考》，中华书局 1985 年版。

224.（清）朱彬：《礼记训纂》，中华书局 1996 年版。

225.（清）龚崧林等：《重修洛阳县志》，台湾成文出版社 1976 年版。

226.（清）魏襄修，陆继格纂：《嘉庆河南洛阳县志》，嘉庆十八年刊本。

227.（清）徐松辑、高敏点校：《河南志》，中华书局 1994 年版。

228.（清）孙诒让：《周礼正义》，中华书局 1987 年版。

229.（清）汤毓倬等：《偃师县志》，民国 28 年补刻乾隆本。

230.（清）张楷：《洛宁县志》，康熙六十年刊本。

231.《偃师县志》，中州古籍出版社 2002 年版。

232. 卢以治等纂修，张沂等辑：（民国 13 年）《续荥阳县志》。

233. 于沧澜纂，蒋师辙修：光绪二十二年《鹿邑县志》。

234. 田金棋、赵东阶：（民国 17 年）《汜水县志》。

235. 王泽敷、王怀斌修，李见荃纂：（民国 21 年）《林县志》。

236. 徐家璘修，杨凌阁纂：（民国 7 年）《商水县志》。

237. 张之清修，田春同纂：（民国 13 年）《考城县志》。

238. 王国维：《观堂别集》，中华书局 1959 年版。

239. 刘锦藻：《清朝续文献通考》，上海商务印书馆 1936 年版。

二　今人论著

（一）著作：

1. 林传甲：《大中华河南省地理志》，武学书馆 1920 年版。

2. 吴世勋：《河南》上编，中华书局 1927 年版。

3. 行政院农村复兴委员会：《河南省农屯调查》，商务印书馆 1934 年版。

4. 罗玉东：《中国厘金史》上册，商务印书馆 1936 年版。

5. 顾谦吉：《中国的畜牧》，商务印书馆 1939 年版。

6. ［美］费里朴：《中国之畜牧》，汤逸人译，中华书局 1948 年版。

7. ［苏］道木拉捷夫：《畜牧业》，赵木齐译，人民出版社 1954 年版。

8. 胡厚宣：《殷墟发掘》，学习生活出版社 1955 年版。

9. 汤逸人、将英：《普通畜牧学》，中国农业出版社 1958 年版。

10. 王琉瑚：《中国畜牧史料》，科学出版社 1958 年版。

11. 谢成侠：《中国养马史》，科学出版社 1959 年版。

12. 安徽省农业厅编：《养猪学》，安徽人民出版社 1960 年版。

13. 鲁曾煜、张淑载：（乾隆四年）《祥符县志》，台湾成文出版社 1966 年版。

14. 杨修田纂修：《光州志》，台湾成文出版社 1966 年版。

15. 晏兆平：《光山县志约稿》，台湾成文出版社 1968 年版。

16. 魏松声等纂：（民国二十五年）《正阳县志》，台湾成文出版社 1968 年版。

17. 诸葛群：《养蜂法》，中国农业出版社 1970 年版。

18. 卢以治等纂修，张沂等辑：（民国 13 年）《续荥阳县志》，台湾成文出版社 1976 年版。

19. 詹武等：《要重视发展畜牧业》，中国社会科学出版社 1980 年版。

20. 吴传钧、郭焕成：《中国农业地理总论》，科学出版社 1980 年版。

21. 中国科学院考古研究所：《殷墟妇好墓》，文物出版社 1980 年版。

22. 史念海：《河山集》（二集），人民出版社 1981 年版。

23. 贾慎修：《草地学》，中国农业出版社 1982 年版。

24. 邓云特：《中国救荒史》，上海书店 1984 年版。

25. 谢成侠：《中国养牛羊史》，中国农业出版社 1985 年版。

26. 周到等编：《河南汉代画像砖》，上海人民美术出版社 1985 年版。

27. 青岛档案馆：《帝国主义与胶海关》，档案出版社 1986 年版。

28. 中国家畜家禽品种志编委会：《中国猪品种志》，上海科学技术出版社 1986 年版。

29. 张仲葛、朱先煌：《中国畜牧史料集》，科学出版社 1986 年版。

30. 胡朴安编：《中华全国风俗志》（下编），河北人民出版社 1986 年版。

31. 袁业周编：《郑州市民俗志》，郑州市民政局民俗志编辑室 1987 年版。

32. 牧区畜牧气候区划科研协作组：《中国牧区畜牧气候》，气象出版社 1988 年版。

33. 张步天：《中国历史地理》，湖南大学出版社 1988 年版。

34. 漆侠：《宋代经济史》（上、下），上海人民出版社 1987、1988 年版。

35. 开封市地方史志编纂委员会：《开封简志》，河南人民出版社 1988 年版。

36. 刘景向总纂：《河南新志》，中州古籍出版社 1988 年重印。

37. 梁家勉：《中国农业科学技术史稿》，中国农业出版社 1989 年版。

38. 息县志编纂委员会编：《息县志》，河南人民出版社 1989 年版。

39. 新安县地方史志委员会编纂：《新安县志》，河南人民出版社 1989 年版。

40. 郭文韬、曹隆恭：《中国近代农业科技史》，中国农业科学技术出版社

1989 年版。

41. 姚孝遂、肖丁:《殷墟甲骨刻辞类纂》中册,中华书局 1989 年版。

42. 《孟津县志》,河南人民出版社 1991 年版。

43. 温县志编纂委员会:《温县志》,光明日报出版社 1991 年版。

44. 河南省地方史志编纂委员会:《河南省志》,河南人民出版社 1991
年版。

45. 邵士杰、王守德主编:《淮阳县志》,河南人民出版社 1991 年版。

46. 商丘县志编纂委员会:《商丘县志》,生活·读书·新知三联书店
1991 年版。

47. 郑丕留主编:《中国家畜生态》,中国农业出版社 1992 年版。

48. 程民生:《宋代地域经济》,河南大学出版社 1992 年版。

49. 周宝珠:《宋代东京研究》,河南大学出版社 1992 年版。

50. 河南省灵宝县地方史志编纂委员会编:《灵宝县志》,中州古籍出版社
1992 年版。

51. 中国畜牧兽医学会编:《中国近代畜牧兽医史料》,中国农业出版社
1992 年版。

52. 柏卫平、赵文汉:《南阳畜牧志》,中州古籍出版社 1992 年版。

53. 孙国文主编:《内乡民俗志》,中州古籍出版社 1993 年版。

54. 吴晓亮:《宋代经济史研究》,云南大学出版社 1994 年版。

55. 邹介正、和文龙:《中国古代畜牧兽医史》,中国农业出版社 1994
年版。

56. 韩茂莉:《宋代农业地理》,山西古籍出版社 1993 年版。

57. 马俊民、王世平:《唐代马政》,西北大学出版社 1995 年版。

58. 江天健:《北宋市马之研究》,台北编译馆 1995 年版。

59. 河南省地方志编纂委员会编纂:《河南省志》,河南人民出版社 1995
年版。

60. 龚延明:《宋代官制辞典》,中华书局 1997 年版。

61. 吴裕成:《酉鸡有吉》,社会科学文献出版社 1998 年版。

62. 林甘泉:《秦汉经济卷》,经济日报出版社 1998 年版。

63. 张建民、宋俭:《历史灾害学》,湖南人民出版社 1998 年版。

64. 王兴亚:《明清河南集市庙会会馆》,中州古籍出版社 1998 年版。

65. 王玉德、张全明：《中华五千年生态文化》（上、下），华中师范大学出版社 1999 年版。

66. 周自强：《中国经济通史·先秦经济卷上》，经济日报出版社 2000 年版。

67. 薛瑞泽：《汉唐间河洛地区经济研究》，陕西人民出版社 2001 年版。

68. 吴承明：《中国的现代化：市场与社会》，生活·读书·新知三联书店 2001 年版。

69. 曹家齐：《宋代交通管理制度》，河南大学出版社 2002 年版。

70. 中国社会科学院考古研究所：《新中国的考古发现和研究》，文物出版社 2002 年版。

71. 葛金芳：《中国经济通史》（第五卷），湖南人民出版社 2002 年版。

72. 陈振中、罗运环、陈伟：《中国经济通史》，湖南人民出版社 2002 年版。

73. 范传贤：《中国经济通史·秦汉经济卷》，湖南人民出版社 2002 年版。

74. 程遂营：《唐宋开封生态环境研究》，中国社会科学出版社 2002 年版。

75. 史念海：《黄土高原历史地理研究》，黄河水利出版社 2002 年版。

76. 田家良：《马驴骡的饲养管理》，金盾出版社 2002 年版。

77. 侯文通、侯宝申：《驴的养殖与肉用》，金盾出版社 2002 年版。

78. 郑学檬：《中国古代经济重心南移和唐宋江南经济研究》，岳麓书社 2003 年版。

79. 耿社民、刘小林主编：《中国家畜品种资源纲要》，中国农业出版社 2003 年版。

80. 王玉哲：《中华远古史》，上海人民出版社 2003 年版。

81. 李友谋：《裴李岗文化》，文物出版社 2003 年版。

82. 陈振：《宋史》，上海人民出版社 2003 年版。

83. 李群：《中国近代畜牧业发展研究》，中国农业科学技术出版社 2004 年版。

84. 胡小鹏：《中国手工业经济通史》（宋元卷），福建人民出版社 2004 年版。

85. 程民生：《中国北方经济史》，人民出版社 2004 年版。

86. 程民生：《中国祠神文化》，河南大学出版社 2004 年版。

87. 中央档案馆等：《华北经济掠夺》，中华书局 2004 年版。

88. 程民生：《河南经济简史》，中国社会科学出版社 2005 年版。

89. 温克刚、庞天荷：《中国气象灾害大典》（河南卷），气象出版社 2005 年版。

90. 乜小红：《唐五代畜牧经济研究》，中华书局 2006 年版。

91. 黄怀信：《逸周书校补注释·世俘解第四十》，三秦出版社 2006 年版。

92. 邹逸麟：《中国历史地理概述》，上海教育出版社 2007 年版。

93. 新乡市地方史志编纂委员会：《新乡市志》上，中州古籍出版社 2008 年版。

94. 谭其骧：《长水集》（下），人民出版社 2009 年版。

95. 张显运：《宋代畜牧业研究》，中国文史出版社 2009 年版。

96. 程民生：《北宋开封气象编年史》，人民出版社 2012 年版。

97. 薛瑞泽：《古代河南经济史》（上），河南大学出版社 2012 年版。

98. 程民生、程峰、马玉臣：《古代河南经济史》（下），河南大学出版社 2012 年版。

99. 苏全有、李长印、王守谦：《近代河南经济史》（上），河南大学出版社 2012 年版。

100. 黄正林、张燕、宿志刚：《近代河南经济史》（下），河南大学出版社 2012 年版。

101. 陈振：《论保马法》，《宋史研究论文集》（中华文史论丛增刊），上海古籍出版社 1982 年版。

102. 王守信：《殷墟象坑和"殷人服象"的再探讨》，《甲骨探史录》，生活·读书·新知三联书店 1982 年版。

103. 林瑞翰：《宋代监牧》，《宋史研究集》第 14 辑，台北编译馆 1984 年版。

104. 李根蟠等：《我国古代农业民族与游牧民族关系中的若干问题探讨》，翁独健主编：《中国民族关系史研究》，中国社会科学出版社 1984 年版。

（二）硕士、博士论文

1. 乜小红：《唐五代宋初敦煌畜牧业研究》，硕士学位论文，西北师范大学，2001 年。

2. 李群：《中国近代畜牧业发展研究》，博士学位论文，南京农业大学，2003 年。

3. 沈志忠：《近代中美农业科技交流与合作研究》，博士学位论文，南京农业大学，2004 年。

4. 王磊：《元代的畜牧业及马政之探析》，硕士学位论文，中国农业大学，2005 年。

5. 杨登保：《杨一清与明代马政》，硕士学位论文，中央民族大学，2005 年。

6. 程海娟：《近代我国畜产品出口贸易及其对经济的影响》（1840—1936)，硕士学位论文，南京大学，2006 年。

7. 贾贵浩：《1895—1937 年河南集市研究》，硕士学位论文，河南大学，2006 年。

8. 陈宁：《秦汉马政研究》，硕士学位论文，苏州大学，2006 年。

9. 丁德超：《近代豫西北农村市场与社会转型》，硕士学位论文，陕西师范大学，2008 年。

10. 陈静：《元代畜牧业地理》，硕士学位论文，暨南大学，2008 年。

11. 刘士岭：《大河南北，斯民厥土：历史时期的河南人口与土地（1368～1953)》，博士学位论文，复旦大学，2009 年。

12. 许元哲：《商代畜牧业探微》，，硕士学位论文，郑州大学，2010 年。

13. 管慧雯：《民国时期河南地区自然灾害与社会应对》，硕士学位论文，安徽师范大学，2010 年。

14. 马旭东：《北魏牧政研究》，硕士学位论文，西北师范大学，2011 年。

15. 赵彦风：《元代官牧场及相关问题研究》，硕士学位论文，陕西师范大学，2011 年。

16. 苏亮：《清代八旗马政研究》，博士学位论文，中央民族大学，2012 年。

（三）论文

1. 华山：《从茶叶经济看宋代社会》，《文史哲》1957 年第 2 卷第 3 期。

2. 谢成侠：《中国兽医学史略》，《畜牧与兽医》1958 年第 3 期。

3. 河南省文化局文物工作队：《河南南召二郎岗新石器时代遗址》，《文物》1959 年第 7 期。

4. （日）曾我部静雄：《宋代之马政》，《东北大学文学部研究年报》第
　　10 号，1959 年度。

5. 佟柱臣：《新石器时代考古学常识》，《文物》1961 年第 1 期。

6. 谭其骧：《何以黄河在东汉以后会出现一个长期安流的局面》，《学术
　　月刊》1962 年第 2 期。

7. 竺可桢：《中国近五千年来气候变迁的初步研究》，《考古学报》1972
　　年第 1 期。

8. 中国科学院考古研究所安阳发掘队：《安阳殷墟奴隶祭祀坑的发掘》，
　　《考古》1977 年第 1 期。

9. 河南省博物馆，郑州市博物馆：《郑州商代城址发掘简报》，《文物》
　　1977 年第 1 期。

10. 陈汛舟：《南宋茶马贸易与西南少数民族》，《西南民族学院学报》
　　1980 年第 1 期。

11. 王海明等：《浙江河姆渡遗址第二期发掘的主要收获》，《文物》1980
　　年第 5 期。

12. 刘敦愿、张仲葛：《我国养猪史话》，《农业考古》1981 年第 1 期。

13. 邹介正：《唐代兽医学的成就》，《中国农史》1981 年第 6 期。

14. 袁祖亮：《河南历史人口发展概况》，《郑州大学学报》1982 年第
　　4 期。

15. 中国社会科学院考古研究所：《1979 年裴李岗遗址发掘简报》，《考
　　古》1982 年第 4 期。

16. 贾大泉：《宋代四川同吐蕃民族的茶马贸易》，《西藏研究》1982 年第
　　1 期。

17. 邹介正：《我国古代养羊技术成就史略》，《农业考古》1982 年第
　　2 期。

18. 张英：《略论金代畜牧业》，《求是学刊》1983 年第 2 期。

19. 陈汛舟：《北宋时期川陕的茶马贸易》，《西南民族学院学报》1983 年
　　第 2 期。

20. 马俊民：《论唐代马政与边防关系》，《天津师大学报》1983 年第
　　4 期。

21. 杨宝成：《殷代车子的发现与复原》，《考古》1984 年第 6 期。

22. 河南省文物研究所，周口地区文化局文物科：《河南淮阳马鞍冢楚墓发掘简报》，《文物》1984 年第 10 期。

23. 楚生：《论宋元丰八年的于阗贡马》，《新疆社会科学》1984 年第 1 期。

24. 邢铁：《宋代的耕牛出租与客户地位》，《中国史研究》1985 年第 3 期。

25. 洪书云：《元代养马业初探》，《郑州大学学报》1986 年第 1 期。

26. 邹介正：《明代兽医学的发展》，《中国农史》1986 年第 1 期。

27. 冯永林：《宋代的茶马贸易》，《中国史研究》1986 年第 2 期。

28. 程民生：《宋代饮食生活中羊的地位》，《中国烹饪》1986 年第 12 期。

29. 韩茂莉：《唐宋牧马业地理分布论析》，《中国历史地理论丛》1987 年第 2 期。

30. 中国社会科学院考古研究所安阳工作队：《安阳武官村北地商代祭祀坑的发掘》，《考古》1987 年第 12 期。

31. 龚留柱：《秦汉时期军马的牧养和征集》，《史学月刊》1987 年第 6 期。

32. 许檀：《清代山东牲畜市场》，《中国经济史研究》1988 年第 1 期。

33. 安岚：《中国古代畜牧业发展简史》，《农业考古》1988 年第 1、2 期，1989 年第 1 期。

34. 杨淑培：《中国古代对蜜蜂的认识和养蜂技术》，《农业考古》1988 年第 1 期。

35. 魏天安：《北宋买马社考》，《晋阳学刊》1988 年第 4 期。

36. 河南省文物研究所：《河南舞阳贾湖新石器时代遗址第二至六次发掘简报》，《文物》1989 年第 1 期。

37. 高敏：《论秦汉时期畜牧业的特征和局限》，《郑州大学学报》1989 年第 2 期。

38. 林文勋：《宋代西南地区的市马与民族关系》，《思想战线》1989 年第 2 期。

39. 吴宏岐：《元代北方汉地农牧经济的地域特征》，《中国历史地理论丛》1989 年第 3 期。

40. 魏明孔：《隋代河西地区的畜牧业》，《西北师大学报》1990 年第

1 期。

41. 程民生：《宋代畜牧业略述》，《河北学刊》1990 年第 4 期。

42. 黄宽重：《马扩与两宋之际的政局变动》，《中研院史语所集刊》1990 年第 12 期。

43. 杜文玉：《宋代马政研究》，《中国史研究》1990 年第 2 期。

44. 杜建录：《宋代沿边市马贸易述论》，《固原师专学报》1991 年第 3 期。

45. 程妮娜、史英平：《简论金代畜牧业》，《农业考古》1991 年第 3 期。

46. 杜建录：《宋代市马钱物考》，《固原师专学报》1992 年第 1 期。

47. 谢成侠、孙玉民：《关于中国畜牧史研究的若干问题》，《古今农业》1992 年第 4 期。

48. 黎虎：《北魏前期的狩猎经济》，《历史研究》1992 年第 1 期。

49. 张善余：《全球变化和中国历史发展》，《华东师范大学学报》1992 年第 5 期。

50. 王铭农：《养蜂技术发展简史》，《农业考古》1993 年第 3 期。

51. 吴宏岐：《元代西南地区农牧经济的发展》，《中国历史地理论丛》1993 年第 4 期。

52. 杜建录：《论宋代民间养马》，《固原师专学报》1993 年第 4 期。

53. 徐黎丽：《两宋牧田探析》，《开发研究》1994 年第 4 期。

54. 康弘：《宋代灾害与荒政述论》，《中州学刊》1994 年第 5 期。

55. 何天明：《试论辽代牧场分布与群牧管理》，《内蒙古社会科学》1994 年第 5 期。

56. 刘复生：《宋代"广马"以及相关问题》，《中国史研究》1995 年第 3 期。

57. 吕卓民：《明代西北地区的畜牧业》，《中国农史》1995 年第 3 期。

58. 杨志荣：《我国北方农牧交错地带人类活动与环境的关系》，《北京师范大学学报（自然科学版）》1996 年第 3 期。

59. 乔幼梅：《金代的畜牧业》，《山东大学学报》1997 年第 3 期。

60. 杜建录：《西夏官牧制度初探》，《宁夏社会科学》1997 年第 3 期。

61. 方健：《茶马贸易之始考》，《农业考古》1997 年第 4 期。

62. 杜建录：《西夏畜牧法初探》，《宁夏社会科学》1999 年第 3 期。

63. 戴建国：《唐"开元二十五年令·田令"研究》，《历史研究》2000 年第 2 期。

64. 蓝勇：《唐代气候变化与唐代历史兴衰》，《中国历史地理论丛》2000 年第 1 期。

65. 杜建录：《论西夏畜牧业的几个问题》，《西北民族研究》2001 年第 2 期。

66. 蒋文孝：《从出土文物看秦汉养马业及相关问题》，《农业考古》2001 年第 3 期。

67. 李燕茹、胡兆量：《中国历史战场地域分布及其对区域发展的影响》，《人文地理》2001 年第 6 期。

68. 樊如森：《天津开埠后的皮毛运销系统》，《中国历史地理论丛》2001 年第 1 期。

69. 王晓燕：《宋代都大提举茶马司沿革——宋代茶马职官研究之一》，《青海民族研究》2002 年第 2 期。

70. 王利华：《中古时期北方地区畜牧业的变动》，《历史研究》2001 年第 4 期。

71. 龚胜生：《中国疫灾的时空分布变迁规律》，《地理学报》2003 年第 6 期。

72. 刘磐修：《魏晋南北朝时期北方农业的进与退》，《史学月刊》2003 年第 2 期。

73. 赵珍：《清代至民国甘青宁地区农牧经济的消长与生态变迁》，《史学集刊》2005 年第 1 期。

74. 薛瑞泽：《唐宋时期沙苑地区的畜牧业》，《渭南师范学院学报》2006 年第 6 期。

75. 韩毅：《宋代的牲畜疫病及政府的应对——以宋代政府诏令为中心的讨论》，《中国科技史杂志》2007 年第 2 期。

76. 张全明：《论北宋开封地区的气候变迁及其特点》，《史学月刊》2007 年第 1 期。

77. 余和祥：《唐宋时期的马政初探》，《中南民族大学学报》2007 年第 5 期。

78. 温乐平：《论秦汉养牛业的发展及相关问题》，《中国社会经济史研究》2007 年第 3 期。

79. 程民生：《宋代牲畜价格考》，《中国农史》2008 年第 1 期。

80. 程民生：《宋代老虎的地理分布》，《社会科学战线》2010 年第 3 期。

81. 张显运：《宋代牛羊司述论》，《中国农史》2011 年第 1 期。

82. 丁超：《元代大都地区的农牧矛盾与两都巡幸制度》，《清华大学学报》2011 年第 2 期。

83. 杨琦、张法瑞：《从〈大明会典〉看明代畜牧律令制度及特点》，《中国农史》2011 年第 1 期。

84. 张民服、吴志远：《清代中原地区牲畜市场研究》，《郑州大学学报》2013 年第 6 期。

后　　记

我出生在淮河沿岸一个不起眼的小村庄里，可以说在水牛背上度过了童年时代。面朝黄土背朝天的儿时生活让我对耕牛有一种天然的发自肺腑的感情。这些年漂泊在外，随着年龄的增长，故乡渐行渐远，逐渐淡出了我的视野，但那曾有过而不会再有的孩提时代的生活却依然历历在目。也许是怀旧，也许是对田园牧歌生活的向往，也许是深深的故乡情结，也许是多种复杂的感情，使我对耕牛、对畜禽有一种莫可名状的感情。因此，博士论文选题时我选择了《宋代畜牧业研究》这样一个题目（2009 年中国文史出版社出版）。毕业后，我的研究方向依然是畜牧史，也发表了不少相关文章，申报了一些相关课题。这本小册子就是我 2011 年河南省青年骨干教师资助项目结项的最终成果，因当时填报的是专著，为了交差，所以不得不勉为其难。《历史时期河南畜牧业研究》属于畜牧区域通史的研究，具有资料的局限性和分散性等特点，光资料的搜集就是一项很大的琐碎工程，再加之教学与科研等任务，尤其是本人又缺乏"板凳坐得十年冷"的持之以恒的精神，因此，虽草成此书，只能算是半成品，交差了事。谈了这么多，无非是为自己的敷衍塞责开脱。

本书在写作的过程中，特别要感谢我的博士导师程民生先生。先生是宋史研究的大家，学问道德堪为楷模，提携后生亦不遗余力，无论我读博期间还是走上工作岗位后，恩师均给予我诸多无私的指导，并欣然为我的两本小书赐序，极大地提升了拙作的思想品味和学术档次。恩师教诲之恩，今生难忘。

本书的出版得到了洛阳师范学院历史文化学院重点学科基金以及河洛文化国际研究中心的大力支持，在此，我要真诚感谢历史文化学院院长郭红娟教授、中心主任毛阳光教授以及院里其他领导和同事对我的悉心帮助。本书在写作的过程中还得到了我的学生——河南大学历史文化学院硕士研究生张瑞的帮助，书中有些参考文献是她核对原文的，在此深表谢意。

本书得以出版，还要感谢中国社会科学出版社的大力支持，编辑刘艳同志付出了辛勤的劳动。

最后，我还要感谢我的家人，父母的慈爱宽容、妻子的大力支持与无微不至的照顾、儿子的乖巧上进，这些都是我前进的动力。

张显运

2014 年 5 月 20 日于洛阳